曾国藩的经济课

张宏杰 —— 著

上海三联书店

图书在版编目（CIP）数据

曾国藩的经济课 / 张宏杰著. — 上海：上海三联
书店，2020.1
　ISBN 978-7-5426-6789-2

　Ⅰ. ①曾… Ⅱ. ①张… Ⅲ. ①曾国藩（1811–1872）
—经济思想—研究 Ⅳ. ①F092.2
　中国版本图书馆CIP数据核字（2019）第241551号

曾国藩的经济课

张宏杰　著

出 品 人 / 一　航
选题策划 / 航一文化
出版统筹 / 康天毅
责任编辑 / 殷亚平
特约编辑 / 康天毅
封面设计 / 熊　琼
版式设计 / 林晓青
监　　制 / 姚　军
责任校对 / 张大伟

出版发行 / 上海三联书店
　　　　　（200030）上海市徐汇区漕溪北路331号A座6楼
邮购电话 / 021-22895540
印　　刷 / 天津旭丰源印刷有限公司

版　　次 / 2020年1月第1版
印　　次 / 2020年1月第1次印刷
开　　本 / 700mm×980mm　1/16
印　　张 / 24.5
字　　数 / 450千字
书　　号 / ISBN 978-7-5426-6789-2 / F·791
定　　价 / 68.00元

如发现印装质量问题，影响阅读，请与印刷厂联系调换。

目 录

自序

为什么要研究曾国藩的收入与支出

一

曾国藩是中国近代史上既重要又复杂的一位人物。不过人们在历数中国历史上著名清官的时候，往往遗忘了曾国藩。究其原因，可能一方面是因为人们过多聚焦于他的功业道德文章，忽略了他"琐碎"的经济生活。另一方面，也是因为曾国藩本人唯恐得到"清官"之名。他的一生，可谓既"清"又"浊"，以"浊"为表，以"清"为里。这种居官行事方式，在中国历史上十分罕见。

我在阅读《曾国藩日记》《曾国藩家书》等常见资料的过程中，经常遇到关于他个人收支的零星记载，因此在2006年前后慢慢产生了一个想法，就是能不能通过梳理这些大量、琐碎而分散的资料，给曾国藩的一生算算账。后来在台湾学生书局出版的《湘乡曾氏文献》中又见到曾国藩亲手记的日常生活账簿，其中从买了一棵大白菜、剃了一次头、雇了一次车到收了别人十两"炭敬"、给某大学士送了三两"节礼"和一两"门包"，事无巨细，悉数记载。通过对这些材料进行估量，我认为可以大致复原曾国藩一生的家庭经济收支状况。

这个题目当然很有趣味，因为曾国藩不仅仅是一个政治家或者军事家、思想家，他首先是一个人，是一个生活在柴米油盐中的人，是一个既有灵魂又有体温的人。通过观察他的经济生活，窥探这个传统社会最后一个圣人少为人知的一个侧面，我们可以衡量他在这个最隐秘的角落呈现出的"真诚"与"虚伪"。同时，通过曾国藩这一个例，我们获得了观察晚清社会生活的一个特殊断面。比如可以穿越门禁重重的大小衙门，观察晚清官场的种种微妙而复杂的"规矩"。

今天的中国正处在新旧交汇的河口，在器物和制度的外衣之下，传统的力量，仍然在发挥着深刻的影响。因此，分析曾国藩在金钱诱惑面前采取的既原则分明又现实圆通的态度，分析他所作所为的制度背景，对理解今天的社会现实也有帮助。

二

曾国藩研究已可以称得上是一门显学了。早在20世纪三四十年代，研究曾国藩生平思想言行的著作就已经大量出版，1949年以后这股"曾国藩热"在台湾犹有余韵。当然台湾在这个领域最重要的工作是后来《湘乡曾氏文献》《湘乡曾氏文献补》《曾文正公手书日记》、赵烈文《能静居日记》等资料的影印出版。

中国改革开放之后，以朱东安的《曾国藩传》[1]、王澧华的《曾国藩诗文系年》[2]以及岳麓书社《曾国藩全集》[3]的出版为标志，曾国藩研究再度兴起，关于曾国藩的生平、事功、思想各方面都出现了很多研究作品，唯有一个空白地带，那就是他的个人经济生活。数十种曾国藩的生平传记和思想评传中只有何贻焜和刘忆江两人的两部《曾国藩评传》对曾国藩的个人经济生活稍有涉及。

不仅关于曾国藩的经济生活研究极少，整个中国史领域内关于官员个人经济生活研究也不多。

以专著论，目前所见研究传统官员个人经济生活的唯一专著，是张德昌的《清季一个京官的生活》[4]。作者以李慈铭日记为基本材料，梳理计算他的收支细目，并做了简单的分类和分析。

相关论文也不多，有关曾国藩家族经济生活的比较有价值的一篇研究论文是刘鹏佛的《清代湘乡曾氏家族与经济社会》[5]。这篇论文从经济与社会的角度观察整个湘乡曾氏家族。其中最有价值的部分是据湖南省图书馆所存的曾氏家族经济史料，比如曾氏家祠所藏的地契、曾八本堂所藏契据及《佃户姓名总目》等，描述了湘乡曾氏一族族产（主要是祀产）的扩大过程。有关清代京官生活状态的论文中，孙燕京的论文《从〈那桐日记〉看清末权贵心态》[6]比较好地勾勒出了晚清满族京官那桐的经济生活概貌。

三

要深入了解曾国藩的经济生活，我们必须了解与曾国藩个人经济生活密切相关的

[1] 朱东安：《曾国藩传》，四川人民出版社，1985年。
[2] 王澧华：《曾国藩诗文系年》，广西师范大学出版社，1993年。
[3] 《曾国藩全集》，岳麓书社，1994年。
[4] 张德昌：《清季一个京官的生活》，香港中文大学，1970年。
[5] 厦门大学中国古代史专业2003年度博士学位论文。
[6] 《史学月刊》2009年第2期，第126页。

清代经济社会状况、俸禄制度、财政制度。在这些方面,有很多比较重要的研究成果。

在经济社会及俸禄制度方面,黄惠贤、陈锋主编的《中国俸禄制度史》[1]中对清代俸禄制度进行了较高质量的研究。肖宗志的《候补文官群体与晚清政治》[2]对清代文官候补制度及候补文官的薪俸水平有较为详细的介绍。张振国的《清代文官选任制度研究》[3]对清代京官进行了详细的分类。

在晚清银钱比价以及物价变化方面,彭信威的《中国货币史》[4]对晚清社会的货币种类和粮价变化有较为全面的探讨。彭凯翔的《清代以来的粮价:历史学的解释与再解释》[5]对清代粮价、物价变化的研究是这个领域比较出色的研究成果。而彭凯翔的论文《近代北京货币行用与价格变化管窥——兼读火神会账本(1835—1926)》[6],从利用火神会账本中的货币与价格史料出发,结合其他直接、间接史料,对近代北京的货币行用状况与价格结构变化进行探讨。特别是其中通过实例对"京钱"贬值过程的描述和解释令人信服。中国社会科学院经济所据所藏的前北平社会调查所汤象龙等整理的统计资料数据整理出版的《清代道光至宣统间粮价表》[7],是了解北京附近粮价变化的重要资料。这些都是我重建曾国藩经济生活的背景材料。

关于清代军队俸饷制度及军人生活状况的研究方面,皮明勇的《晚清军人的经济状况初探》[8]、郭太风的《八旗绿营俸饷制度初探》[9]、刘庆的《经商与走私:清代军队腐败的重要根源》[10]、杨呈胜的《湘军军饷运用情况和特点考》[11]是比较重要的论文,它们研究了政府常例军费支出情况及军人经济生活状况,揭示了晚清低饷制对军人生活的直接影响。这些研究有助于我们了解曾国藩制定厚饷制度的时代背景。

有关清代地方财政及陋规制度的研究领域有很多重要著作,比如曾小萍的《州县官的银两》[12]。这本书探讨了18世纪中国的合理化财政改革,分析了陋规形成背

[1] 黄惠贤、陈锋主编:《中国俸禄制度史》,武汉大学出版社,2005年。
[2] 肖宗志:《候补文官群体与晚清政治》,巴蜀书社,2007年。
[3] 张振国:《清代文官选任制度研究》,博士学位论文,南开大学,2010年,第25~26页。
[4] 彭信威:《中国货币史》,上海人民出版社,2007年。
[5] 彭凯翔:《清代以来的粮价:历史学的解释与再解释》,上海人民出版社,2006年。
[6] 彭凯翔:《近代北京货币行用与价格变化管窥——兼读火神会账本(1835—1926)》,《中国经济史研究》2010年第3期。
[7] 中国社会科学院经济研究所编:《清代道光至宣统间粮价表》,广西师范大学出版社,2009年。
[8]《近代史研究》1995年第1期。
[9]《复旦学报(社会科学版)》1982年第4期,第103~107页。
[10]《中国军事科学》1998年第4期,第218~223页。
[11]《扬州职业大学学报》1999年第3期,第20~24页。
[12] 董建中译,中国人民大学出版社,2005年。

后的制度因素，以及养廉银制度的建立与破坏过程。瞿同祖先生的《清代地方政府》[1]是第一本系统、深入研究清代地方政府的作品，为我们提供了迄今为止最为完整的关于中国地方行政运作的图解，对了解清代地方政府正式体制中的非正式人事因素的运作提供了非常大的帮助。此外，李春梅的《清朝前期督、抚陋规收入的用途》[2]对清代前期督抚陋规收入中用于公务的部分进行了较为明确的分析，对许多话题的展开具有一定开创性意义。

本书探讨的另一个重点是晚清乡绅家族的成长过程，这个领域的研究著作比较多。张仲礼、费孝通、何炳棣以及本杰明·艾尔曼（Benjamin Elman）等中外学者对中国士绅社会，特别是由科举制引发的社会垂直流动这个话题，都有较为深入的探讨。张仲礼的《中国绅士研究》[3]和《中国绅士的收入》[4]被中外学术界认为是对晚清中国绅士研究的开创性著作。他对绅士收入来源的细分，特别是对通过调解社会纠纷和从事地方公共事务服务而获得收入的分析使我深受启发，不过他将"陋规收入"直接列入官员的个人收入，是不合适的。何炳棣的《明清社会史论》[5]、艾尔曼的《帝制中国晚期的科举文化史》[6]等，对明清社会阶层流动中关键一环即科举的成功率进行了深入统计分析。刘彦波的《清代基层社会控制中州县官与绅士关系之演变》[7]对晚清地方官员与绅士关系演变的过程进行了很好的梳理。当然，另一个重要的基础性研究成果是李荣泰的《湘乡曾氏研究》[8]，这本书简要梳理了湘乡曾氏的家世源流和迁徙过程，分析了曾国藩诸弟和亲族的军功及余荫。对我来说，其中论及曾国潢在乡举动所获评价部分最有参考价值。

关于曾国藩研究的基础性资料，最完整和最系统的是由湘潭大学历史文献研究所和古籍研究所等单位整理编辑的《曾国藩全集》。在台湾方面，由吴相湘主编的《中国史学丛书》收入《湘乡曾氏文献》及《湘乡曾氏文献补》，于 1965 年由台湾

[1] 法律出版社，2003 年。

[2]《内蒙古社会科学（汉文版）》2007 年第 2 期。

[3] 张仲礼著，李荣昌译：《中国绅士：关于其在 19 世纪中国社会中作用的研究》，上海社会科学院出版社，1991 年。另一个版本是与《中国绅士的收入》合并而成的，张仲礼：《中国绅士研究》，上海人民出版社，2008 年。

[4] 张仲礼著，费成康、王寅通译：《中国绅士的收入》，上海社会科学院出版社，2001 年。

[5] 何炳棣：《中华帝国的成功之梯：1368—1911 年》(《明清社会史论》，*The ladder of success in imperial China*，Columbia University Press，New York，1962)，哥伦比亚大学出版社，1962 年。

[6] Benjamin A. Elman, *A Cultural History of Civil Examinations in Late Imperial China*. The University of California Press.2000.

[7] 刘彦波：《清代基层社会控制中州县官与绅士关系之演变》，《武汉理工大学学报（社会科学版）》2006 年第 4 期，第 590 ~ 594 页。

[8] 李荣泰：《湘乡曾氏研究》，台湾大学出版中心，1989 年。

学生书局出版。这是曾宝荪、曾约农姐弟在 1949 年 8 月离开大陆，辗转香港，于 20 世纪 50 年代初带到台湾的曾氏家藏手稿中的一部分。这一部分文献，可补从前各类曾氏全集之不足。

此外，曾国藩的两位入室弟子黎庶昌、王定安编撰的《曾国藩年谱》[1]和《曾文正公事略》，赵烈文的《能静居日记》[2]，王澧平等编辑的《曾氏三代家书》[3]，北京市档案馆编《那桐日记》[4]，李慈铭的《越缦堂日记》[5]，以及《刘光第集》[6]等，都是本书重要的参考资料。

四

本书纵向按"京官时期""湘军时期""总督时期"来分别观察曾国藩及其家族经济生活的变化。横向上则涉及传统时代低薪制与京官生活来源，士大夫个人性格、理学修养与经济操守的关系，晚清军事军饷制度与战斗力的关系，陋规、养廉银的来源与去向，乡绅如何凭借政治资本获得经济收入等晚清经济社会生活的多个侧面。

日常生活史研究个案的特殊性使研究者容易犯"见木不见林"的毛病。因此我在书中还简要分析与曾国藩同时代或者相去不远的几位京官及督抚的经济生活状况，确定曾国藩这个点在宏大历史背景上的坐标，从而判断曾国藩的典型性。"(理想的微观史学著作)它能够以其趣味性吸引读者；它传递了活生生的经验；它既立足于现实的基础之上，又通过聚焦事件、人物或社区而发散开去；它指向了普遍性。"[7]当然，这只是我的目标，至于是取法乎上，得乎其中，还是得乎其下，还要读者评判。

---

[1] 黎庶昌：《曾国藩年谱》，岳麓书社，1986 年。

[2] 赵烈文：《能静居日记》，台湾学生书局影印本，1964 年。2013 年，岳麓书社出版了标点本。

[3] 曾麟书等：《曾氏三代家书》，岳麓书社，2002 年。

[4] 北京市档案馆编：《那桐日记》，新华出版社，2006 年。

[5] 李慈铭：《越缦堂日记》，广陵书社，2004 年。

[6]《刘光第集》编辑组：《刘光第集》，中华书局，1986 年。

[7] István Szijártó, "Four Arguments for Microhistory," Rethinking History, Vol.6, No.2（2002）. [14]（p.212）. 转自周兵：《显微镜下放大历史：微观史学》，《历史教学问题》2007 年第 2 期，第 38 页。

自序二

2015 年，我的两篇论文《曾国藩京官时期的经济生活》（2009 年至 2012 年在复旦大学历史地理研究中心期间完成的博士论文）和《曾国藩湘军及总督时期的经济生活》（2012 年至 2015 年在清华大学历史系期间完成的博士后论文）由中华书局出版，名字分别为《给曾国藩算算账（京官时期）》和《给曾国藩算算账（湘军暨总督时期）》。

在交给中华书局时，我原本已把两篇论文合并，但编辑认为字数太多，出成一本书过厚，不便阅读，因此分成两本出版。此次再版，为使读者阅读方便，我压缩了字数，恢复为一本。

为了更适合普通读者阅读，在中华书局版的基础上，我对本书进行了一些调整。首先，我把原来属学术史回顾部分的《绪言》进行了较大删减，删除了其中"日常生活史范式的社会生活史研究回顾"等过于专业并且与本书关系不大的内容，改为《自序》。

其次，对书中其他内容进行了删减压缩。比如把第四章《曾国藩李慈铭收入支出结构对比》一节删除，其他章节叙述繁冗、引用过多的地方也进行了删节压缩。

第三，对部分叙述语言进行了调整。

一般来讲，学术语言要求表述准确，不修饰，不考虑接受的难易程度，因此难免显得艰深晦涩。

虽然我在写作论文的时候，已经考虑贴近读者的阅读需要，不想写得那么"高冷"，但事实上还是没有充分做到深入浅出。因此，在再次阅读稿件的时候，我对部分词句进行了调整，力争更为明白简易。同时，对部分文言文进行了撮要式翻译，以便普通读者阅读。

第四，增加了大量小标题，以调整阅读节奏。

我相信，很多好的历史学术作品，可以成为好的通俗史学作品。学术性和普及性是可以兼顾，甚至相互促进的。这是我的理解和努力。当然，因为此次修订时间限制以及功力所限，我做得还远不够，尚祈读者原谅，并对文中谬误之处进行批评。

第一编

京官时期

第一章

长途拜客"打秋风"：曾国藩筹集"进京资本"

第一节 从普通百姓到官宦之家

一 典型的"平头百姓"

湘乡曾氏家族本来是非常典型的"平头百姓"。曾国藩曾说："吾曾氏家世微薄……五六百载，曾无人与于科目秀才之列。"[1] 也就是说，从元明到晚清五六百年，没有出过一个读书人。

确实，查阅《大界曾氏五修族谱》，从南宋年间那个可疑的"宋翰林院学士曾仕珪"往下，到曾国藩的祖父曾玉屏为止的二十二代间，连一个秀才也没出过[2]。

直到清道光十二年（1832），曾国藩的父亲曾麟书才取得突破，成为曾氏家族第一个秀才，曾家才脱离平头百姓行列，进入"绅士阶层"[3]，不过属于"下层绅士"。道光十八年（1838），曾国藩又考中了进士，曾氏家族也由此跨过了"上层绅士"阶层的门槛。此后，曾国藩在官场上不断升迁，他的兄弟曾国荃以军功崛起，曾氏家族上

---

[1]《曾国藩全集·诗文》，岳麓书社，1994年，第331页。

[2]《大界曾氏五修族谱》，全国图书馆文献缩微复制中心据1946年三省堂木活字本2002年复制本，《谱叙》第3~4页。

[3] 关于绅士的定义，一部分研究者认为生员等低级功名获得者不应该被列入绅士阶层，比如许顺富说，生员和监生仍属平民范畴，正如他们被称为"士民"而非"缙绅"。只有贡生以上的人数较少的群体才能被称为绅士（许顺富：《湖南绅士与晚清政治变迁》，湖南人民出版社，2004年，第15页）。而更多的研究者则认同张仲礼先生所作的更为广义的定义："绅士的地位是通过取得功名、学品、学衔和官职获得的，凡属上述身份者自然成为绅士集团成员。"（张仲礼：《中国绅士研究》，上海人民出版社，2008年，第1页）也就是说，生员以上的功名获得者皆可被称为绅士，虽然生员和监生只能被列为下层绅士。本书采用后一定义。

升为"豪门巨族"，登上传统社会金字塔的顶端。从这个角度来说，曾国藩家族是研究清代社会垂直流动的一个很好的样板。

二　中个秀才不容易

在传统时代，平头百姓要想爬上士绅阶层，并不比骆驼穿过针眼容易。明清两代士绅占全社会人口的比例，在最多的时候也不过百分之一左右[1]。

平民百姓想要改换门庭，最主要的途径当然就是科举。然而传统时代科举的录取率极低，最低一级功名秀才（生员）的录取率不过 1% 左右[2]，至于举人、进士功名，当然更是难上加难。何炳棣说，以明代 1393 年为例，"进士只占总人口的 0.000055，而在清代 1844 年，则占 0.000048"[3]。也就是说，进士占全国人口的比例，平均不过十万分之五左右。

因此，由布衣而入仕，通常不是一代人能完成的事业，往往需要好几代人进行接力。宗韵在《阶层与流动：明初农户入仕案例分析》一文中，对明代二十个家族的奋斗史进行分析，得出的结论是明初普通农民家庭攀升为官宦之家，平均需要四代到五代人，花 130 年左右的时间才能完成[4]。

在这个漫长的奋斗过程中，通常有两个必须通过的关口。第一，奋斗的起点往往是这个家族从中农以下变成富农或者地主，也就是经济地位要有一次上升。第二，有一代人获得秀才这个低级功名，后代才有可能中进士。

为什么要经过这两个关口呢？首先，只有具备一定的经济条件，才能供孩子读书。虽然中国科举制度最令人称道之处就是它的公平性，然而这种公平性是受到经济条件的极大制约的。潘光旦、费孝通分析了清朝从康熙到宣统年间的 915 份朱墨卷，

---

[1] 太平天国前后，由于捐纳大开，军功盛行，所以士绅阶层膨胀很快，根据张仲礼的估计，从太平天国前后全国平均水平来看，真正获得功名（academic success）的人群——士绅（gentry）的人数也不过全国的 1% 左右（张仲礼著，李荣昌译：《中国绅士——关于其在 19 世纪中国社会中作用的研究》，上海社会科学院出版社，1991 年，第 100 页）。承平时代这个比例当然更低。

[2] 张仲礼、魏斐德（Frederic Wakeman）等人的研究认为生员的录取率在 1% 左右。艾尔曼则以 1850 年为例，计算出"在 200 万名参加院试的读书人中，只有 3 万名（大约 1.5%）成为生员"。见纪莺莺：《明清科举制的社会整合功能》，《社会》2006 年第 6 期，第 194 页。

[3] 纪莺莺据何炳棣《明清社会史论》，对相关数据进行了简单计算。见纪莺莺：《明清科举制的社会整合功能》，《社会》2006 年第 6 期，第 194 页。

[4] 宗韵：《阶层与流动：明初农户入仕案例分析》，《历史档案》2010 年第 3 期，第 44 ~ 51 页。

得出的结论是，科举制看似公平，但是实际上对城镇居民、有产之家庭更为有利。张仲礼也认为科举制实际上更有利于有财富权势者[1]。因为供孩子读书、参加考试，特别是乡试以上级别的考试，是要花很多钱的。参加乡试，需要在省城住店或者租房，"而此时房租又颇昂贵，非一般贫寒子弟所堪承受。而参加会试，更是所费不赀。有些离京城较远的省份，第二年三月的会试，在前一年十二月初就准备上京。旅途劳顿之苦，旅费之巨，不难想见"[2]。一个具体的例子是光绪二十四年（1898），河南拔贡王锡彤由汲县赴北京参加朝考。河南离北京并不算远，然而往返路费还是花掉了约50两白银；到了北京之后，他经历了到礼部投文、报到、买卷、团拜等必需的程序，又花掉50两左右[3]。这样大的支出是中农以下的人家通常难以负担的，所以大部分科举的成功者都出自小康以上的家庭。

而要由前代人获得一个低级功名给后代人做垫脚石，是因为获得举人、进士等高级功名的难度远远大于秀才。艾尔曼说："在3万名生员中，只有1 500名（5%）从乡试中胜出成为举人，而在举人中最后只有300名（20%）可以通过殿试。"[4]也就是说，按所有参加科举的人数与最终的进士名额计算，录取率是0.000136。

由平民家庭白手起家中了秀才的第一代科举成功者，由于教育质量的限制，往往只能止步于第一阶。但是他们却可以给自己的孩子提供更为优越的教育环境，做孩子的启蒙老师，成为孩子们向上攀登的阶梯。王先明研究证明，晚清考中举人的那些人，查他们的祖、父两代，大部分都取得过秀才等基础功名。"其祖、父有功名身份的举人所占比例占绝对的多数。"[5]何炳棣也说，明清两代近百分之七十的进士不是出身于普通平民之家[6]。具体到清代，百分之八十以上进士的三代祖先中至少出现过一个秀才[7]。

[1] 纪莺莺：《明清科举制的社会整合功能》，《社会》2006年第6期，第190～212页。
[2] 陈宝良：《明代儒学生员与地方社会》，中国社会科学出版社，2005年，第231页。
[3] 蒋纯焦：《晚清士子的生活与教育——以塾师王锡彤为例》，《华东师范大学学报（教育科学版）》2006年第2期，第92页。
[4] Benjamin A. Elman, *A Cultural History of Civil Examinations in LateImperial China*, The University of California Press, 2000. 转引自纪莺莺：《明清科举制的社会整合功能》，《社会》2006年第6期，第190～212页。
[5] 比如山东省中举69人，其祖、父有功名者60人，占比为86.9%；山西为55%；四川为38.3%；广东为67.6%。见王先明：《近代绅士——一个封建阶层的历史命运》，天津人民出版社，1997年，第152页。
[6] 何炳棣：《读史阅世六十年》，广西师范大学出版社，2005年，第312页。
[7] 何怀宏：《选举社会及其终结——秦汉至晚清历史的一种社会学阐释》，生活·读书·新知三联书店，1998年，第136页。

　　曾国藩的同时代人李鸿章就是一个很好的例子。安徽李氏最初"清贫无田"，到李鸿章高祖时，才"勤俭成家，有田二顷"[1]，有了一定的经济基础。李鸿章的祖父李殿华立志要光大门户，发奋苦读，无奈时运不济，两次乡试均告失败，止步于生员。李殿华从此退居乡间，率子孙耕读，"足不入城市几近五十年"。他承担起所有家事，让自己的子孙们专心于学业。命运终于对李氏家族的顽强努力加以回报，李文安父子后来双双金榜题名，"以科甲奋起，遂为庐郡望族"[2]。

　　曾国藩家族的科举史与此十分相似。湘乡曾氏接力式奋斗的起点，也就是经济地位的上升是在曾国藩的祖父曾玉屏这一代完成的。曾玉屏出生之时，家境属于中农。他"少游惰，往还湘潭市肆，与裘马少年相逐，或日高酣寝"。一度游手好闲，不务正业，以至人们担心曾家在他手里破落。好在从三十五岁起他痛改旧习，勤苦力田，"入而饲豕，出而养鱼"，多种经营，一年到头，无稍空闲。高嵋山"垄峻如梯，田小如瓦"，曾玉屏"凿石决壤"[3]，将十几块小田土连接成一片大田地。几十年艰苦创业，终于使曾家经济状况逐渐改善。

　　公元 1811 年（嘉庆十六年）曾国藩出生时，家里有田地百余亩[4]，家中有祖父母、父母、叔婶、大姐加上他共八口人，人均至少十二亩半。晚清中国人均田地，学者的乐观估计是三亩，悲观估计仅为一点四亩，具体到嘉庆十七年，吴慧提供的数字是一点七一亩[5]。也就是说，曾家人均土地是全国水平的七点三倍。

　　毛泽东的出生地与曾国藩家相距不远，出生时间较曾国藩晚八十二年。毛泽东在与斯诺谈话中说，"我家有十五亩田地，成了中农"，后来又买了七亩，"就有富农地位了"[6]。人均五亩多地就算富农，这一几十年后的标准亦可略资参考。据此我们大致可以判断曾家的成分为小地主。曾国藩为曾玉屏作的《大界墓表》中说曾玉屏中年以后成为地方上的头面人物，经常修桥补路，救助孤贫[7]。这从另一个角度说明他具备

[1] 李文安：《李光禄公遗集》卷一，页四，清光绪年间刻本。转引自苑书义：《李鸿章传》，人民出版社，1991 年，第 4 页。

[2] 李文安：《李光禄公遗集》卷八，页二，清光绪年间刻本。转引自苑书义：《李鸿章传》，人民出版社，1991 年，第 6 页。

[3]《曾国藩全集·诗文》，岳麓书社，1994 年，第 330 页。

[4] 赵烈文：《能静居日记》，台湾学生书局影印本，1964 年，第 1960 页。

[5] 吴慧：《中国历代粮食亩产研究》，农业出版社，1985 年，第 190 页。孙毓棠、张寄谦：《清代的垦田与丁口的记录》，载《清史论丛》第一辑，中华书局，1979 年，第 117～120 页。

[6]〔美〕埃德加·斯诺著，董乐山译：《西行漫记》，生活·读书·新知三联书店，1979 年，第 105～106 页。

[7]《曾国藩全集·诗文》，岳麓书社，1994 年，第 330 页。

了一定的经济实力。这是曾家向绅士阶层进发的第一层基础。

曾玉屏对湘乡曾氏家族更大的贡献，是高瞻远瞩地供自己的儿子读书。

曾玉屏深知功名对光大家业的重要性。据族谱记载，曾玉屏并不是湘乡曾氏的第一个地主。事实上，在五六百年的历史中，曾氏一族也数度上升到小地主阶层，比如曾国藩的太高祖曾元吉就生财有道，在康熙、乾隆年间积聚了数千两的产业，置买了数百亩田地。然而由于没有功名做保障，这一短暂的地主地位很快被中国社会"诸子均分"习俗所打破：曾元吉晚年将家产均分给了六个儿子，自己只留下衡阳的四十亩田作为养老送终之用。六个儿子每人可以分到五十亩左右的田地，再次回落到中农阶层[1]。

为防止曾家的富裕如曾元吉时代一样昙花一现，曾玉屏下定决心，一定要让自己的孩子博取功名。他一力负担起所有家业，供长子曾麟书从小读书，并且不惜代价"令子孙出就名师"[2]，摆出一副破釜沉舟的架势。

在曾玉屏的严厉督责下，曾麟书"穷年磨砺，期于有成"。无奈他的天赋实在太差了，前后应考了十六次秀才，都失败了。直到四十二岁头发已经花白的时候，才"得补县学生员"[3]。

虽然来得有点儿晚，然而这毕竟是曾氏家族史上破天荒的重大突破，值得大书特书。曾国藩回忆父亲生平至此，不觉叹道："五六百载，曾无人与于科目秀才之列，至是乃若创获，何其难也！"

三　从下层绅士到上层绅士

取得秀才即"生员"身份，即意味着获得一定的特权：从面子上讲，"一得为此（指秀才——作者注），则免于编氓之役，不受侵于里胥，齿于衣冠，得以礼见官长，而无答捶之辱"[4]。可以免除一点儿赋役，出入可乘肩舆，见了地方官，不必下跪。在法律上也享有一定特权：犯了罪，先要由学官免除秀才身份才能定罪。因此小吏和衙役等人不能随便欺负，"平民且不敢抗衡，厮役隶人无论矣"[5]。

然而，这点儿实际利益对一个安分守己、家口不多的普通生员人家来说，意义不大，也就是说，秀才功名对家庭经济地位的改变十分有限。最主要的原因，当然是秀

[1] 刘鹏佛：《清代湘乡曾氏家族与经济社会》，博士学位论文，厦门大学，2003 年，第 15 页。
[2]《曾国藩全集·诗文》，岳麓书社，1994 年，第 329 页。
[3]《曾国藩全集·诗文》，岳麓书社，1994 年，第 331 页。
[4] 顾炎武：《生员论》（上），《顾亭林诗文集》，中华书局，1983 年，第 21 页。
[5] 叶梦珠：《阅世编》卷四，上海古籍出版社，1981 年，第 83 页。

才不能当官。

确实，在曾麟书成为秀才后，曾氏一家的经济地位没有发生明显变化。

几乎每一个读书人的目的都是走上仕途，而只有举人和进士才能保证他们获得官职。然而曾麟书中了秀才后，却再也没进过考场。通过十七次艰难科考才得了一个秀才这个事实，让他认识到自己确实缺乏读书的天分，根本无力跨过从生员到举人的鸿沟。他早已经把努力的重心转到了培养几个孩子，特别是长子曾国藩身上。

曾国藩祖父和父亲对曾国藩的殷切期望从曾国藩的学业进程中就可以体现出来。曾国藩四岁即启蒙[1]，八岁就读完了五经，开始学习写八股文。"读五经毕，始为时文帖括之学。"[2]

然而由于天资平平，曾国藩的科名之路开始也并不顺利。他十三岁即赴省城参加考试，一直考到二十二岁，前后考了七次才中了秀才，看起来很可能要步父亲的后尘了。不过在那之后就峰回路转，早年扎实的基本功让他厚积薄发，转过年来就中了举人。在两次进京会试失利后，在道光十八年春也就是二十七岁时取中三甲第四十二名进士。更因在随后的朝考中发挥出色，被授为翰林院庶吉士。

曾家三代努力至此大功告成。相比宗韵所说的一百三十年，曾国藩家族的奋斗过程算是相当顺利的。从父亲曾麟书读书起到曾国藩中进士，前后不过四十多年；不过，曾国藩父子两人异峰突起之前，却是这个庶民家族五六百年之久的蛰伏。曾国藩屡屡说他的发达"赖祖宗之积累"[3]，这并非虚言。

第二节　为入京而"集资"

一　曾家生活排场的变化

在曾国藩中进士以前，曾氏一家始终过着普通农家的日子。

曾玉屏一生勤苦，家境小康之后，仍然一早一晚亲自浇地灌田。曾国藩在墓表中引用祖父的话："种蔬半畦，晨而耘，吾任之，夕而粪，庸保任之。入而饲豕，出

---

[1]《曾国藩年谱》："嘉庆二十年，公五岁，冬十月，受学于庭。"年谱中的五岁为虚岁。见黎庶昌：《曾国藩年谱》，岳麓书社，1986年，第2页。
[2] 黎庶昌：《曾国藩年谱》，岳麓书社，1986年，第2页。
[3]《曾国藩全集·家书》，岳麓书社，1994年，第188页。

而养鱼，彼此杂职之。"[1] 每天早上起来给菜地锄草，喂猪养鱼也亲自动手。曾国藩小时候和弟弟们课余时间也常干放牛、砍柴之类的零活。为了补贴家用，几兄弟甚至还到集市上叫卖过菜篮子，到采石场帮人推过运碑车，这进一步证明了晚清一个小地主家庭经济状况的不稳定。曾国藩后来在家书中提及此事说："吾家现虽鼎盛，不可忘寒士家风味……吾则不忘蒋市街卖菜篮情景，弟则不忘竹山坳拖碑车风景。昔日苦况，安知异日不再尝之？"[2]

不但曾麟书成为秀才没能让曾家富起来，即使在曾国藩成为举人之后，曾家的经济状况也并没有发生太大变化。以至后来曾国藩两次进京会试的花销，对小地主曾家构成了相当沉重的负担。道光十六年，曾国藩会试失败后，返乡途中"为江南之游"，在南京看到一套《二十三史》，爱不释手，遂典当了自己的衣服买下。回到家中，父亲曾麟书"且喜且诫之曰：'尔借钱买书，吾不惜为汝弥缝，但能悉心读之，斯不负耳。'公（曾国藩——作者注）闻而悚息。由是侵晨起读，中夜而休，泛览百家，足不出户者几一年"[3]。曾麟书嘱咐曾国藩，他不惜全力还此债务，但曾国藩只有认真研读此书一遍，才算不负父亲的努力。曾国藩因此足不出户在家里苦读了一年。可见，这一套《二十三史》的支出，在曾家看来是多么重大的事件。

道光十七年冬十二月，曾国藩再次入京会试，家中已经空乏得拿不出路费。"称贷于族戚家，携钱三十二缗以行，抵都中，余三缗耳。时公车寒苦者，无以逾公矣！"[4] 四处借贷，才借到三十二吊钱，节衣缩食赶到北京，手里只剩三吊，也就是说，已经没有回来的路费了。如果不能取中，有可能流落街头，无法返乡。

然而在曾国藩中进士之后，曾家的生活排场，马上发生了巨大改变。

中了进士之后，曾国藩风风光光回到家乡。他外出拜客，排场是"仆一人，肩舆八人"[5]，坐着八人抬的肩舆，后面跟着一个仆人，昂然行走于湖南乡下，引得农民们纷纷驻足观看。在中举之前，曾国藩衣着朴素，经年不过一件长衫而已。而再次进京当官之前，曾国藩统计自己置办的衣服，已有如下内容：

　　羊皮袍、呢皮马褂、灰袍套、呢袍套、珍珠毛袍套、厚绵绸小袄、薄绵布小袄、

[1]《曾国藩全集·诗文》，岳麓书社，1994 年，第 330 页。
[2]《曾国藩全集·家书》，岳麓书社，1994 年，第 1319 页。
[3] 黎庶昌：《曾国藩年谱》，岳麓书社，1986 年，第 4 页。
[4] 黎庶昌：《曾国藩年谱》，岳麓书社，1986 年，第 5 页。
[5]《曾国藩全集·日记》，岳麓书社，1994 年，第 3 页。

绵袍套、绵圆袍、绵套裤、绵马褂、绒领、绵小帽、秋帽、秋领、线绉夹马褂……[1]

曾家日常生活虽然不常大鱼大肉，但宴客时已经能上"海菜"了。这就是所谓的"鲤鱼一跃过龙门"。

曾国藩虽然中了进士，但是此时还没有被授予正式官职，用通俗的话讲，还没有工资收入。为什么曾家的生活水平，一下子上了这么大一个台阶呢？

这是因为，获得进士资格意味着肯定会当官，因此马上有很多人前来巴结。在明代，一个人取得进士功名后，在社会上立刻就会受到与现职官员相同的待遇。顾公燮描述："明季缙绅，威权赫奕，凡中式者，报录人多持短棍，从门打入厅堂，窗户尽毁，谓之改换门庭。工匠随行，立刻修整，永为主顾。有通谱者、招婿者、投拜门生者，承其急需，不惜千金之赠，以为长城焉。"[2]

也就是说，明代一个人考中之后，前来报喜的人手持短棍，从门口一路打进去，把所有的门窗都打坏，说这是"改换门庭"。随行的工匠立刻上前修补，新科进士家的装修活以后就由这名工匠承包了。接下来，会有同姓之人前来通谱，也就是认为同族，有人来当媒人，有人来当门生，不惜赠送千两白银。

古典小说中的很多描写更有助于我们了解通过功名获得收入的具体过程。比如《儒林外史》中描写周进中举后，"回到汶上县……汶上县的人，不是亲的，也来认亲；不认识的，也来相认"[3]。

范进中举当然更为典型。范进家境破落，经常无米下锅，与缙绅之家更无交往。乡试过后，更是饿了两三天没人救助。

然而一旦中举后，"当下众邻居有拿鸡蛋来的，有拿白酒来的，也有背了斗米来的，也有捉两只鸡来的"。

与他素无来往的做过一任知县的张乡绅立刻坐轿来拜，与范进平磕了头，送了他贺仪五十两。又见范家房屋寒陋，硬是送了自己在东门大街上三进三间的一所宅子给范进居住[4]。这还仅仅是开始，自此以后，"果然有许多人来奉承他：有送田产的，有人送店房的，还有那些破落户，两口子来投身为仆，图荫庇的。到两三个月，范进家奴仆、丫鬟都有了，钱、米是不消说了"。范进由社会底层的平民一夜而成为巨富。

中国绅士阶层的诞生与世界上绝大多数国家不同。中国传统社会的最大特征是政

[1] 吴相湘主编：《湘乡曾氏文献》，台湾学生书局影印本，1965年，第4257页。
[2] 顾公燮：《消夏闲记摘抄》卷上，商务印书馆，1917年。
[3] 吴敬梓：《儒林外史》，人民文学出版社，1958年，第34页。
[4] 吴敬梓：《儒林外史》，人民文学出版社，1958年，第45页。

治权力的超经济强制，也就是说，财富依赖于权力。一个地主或者商人，即使拥有土地财产再多，如果没有"功名"，也仍然处于平民之列。而对绝大多数获得高级功名的绅士来说，即使他原本家世清寒，获得功名之后也注定会在经济上上升为中等地主以上阶层。"英国缙绅阶级最重要的决定因素是土地产业，间或因其他形式的财富。……中国的缙绅阶级则不然。在明清两代的大部分时期中，他们的地位由来只有部分是财富，而极大部分是（科举所得的）学位。"[1]

至于科举成功者经济上升的具体渠道，则因个人的情况不同而千差万别。曾国藩成为京官，直接效益也就是薪俸十分有限，然而"边际效应"却非常大。这种边际效应主要体现为筹资能力的增长、获得干预地方政事的权力，由此导致曾家可支配财富的迅速增长。下面我们不妨通过湘乡曾氏这一实例，对清代士绅家庭的财富来源进行具体了解。

二　拜客的总收入是多少

按国家定制，翰林院庶吉士相当于"实习翰林"，应该在翰林院学习（"住馆"），三年学习期满举行"散馆考试"，根据成绩决定是否正式录用。但从清代中叶起，这项制度已经大打折扣，不但学习时间缩短为一年，且留京、回乡自便，只需一年后参加散馆考试即可。

因此点了翰林之后，曾国藩请假回家，在老家逍遥"把戏"（玩耍之意）了近一年。衣锦还乡是新科进士的惯例，曾国藩返乡的目的有三。一是整修门楣，光宗耀祖。曾家老屋门前竖起了旗杆，曾国藩遍拜各地曾氏宗祠，还重修了族谱。二是充分休息，以抵偿自己十年寒窗的辛苦。日记中甚至有"昨夜打牌未睡"等记载。三则是为将来进京当官筹集"资本"。

为什么要筹集"资本"呢？这是因为清代财政制度和今天有很大不同。首先，传统时代交通不便，进京当官，需要花掉一笔很大的路费，对于湖南到京城这么远的路程来说一般要一二百两。这笔钱要由官员自己出。其次，翰林等官员薪俸很低，而国家又无公款配给之制。到达北京之后，住房、官服、仆役，种种花费均需自己负担。所以进京"创立"之初，必须有一笔巨款垫底。

一般来讲，这笔巨款的解决方式有三种。第一种，家里经济实力雄厚的，会由家

---

[1] 何炳棣：*The Ladder of Success in Imperial China*，Columbia University Press，New York，1962，p40，255.

庭提供。第二种，经济条件一般的，只能"打秋风"。正如康有为所说："故得第之始，则丧廉寡耻，罗掘于乡里，抽丰于外官。"[1] 一个人一开始获得当官的资格，马上就要丧失廉耻，因为他不是在乡里四处挖掘财源，就是到地方官那去打秋风。比如曾国藩后来在家书中提到的一例，即他的好友陈源兖（岱云）：

> 岱云江南、山东之行无甚佳处，到京除偿债外，不过存二三百金。[2]

陈岱云为了找钱，到江南、山东跑了一大圈，最后弄到的钱不多，除了还债外，不过剩了二三百两。

第三种则是借钱，有的时候甚至是借高利贷。

因为筹不到钱没法到北京当官的情况在清代多有发生。比如康熙时的魏象枢，"其初得京官时，亦患无力，不能供职"[3]。"戊戌六君子"之一的刘光第中进士后被钦点刑部主事，因为家境贫困，无力支持当京官的花销，竟曾一度不想就任。所以筹措"进京资本"，是曾国藩一家必须考虑的首要问题。

而曾家所能想到的最主要的筹资方式就是"拜客"。

在前三种方式之外，曾国藩的拜客过程为我们提示了又一条主要途径。从某种意义上说，这也是另一种"打秋风"。只不过陈源兖打秋风的对象是外省官员，曾国藩拜访的对象和借口都有所不同。

传统时代，一个人进学、中举、中进士后，照例要四出拜客。毛泽东 1919 年在《湘江大事述评》中曾这样对民国时代残留的拜客风俗进行描写：

> 这位毕业生，得了喜报，他便坐着轿子（若家里没轿，便要新制），红顶帽，马蹄衣（多半新制），轿子背后悬着"中书科中书"等样的灯笼，向亲戚故旧的家里"拜客"。亲戚故旧得此一拜之后，"荣莫大焉"的跑到这位毕业生家里去贺喜。至则这位毕业生家里的头门上，又着着一块写着"举人"或是"拔贡"字样的小匾，红底金字，更是好看的了不得！一场酒食，各自散归，这便叫"做酒"，又叫"打把食"，又叫"打

[1] 康有为撰，姜义华、张荣华编校：《康有为全集》第七集，中国人民大学出版社，2007 年，第 333 页。

[2]《曾国藩全集·家书》，岳麓书社，1994 年，第 2 页。

[3]《刘光第集》编辑组：《刘光第集》，中华书局，1986 年，第 200 页。

秋风"。[1]

　　曾国藩中进士之后的拜客过程，与毛泽东所描写的颇有不同。毛泽东笔下的拜客者是民国时代官立学堂的毕业生，形式是在向乡亲四邻通报喜信后大家聚餐一顿，随个份子。这是前清举人拜客的大大简化版。而作为新科进士翰林公，曾国藩拜客比毛泽东描述的要隆重盛大得多：一是时间长，二是范围广，三是路程远，四是收入多。

　　按《曾国藩年谱》的记载，回乡这年曾国藩的主要活动是："四月，公至衡阳。五月，至耒阳县谒杜工部祠堂，遂至永兴。有曾纪诗者，执贽愿从事，公为书'勖之以学'。六月，还至耒阳。舟行出昭阳河，至清泉县之泉溪市，还寓石鼓书院，数日乃抵家。议修谱牒，清查源流。八月，公由邵阳至武冈州，还至新化及安化县之蓝田。十月，抵家。"[2]

　　这段记载很巧妙地隐藏了曾国藩拜客的主要目的，将他的出行描述成一次休闲旅游。但曾国藩的日记和《湘乡曾氏文献》却还原了曾国藩的拜客过程。《湘乡曾氏文献》中存有曾国藩亲笔所记的流水账簿，就专门记载他这一段拜客收入[3]。这两种资料显示，自道光十八年年底抵家，到十九年十一月离家进京，曾国藩在家乡待了二百九十六天，这期间他外出连续拜客四次，共计一百九十八天。也就是说，居乡近一年间的十分之七都用于拜客了。他的足迹遍及湘乡、衡阳、清泉、耒阳、永兴、武冈、新化等十县州。所拜之处，达一千二百家左右。

　　虽然到许多地方拜客的借口都是"议修谱牒"，但他所拜远不止各地宗祠。他拜访的对象包括以下四类：一类是自己的亲戚故旧，如岳父、外祖家、诸舅家等；二类是族谱上能找到的湖南各地曾氏家族族人，其中大部分是已经累世没有来往的；三类是非亲非故的各县官员和著名乡绅；四类是在外县经商的湘乡籍的老板们。

　　其目的除了"议修谱牒"之外，更重要的还有三重：一是向亲朋好友通报喜讯；二是与上层社会的达官贵人建立起社交关系；第三个也是最重要的一个目的，则是借此收受贺礼，收敛钱财。这是当时社会之通习。

　　道光十九年正月十六日，曾国藩正式开始拜客。

[1]1919 年 8 月 4 日《湘江评论》第 4 号，"湘江大事述评"栏内《本会总记》。见《毛泽东早期文稿》，
　　湖南出版社，1990 年，第 644 ～ 645 页。
[2]黎庶昌：《曾国藩年谱》，岳麓书社，1986 年，第 6 页。
[3]吴相湘主编：《湘乡曾氏文献》，台湾学生书局影印本，1965 年，第 4055 ～ 4190 页。

出了位新科进士翰林公，自然是方圆百十里内的轰动性事件，这不仅是白杨坪曾家的光荣，也是整个曾氏一族乃至湘乡县的莫大光荣。要知道，清代湘乡县平均二十六七年才出一位进士[1]，翰林更是上百年才能出一个。曾国藩每到一地，都受到隆重欢迎，不但摆酒款待（常有海参席、鱼翅席、蛏虾席），有的还请戏班前来助兴（如四月十一日日记记载，是日"唱剧，客甚多"）。各处主人不但要给曾国藩送上"贺礼"，还要附送"轿钱"。

他到的第一家是岳父欧阳家。岳父在欧阳宗祠大开筵宴，请客八席。在岳父家收获多少呢？从《湘乡曾氏文献》的"人情账簿"中我们可以查到，正月十六日他刚抵岳父家就收到"轿钱四百六十四文"。第二天在欧阳宗祠，又一次收到"轿钱四百文"，正式的贺仪则是"十二千八百文"。可谓小有收获，于是当天就"着人送钱十二千文回家"[2]。

除了亲戚家外，曾国藩拜客的另一个重要内容是祭拜各地的曾氏宗祠。从岳父家出来，十九日他到达了庙山曾氏家祠。二十日，"走各处坟山扫墓"。二十一日，"祠内经管请外姓人吃酒，四十余席"[3]，场面相当盛大。这一天曾国藩收入"轿钱三千二百文"。

在这几次拜客过程中，最重要的对象是各地官员。这自然是赤裸裸的"打秋风"了。各地官员对这位前途远大的新科进士都不敢怠慢，基本上都要宴请一次，然后再送上礼金。日记中频见此类记载，比如"沈明府请吃饭"[4]"饮宋公（耒阳令——作者注）署中"[5]"（武冈——作者注）刺史杨莘田邀饮"[6]"饮（新化——作者注）知县胡廷槐署内"[7]"县令严丽生邀饮"[8]……

官员所送一般都较丰。比如八月二十二日，他到武冈州城，知州杨超任"请酒极丰，又送席"，又送银二十两。另两名地方官员一人送八两，一人送二两[9]。

除了亲戚、同族、地方官员之外，曾国藩拜客还有不可忽略的一项内容，那就是湘乡人在各地所开店铺，人情簿中记为"拜乡亲店"。凡是湘乡老乡开的店，

[1] 董丛林编著：《曾国藩年谱长编》，上海交通大学出版社，2017年，第26页。
[2] 吴相湘主编：《湘乡曾氏文献》，台湾学生书局影印本，1965年，第4061页。
[3]《曾国藩全集·日记》，岳麓书社，1994年，第4页。
[4]《曾国藩全集·日记》，岳麓书社，1994年，第16页。
[5]《曾国藩全集·日记》，岳麓书社，1994年，第17页。
[6]《曾国藩全集·日记》，岳麓书社，1994年，第28页。
[7]《曾国藩全集·日记》，岳麓书社，1994年，第29页。
[8]《曾国藩全集·日记》，岳麓书社，1994年，第35页。
[9] 吴相湘主编：《湘乡曾氏文献》，台湾学生书局影印本，1965年，第4067页。

不论烟店、当铺、纸行、布店、钱庄、绸缎庄，还是杂货店、烟袋店，曾国藩一概拜到。这种拜访，目的更是赤裸裸地敛财。而这些小老板对这个新科大老爷当然不敢怠慢，无不或多或少予以馈赠，有的还恭恭敬敬请他喝酒。比如九月他在新化拜店凌兴隆、胡德昌、戴永隆、孙义盛等八家，"十五早请酒，席极丰盛，且恭，又共送钱十二千文"[1]。

所以曾国藩从这些小老板处也颇有收获。比如他在宝庆城内拜了四十四家湘乡店铺，收了十六千九百文，平均每家收了三百八十四文。城外四十六家，收入三十六千六百文，平均每家收入约七百九十六文。

曾国藩拜客过程中，除"修族谱"及"拜访""送卷"等名义之外，还有"挂匾""收学生""点主"等许多活动。新科进士是社交场中被热烈追捧的对象，因此所收的钱财也名目繁多，大致有贺礼钱、人情钱、轿钱、发卷钱、贽仪、题主钱，等等。

比如九月二十八日，他到荷叶堂曾祠，收到"公祠钱二十千，卷子钱三千文。夫子一千五百文，宗孔请题主钱四千文"。

族中那些实力雄厚的乡绅送钱往往较多。曾国藩九月中旬到新化杉木桥，此村举人、曾任直隶河间献县知县的曾功杰于本年三月去世，九月十六日其家"开吊"，曾国藩十七日赶到，"伊家款待甚隆……送钱三十千文"。其侄曾任新宁教官的曾功光也送他三十千文，另两个侄子也各送二十千文，共计收钱一百千文[2]。

有时候所获钱财多于预期，他在日记里会特别提一下。比如五月二十五日在耒阳写道："辰后，仍写对联、条幅。益能叔侄款待甚丰，馈赠甚腆。"[3] 查五月二十二日"流水账簿"，曾国藩收到曾益能贺礼二十千文，其侄兆安又馈送八十千文，侄贞璧送二十千文，合计一百二十千文，同时益能的两个儿子拜国藩为老师，送贽仪一百千文。加在一起共有二百二十千文[4]，确实为数颇巨。

当然，曾国藩一路拜客，也并非空手而来。在日记中，他多次提及写对联、扇子、挂屏、条幅等，有时甚至一写就是一整天。一般来讲，他到各地官员、乡绅及重要公祠，都会奉上亲书墨宝为礼，有时还会为人写寿序，因为新科进士的墨宝为人所重。这样所收礼金中又兼有润笔性质，自然更为丰厚。

一般来讲，送钱多少，要根据双方关系亲疏，施与方的地位和财力，双方过去的

[1]吴相湘主编：《湘乡曾氏文献》，台湾学生书局影印本，1965 年，第 4076 页。
[2]吴相湘主编：《湘乡曾氏文献》，台湾学生书局影印本，1965 年，第 4175 页。
[3]《曾国藩全集·日记》，岳麓书社，1994 年，第 19 页。
[4]吴相湘主编：《湘乡曾氏文献》，台湾学生书局影印本，1965 年，第 4116 页。

人情往来，各公祠祠规惯例等多种因素综合决定，授受双方心中是有一定默契的。多的可达数十两，少的可能只有"羊毫笔二支，印色一合"[1]。然而有时双方并非心有灵犀，不愉快就不可避免。有的地方对新科进士大表欢迎，引导他去拜祭扫墓，请他书写对联，但提到贺礼，却不痛不快，导致曾国藩十分恼怒。比如他四月到达松陂曾氏家祠后，祠堂经管人又请他写字，又请他扫墓，折腾他好久，过后却提出手中没有现钱，贺仪须等到八月再送。曾国藩联想到前年父亲曾麟书来此祠送匾，祠堂经管人也曾许诺来家里送贺仪，过后却食言，因此勃然大怒，严厉训斥了他们一顿。四月初十日曾国藩在日记中记道："是日，松陂祠未具贺仪。又前年，父亲至此祠送匾，伊言当送钱来家贺，后食言。今又言贺仪待八月送。又前日要余扫墓，情理不顺，余盛气折之，祠内人甚愧畏。"

曾国藩之所以如此理直气壮，是因为传统时代的宗谱族规中大都包含有对中式者的奖励条款，各地宗祠对于科举中式者应该承担明确的致送贺仪任务。这在许多宗族族规资料中可以找到旁证。

比如湖北黄冈《孔子世家宗谱》"考试条例"：

> 一、族中文武童考列州县前十名者，给花红银二两，案首外加一两。二、文武童入学者给花红银八两，院案首外二两。三、生员岁科试列一等者给银三两，前三名者加一两，案首加一两，武生亦如之。四、增附生员补廪膳者给银四两。五、生员及贡监，中试举人者给银二十两，武举亦然。六、族有俊秀子弟者，有志进修，家无糊口，不能给俸，该户户头举族长验试，果有专心致志，每年出学俸若干，以励成才。

湖北黄冈《淞湖陈氏家谱》：

> 十九，中进士者，付庄专给贺谷三十石，点翰林者今议加谷十石，点鼎甲者，加谷二十石（因此田已当一石一斗二升半，只存四石八斗七升半）……二十，中乡试者，祭田给贺礼二十千，中会试者四十千，点主事中书即用者又五十千，馆选者六十千，点鼎甲者八十千。[2]

---

[1] 八月十三日，他到宝庆府城，知府送他羊毫笔二支，印色一合。见吴相湘主编：《湘乡曾氏文献》，台湾学生书局影印本，1965年，第4133页。

[2] 转引自杨爱华：《黄冈地区宗族助学兴教探究——馆藏家谱研究》，《华中人文论丛》2011年第1期，第269页。

从曾国藩的账簿记载看，他到各地曾祠，一般都由"首事"接待，会收入一笔"公钱"，或者叫"公祠钱"[1]，这应该是各祠产中用来奖励科举中式者的例钱[2]。

四月十二日记载，曾国藩的雷霆之怒使得松陂管祠人十分害怕，请人说情给曾国藩赔了不是，还送了一部分钱。"松陂请人说情，送押钱六十四千。"

当然，作为拜客活动的副产品，曾国藩对于族谱的修订确实也做出了一些贡献。比如日记中所记：

> 余与家叔及上增叔……议修谱事，议每丁出钱百三十文……需谱者每部钱四千文。[3]

那么，曾国藩四次拜客收入总共多少呢？首次拜客从岳父家拜到塘头湾曾祠，时间不长，只有七天，范围不广，都是至亲，收入也不多。曾国藩自己统计了一下，共收入二十一千一百八十文。

要准确计算曾国藩的收入，我们需要统一计算单位，把铜钱换算成白银。清代铜钱兑换白银的比率一直处于变化之中，道光年间大约在一千二百余文兑换一两到一千七百余文兑换一两之间波动。在此次拜客过程中，曾国藩记载过三次兑换数字[4]。为方便起见，我们把这三次兑换比率平均，按一千六百零二文兑换一两计算。这样算来，曾国藩拜客一周，收入为 13.22 两白银。

首次拜客不过是小试牛刀。接下来曾国藩又有三次拜客，时间、路程特别是收入均大大超过第一次。第二次拜客中，仅三月初七日至三月十一日在湘乡县城的四天，就收入钱十二千六百文，银四十一两八钱。我们按《湘乡曾氏文献》账簿将第二次拜

---

[1] 在《大界曾氏五修族谱》"元吉公祠新订条规"中，有"全族设户首二人……奖掖后进学子，综核祠产收支"之条。五三八页又有"赈恤奖学各费"之条，应系承袭以前几修族谱精神而来，唯其时已在民国，奖励条款与清代自然大不相同，具体条文已无参证价值。因条件限制，未能查到《大界曾氏四修族谱》。

[2] 除此之外，各地族人还按惯例交送人情钱。有的时候，族人人情钱会汇集一起，由一人转交。比如十月初一日，在砂溪曾祠，"又大爷收各族人情共二十四千二百文，华国四爷收各房人情共二十四千四百文"。

[3]《曾国藩全集·日记》，岳麓书社，1994年，第35页。

[4] 六月十七日在衡州以四百六十一千九百四十八文，换得衡平十足银二百九十两一钱，每两兑钱一五九二文。八月十三日，他在宝庆府以四十八千六百文，换得足纹银三十两，则兑换率为一六二〇文兑换一两。八月二十二日在武冈州以五十五千二百五十八文，换得银三十四两六钱七厘，则一五九四文兑换一两。见吴相湘主编：《湘乡曾氏文献》，台湾学生书局影印本，1965年，第4127、4143、4173页。

客收入逐笔相加，共计钱二百三十六千九百文，白银二百三十八两三钱，以白银总计为 386.18 两。

第三次拜客收入，曾国藩在账簿中自己做了这样一次总结：

> 三月二十九日出门，到六月二十二日到家，通计得现钱并轿钱、下人钱五百××（原文如此——作者注）千文，花元二百三十。[1]

所谓"花元"，指流入当地的外国银圆（彭信威在《中国货币史》中说："道光年间，洋钱已深入内地，自广东、福建一直到黄河以南，都有流通。""鸦片战争前后那几十年间，最通行的莫过于西班牙银元。""大的重七钱二分。"[2]）。如果按重七钱二分、成色百分之九十三计算，合足银一百五十四两。则第三次拜客收入合银466.1 两。

第四次拜客，按《湘乡曾氏文献》流水账簿逐笔相加，共收入钱七百一十九千三百二十文，银一百一十七两六钱。以白银合计为 566.61 两。

其实在道光十九年正式大规模拜客之前，道光十八年由北京回湘乡路上，曾国藩就已经在中湘地区顺路拜过一次客了。《中湘拜客》账簿载，道光十八年十二月初六日，他拜白果、东山、龙山等处的纸行、账簿店、钱店、布店、烟店、槽店、花店等四十三家，共收钱三十一千四百文，银 19.85 两。在湘潭县拜了知县、教谕、训导及其他两位绅士[3]，共收银 23.6 两。城内外合计收银 43.45 两，钱三十一千四百文，以白银合计为 63.05 两[4]。

以上五次合计，曾国藩所拜之处，包括宗祠、店铺及人家，约一千二百处（据《湘乡曾氏文献》约略统计）。共收入钱一千五百零八千八百文，白银三百九十九两三钱五分，花元二百三十元。以银两合计，共为 1 495.17 两。

除了银钱之外，曾国藩收到的贺礼中还有少量实物。湘潭县一位乡绅请吃酒，又

---

[1] 吴相湘主编：《湘乡曾氏文献》，台湾学生书局影印本，1965 年，第 4127 页。
[2] 彭信威：《中国货币史》，上海人民出版社，2007 年，第 578 ~ 579 页。曾国藩账簿中，第三次拜客在永兴等地多次收入花钱、洋元、洋银等，还提到具体品种，有"苏边""建柱"等（第4121 页），此外还提到货币品种还有"青钱"（质地为铜、铅、锡合金。新版《辞源》说明："以红铜五成，白铅四成一分半，黑铅六分半，锡二分四者配铸者，谓之青钱。"第 4114 页）。以上资料，备货币史专家参考。
[3] 县令送席未受，送银十二两；教谕送银二两；训导送一两六钱；一位乡绅送银八两。
[4] 吴相湘主编：《湘乡曾氏文献》，台湾学生书局影印本，1965 年，第 4055 ~ 4060 页。

送点心四匣，茶叶一篓，鸭子一对[1]。另衡州府城的纪文灿笔店没有送钱，而是"送笔十支"[2]，贺五爷"送小菜四坛，酒二坛，鲜鱼二斤"[3]。

嘉庆、道光时期，物价水平很低。猪肉一斤五六十文，鸭蛋每个二文多，普通瓜菜如黄瓜每斤二文上下，葱每斤五文，桃子六至十文一斤。至于一亩良田只要三十两银子[4]。这样说来，曾国藩的拜客收入，可以买五十亩良田，或者四万斤猪肉，可谓巨款。

为了直观了解曾国藩拜客路程，我根据日记及账簿记载，对其行程大致加以勾勒，绘制成《曾国藩道光十九年四次拜客行程图》（图1-1）。

第一次拜客的目的地是岳父欧阳沧溟家金溪庙，路程不远。按地图上两点间的线路简单计算，往返29.22公里。

第二次拜客，主要经行地为永丰、梓门桥和湘乡。按各点间线路简单相加，计133.06公里[5]。

休整五天后，曾国藩开始了第三次拜客。从三月二十九日由家起程，走衡阳，二十二日至衡州府城，在府城停留十天。五月十一日到达耒阳县城，在县停留八天，三十日至永兴。六月初五由永兴雇船下耒阳，十七日又回到衡州府城。六月二十一日由衡城起身，二十二日到家。按各点间线路简单相加，计456.35公里[6]。

在家休息一个月后，曾国藩七月二十二日出门，开始第四次拜客。八月十二日至宝庆府。八月十七日由宝庆起行，二十二日抵武冈州。九月初二日离开武冈，十二日由杉木桥至新化。二十二日至安化蓝田。十月初三日至永丰，初四日到家[7]。按各点

---

[1] 吴相湘主编：《湘乡曾氏文献》，台湾学生书局影印本，1965年，第4060页。

[2] 吴相湘主编：《湘乡曾氏文献》，台湾学生书局影印本，1965年，第4101页。

[3] 吴相湘主编：《湘乡曾氏文献》，台湾学生书局影印本，1965年，第4102页。

[4] 白寿彝主编：《中国通史》第十卷，上海人民出版社，1996年，第669～670页。从叶梦珠的《阅世编》和钱泳等所述的一系列材料看，清代道光时期，一亩田值银二十两至三十五两之间。

[5] 十二日到达紫名桥。十八日到梓门桥。二十日到达永丰，拜访走马街刘蓉家。二十四日经田家湾、金家湾。二十九日到达刘家湾江外祖家。三月初一日至南五母舅家。初三日到彭家冲。初七日经由鱼塘（虞塘）走县城。初八日"请家德二开单拜客"。初九日到十六日，均在县城拜客，并出县城四门走郊区，比如"北门出城走马家坪至云门寺"。十六日出城，到普眼堂，十九日至谭家桥。

[6] 四月初八日到达松陂祠。十四日至面湖凼。五月初二出城，经铁纲铺、栗江、常宁，十九日经石湾、曾家坪，二十七日至桐树下，二十九日到达油榨输（墟），六月十一日至东江，经泉溪市（寺）、清泉。

[7] 经文吉堂，八月初一日到大泉冲，经桃花坪、七里桥，九月初六日到新化窝山，初八日到古塘，经马鞍市、高沙市、花园、黄板桥（横板桥）、沙坪，二十八日至荷叶堂。

图 1-1　曾国藩道光十九年四次拜客行程图

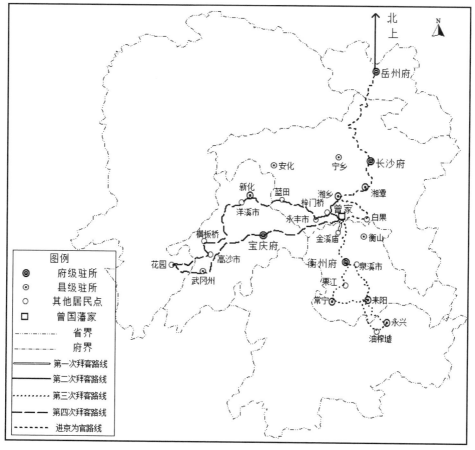

说明：此图以《中国历史地图集》（中国地图出版社，1982 年）清代湖南省为底本，
参考中华人民共和国《湖南省地图集》（星球地图出版社，2011 年），增加了栗江、花园、
横板桥、白果、金溪庙诸地。

间线路简单相加，计 603.3 公里。

　　四次简单相加，共计 1 221.93 公里。曾国藩行走的实际路程肯定要超过此数。一
是因为上图所画路线是以他的主要经行点简单连线而成，实际行走路线要远比图上所
示曲折。二是因为他每到一城，通常都要出四门到四郊拜客，行程也不算短。因此我
估计他的实际行程为一千五百公里左右。拜客过程中一路所宿之地，多数是公祠，有
时也宿乡绅家、客寓及各县湘乡会馆。从这张图中，不仅可以看到曾国藩拜客路程之
远，也大致可以看出曾氏一族在湖南的地理分布概况。

　　在传统社会中遇到人生大事，亲友往往以礼金、礼物等方式互助，这是很多传统
礼俗的起源因素。

科举成功后，一个中式者会面临一系列庆祝活动和大笔经济开支。比如要打发前来送报单的报子，要竖旗挂匾[1]，穿袍褂，簪花挂红，焚香告祖，拜客，送扇，印卷……林林总总，颇为繁重。商衍鎏回忆他中秀才时的情景：

> 旋由学政牌示，定于某日到学政衙门簪花，赴学官行拜孔子礼，穿的是蓝袍、缎靴，戴红缨帽金顶，簪花披红……礼毕各人乘轿回家，谒祖，拜尊长，尊长各给红封利试一包，后即出家门，往拜从前受业过的各老师，至亲父执辈亦要登门叩头，家中设宴数席款待亲友，亦要行礼周旋，到晚客散，因为叩头太多，两腿酸楚，疲惫不堪了。[2]

这一过程花费不菲。比如李慈铭中举后，"致送贽礼，缴付墨卷刻费，购买衣袍，修墓扫墓，以及应酬饮宴等费用，花了四百两"。他在日记中叹息说："寒士得中乙科，耗费至是！"[3]

这种大笔花费普通人家很难负担，因此催生了中式后的"贺仪"。当然，对新科进士的帮助不同于其他互助。向这样即将成为官员的人致送礼金，显然是一笔前景很好的投资，利润必定丰厚，因此很多中式者家庭互助圈子以外的人会主动前来送贺礼。

曾国藩以拜客方式收受的大量礼金，显然相当多是出自"投资"的目的。多年之后，曾氏在家信中回忆起这段经历，显得颇为后悔：

> 我自从己亥年（道光十九年——作者注）在外把戏，至今以为恨事。将来万一作外官，或督抚，或学政，从前施情于我者，或数百，或数千，皆钓饵也。渠若到任上来，不应则失之刻薄，应之则施一报十，尚不足满其欲……以后凡事不可占人半点便益，不可轻取人财。切记切记！[4]

也就是说，将来如果做了外官，那些送或者借给他钱的人找上门来，曾国藩付以十倍的回报，当事人也并不见得满意。因此，现在所送，都是钓饵。

---

[1] 清代举人中式每人给银二十两，以备制匾立旗杆之用，文武进士又有坊价银，以作建立牌坊之用。新科举人，顺天由礼部，各省由布政司，颁给牌坊银二十两（亦称旗匾银两）及顶戴、衣帽、匾额。各省有作就匾额致送者，银两、衣帽后则名存实亡矣。见商衍鎏：《清代科举考试述录及有关著作》，百花文艺出版社，2004年，第109页。

[2] 商衍鎏：《科举考试的回忆》，《广东文史资料》第三辑，1962年，第7～8页。

[3] 张德昌：《清季一个京官的生活》，香港中文大学，1970年，第18页。

[4]《曾国藩全集·家书》，岳麓书社，1994年，第151页。

这是后来的悔悟，当时困窘中的曾国藩面对这些"钓饵"，并无丝毫犹豫。因为当时经济条件决定，曾国藩不可能不遵此陋习。

除了在家乡"把戏"时四次拜客外，道光十九年秋天，曾国藩北上入京为官时沿途拜客收入也相当不菲。

结束在家的休整后，道光十九年十一月初二，曾国藩从家乡出发，经湖北、河南北上至京。

一路上他的相当一部分精力花在与各地官员相往还上，上至巡抚，下至县令，乃至学官，他都拜到。

十一月初六日他到达湘乡县城，收到县令严丽生以下共银三十二两余，钱三十五千文。其中县令送银十六两[1]。

十一月十六日在长沙，收到抚台、臬台、粮道等馈送共银七十七两，钱七千文。其中巡抚送银十六两，按察使十二两，粮道十两，长沙知府六两[2]。

十二月初七日日记记载：

> 至岳州，访府学（指府学教授——作者注）成忍斋同年，又会萧汉溪学使（指学政——作者注），晤李邵青于成忍斋署中，畅谈甚欢。

而据账簿，十二月初八日收到成忍斋所送钱十千文，李邵青送点心二匣，肉二斤，烛二折，酒一坛[3]。

十二月十二日的日记只有一行：

> 着人往武昌，打探在省各官。

打探的目的当然是准备拜见。账簿记载，在汉口收到抚台、藩台、臬台、署盐道、各家卦店馈送共银一百七十一两，钱六千九百文。其中巡抚十六两，布政使十二两，按察使七两八钱，署粮道七两八钱，署盐道十六两[4]。

曾国藩日记记载他十二月十五日全天都在"拜各卦店"。

[1] 吴相湘主编：《湘乡曾氏文献》，台湾学生书局影印本，1965年，第4183～4184页。
[2] 吴相湘主编：《湘乡曾氏文献》，台湾学生书局影印本，1965年，第4185～4186页。
[3] 吴相湘主编：《湘乡曾氏文献》，台湾学生书局影印本，1965年，第4186页。
[4] 吴相湘主编：《湘乡曾氏文献》，台湾学生书局影印本，1965年，第4187～4188页。

"正月十二日至河南省城"，拜客四天，在家信中说："十二日至河南省城，拜客耽搁四天，获百余金。"按流水账簿计算，则共一百五十六两。巡抚八两，按察使十六两，布政使十六两，粮盐道三十两，陕州道三十两，灵宝县令银二十两。候补知州杨积煦手中没钱，送了他面一匣，鸭四只，地黄二匣[1]。

见官拜官，见店入店，从各地官员和"乡亲店"主手中又获得了一笔不小的收入。曾国藩一路北上，收到馈赠共计约五百余两。也就是说，曾国藩所有拜客收入，共计二千两左右。

除了曾国藩外，我没有发现有关其他中式者留下如此详细的拜客记载。遍寻史料，我没有见到其他中式者如曾国藩拜客这样时间长、范围广、拜访对象多、收入高。能够见到的资料中，中式者收到的馈赠数量通常远低于曾国藩。比如李慈铭中进士后，在日记中记载收到的馈赠不过二百六十五两[2]。也许在"议修谱牒，清查源流"这个借口下，曾国藩的拜客地域及范围远超当时习惯。

三 也曾"包揽词讼"

虽然通过拜客获得大量收入，但是曾国藩仍然感觉手里的钱不够充裕。

拜客有收入也有成本，曾国藩一路仆从花费、家中刻卷、应酬、购置家具衣物、日常支出等花销，也都不小。加上在这一年曾家经历了曾国藩长子和幼妹去世两次丧事以及曾国藩四妹出阁的喜事。翰林之妹出阁，规模不小，"共夫七十八名，并朱家来夫百一十二名"[3]，耗费颇巨。

因此曾国藩进京为官的资本仍然不足，还要向别人借钱。日记中提到"向大启借钱"[4]，临行前的十月初五日记中又说："八月，谦六在省会家严，面许借二百金。"

除了接受馈赠和借贷，"干预地方公事"，也是曾国藩收入的一个来源。

读过《曾国藩家书》的人都知道，曾国藩为官之后，写给父亲和弟弟的信中，经常讽谏他们洁身自好，不要插手地方事务。苦口婆心，反复申说。比如他说："我家既为乡绅，万不可入署说公事，致为官长所鄙薄。即本家有事，情愿吃亏，万不可与人构讼，令官长疑为倚势凌人。"[5]给人的印象是他向来谨言慎行。其实这是他后来的

[1] 吴相湘主编：《湘乡曾氏文献》，台湾学生书局影印本，1965 年，第 4189 ～ 4190 页。
[2] 张德昌：《清季一个京官的生活》，香港中文大学，1970 年，第 19 页。
[3]《曾国藩全集·日记》，岳麓书社，1994 年，第 32 页。
[4] 道光十九年四月十六日日记中："向大启借钱为进京路费，大启已诺。"
[5]《曾国藩全集·家书》，岳麓书社，1994 年，第 114 页。

认识，道光十九年里，这样的事他自己也颇做了几件。

道光十九年二月，曾国藩的朋友朱尧阶典当别人的一处田地。典当到手，旧佃户彭简贤却阻挠新佃户下地耕种。经人劝解，旧佃户仍然"强悍不服"。这种情况下，曾国藩的进士身份就发挥作用了。二月二十日，曾国藩在日记中写道，他"辰后（八点钟）带（彭简贤）上永丰分司处法禁（给以刑法处罚）"。带人将那个强悍不服的旧佃户抓送到了有关部门[1]。

几天后的三月初五日，曾国藩在日记中提到，朱尧阶写了两张状子，托他到县衙告状。他熟门熟路地告诉朱尧阶，说此刻县令正主持"县考"考试，不太方便，且等考试后再告。

二月十九日，族人曾光文前来和他商量如何为曾逢吉办理诉讼事宜。原来"逢吉家有叠葬祖坟鳡鱼山，曾被彭如舜强葬八棺。乾隆四十九年构讼，至五十六年……执照……周佐才强葬此山，劈圹骑头。逢吉欲与周兴讼，故与余商"[2]。

通过这些记载，我们可以看出二十九岁的新科进士此时已经是地方上的重要角色，开始"判断乡曲"，调解地方纠纷了。此时的新科翰林年轻气盛，连父母官都已经不放在眼里。五月十七日日记记载，曾氏一族与伍姓一族发生纠纷，缘于石湾曾氏某公寓"已赁与伍姓人开店。伍姓强悍，有霸占之意"。族人请他做主，他写信给县令宋某，托县令帮曾家说话，然而宋"亦未甚究"，没给他面子。于是新科进士大怒，"是夜，又作书让（责备——作者注）宋公也"[3]。

曾国藩六月二十九日日记还提到，他"作书与面湖函、唐福各处，嘱其早完国课，以便办优免事"[4]。这是关于税赋减免事宜。另一处记载"会衡阳沈明府，道及彭雅涵偷窃事"[5]。这是关于地方治安。八月十七日日记说"族中有名国正者，在宝庆营。……悯其孤苦，因……至两营及协镇都督处，托其照拂"[6]。与武官也打过交道，可见他的绅士功能发挥得相当全面。

绅士在中国基层社会发挥着不可代替的作用，关于这一点我们在后文将进行深入讨论。这里只需说明的一点是，做这些工作绝大多数时候不是无偿的。一般来说，调解成功后会获得相当丰厚的酬谢。事实上，"干预公事"是乡绅经济收入的重要渠道，

[1]《曾国藩全集·日记》，岳麓书社，1994年，第8页。
[2]《曾国藩全集·日记》，岳麓书社，1994年，第12页。
[3]《曾国藩全集·日记》，岳麓书社，1994年，第18页。
[4]《曾国藩全集·日记》，岳麓书社，1994年，第23页。
[5]《曾国藩全集·日记》，岳麓书社，1994年，第15页。
[6]《曾国藩全集·日记》，岳麓书社，1994年，第12页。

具体收入水平和方式我们在以后还会论及。

由于有了以上这些财源，曾家气焰当然不同。六月初三日曾国藩日记记载，外地族人曾永兴见到他，居然手足无措，吓得说不出话来[1]。曾国藩本人的"官派""威仪"由此可见一斑。

通过以上梳理，我们可以发现，入京为官以前的曾国藩，从气质到观念，与其他庸鄙的乡下读书人并无本质不同。

从正月十六日忙到十月底，"筹资"工作终于完成，曾国藩在十月三十日这天的日记里说："将进京银两封好，行李捡拾。"[2]三天后，他从家中起程，奔赴北京为官。

[1] "永兴本家见余，趑趄嗫嚅，村鄙可怜。"见《曾国藩全集·日记》，岳麓书社，1994年，第20页。

[2]《曾国藩全集·日记》，岳麓书社，1994年，第34页。

第二章

京官曾国藩的衣食住行

第一节　京官 [1] 生活的开始

一　从湖南到北京路费要多少钱

曾国藩于道光十九年十一月初二日由家起程，进京赴官。

由长沙到北京，全程二千余里，他费时六十三天，共用银一百多两 [2]。我们可以简略描述一下他的行程，来看一看传统条件下旅途之艰难。

从老家到省城长沙是陆路。从湖南长沙上船，走了半个月水路，抵达湖北武汉，平均每天船只行进六十里（途中阻风停泊四天）。由汉口起又改为陆路。先是坐二把刀人力推车（雅称"一轮明月"），从汉口走了十四天到达河南周家口，在周家口换乘篷车，费用是六十千文 [3]。坐篷车行程三十八天，因拜访地方官等停了六天，实际行走三十二天，每日行进五十到八十里，于道光二十年正月二十八日抵达北京。

---

[1] "京官"与"外官"（地方官或称"在外文职"）对应，是指在京衙门文职官员，又称"在京文职"。本书按照官员品秩和地位，将清代京官分为高级、中级、低级三类。一至三品为高级京官，四至七品为中级，八品以下为低级。

[2] 参考曾宝慈：《曾文正与曾忠襄兄弟之间》，《曾国藩传记资料》（三），台湾天一出版社，出版年不详，第417页。又曾国藩家书中说："男路上用去百金。"见《曾国藩全集·家书》，岳麓书社，1994年，第2页。

[3] 《曾国藩全集·家书》，岳麓书社，1986年，第1页。

二　仆人都看不起曾国藩

曾国藩中进士后虽已授翰林院庶吉士，但他的仕途并不能从那时算起。因为翰林院庶吉士属于实习性质，没有品秩，也没有俸禄。只有经过翰林院"散馆考试"，授予正式官职，才算开始为官。

到北京之初，曾国藩暂住千佛庵中，每日勤奋练习写大卷的书法楷字，全力准备散馆考试。四月十七日他参加散馆考试，取列二等十九名，四月二十二日授从七品的翰林院检讨（三甲进士留馆者例授此官）。因此道光二十年四月二十二日是曾国藩京官生涯的正式起点。

翰林院乃储才养望的轻闲之地，地位清要，职务闲简。翰林们的职责说起来，有"充经筵日讲官"——偶尔被选中给皇帝讲讲经书，"撰写典礼册文"——写写重要典礼上的册封文书，"纂修校勘书史"——参与官修丛书的编辑校订，以及以"文学侍从之臣"的身份入值宫中随侍皇帝等。但事实上，由于翰林人数众多，每个人承担以上职责的机会并不多，绝大多数时间是用来读书学习，以备数年一度的翰林大考。和其他官员不同，翰林升官主要依靠的不是政绩，而是"大考"的成绩。在道光二十三年的那次"翰林大考"中，曾国藩成绩突出，连升四级，由从七品授任从五品的翰林院侍讲。

虽然仕途如此顺利，生活如此悠闲，但曾国藩翰林生涯的经济状况始终可以用一个字来概括，那就是"窘"。借贷和哭穷一直是他在翰林院中经济生活的主旋律。有两个证据可以很好地说明他的窘迫情状。

一个是在道光二十二年，身为翰林院检讨的曾国藩与仆人陈升发生了一场冲突。因为穷困拮据而脾气又大，曾国藩早已被陈升看不起。在这场口角冲突后，陈升卷铺盖另寻高枝去了。这件事使曾国藩颇受刺激，还写下了一首《傲奴》诗：

……胸中无学手无钱，平生意气自许颇，谁知傲奴乃过我！[1]

另一个证据更有说服力。

曾国藩为人重感情，对亲戚关系十分重视，稍有余力，必加周济。道光十九年十月曾国藩进京为官前，曾专门去看望几位母舅。当时他的大舅已年过花甲，却"陶穴而居，种菜而食"，过着半野人的生活。曾国藩不觉"为恻然者久之"。他的二舅江永

---

[1]《曾国藩全集·诗文》，岳麓书社，1994年，第43页。

燕送他走时，向他预约工作说："外甥做外官，则阿舅来作烧火夫也。"[1]而南五舅一直把他送到长沙，临别握着曾国藩的手说："明年送外甥妇来京。"曾国藩说："京城苦，舅勿来。"南五舅说："然，然吾终寻汝任所也。"言已泣下[2]。

曾国藩进京为官，使得所有亲戚对他寄予厚望，认为天子脚下的翰林公只要稍一援手，就能使他们的生活天翻地覆。然而，曾国藩当官已经好几年，却没有余力周济他们。五年后江永燕贫病而死，没沾到外甥一点光。大舅也依然没有房住，南五舅也没能到北京享福。

第二节　翰林曾国藩的工资条

一　清代的低薪制

那么，京官生活为何如此之穷呢？

第一个原因是薪俸水平低。

翰林地位清要，然而薪俸很低，以至于被人称为"穷翰林"。解剖曾国藩这个典型，我们对清代京官俸禄之薄可以有一个具体的了解。

清代文官"正俸"也就是正式工资基本承袭明朝，只略有调整，自一品到九品至未入流，共分10个等级：一品最高180两，二品155两，三品130两，四品105两，五品80两，六品60两，七品45两，八品40两，正九品33两，从九品及未入流只有31两有零[3]。

除了正式工资之外，还有实物补贴，即"禄米"，供官员食用的大米。一般来说，一两工资，同时发放一斛（半石）禄米。

乾隆年间定制，一、二品官员双俸双米[4]，也就是开双份工资，发双份禄米。其他

---

[1]《曾国藩全集·家书》，岳麓书社，1994年，第76页。

[2]《曾国藩全集·家书》，岳麓书社，1994年，第76页。

[3] 黄惠贤、陈锋主编：《中国俸禄制度史》，武汉大学出版社，2005年，第556页。

[4] 乾隆五十三年上谕："向来六部尚书、侍郎，每年俱给予双俸双米，而大学士之兼管部务者，则照尚书例，俸、米俱属双支，其不兼管之大学士，每年系双俸单米。大学士领袖班联，职分较大，所得俸米，比尚书转少，殊未允协。嗣后，大学士之不兼部务者，亦著加恩给予双俸双米，以符体制。"见黄惠贤、陈锋主编：《中国俸禄制度史》，武汉大学出版社，2005年，第557页。

京官食双俸单米[1]。除户部等少数官员外，绝大部分京官没有养廉银[2]。

二 曾国藩工资条的构成

按这个标准，曾国藩这样的从七品京官薪俸内容是正俸四十五两，加上四十五两"恩俸"，此外还有四十五斛（二十二点五石）"禄米"[3]。

为了准确计算曾国藩的薪俸，我们需要将禄米折成银两。虽然发给官员的禄米名义上是精品大米，但事实上京仓粮食"红朽者多"，因此中下级官员领到米券后，常"以贱价出售给米肆，每石仅合银一两有奇"[4]。综合各种资料，我们可以确定当时禄米每石大约值银一两三钱，这样的话，曾国藩每月22.5石的禄米值银29.25两。加上双俸，曾国藩的薪俸总数为119.25两。参见《清代道光年间京官俸禄表》（表2-1）。

表2-1 清代道光年间京官俸禄表

品级	正俸（两）	恩俸（两）	禄米（斛）	禄米折银（两）	合计（两）
正从一品	180	180	180×2	234	594
正从二品	155	155	155×2	201.5	511.5
正从三品	130	130	130	84.5	344.5
正从四品	105	105	105	68.25	278.25
正从五品	80	80	80	52	212
正从六品	60	60	60	39	159
正从七品	45	45	45	29.25	119.25

---

[1] 外官实行养廉制后，从雍正年间到乾隆初年，京官也实行了双俸制改革。从乾隆元年起，京员例支双俸单米。至于试用官则不食双俸，而尚书、侍郎及大学士等高级官员双俸双米。

[2] 雍正十一年奏准支给户部有关官员养廉银，其标准为："户部银库郎中、员外郎，每员岁给养廉银各五千两，司库三千五百两，大使二百两，库使三百二十两，笔帖式八百两；颜料库郎中、员外郎、司库，每员岁给养廉银各一千两，大使三百两，库使、笔帖式各一百八十两，掌稿笔帖式、库使二百七十六两六钱有奇；缎匹库郎中、员外郎、司库，每员岁给养廉银各四百五十两，大使、库使、笔帖式各一百五十两，掌稿库使、笔帖式二百一十两。三库总档房主事三百六十两，笔帖式一百二十两。"乾隆十四年又谕："吏、礼二部堂司各官，向未议有养廉，著加恩于三库饭银赢余数内，各赏给银一万两，分赡养廉。"参见昆冈等：《钦定大清会典事例（光绪二十五年重修本）》卷二六〇《户部·俸饷·京官养廉》，光绪二十五年八月石印本。

[3] 黄惠贤、陈锋主编：《中国俸禄制度史》，武汉大学出版社，2005年，第556页。

[4] 震钧：《天咫偶闻》卷三，北京古籍出版社，1982年，第68页。

续表

品级	正俸（两）	恩俸（两）	禄米（斛）	禄米折银（两）	合计（两）
正从八品	40	40	40	26	106
正九品	33.114	33.114	33.114	21.52	87.748
从九品	31.5	31.5	31.5	20.48	83.48

说明：本表以《中国俸禄制度史》[1]中的《清代文官俸禄定例表》为基础，禄米按
每石值银一两三钱（每斛0.65两）折算。

除此之外，京官还有数目不等的"公费"，即办公经费。但是制定于顺治年间的公费标准极低，身居一品的内阁大学士和各部尚书，仅"月支公费银五两"，翰林院修撰以下月支银二两到一两不等。曾国藩这样从七品翰林的公费标准是一两半。但公费在晚清是折成铜钱支给的，"凡京官公费每银一两折制钱一千文"[2]。具体发放时又并非如此整齐规律[3]，时有错后发放及补发。按曾国藩《辛丑年用钱票数》[4]账簿，多的月份是1 700文，少的月份只有140文。逐月累加算出来的结果是这一年他的公费收入共计15 353文。通过曾国藩的兑换实例，我计算出道光二十一年的银钱比例是一两银换制钱1 434文[5]。以此标准折算，则曾国藩全年公费收入15 353文，折合10.71两。

将薪俸与公费两项相加，曾国藩全年正式收入为合计129.96两。

张德昌说："和同时期的其他阶层的人来比较，京官的官职收入并不菲薄。"比如，李慈铭所用男仆年工资不过十两多一些而已[6]。因此他认为清代京官虽然以穷困闻名，但实际上生活水平很高，甚至很多人都过着"糜烂豪奢的生活"。然而，官员与社会底层仆役的支出结构和水平完全不可同日而语，这是由京官的特殊生活方式

[1]黄惠贤、陈锋主编：《中国俸禄制度史》，武汉大学出版社，2005年，第561页。
[2]昆冈等：《钦定大清会典事例（光绪二十五年重修本）》卷二五〇《户部·俸饷·京官月费》，光绪二十五年八月石印本。
[3]康熙之后，公费折钱支给，到了晚清，这项原本低微的公费更是大打折扣。何刚德说："部员月费，廉俸之外，月给新铸大铜钱二十枚，一当五，适合百钱之数。"已经是可有可无了。见何刚德：《话梦集》卷上，北京古籍出版社，1995年，第13页。
[4]吴相湘主编：《湘乡曾氏文献》，台湾学生书局影印本，1965年，第4005～4050页。
[5]曾国藩在道光二十一年多次以银换钱，每月有二三次之多。本书取每月最初一次的兑换实例，平均十二次兑换率，得出的结果是一两银换制钱1 434文。
[6]张德昌：《清季一个京官的生活》，香港中文大学，1970年，第51～52页。

决定的。以仆役的工资做参照，并不能真实反映京官的生活水平。

那么翰林曾国藩的生活方式和质量如何？一年的支出又需要多少呢？我们在这一章从衣食住行等项来详细观察一下曾国藩的支出结构。因为《湘乡曾氏文献》中存有辛丑年（道光二十一年）完整账簿[1]，即《辛丑年用银数》[2]和《辛丑年用钱票数》[3]等，所以我们以道光二十一年为观察重点。

在这些账簿中，曾国藩所用的货币单位有银两、现钱和票钱。晚清北京地区行用的钱有现钱、钱票的区别。现钱又称大钱，指清代制钱。钱票乃是钱庄和各种商铺发行的民间纸币，或称私票。面额有五百文、一吊、两吊、两吊五百文到五吊或五吊以上等[4]。

从曾国藩的账本可见，在道光二十一年，它的信用状况良好，与现钱等值。本章的银钱比率，均按一比一四三四文统一换算。

第三节　道光二十一年曾国藩的收入与支出

一　京官是怎么解决住房问题的

一个人从外地来到北京生活，面临的第一个问题当然是住房。

和今天不同，清代京官不但没有分房，在住房问题上也不享有任何补贴。

因此，除了个别人享有皇帝的殊恩赐予宅第之外，京官解决住房问题的方式和今天大部分人一样，一是买房，二是租房。

清代实行满汉分居[5]，满族京官多定居于北京内城，汉族京官基本上都居于外城或者叫南城。京官中有一些人在外城有自己的宅邸。比如康熙年间，昆山人徐乾学显贵

---

[1] 这个账簿的缘起见道光二十一年正月十二日日记："去年用银八百两，还账三百，用去五百，数目不甚清晰。本年别立一簿，须条分缕晰，自立章程。"《曾国藩全集·日记》，岳麓书社，1994年，第60页。

[2] 吴相湘主编：《湘乡曾氏文献》，台湾学生书局影印本，1965年，第4000～4004页。

[3] 吴相湘主编：《湘乡曾氏文献》，台湾学生书局影印本，1965年，第4005～4050页。

[4] 彭信威：《中国货币史》，上海人民出版社，2007年，第598页。它在发行过程中，没有发行准备制度，主要的保证就是无限责任和多户联保。因此，钱票的基础全在商人的信用。

[5] 顺治五年八月，清政府在北京城实行满汉分居。内城为旗人居住，汉人可以出入内城，但不得夜宿。见魏泉：《士林交游与风气变迁：19世纪宣南的文人群体研究》，北京大学出版社，2008年，第2页。

一时，在宣南购买和自建了多处房产[1]。乾隆年间官至礼部尚书的董邦达，在米市胡同拥有一套很大的宅院，花园"花木竞秀，丘壑多姿"[2]。然而这种情况在汉族京官中并不多见。因为北京地价昂贵，一般外地来京的京官很难拥有如此雄厚的经济实力。

因此租房更适合大多数汉族京官。一方面京官生活流动性很大，他们或者因为升迁调转频繁更换工作部门，或者外放为地方官，或者因父母去世要回老家守制，在北京一个地方一住几十年的不多。另外，北京有大量的会馆和民居常年专门出租。从供需两方面来看，租房都是最佳的选择。

当然，京官租房和平民租房还是不同。官员租房的第一个特点是要求体面。身为朝廷命官，住宅须配得上官制威仪，因此自然不能蜗居斗室，更不可能与平头百姓混居在一个大杂院里。所以京官们虽然穷困潦倒，却多租住大宅，至少要一套像样的四合院，讲求宽敞气派。如果条件许可，带花园的宅子最受欢迎。稍晚于曾国藩的李慈铭在京为官期间，租居位于保安寺街故闽浙总督旧邸，有屋二十余楹，有轩有圃，花木葱郁。这是当时京官的常态。

京官租房的第二个特点是周转率高。随着仕途迁转，官员经常更换办公地点，收入水平也会随官位升迁而水涨船高，因此对住房的要求当然也越来越高。这在清代京官的诗句中屡有反映。康熙年间的大学士陈廷敬曾说自己"五春三度移居日"[3]。五年搬了三次家。乾隆年间的钱大昕则说："客居燕台两寒暑，有似泽雉游樊笼。虎坊菜市三易寓，去住踪迹风转蓬。"[4]两年搬了三次。嘉庆进士、后来官至体仁阁大学士的祁寯藻亦说："自我官京师，十年四徙宅。"[5]十年搬了四次。

钱大昕于乾隆十七年（1752）六月入京，数年内在神仙胡同、潘家河沿、横街、珠巢街、宣外大街等处搬来搬去[6]，因此写诗叹息说："劳如车轴无停转，拙比林鸠未定巢。"[7]

京官租房的第三个特点是集中于宣南即宣武门外地区，特别是宣武门外大街两侧以及菜市口的南部。这有多方面原因：一是清代中央六部均设在正阳门内，宣武门外

[1]据说他"买宪臣傅感丁在京房屋一所，价银六千余两，买学士孙在丰在京房屋一所，价银一千五百两"，"京城绳匠（神仙）胡同与横街新造房屋甚多"。见王钟翰点校：《清史列传》卷十《大臣画一传档正编七·徐乾学》，中华书局，1987年，第682页。

[2]道光四年（1824）建立的南海会馆，就是在其故宅基础上改建而成的。

[3]朱一新：《京师坊巷志稿》卷下，北京古籍出版社，1982年，第232页。

[4]朱一新：《京师坊巷志稿》卷下，北京古籍出版社，1982年，第236页。

[5]朱一新：《京师坊巷志稿》卷下，北京古籍出版社，1982年，第238页。

[6]吴建雍：《清前期京师宣南士乡》，《北京社会科学》1996年第3期，第58~66页。

[7]朱一新：《京师坊巷志稿》卷下，北京古籍出版社，1982年，第217页。

离正阳门不远，住在这儿上朝方便。二是北京位于国家版图东北部，中原及南方士子通常由西南方进入北京城，故落脚宣南最为便利。三是明代宣南地广人稀，又有树有水，风景不恶，许多明代显宦在此遗有花园别业，同时又有陶然亭、窑台以及古刹名寺等吟咏集会胜地，很对文人习气严重的京官们的胃口。故夏仁虎《旧京琐记》说："旧日汉官，非大臣有赐第或值枢廷者，皆居外城，多在宣武门外。土著富室则多在崇文门外，故有东富西贵之说。"[1]官员多住在外城的西部，本地富户多住在外城的东部，所以说"东富西贵"。四是传统时代官员多迷信，选择住房时多讲究风水。考察京官居住史，我们发现一个有趣的现象：位于菜市口大街的绳匠胡同[2]，居然住过清代史上三十余位重要人物。清中前期的徐乾学、洪亮吉、毕沅、陈元龙等都曾寓居于此，晚清这里更是名人荟萃：同治的帝师、军机大臣协办大学士李鸿藻住过菜市口胡同 7 ～ 11 号，左宗棠住过 16 号，龚自珍 1819 年在菜市口胡同"休宁会馆"住过，戊戌变法六君子之一刘光第住在 29 号，蔡元培于光绪年间任翰林院编修时也住过菜市口胡同……

这么多人选择这里，是因为人们传说这里是北京最有"旺气"、最能出主考的胡同（为什么京官如此盼望当主考，后面章节有详细解释）。刘光第在家书中解释说："第于五月廿八日移寓绳匠胡同南头路西。此胡同系京师最有旺气之街道（即如今年主考，亦惟此街放得最多，此系地脉所管，街背南半截胡同次之）。第与同司主稿正郎汤伯温（名似瑄，江南人）同斋另院而共一大门。宅正对门则恽颜彬（广东正主考），宅斜对门则孔祥霖（云南主考），宅左（隔两三斋门）则戴北春（陕西正主考），宅后（隔一斋门）则（李）文田（江南正主考）。盖气旺则无事不旺也。"[3]不过刘光第搬到这里却并未能帮助他成为主考。

曾国藩在北京的租房历程，正符合以上四个特点。

如同大多数湖南来京做官的人一样，最初几天他暂住在宣武区椿树胡同的长沙会馆（长郡会馆）[4]，三天后在宣外的菜市口附近的南横街千佛庵（位于南横街与贾家胡

---

[1] 夏仁虎：《旧京琐记》卷八《城厢》，民国刻本，首都图书馆北京地方文献部藏。形成"东富西贵"的另一个原因是崇文门为京城总税卡，故多有商人停居。

[2] 1965年改名为菜市口胡同。1998 年拓宽南北马路，菜市口胡同消失。

[3] 《刘光第集》编辑组：《刘光第集》，中华书局，1986 年，第 194 页。

[4] 曾宝慈：《曾文正与曾忠襄兄弟之间》，《曾国藩传记资料》（三），台湾天一出版社，出版年不详，第 417 页。北京有两个椿树胡同：一个是在宣武门外大街东侧，西草厂街进去，南柳巷西；第二个是在珠市口西大街的北面，从煤市街进去，不过此处是小椿树胡同。考长郡会馆所在，应该是前一个椿树胡同。

同交口，民国年间北京内外城详图上标为"增寿寺"[1]）赁了四间屋子，每月租金四千文[2]，折成白银全年需 33.47 两。他此时没带家眷，孤身一人，不需要居住大宅，但又不可能和平民混居，所以住在庵寺是较为经济的选择[3]。

不久，曾国藩的父亲曾麟书由湖南护送曾国藩的妻小来京，曾国藩接到家书后开始四处看房。十二月十二日，他到琉璃厂看房子。看好了一处院子后，却听人说这个屋子里死过人："此屋曾经住狄老辈之夫人王恭人，在此屋殉节。"虽然殉节乃是理学伦理中最光荣的事，曾国藩却因此打消了租这套房子的念头[4]。他在日记中说："京城住房者多求吉利，恭人殉节……当时究非门庭之幸。"

后来他在骡马市大街北的棉花六条胡同看定一处住宅，十二月十七日搬入[5]，每月房租八千文，全年需银 66.95 两，已占薪俸之半。

曾国藩的众多搬迁过程中，有一次明显是出于风水方面的考虑。道光二十一年七月，朋友王继贤到曾国藩所住的棉花六条胡同拜访。王继贤字翰城，是曾国藩的湖南老乡，与曾国藩同为京官，在朋友圈中是著名的"风水大师"。王氏一进曾宅，就连说此地风水不好。曾国藩在家书中汇报说："王翰城言冬间极不吉，且言重庆下者不

---

[1]《宣武区地名志》在介绍南横街时说："109 号为古刹增寿寺，查乾隆时地图千佛寺即今增寿寺。"原来这座寺庙叫千佛寺（庵），又叫增寿寺，在历史上相当有名。据《日下旧闻考》记载，这里曾经是辽代的仙露寺，金人曾经将俘获的宋宗室亲关押于此。顾贞观那首千古名词《金缕曲》的序中说："丙辰冬，寓京师千佛寺，冰雪中作。"这里的千佛寺，即应指这座寺院。民国十七年（1928）《北平特别市寺庙登记》中记："增寿寺坐落外五区南横街 29 号，建于明，宣统元年重修，本庙面积东西七丈五尺，南北十八丈五尺，房屋三十八间，自己管理，余房出租。"看来此庙规模不小，而且一直有余房出租。

[2]"（道光二十年）二月初一日移寓南横街千佛庵。屋四间，每月赁钱四千文。"见《曾国藩全集·日记》，岳麓书社，1994 年，第 42 页。

[3]道光二十年七月初一日，曾国藩生了一场重病，因在千佛庵乏人照料，搬到骡马市大街南果子巷外万顺客寓，两个多月后才病愈，于十月初六由客寓搬到果子巷南头贾家胡同内鞑子营关帝庙内。他独自住一小跨院，三开间，院中花木扶疏，颇宁静，适合病后休养。参考曾宝慈：《曾文正与曾忠襄兄弟之间》，《曾国藩传记资料》（三），台湾天一出版社，出版年不详，第 418 页。

[4]京官生涯中的曾国藩一方面精研理学，另一方面也热心功名，他的日记中多次记载了仕途沉浮中的焦虑不安。比如因为大考成绩迟迟不公布，他"中心焦急，四处打探，行坐不安，丑极"。又因闻放差之信，"心中有得失之念，胶葛萦扰，几不克自持"。为求官运亨通，他对官场中一些陋风庸习亦步亦趋。道光二十二年，他的跟班陈升在口角之后一怒辞职（曾国藩曾特作《傲奴诗》一首以纪其事）。五天后，朋友给他介绍了周某做跟班，曾国藩考察收用后，马上将此人改名为周升。直到咸丰八年，曾国藩日记中提及的五个仆人，还分别叫作韩升、王福、何得、曾盛、曹荣。可见他之图吉利讲忌讳，与绝大多数官僚一般无二。

[5]《曾国藩全集·日记》，岳麓书社，1994 年，第 53 页。

宜住三面悬空之屋。"[1] 曾国藩因为他"言之成理，不免为所动摇"，问他怎么办。王氏说八九两月不利搬家，因此必须当月就要搬家。曾国藩因此坐卧不安，放下手中所有事务，数日东奔西走找房子："找房屋甚急，而讫无当意者，心则行坐不定。"最后，经"邀同翰城走绳匠胡同看风水"，终于在这条前述最有"旺气"、最能出主考的胡同北头选定了一处风水上佳的新住所，才安下心来。巧合的是，两年后的道光二十三年，住在这里的曾国藩果然获得四川乡试主考的任命。

绳匠胡同的住宅有房十八间，比棉花六条胡同的房子宽敞很多。曾国藩在八月十七日家书中说，"屋甚好，共十八间，每月房租京钱二十千文。前在棉花胡同，房甚逼仄，此时房屋爽垲，气象轩敞"[2]。不过在账簿中，曾国藩记载的实际房租数是十千文[3]，合成银两，房租一年要 83.68 两。

更多时候，搬家的原因是官越做越大，人口越来越多，对排场的要求也越来越高。道光二十四年曾国藩升翰林院侍讲后，不得不再次搬家。盖因入京以来，添了三个女儿，儿子纪泽也到了读书年纪，要立家塾，仆妇也随之增多，"寓中用度浩繁，共二十口吃饭"[4]，于是又搬到上朝更为方便的前门内碾儿胡同西头路北。有房屋二十八间，月租三十千文，"极为宽敞"[5]。这是曾国藩首度搬到内城居住，如果按他家书中汇报的这个数字，年租金需 251.05 两。道光二十七年三月，曾国藩又一次搬家，移寓南横街路北，这次租住的宅院共有四十几间房，更为宏敞气派，价格应该也更高。

十三年间，曾国藩共计搬家八次，其中仅道光二十年就换了五次住处。总的趋势是居住条件越来越好，租金也从月租四千文到八千文、十千文直至三十千文，不断上涨。

具体在道光二十一年，曾国藩一至七月，住在棉花六条胡同，月租八千文。八月搬至绳匠胡同，月租十千文。全年房租和搬家装修费用，共花去白银 97.87 两。具体支出细项见《〈辛丑年用钱票数〉账簿中用于居住项表》(表 2-2)。

表 2-2 《辛丑年用钱票数》账簿中用于居住项表

月份	账簿中相关记载	数额（文）
正月	房租七千五百文。	7 500
二月	房租八千文。	8 000
三月	房租八千文。	8 000
闰三月	房租八千文。	8 000
	栅芭七百五十文。	750
	付打蓬钱十二千五百文。	12 500
四月	房租八千文。	8 000
五月	房租八千文。	8 000
六月	房租八千文。	8 000
七月	房租八千文。	8 000
	绳匠房订金一千五百文。	1 500
八月	付房钱茶钱八千五百文。	8 500
	付打扫钱三千文。	3 000
	付裱匠二千文。付裱匠二千五百文。付裱匠大钱一千五百文。	6 000
	付泥水匠砌花山口等事钱二千五百文。	2 500
	付车钱搬家夫大钱一千文。付小珊车夫搬家五百文。	1 500
	付大钱五百文买砖八十个。	500
	付房钱一月大钱十千文。	10 000
	付油刷匠大钱一千五百文。	1 500
	账簿月底总结所写：搬房子用三十五千文（见 4025 页账簿）。以上合计 33 500 文，故推算还有 1 500 文零用。	1 500
九月	房租十千文。	10 000
	付风门子木匠五百文。	500
十月	房租十千文。	10 000
十一月	房租十千文。	10 000
十二月	房租十千文。	10 000
合计		153 750
折合银两		107.22（两）

说明：此表据《辛丑年用钱票数》逐月逐笔统计而成。

二　买衣服是一笔重大支出

京官生活中另一项较大的花销是服装，特别是进京之初购置官服的支出。

中国传统服饰规章笼罩在浓重的意识形态氛围之下，以烦琐严格著称。清代冠服制度之细密更堪称历代之冠，官服的式样、色彩、质料、饰物等细节都有明确繁缛的要求。

比如官帽，按季节要求，可分为暖帽、凉帽两种。从功能上分，则又有朝冠、吉服冠、常服冠、行冠、雨冠等区别。

至于官服，按出席场合可分为朝服和吉服；按季节，可分冬、夏两种；按功用，又分为日常服和出行服。因官品之不同，官服用色、补子图案都有明确区分。《大清会典》将高级官员朝服外面的端罩按质地、皮色及其里、带的颜色，分为八个等级，以此区别官员身份、地位的高低[1]。

官服所要求的材料多较为贵重，因此一般价格都颇为昂贵。比如端罩的质料有黑狐、紫貂、青狐、貂皮、猞猁狲皮、红豹皮、黄狐皮几种。官帽上的顶珠，亦皆以贵重材料制作，比如一品为红宝石，二品为珊瑚，三品为蓝宝石，四品为青金石，五品为水晶，六品为砗磲，七品为素金，八品为阴文镂花金，九品为阳文镂花金[2]。暖帽周围有一道檐边，也须用名贵皮料，"以貂鼠为贵，其次为海獭，再次为狐"[3]。

清代官服皆需要官员自行购置，甚至皇帝赏赐之物有些亦如此。比如清代皇帝常赏赐官员花翎，以示奖励。这种赏赐，多数时候只是"赐予其资格，花翎需要官员自行购置，其价格因眼数不同从数十两到数百两不等"[4]。赏穿之黄马褂，有些情况下也

[1] 以上参考李国亮、尹春明：《清代冠服制度刍议》，《温州大学学报（社会科学版）》2010年第3期；及智绪燕：《中国传统服饰之清代官员服饰的特点》，《山东纺织经济》2009年第4期。
[2] 吴振棫：《养吉斋丛录》，台湾文海出版社，1968年，第465页。
[3] 岳永逸：《飘逝的罗衣：正在消失的服饰》，中华工商联合出版社，2007年，第9页。官服上面的装饰品也价值不菲。比如朝服上系的腰带，即朝带，据《清史稿·舆服志二》记载："命官文一品朝带，镂金衔玉方版四，每具饰红宝石一，带用石青或蓝色；二品朝带，镂金圆版四，每具饰红宝石一；三品朝带，镂花金圆版四；四品朝带，银衔镂花金圆版四……"《大清会典》规定，文官五品、武官四品以上皆可挂朝珠。朝珠质料有东珠、翡翠、玛瑙、宝石、水晶、玉、青金石、珊瑚、松石、蜜珀等。一串朝珠，价值高者可值数千两。
[4] 参考曾宝慈：《曾文正与曾忠襄兄弟之间》，《曾国藩传记资料》（三），台湾天一出版社，出版年不详，第425页。

是受赏者自行置办 [1]。

官服不但种类多，更替也十分频繁。《清史稿》说："凡寒燠更用冠服，每岁春季用凉朝冠及夹朝衣，秋季用暖朝冠及缘皮朝衣。于三、九月内，或初五日，或十五日，或二十五日，酌拟一日。均前一月由礼部奏请，得旨，通行各衙门一体遵照。" [2]也就是说，哪天穿什么衣服，不是由官员自己选择，而是要由朝廷统一下命令。《王文韶日记》比较详尽地记载了他一年更换服饰的次数。光绪六年他任户部侍郎，且入值军机，地位重要，频频出入宫中。正月初一，他入宫朝贺行礼，穿蟒袍补褂（光绪二十六年正月的日记显示朝贺太后和朝贺皇帝要求穿戴不同。朝贺皇太后时，穿"朝衣本色貂褂，不带嗉"，而朝贺皇上时，则是"蟒袍补褂染貂冠"）。正月十五，在乾清门站班，穿貂褂。十九日，换染貂冠、白风毛褂。三十日，换洋灰鼠褂。二月初七日，换银鼠褂。初八日，换银鼠袍。二十五日，换毡冠绒领棉袍。三月十二日，换绒冠夹领湖色衫。十七日，换夹袍褂。二十五日，换单褂。二十七日，换单袍。也就是说，前三个月入宫，换了十一套衣服，平均不到九天就要换一次。"由貂冠、貂褂直换到葛丝冠、葛纱袍，再由葛纱直换到貂褂，这就是清代官服：皮（大毛、小毛）、棉、夹、单、纱，周而复始的一年的更替。" [3]

所以为官之初，购置官服，对很多官员来说是一个极为沉重的负担。很多缺乏经济实力的京官不得不长年借用官服。李慈铭光绪十五年一月一日日记说："京官多有不能具衣冠者。余为郎三十年，去岁始得一称。" [4]对于历代仕宦的大族来说，购置官服多少也是需要掂量一下的。同治四年，翁同龢被命为弘德殿行走，成为同治帝的老师。其兄翁同爵在家书中说："弟平素衣服本不讲究，虽是俭德，然既当此差，则不能不添置数件……一切应添应改者，可随时添改，切勿惜费将就。" [5]许多官员升官之后，首先考虑的不是庆祝，而是焦虑于如何购置官服。光绪十六年，李慈铭终于补授山西道监察御史，他叹道："行年六十有二，始以正五品左转从五品，强号迁官（人们一般认为御史较郎中尊贵），始具舆服，衰颓冠獬，潦倒乘骢，草创威仪，未曾上事，已欲倾家，亦

---

[1]《王文韶日记》光绪七年十二月十七日记载："蒙恩赏穿带嗉貂褂，异数也，免冠碰头。……恭邸惠赠褂统一袭。""嗉"是貂颈下的毛，长而软，是兽皮里最好的一块，故只有极少数大臣可以被"赏穿"。王文韶虽获此资格，本人却没有嗉貂褂，须恭亲王送他一件，才能穿得起。见袁英光、胡逢祥整理：《王文韶日记》，中华书局，1989年，第591页。

[2] 赵尔巽等撰：《清史稿》第四十四册，中华书局，1977年，第3059页。

[3] 邓云乡：《读〈王文韶日记〉》，《水流云在书话》，上海书店出版社，1996年。

[4] 张德昌：《清季一个京官的生活》，香港中文大学，1970年，第62页。

[5] 翁同爵：《至叔平弟》，《翁氏家书》第十一册。转引自谢俊美：《翁同龢传》，中华书局，1994年，第74页。

可笑矣。"[1] 刘光第原本清贫，光绪帝时升官后，一下子"用度顿添，异常艰窘"。他在家书中大谈苦况："城外学堂亦打算顶与别人，兄租不起了。隔数日须往颐和园住班。老骡不行，又要买马，又要添皮衣，非狐皮不行；且定要貂褂。乾隆中，钱南园先生即是在军机处值日无衣，冷病死的；又要添人，至少亦当多用四五百金。"[2]

曾国藩素以俭朴闻名。晚年他在家书中说自己"忝为将相，而所有衣服不值三百金"，多次要求子女"衣服不宜多制，尤不宜大镶大缘，过于绚烂"。由此引出后世的种种渲染，比如说他最好的衣服是一件天青缎马褂，只在新年和重大庆典时才拿出来穿，平素便放在衣橱里，因此穿了三十年依然犹如新衣云云。

其实翰林们经常需要出入宫廷，衣服必须体面，方符国家体制。曾国藩为人固然节俭，但是在官派威仪上却绝不含糊。连曾国藩的夫人和孩子们，基于社交需要，也都衣着相当体面。道光二十九年，曾国藩在写给弟弟们的信中说：

> 我仕宦十余年，现在京寓所有惟书籍、衣服二者。衣服则当差者必不可少，书籍则我生平嗜好在此，是以二物略多。将来我罢官归家，我夫妇所有之衣服，则与五兄弟拈阄均分。[3]

确实，入京为官后，曾国藩的个人财物中最值钱者就是衣服了。《湘乡曾氏文献》中有一篇账单，记载他入京之初拥有的部分衣服：

> 芝麻纱袍套一付，线绉绵袍褂一付，宁绸单袍线纵套一付，呢袍褂一付……湖绉棉袍一件，大呢皮马褂一件，湖绉皮军机马褂一件，珍珠小毛袍褂一付，羊皮海虎绸袍一件，大呢绵马褂一件，皮圆袍一件，紫毛褂一件，沈香茧袍一件，灰鼠袍褂一付……[4]

衣服档次较入京前明显上升一大级。

仅帽子一项他就有大毛冬帽、小毛冬帽、大呢风帽、小毛小帽、皮风帽等十一顶[5]。这些衣服的购置都不便宜，通常在数两至数十两银子之间。曾宝慈在《从曾文

---

[1] 李慈铭：《荀学斋日记·后甲集之下》，光绪十六年六月二十六日。转引自张德昌：《清季一个京官的生活》，香港中文大学，1970年，第66页。

[2]《刘光第集》编辑组：《刘光第集》，中华书局，1986年，第287页。

[3]《曾国藩全集·家书》，岳麓书社，1994年，第184页。

[4] 吴相湘主编：《湘乡曾氏文献》，台湾学生书局影印本，1965年，第4245～4246页。

[5] 吴相湘主编：《湘乡曾氏文献》，台湾学生书局影印本，1965年，第4373页。

正日记看晚清习尚》中写道："那时……裁缝工钱，袍子每件大概一千五至一千八百文……材料部分，绸袍二件计六千五百文，貂褂……二十千文。"[1]

而在以后，随着官职上升，曾国藩又陆续大量添置衣服。特别是道光二十三年，曾国藩赴四川主持乡试，将所带的衣服列成单据，更可以让我们领略前清官员的排场。他带了一共九大箱，我们仅看其第一号衣箱的内容：

> 湖绉棉军机坎一件。
>
> 宝蓝线绉羊皮一裹圆一件。
>
> 蓝宁绸狐皮一裹圆袍一件。
>
> 灰宁绸羊皮一裹圆袍一件。
>
> 兰宁绸织绒一裹圆棉袍一件。
>
> 天青缎珠毛马褂一件。
>
> 荷包四十八个（共十包）。
>
> （宝兰）线绉缺衿圆袍一件。
>
> 玉色湖绉一裹圆棉袍一件。
>
> 刻丝夹蟒袍一件。
>
> 朝裙披肩一副。
>
> 蓝夹呢开衩袍一件。
>
> 红青呢外褂一件。
>
> 湖绉棉套裤一只。
>
> 宁绸夹袍一件。
>
> 线绉夹外褂一件。
>
> 宝底纱袍一件。
>
> 宝底纱补褂一件。
>
> 线绉单开衩袍一件。
>
> 线绉单补褂一件。
>
> 线绉单外褂一件。
>
> 元青宁绸单外褂一件。
>
> 宝兰线绉开衩棉袍一件。

[1] 曾宝慈：《从曾文正日记看晚清习尚》，《曾国藩传记资料》（五），台湾天一出版社，出版年不详，第107页。

天青线绉棉外褂一件。

玉色洋绉棉袄一件。

玉色洋绉夹袄一件。

香色洋绉夹袄一件。

香色洋绉羊皮军机坎一件。

……[1]

清代官员服饰要求之繁缛铺张于此可见。道光二十一年，曾国藩所添置衣服不多。因为上一年刚入京时已经基本置齐。在《辛丑年用银数》和《辛丑年用钱票数》这两本账簿中，这一年这方面记载如下：

正月，买尖靴一双，二千五百文。闰三月，买山东绸，用去一千五百文。顶子簪子等四千文，毡帽三顶、桌毡二床共计三千一百文，香珠二千文。五月付裁缝四千五百文。六月买凉帽用去一千文。八月付给裁缝三千文。九月付朝珠店一千文。十月，买袍料二千五百文，皮靴二双二千文。十二月付裁缝一千三百文，女皮套十二千文（当为夫人买——作者注），小毛冬帽二千五百文……

以上合计33.44两。详见《〈辛丑年用钱票数〉账簿中用于服装项表》（表2-3）。

表2-3 《辛丑年用钱票数》账簿中用于服装项表

月份	账簿中购置服装的记载	数额（文）
一月	买尖靴一双，二千五百文。	2 500
二月	买昭君套五百一十五文。	515
闰三月	付山东绸一千五百文。	1 500
	鞋底钱五百一十文。	510
	付太极斋顶子手环簪子等四千文。	4 000
	毡帽三顶、桌毡二床共计三千一百文。	3 100
	香珠二千文。	2 000
	太极号手环四副并找前数共去大钱一千文。	1 000
	荷包针底子扁簪手环坠子等共用钱一千一百一十文。	1 110

[1] 吴相湘主编：《湘乡曾氏文献》，台湾学生书局影印本，1965年，第4385页。

续表

月份	账簿中购置服装的记载	数额（文）
四月	染店一千一百文。	1 100
五月	付裁缝四千五百文。	4 500
六月	布钱四百四十文。	440
六月	付装凉帽大钱一千文。	1 000
七月		0
八月	付给裁缝三千文。	3 000
八月	付买布钱大钱一千文。	1 000
九月	付朝珠店一千文。	1 000
九月	皮靴二双二千文。	2 000
九月	布店去钱八百文。	800
十一月		0
十二月	付裁缝一千三百文。	1 300
十二月	女皮套十二千文。	12 000
十二月	小毛冬帽二千五百文。	2 500
合计		46 875
折合银两		32.69（两）

说明：此表系从《辛丑年用钱票数》账簿中逐笔挑出服装项目制成。

三　"随份子"和请客吃饭

京官生活另一项重大的花费就是社交应酬及送礼开支。

清代社会礼节十分烦琐，应酬名目众多，官员们更是长年生活在各种"规矩、礼数"之间。过年及端午、中秋等节，都要给上级、长辈、亲友送礼。如张德昌所说，"北京各部院衙门有一种传统的习惯，下级官吏对上级官吏要致送各种名目的节礼。对于大官的仆役、舆夫、门房要送门包、门茶"[1]。日常则有大量的红白喜事及生日、

---

[1] 张德昌：《清季一个京官的生活》，香港中文大学，1970年，第52～53页。

升官、乔迁等应酬[1]。"有时穷无分文，也得借贷来应酬。这也是一项必需的开支。"[2]以李慈铭的《越缦堂日记》光绪十五年十二月为例，在这一个月里李慈铭应酬红白喜事就有二十七起，几乎每天都要送礼。

在各种礼仪中，最不可少的是给座师的节礼。清人笔记中有翰林曾作诗这样描述自己的悲惨生活："先裁车马后裁人，裁到师门二两银（师门三节两生日，例馈贺仪银二两）。惟有两餐裁不得，一回典当一伤神。"可见，只要还没饿死，这二两银是少不得的。

除送礼之外，京官生活中另一大花销是请客吃饭。京官生活的一大特点是安闲"稳定"[3]，许多衙门的作风是"官不理事"，只有初一、十五点卯，"至都中本无官事，翰林尤可终年不赴衙门"[4]，所以有大量时间可用于酒食征逐。京官又生活在一张同乡、同门、同年、同学、同僚编织起来的大网之中，为了维持自己的人际关系网，需要不停地联络聚会。每年必不可少的一顿饭是新春各部院的团拜，往往每年轮值一二人承办，大摆宴席，延请戏班，价格不菲[5]。除团拜外，平日也是日日聚宴。清人张宸的《平圃遗稿》说，京官聚宴习以为常，"若不赴席，不宴客，即不列于人数"。所以京官生活特点是政务不多，食务繁忙。宣南一带，饭馆林立。门前每至夜则车马盈门，灯红酒绿。曾国藩账簿中提及的饭馆有"东麟堂"和"便宜坊"。李慈铭《越缦堂日记》中经常提到的饭店名则有"聚宾堂""万福居""便宜坊"等。

京官们还经常组成各种"会"，或为品鉴诗文，或为研究学问，每会则必然聚餐。一般十数人一会，三五日一宴，月余一轮。比如林则徐在做京官时，就参加过"辛未同年季会"和著名的"宣南诗社"之会[6]。也有一些人嫌饭馆俗气，经常选择名胜古刹雅集："都门为人物荟萃之地，官僚筵宴，无日无之。然酒肆如林，尘嚣殊甚，故士大夫中性耽风雅者，往往假精庐古刹，流连觞咏，畅叙终朝。"[7]遇到风和日丽的时

---

[1] 李慈铭在《越缦堂日记》中记詹麟庭的孙子满月，他送糕桃帽璎鞋袜等，他的妾张姬并去祝贺，他说："都中此等酬应，无谓甚矣。"

[2] 张德昌：《清季一个京官的生活》，香港中文大学，1970年，第53页。

[3] 清代政治重"稳定"，重"资历"，特别是中低层京官晋升缓慢，仕途安全度也高，不是特殊情况，很少右迁（升），轻易也难左迁（降）。堂官可能变化频繁，但中下层总是按部就班，"依流平进"。何刚德说："从前京曹循资按格，毫无假借，人人各守本分，安之若素，境虽清苦，而心实太平也。"（何刚德：《春明梦录》卷下，上海古籍书店，1983年）

[4] 林则徐致郭远堂书，道光十三年。转引自杨国桢：《林则徐传》，人民出版社，1995年，第31页。

[5] 之所以要举行团拜，主要由于京师地大人多，衙门林立，许多官员往往数月不见一面，因而得此机会聚首联谊。

[6] 林则徐致郭远堂书，道光十三年。转引自杨国桢：《林则徐传》，人民出版社，1995年，第36页。

[7] 朱彭寿：《安乐康平室随笔》卷六，中华书局，1982年，第283页。

候，京官们往往创造各种名目赏游饮酒。"或消寒，或春秋佳日，或为欧苏二公寿。"[1]
道光二十一年三月十四日，因曾国藩的父亲曾麟书入京，湖南八位同乡京官就曾在西
直门外极乐寺中公请曾国藩父子[2]。

这种聚宴，往往都耗神费时，所费不赀，给京官们造成沉重的经济负担。翁方纲
在给朋友的信中建议说："以今日嘉辰，益友时复过从小集，讲道谈艺，裨益身心，
盖为学之方，即在于此。……倘若曛黑始集，三鼓乃散，则人皆以为苦事，而无复唱
酬之乐矣。……且除公钱、公贺诸筵宜略加丰外，其余枯吟小集以简朴为宜。八簋速
舅，四篮礼贤，岂可语于吾辈偶然集话哉？人各七则七八，人约及五金，乃吾辈寒
士，旬日烟火之费，而一响暴殄，非以养安，似不若随意自办，在弟处则不过二簋、
二碟、二点心、二汤而已。菜必用豆腐，用白菜乃称耳。是否如此？须先请裁于兄，
而弟辈乃可遵用，行之长久也。"[3] 由这封信可以看出日常宴饮支出对普通京官而言是
多么大的负担。

曾国藩生性喜交游，也有意识地将结交朋友作为在士林中树立自己良好形象的途
径之一。因为用于社交的时间太多，他甚至在日记中做过严厉的自我批评，则他所花
的精力和金钱可以想见。和大部分京官一样，曾国藩也入过诗文之"会"。道光年间，
古文大家梅曾亮周围聚集起一大批切磋古文的京官。邵懿辰、孙鼎臣、曾国藩三人"先
后间往，与其会，饮食游处近十年"[4]。曾国藩说自己"宴饮非吾欣，十招九不起"，但
愿意与邵懿辰等人游："今日饮邵侯，婆娑办一喜。多因坐上宾，可人非俗子。"[5]道
光二十九年梅曾亮南归，七月二十八日，许多朋友包括曾国藩在龙树寺宴会，为梅
送别[6]。

我们根据《湘乡曾氏文献》中道光二十一年的数据，对曾国藩这一年社交花费进
行一个不完全的统计：

---

[1] 张祥河：《关陇舆中偶忆编》，雷瑨编：《清人说荟》初集，民国十七年扫叶山房石印本，第187
　　页。转引自魏泉：《士林交游与风气变迁：19世纪宣南的文人群体研究》，北京大学出版社，
　　2008年，第13页。
[2] 参考曾宝慈：《曾文正与曾忠襄兄弟之间》，《曾国藩传记资料》（三），台湾天一出版社，出版
　　年不详，第424页。曾宝慈说，城郊各寺是当时士大夫公余游宴之所，寺中和尚文化水平甚
　　高，尤是知客僧往往言谈脱俗，博通古今，不如此不能应酬也。
[3] 沈津：《翁方纲年谱》，"台北研究院"文哲研究所，2002年，第94页。
[4] 邵懿辰：《孙芝房墓志铭》，《苍莨诗初集》卷首，咸丰间刻本。
[5] 《曾国藩全集·诗文》，岳麓书社，1994年，第26、85页。
[6] 魏泉：《士林交游与风气变迁：19世纪宣南的文人群体研究》，北京大学出版社，2008年，第
　　137页。

正月，团拜分赀二千文。黄矩卿赏分二千五百文。

二月，某友祖母去世，奠分一千文。

三月，吴子宾处寿礼一两。湖广会馆公请乔见斋，分赀二千五百文。请吴世伯朱世兄，分赀一千文。

四月，穆中堂、卓中堂两处祝敬，各一两八钱八分。致其他处节敬、寿敬、门包共十一两九钱四分。某朋友寿分一千文，朱世兄嫁妹随礼及送卓中堂寿屏共二千四百文。

五月，陈霖生去世，奠分二十两。另一前辈去世，奠分二两。

六月，送吴师请客，分赀一千五百文。

七月，吴蔼人之年伯寿分一两，郭雨三之年伯寿分二两，如山三兄奠分一千文，李双圃寿屏分子四千文。

八月，吕王两处寿分共二两。各位老师门包三份节敬三份，共用银六两二钱四分。

九月，二十九日，钱仓仙祖母奠分二两。

十月，十七日，廖师寿辰，送银二两。

十一月，公请朋友，分摊二千五百文。一朋友奠分一千文。

十二月，唐镜海夫人去世，送奠分二千文。年底送穆师寿分一千文，又节寿敬四两，门包三钱。廖师节敬二两，门包三钱，黄师门包三钱。还陈岱云代交之奠分三处二千五百文。

以上共用银六十两八钱四分，钱二十七千九百文，约合银十九两四钱六分。合计这一年曾国藩人情来往花费 90.52 两。详见《〈辛丑年用银数〉〈辛丑年用钱票数〉账簿中用于应酬项表》（表 2-4）。

表 2-4 《辛丑年用银数》《辛丑年用钱票数》账簿中用于应酬项表

月份	《辛丑年用银数》账簿中的应酬记载	数额（两）	《辛丑年用钱票数》账簿中的应酬记载	数额（文）
正月		0	江绸袍套料一付去钱十三千文（系买仑仙，将送吴竹如）。	13 000
			团拜分赀二千文。	2 000
			黄矩卿赏分二千五百文。	2 500
二月		0	友人祖母去世，奠分一千文。	1 000

续表

月份	《辛丑年用银数》账簿中的应酬记载	数额（两）	《辛丑年用钱票数》账簿中的应酬记载	数额（文）
三月	吴子宾寿亲祝敬银一两。	1	湖广会馆公请乔见斋，分赏二千五百文。	2 500
			请吴世伯朱世兄，分赏一千文。	1 000
闰三月		0	送小岑鹿筋三斤用钱一千文。	1 000
四月	二十日付银十一两九钱四分，分六起，每起一两八钱八分。又分三起，每起二钱。作本月节敬寿敬门包之用。	11.94	某友寿分一千文。	1 000
	穆中堂祝敬一两八钱八分。	1.88	朱世兄嫁妹随礼及送卓中堂寿屏共二千四百文。	2 400
	卓中堂祝敬一两八钱八分。	1.88		
五月	送陈霖生去世，奠分二十两。	20		0
	送×（原文献看不清字迹——作者注）先生奠分二两。	2		
六月		0	文昌馆送吴师公分一千五百文。	1 500
七月	吴蔼人之年伯寿分一两。	1	如山三兄奠分一千文。	1 000
	郭雨三之年伯寿分二两。	2	李双圃寿屏分子四千文。	4 000
八月	吕宜孙王吉堂两处寿分共二两。	2		0
	各位老师门包三份节敬三份，共用银六两二钱四分。	6.24		
九月	钱仑仙祖母奠分二两。	2		0
十月	廖师寿辰，祝银二两。	2		0
十一月		0	付湖广会馆请罗苏溪分二千五百文。	2 500
			李玉川之史奠分一千文。	1 000
十二月	送穆师寿节寿敬四两。	4	唐镜海先生夫人奠分二千文。	2 000
	穆师门包三钱。	0.3	穆中堂寿分一千文。	1 000
	廖师节敬二两。	2	还陈岱云代交之奠分三处二千五百文。	2 500
	廖师门包三钱。	0.3	二十六日付文孔修太师母幛分五百文。	500
	黄师门包三钱。	0.3	帅大人幛分百六十文。	160
合计		60.84		42 560（合29.68两）
两账合计				90.52 两

说明：此表系从《辛丑年用银数》《辛丑年用钱票数》账簿中逐笔挑出应酬项目制成。

上表只包含公宴份子钱，并不包括曾国藩单独请客吃饭的花费。这类花费在曾氏账本中也随处可见，比如：

> 二月，东麟堂请客八千文。三月，东麟堂请客十千文，便宜坊差役五百文。四月，付东麟堂十六两七钱七分。七月十二日，付厨子二千五百文，准备十三日在家请客。十月，请客预付菜钱一千文……

以上宴饮花费合计白银 38.78 两。细目详见《〈辛丑年用银数〉〈辛丑年用钱票数〉账簿中用于宴饮项表》（表 2-5）。

算上请客吃饭，社交开支当年至少 129.3 两。

表 2-5　《辛丑年用银数》《辛丑年用钱票数》账簿中用于宴饮项表

月份	《辛丑年用银数》账簿中的宴饮记载	数额（两）	《辛丑年用钱票数》账簿中的宴饮记载	数额（文）
一月		0		0
二月		0	二十三日付大钱八千文与东麟堂，内正席七千文，中席一千文。	8 000
			厨子钱五百文。	500
			甲午知单三个五百文。	500
三月			东麟堂请客十千文。	10 000
			便宜坊差役五百文。	500
闰三月				0
四月	付东麟堂十六两七钱七分。	16.77	付长发酒四千文。	4 000
	送洪宋吾吉席银一两。	1		
五月				0
六月				0
七月			七月十二日，付厨子二千五百文，明日请客。	2 500
八月				0
九月				0
十月			请客预付菜钱一千文。	1 000

续表

月份	《辛丑年用银数》账簿中的宴饮记载	数额（两）	《辛丑年用钱票数》账簿中的宴饮记载	数额（文）
十一月			付厨子手钱一千文。	1 000
十二月			十五日请客用钱一千二百九十文。	1 290
			十八日补办菜钱六百九十五文。	695
			肉二斤百四十文。	140
合计		17.77		30 125（合 21.01 两）
两账合计				38.78 两

说明：此表系从《辛丑年用银数》《辛丑年用钱票数》账簿中逐笔挑出宴饮项目制成。

四　官员的出行

除以上诸种支出，对普通官员来说，交通费压力也十分沉重。

清代北京道路都是土路和石子路，交通不便，特别是下雨刮风天，常难以行走。加上衙门离住地往往有一段距离，所以官员们多选择乘轿、骑马或者坐车出行。

汉人文官虽不论年纪品级皆可以乘轿，但官轿形制根据职位高低有明确的区分，尚书、侍郎、督抚一类三品以上的官员，可以乘坐绿呢大轿，以下乘坐蓝呢大轿。不过，据何刚德的说法，京城的绿呢蓝呢，其实要求并没那么严格："王公大臣许坐四人肩舆，或蓝呢，或绿呢，无其区别，非如外官，必三品始坐绿呢轿也。"

虽有坐轿的权利，但京官们往往选择坐车，因为坐轿开支太大，买轿子雇轿夫的钱不是普通官员所能承受的。何刚德在《春明梦录》中说，高级大臣一年坐轿，就要费银八百两，因为必须雇有两班轿夫，还需前有引马，后有车辆及跟骡。"缘坐轿，则轿夫四人必备两班三班替换，尚有大板车跟随于后，且前有引马，后有跟骡，计一年所费，至省非八百金不办。"[1]曾宝慈的记述则更直观。他说曾广汉做户部侍郎时，"均须值日，至颐和园路程很远，骡车跸路上走颠簸，时间不短，因此侍郎以上，多乘四人大轿，大学士则乘八人大轿，即绿呢轿，下有红拖泥。轿夫都是久经训练的壮丁，上身不动，两腿迅速而步子极小，既快又稳。每轿两班，四人一班，每个人工资月白

[1] 何刚德：《春明梦录》卷下，上海古籍书店，1983 年。

银一两，轿夫约走百公尺即换班，行走如飞。换下来的轿夫就跳上二套车休息。"[1] 轿夫八人，每人每月一两，则工资一项每年就要九十六两。

因此，高级大臣也有许多选择坐车的："然亦有不坐轿而坐车者，车则必用红套围，非堂官却不许僭也。要其坐轿坐车，则以贫富论，不以阶级分也。"据《清稗类钞》，雍、乾以后，很多京官都改乘骡车，"至同治甲子，则京堂三品以下无乘轿者……光、宣间，贵人皆乘马车矣"。这是因为坐车成本至少下降一半："若坐车，则一车之外，前一马，后或两三马足矣，计一年所费，至奢不过四百金。相差一倍，京官量入为出，不能不斤斤计较也。"许多强撑体面的官员，将绿呢大轿保留在宅第的轿厅里，却很少使用，只有在重大场合，才花钱去轿行雇轿夫来临时抬轿[2]。

坐车也有雇车与自备车之分。大部分中下级京官连车也买不起，只能经常雇车。何刚德说："余初到京，皆雇车而坐。数年后，始以二十四金买一骡，雇一仆月需六金。后因公事较忙，添买一跟骡，月亦只费十金而已，然在同官汉员中，已算特色。盖当日京官之俭，实由于俸给之薄也。"[3] 最穷困的京官则极少雇车，绝大多数时候都选择步行，比如刘光第。

初入官场的曾国藩自然买不起轿子，但是他没有刘光第那样艰苦，隔三岔五会租一回马车，这也是一笔巨大的开销。曾国藩的活动范围，除了偶尔到衙门、皇宫和圆明园办公值班外，主要集中在宣南一带，比如琉璃厂、长沙会馆、湖广会馆。他的朋友们也大多居住在宣南。查曾国藩日记，道光二十一年，除了频繁地拜访朋友之外，他的主要出行记录如下：

> 道光二十一年正月初一，三鼓起，坐车至东长安门[4]，步至午门外翰林院朝房朝贺。初十日，三更起，在翰林朝房久坐。十一日，至琉璃厂。十五日，琉璃厂。十九日，至湖广馆团拜。
>
> 二月初三，步行至上湖南馆，发文昌帝君书。初四日，走湖广馆，公请苏臬台。

[1] 曾宝慈：《从曾文正日记看晚清习尚》，《曾国藩传记资料》（五），台湾天一出版社，出版年不详，第 107 页。
[2] 以上参考完颜绍元：《古代官员的"公务用车"》，《文史博览》2005 年第 19 期。
[3] 何刚德：《春明梦录》卷下，上海古籍书店，1983 年。
[4] 天安门前东西两侧，原有东、西长安门，每至春季，东长安门内千步廊拐角处，是礼部复查会试试卷的地方。西长安门内千步廊拐角处，每年秋天霜降节举行"朝审"仪式，由吏部、刑部、都察院联合判决"重囚"的死刑。

初六日，财盛（神——作者注）馆[1]。初八日，文昌馆[2]，同年团拜。初九，走财神馆。十三日，琉璃厂。二十日，至文昌馆。二十三日，走（湖广——作者注）会馆。二十六日，至琉璃厂买纸。

三月初三日，坐车至湖广会馆请乔见斋。初五，走文昌馆，吴子序之年伯寿辰。初六，坐车至午门，听宣会试。初八日，走翰林院衙门，穿长安门，出前门，同父亲坐车归。十四日，陪父亲走西直门外极乐寺，同乡会者八人，共饭极乐寺。旋游大钟寺。由西直门出顺城门回家。十五日，琉璃厂。十九日，琉璃厂。

闰三月初二，琉璃厂。初三，湖广会馆，请许吉斋师及同年。初六，侍父亲下园子。初七，陪父亲走清漪园、万岁山、玉泉山，各处游观。初十日，琉璃厂。十二日，琉璃厂。十三日，午门，至太和殿内送新进士复试。十四日，父亲出京，送至彰仪门外十五里。

四月二十一日，走内城接殿试考。灯后出东华门，不能出城……同华甫处睡，无寐。二十四日，文昌馆，拜卓中堂寿。

五月十三日，长郡馆祭关帝君。

六月初六日，在文昌馆请吴师。初八日，早走彰仪门外，送吴师之江西巡抚任。十二日起，接管长沙会馆事。从此月起，每初一、十五至会馆敬神拈香。

七月初五，饭后下园子，往翰林院朝房。初六日，皇上御门，派余与幼章等四人侍班，卯正退班，由园子回。初十日，走会馆。十一日，琉璃厂。

八月初一，琉璃厂。初十日，下园子随班祝嘏。十五日，城隍庙拈香，会馆拈香。

九月二十八日，乾清门外谢恩。琉璃厂。二十九日，上国史馆办志。

（十月日记缺。）

十一月十四日，湖广会馆拜寿。二十二日，彰仪门（彰仪门——作者注），送许吉斋之甘肃太守任。

十二月初八日，会馆，吊李虞臣之死。十二日，走顺城门大街买衣未得。十九日，琉璃厂。

通计这一年，他日记中提到去长沙会馆十五次，琉璃厂十三次，紫禁城（包括翰林院）七次，湖广会馆六次，文昌馆五次，圆明园三次，财神馆二次，出彰义门（彰义门就是广安门）送人离京二次，西直门外极乐寺一次。提到经过顺城门（就是宣武

---

[1] 在福建会馆内。福建会馆建于光绪三年，馆址前身为一财神庙。会馆有戏楼，能演戏。夏仁虎《旧京琐记》一书中记："堂会演戏多在宣外财神庙，铁门之文昌馆。"《福建馆志》中说："福建会馆戏楼本为堂会、演戏、集会之所，非专属闽人，他省人亦可借用。"

[2] 在骡马市大街北铁门胡同。

门）二次。曾国藩去圆明园、皇宫、翰林院等处自然需要坐车。从绳匠胡同到会馆，路并不远，账簿显示他也经常坐车去。可见他日常生活是比较注意官员体面的。

参见《曾国藩北京居住及行踪图》（图 2-1）。

道光二十一年账簿中，关于交通费有十分零散琐碎的相关记载，比如：

正月，车夫一千文。

三月，车钱六百文。

闰三月，车行五千文，又七千五百文，车钱一千三百。

六月，车钱六百五，二百七，六百，八百，三百五十，一百八十，车垫子一千三百五。

七月，下园车钱八百二十五。

八月，车钱搬家费一千文，付小珊车夫搬家五百文，到会馆车大钱一百文，下斜街车三十文，车钱二百五十文，车钱一百二十五文。

九月，会馆车钱一百七十五文，黑市[1]车钱二百九十文，去会馆车钱三百二十文，车钱三十文，车钱二十五文。

十月，车钱三百四十文，到会馆车钱一百二十文，车钱七十文，车钱四百五十文。

十一月，车钱五百二十五文，车钱三百文，车钱六十五文，车钱一百二十五文，车钱二十五文，车钱六十文，车钱六百文，车半天二百五十文，车钱四十六文，送老师车钱三百五十文。

十二月，车钱一千五百文，车钱一千文，车钱三百五十文，会馆车钱一百二十五文，会馆车钱二百五十文，车钱八十三文。

从以上记载可以看出，曾国藩日常用车分两种情况：一种是从车行雇车，定期结算，比如以上记载中数目较大者闰三月的"车行五千文，又七千五百文"即是。另一种是临时雇车，当时或者积累几次后结算，数额从二十五文到八百多文不等。需要说明的是，临时雇车的小额花费并不是每月每笔都记。记得比较详细的只有闰三月、六

[1] 又称晓市、小市，崇文门外有东晓市（亦叫东小市），宣武门外有西小市，是北京清代的旧货市场。这种旧货市场交易时间一般在后半夜到天明之间，所以也有人称之为"鬼市"。《清稗类钞》："京师崇文门外暨宣武门外，每日晨鸡初唱时，设摊者辄林立，各小市与江宁之城南二道高井附近所有者同，又名黑市，以其不燃灯烛，凭暗中摸索也。物既合购者之意，可随意酬值，其物真者少，赝者多，优者少，劣者多，虽云贸易，实作伪耳。好小利者，往往趋就之，稍不经意，率为伪物。"

图 2-1　曾国藩北京居住及行踪图

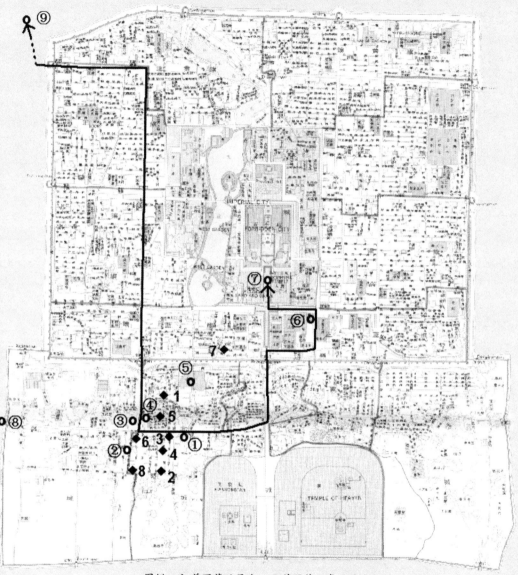

图例：◆ 曾国藩迁居地　　○ 曾国藩日常活动地点

　　说明：此图以清乾隆十五年北京城图的电子版本为底本，标注曾国藩曾经居住过的八处地点和经常到的九个地方。

　　居住地：1.椿树胡同长沙会馆（长郡会馆）；2.南横街千佛庵；3.骡马市大街南果子巷万顺客寓；4.豇子营关帝庙；5.棉花六条胡同；6.绳匠胡同北头；7.前门内碾儿胡同；8.南横街路北。

　　常到地点：①湖广会馆（骡马市大街南）；②湖南会馆（烂缦胡同）；③财神馆（福建会馆，菜市口西北）；④文昌馆（铁门胡同）；⑤琉璃厂；⑥翰林院；⑦朝房；⑧广安门（送人出京出此门）；⑨圆明园。

　　从宣南出发，向右行进路线为去翰林院及午门朝房，向北穿城而过的路线是去圆明园。

月、九月、十月、十一月、十二月这几个月，而二月、四月、五月这三个月干脆没有一笔记载。

记载最为详细的闰三月、六月、九月、十月、十一月、十二月这六个月零用车花费分别为 17 300 文、4 800 文、1 120 文、1 355 文、2 991 文、5 908 文。据此我们计算曾国藩每月平均零用车花费为 5 579 文，此数乘以十三（当年十三个月），再合计为白银，计 50.58 两。

详细记载见《〈辛丑年用钱票数〉账簿中用于出行项表》（表 2-6）。

表 2-6 《辛丑年用钱票数》账簿中用于出行项表

月份	《辛丑年用钱票数》账簿中用于出行项记载	数额（文）
一月	付车夫大钱一千文。	1 000
	车钱四百文。	400
二月		0
三月	车钱六百文。	600
闰三月	下园车钱二千七百。	2 700
	车行交上脚钱五千文。	5 000
	交大车上脚钱七千五百文。	7 500
	车钱一千三百。	1 300
	车钱六百。	600
	车二百。	200（本月合计 17 300）
四月		0
五月		0
六月	车钱六百五十文。	650
	自车二百七十文。	270
	王车六百文。	600
	车钱八百。	800
	车钱三百五十文。	350
	吴车一百八十。	180
	王先生车钱六百文。	600
	买车垫子一千三百五十文。	1 350（本月合计 4 800）
七月	下园车钱八百二十五。	825
	车钱六百。	600

续表

月份	《辛丑年用钱票数》账簿中用于出行项记载	数额（文）
八月	二十六日到会馆车大钱一百文。	100
	二十七日下斜街车三十文。	30
	二十八日车钱二百五十文。	250
	二十九日车钱一百二十五文（显然此月车钱记得不全）。	125
九月	会馆车钱一百七十五文。	175
	黑市车钱二百九十文。	290
	去会馆车钱三百二十文。	320
	车钱三十文。	30
	车钱二十五文。	25
	会馆车钱一百文。	100
	北柳巷车钱一百三十文。	130
	车钱五十文。	50（本月合计 1 120）
十月	车钱三百四十文。	340
	李东兴店车钱一百文。	100
	到会馆车钱一百二十文。	120
	十二日车钱五十文。	50
	十五日车钱一百六十文。	160
	廖师处车钱六十五文。	65
	车钱七十文。	70
	车钱四百五十文。	450（本月合计 1 355）
十一月	初一车钱五百二十五文。	525
	与岱云共车钱三百文。	300
	车钱六十五文。	65
	车钱一百二十五文（会馆道喜）。	125
	初十日车钱二十五文。	25
	会馆车钱六十文。	60
	王太和堂车钱六百文。	600
	接小山车钱七十五文。	75
	接竹如车钱一百二十文。	120
	车半天二百五十文。	250
	车钱四十六文。	46
	送老师车钱三百五十文。	350
	城内一天车钱四百五十文。	450（本月合计 2 991）

续表

月份	《辛丑年用钱票数》账簿中用于出行项记载	数额（文）
十二月	车钱一千五百文。	1 500
	车钱一千文。	1 000
	车钱三百五十文。	350
	进城车钱一百文。	100
	会馆车钱一百二十五文。	125
	会馆车钱二百五十文。	250
	车钱八十三文。	83
	付定新年车钱一千五百文。	1 500
	付新年车钱大钱一千文。	1 000（本月合计 5 908）
合计		37 404

说明：《辛丑年用钱票数》账簿中记载车钱显然不全。按全部记载合计为 37 404 文，而如果以记载最全的六个月的情况推算，全年车钱当为 72 527 文。

这是初入北京之际的情况。道光二十四年升为翰林院侍讲后，曾国藩就开始自养车马。道光二十四年十月二十一日曾国藩在家信中说：

> 寓中已养车马，每年须费百金。因郭雨三奉讳出京，渠车马借与男用。渠曾借男五十金，亦未见还。[1]

可见车马是郭雨三借给他的，可能是用来抵偿五十两负债。曾国藩每年需要花费一百两左右用来饲养马匹、保养马车及雇用车夫。具体车马使用情况下一章再进行叙述。

五　文人的消遣

因为人文荟萃于北京，可以从容研究学问，所以京官之中颇不乏一贫如洗但嗜书成癖者，甚至有人为搜求古籍而抛却万贯家产。比如"小秀野草堂"堂主顾嗣立毕生致力于搜辑刊印元人诗集，家产耗散殆尽[2]。

曾国藩虽然没有这样大的手笔，但亦"逛厂颇勤"。他京官生涯的日记共记了三

---

[1]《曾国藩全集·家书》，岳麓书社，1994 年，第 95 页。
[2] 王钟翰点校：《清史列传》，中华书局，1987 年，第 5824 页。

年零八个月，其中有六十多次逛琉璃厂的记载。光道光二十一年记载就达十三次之多。道光二十七年六月二十九日，曾国藩在致陈岱云的信中说：

> 国藩近日一无寸进，惟逛厂颇勤，惜无资可供书痴挥洒。[1]

曾国藩一生自奉颇俭，唯买书舍得花钱。晚年他在家书中说："余将来不积银钱留与子孙，惟书籍尚思添买耳。"可见藏书是他一生的嗜好。经过在琉璃厂的数年历练，他已经成为淘书的行家，藏书之中不乏珍本、善本。比如他咸丰元年十二月初十日买得一部宋版《广韵》，十分得意，夜间与朋友"痛谈"其快乐：

> 自署归，至同文堂看得宋版《广韵》，托张廉卿买得，漱六来，夜深去。
> 傍夕李春甫来，夜漱六来，痛谈买得宋版《广韵》。[2]

爱书如此，所以逛厂之时，一见到好书，难免即起争竞之心，以致他在日记中反省自己与人争购图书时心思如小人：

> 便至书铺，见好物与人争。若争名争利，如此则为无所不至之小人矣，倘所谓喻利者乎？[3]

从他写给陈岱云（源兖）的信中，我们可以看到曾国藩在买书时如何工于心计：

> 买得北监板《二十一史》……仆在厂肆见此，视为至宝，即以百金代为阁下购定……书贾云：《南史》二函，被他人借去未还。仆恐其嫌价贱而诡辞以求益也，乃曰："虽无《南史》，吾亦买之。"遂捆载交芸阁带归。厥后交银与书贾时，告之曰："暂交七十金，待《南史》到时，再补三十可耳。"书贾亦甘心无辞。不意至今，《南史》尚未交到，仆屡次催问，贾言借者已出京，渠憾之次骨。仆思以七十金而买北监板《二十一史》，即缺《南史》二函，已觉价廉而工巧矣。如贾人能将《南史》取回，收成完璧，计之得也；如不能取回，则仆借抄两套，不过费银数两，亦计之尤得者也。[4]

[1]《曾国藩全集·书信》，岳麓书社，1994年，第33页。
[2] 吴相湘主编：《湘乡曾氏文献》，台湾学生书局影印本，1965年，第3644、3646页。
[3]《曾国藩全集·日记》，岳麓书社，1994年，第139页。
[4]《曾国藩全集·书信》，岳麓书社，1994年，第52页。

京城图书需求量大，价格往往较贵，因此曾国藩经常托在外地为官的同年好友购买当地刊刻的多卷大书，比如曾托人在扬州购得《汉魏六朝百三名家集》，托杜兰溪、郭嵩焘在湖南购得《皇清经解》。

道光二十三年曾国藩奉旨典试四川临行前，他整理了自己的部分藏书，写下了八页之长书目，从这个书目中推测，他此时已经藏书上万卷。及至咸丰二年出京之时，他在家信中谈及京师寓所藏书有三十多箱。如果按每箱一百五十至二百册计算，共约七千余册，总数可达二万多卷[1]，可见他在京多年藏书之勤。因此，道光二十九年曾国藩升授礼部右侍郎后总结说，他在京多年，主要财产是书籍、衣服两项：

> 我仕宦十余年，现在京寓所有惟书籍、衣服二者。[2]

除了买书外，买文具花销亦不少。翰林生活中最重要的任务是准备朝考，练习所用的笔墨纸砚，均需自己购置。翰林写大卷之笔，必须用紫毫，取其"笔尖如锥利如刀"，易于用力，写字快。至于墨，因考时临时磨费事，一般都是买琉璃厂一得阁上好墨汁，每瓶墨汁约一两重，价自五钱至二两不等（开始练习时先用五钱一瓶者，渐用至一两一瓶者，到考试前才用二两一瓶者）。考试时将墨汁注于白铜墨盒之中。墨盒亦精工细刻，盒盖反面镶有青石，以便顺笔。大卷用纸必须标准大卷，以宣纸七层叠制，加打蜡磨光。日常书翰，文具也须讲究，因为这是翰林的体面。比如曾国藩这一年闰三月三十日记载，是日为凌九写泥金扇一柄。泥金是以真金粉末加特制胶水调成，价值不低。以上售卖这些文具的店铺，基本都集中在琉璃厂[3]。一年的文具支出，也是一笔数目相当大的花销[4]。

道光二十一年初入京不久，曾国藩买书还不算多。这一年的买书等文化支出记载如下：

---

[1] 以上两个自然段参考朱天旭：《曾国藩的藏书与治学》，双峰网，首页 >> 文化 >> 人文地理 >> 正文，网址：http://www.ldsf.com.cn/news/rwdl/2009/12-14/09121416491850821.htm，发表时间：2009-12-14，16:48:15，查询时间：2012 年 3 月 31 日 9 时。

[2] 《曾国藩全集·家书》，岳麓书社，1994 年，第 184 页。

[3] 曾国藩为祖父做寿屏，多次到琉璃厂看纸。

[4] 此自然段主要参考曾宝慈：《从曾文正日记看晚清习尚》，《曾国藩传记资料》（五），台湾天一出版社，出版年不详，第 106 页。

二月，付会文斋、字铺二千文。三月，买《斯文精萃》一书，花去一千文。

闰三月，买《斯文精萃》《缙绅》，二千文。

四月，书钱四百文，买字帖二千文。又付懿文斋书钱八两二钱一分。

六月，买书一千五百文，又买《子史精华》花四千文。

八月，文华堂装订《经世文编》三千五百文。裱对联一副、画一幅一千文。付懿文斋十两七钱二分。

十二月，买《帝王统系表》五百文，付懿文斋书钱十千文，文华堂书坊五百文，云林阁纸钱四千五百文，本立堂书钱二千五百文。[1]

全年文化消费 49.28 两，详见《〈辛丑年用银数〉和〈辛丑年用钱票数〉用于文化项列表》（表 2-7）。

表 2-7　《辛丑年用银数》和《辛丑年用钱票数》用于文化项列表

月份	《辛丑年用银数》账簿中的文化类开支记载	金额（两）	《辛丑年用钱票数》账簿中的文化类开支记载	金额（文）
一月		0		0
二月		0	付会文斋、字铺二千文。	2 000
三月		0	付《斯文精萃》钱一千文。	1 000
闰三月		0	买《斯文精萃》《缙绅》，二千文。	2 000
四月	付懿文斋书价八两二钱一分。	8.21	书钱四百文。	400
			买帖钱二千文。	2 000
			付买帖钱二千文。	2 000
五月		0		0
六月		0	买书一千五百文（京钱）。	750
			又买《子史精华》花四千文。	4 000
七月	方阮堂集二两。	2	二十四日买《朱子全书》钱大钱四千文。	4 000
八月	付懿文斋书价十两七钱二分。	10.72	文华堂装订《经世文编》三千五百文。	3 500
			裱对联一副、画一幅一千文。	1 000
九月		0		0
十月		0		0

[1]吴相湘主编：《湘乡曾氏文献》，台湾学生书局影印本，1965 年，第 4000～4046 页。

续表

月份	《辛丑年用银数》账簿中的文化类开支记载	金额（两）	《辛丑年用钱票数》账簿中的文化类开支记载	金额（文）
十一月		0		0
十二月		0	买《帝王统系表》五百文。	500
			付懿文斋书钱十千文。	10 000
			文华堂书坊五百文。	500
			云林阁纸钱四千五百文。	4 500
			本立堂书钱二千五百文。	2 500
合计		20.93		40 650（合28.35两）
两账合计				49.28 两

说明：此表系从《辛丑年用银数》和《辛丑年用钱票数》账簿逐笔挑出文化项目制成。

六　日常花销

曾国藩到京不久，夫人也北上入京，数年之间生养了几个儿女，人口日繁，仆妇日增，仆人工资、生活日用，也是不小的支出。更何况父亲及两个弟弟也先后入京在他家住过一段时间。在曾国藩的账簿中，买煤买粮买肉买苦水甜水剃头打辫子赏下人，每月都为数甚巨。

曾国藩家的日常生活，由仆人王荆七经管。每月曾国藩以银换钱后，会将部分交给王荆七，用于购买柴米油盐日用之物。道光二十一年他交付仆人荆七（"付王荆七手用"）用于日常花费的钱数如下：

正月，十九千四百七十二文。二月，十六千二百二十文。三月，十八千四百零七文。闰三月，二十四千八十四文。四月，十三千六百八十三文。五月，二十二千二百九十六文。六月，二十千八百八十文。七月，十七千九百六十八文。八月，十三千三百六十文。

九月之后不再记载此项，前九月平均每月十八千二百六十三文。以此计算则生活日用一年要花掉165.56两。参见《曾国藩账簿中所见日常消费物价资料表》（表2-8）。

表 2-8　曾国藩账簿中所见日常消费物价资料表

月份	物价资料
正月	腌肉十斤大钱一千文。
	砚灯去八百，箱架百五十。
	买尖靴一双付大钱二千五百文。
	买高丽参十五两八钱六分（二十二枝），用银十五两二钱九分。
二月	
三月	
闰三月	
四月	
五月	门帘一张一千文。
六月	
七月	十五日付烧鸭子钱五百文。
八月	二十六日买猪油三斤，大钱四百二十文。
九月	初七鱼三斤钱一百六十文。十九日送报钱三百文（当为京钱）。剃头钱八十文，前番剃头钱一百文。
十月	剃头八十文。香油五斤钱五百六十文。十九日送家信大钱一百文。剃头钱一百一十文。
十一月	十一日买门帘大钱一千文。米百斤钱二千三百文。京报钱三百文。剃头八十文。
十二月	付鹿肉一千二百六十文。付木炭九百三十七文。帐檐子大钱五百文。香油五斤钱六百四十文。猪油三斤四百六十文。付刻字店二千文（过年糊门封）。苦水钱三百五十文。剃头二百文。二十日接家信一百文，二十一日送家信一百文。付同发煤店大钱十千文。付龙祥所叫煤店大钱三千文。京报钱三百文。猪舌十二条四百文。整铜壶三百五十文。

说明：此表系从《辛丑年用银数》和《辛丑年用钱票数》账簿挑出能显示物价信息的部分条目制成（不含上文衣食住行诸表中已含条目）。

曾国藩“付王荆七手用”钱中，有一部分是用于仆人开支。曾家所雇用的数名男女仆人，一年工资花费亦不少。

曾国藩进京之时，从湖南带来了两个仆人：邓福和王荆七。按当时惯例，曾国藩先给了他们每人十千文的“安家钱”，说定每月工食钱五百文。

邓福在京不到一年，就被曾国藩辞退，临走前“赏钱二千文”[1]。王荆七在曾寓服

[1] 吴相湘主编：《湘乡曾氏文献》，台湾学生书局影印本，1965 年，第 4198 页。记载："邓福，十九年十一月起，订安家钱十千文，每月工食钱五百文。曾记共支去钱十四千三百文。二十年九月初七开销去，又赏钱二千文。"

务时间较长，是曾国藩的贴身仆人[1]。

除了这两个人外，曾国藩到京后还雇用了多名男仆，比如张福、刘兴、周贵等，月工资均五百文。从曾国藩账簿中可见，道光二十一年曾国藩寓中用了五名男仆和至少一位老妈。如果以六人计，平均每月工钱共3 000文，合2.09两，全年约27.2两。

除了工钱外，"赏钱"也是仆人的主要收入之一。按照当时惯例，对宅内仆人，过年及重要节日如端午、中秋都要给赏。这一年曾宅给下人赏钱7.23两，详见《〈辛丑年用钱票数〉账簿中用于仆役工资赏赐项表》（表2-9）。两项合计，全年用于仆人支出34.43两。

需要说明的是，除了零星几笔曾国藩单独记载外，工资的支付应该都包括在了"付王荆七手用"项目中。零星单独记载合计4 750文，合3.31两。加上上项"付王荆七手用"及7.23两赏钱，则曾宅含仆役工资的日常生活支出合计为176.1两。

表2-9 《辛丑年用钱票数》账簿中用于仆役工资赏赐项表

日期	相关记载	文	工钱
正月初六	父亲赏下人共大钱二千文。	2 000	
正月初十	赏小山下人大钱一千文。	1 000	
二月		0	
三月		0	
闰三月十四日	父亲赏下人一千五百文。	1 500	
五月	赏本宅下人节钱一千五百文。	1 500	
六月		0	
七月	赏周贵五百文，赏萧祥五百文。	1 000	付萧祥工钱五百文。付平福工钱五百文。
八月		0	
九月	给陈宅送人情钱五十文。	50	
十月	付甲午长班彰义门外分钱一千文。李石梧送别敬赏人一百文。赏下人肉钱七十二文。赏郑宅仆妇钱一百文。甲午长班皮袄大钱一百文。湖广馆长班赏钱五十文。	1 422	老妈工钱一月七百五十文。
十一月	罗苏溪别敬打发钱一百文。陈宅送礼赏钱一千文。	1 100	

[1]吴相湘主编：《湘乡曾氏文献》，台湾学生书局影印本，1965年，第4199页。记载："王荆七，十九年十一月起，订每月工食钱五百文。办衣安家钱十千文，病后许辛勤钱三千文。"

续表

日期	相关记载	文	工钱
十二月	国史馆长班钱二百文。	200	龙翔支去工钱五百文。 萧祥支去工钱一千五百文。 荆七支去工钱大一千文。
	此外每月均赏送月费人钱五十文。	600	
合计		10 372	4 750（文）

说明：此表系从《辛丑年用钱票数》账簿中逐笔挑出仆役工资赏赐项目制成。

七　祖父的补品

咸丰九年之前，曾国藩兄弟一直没有分家。所以讨论曾国藩的家庭经济情况，我们不仅要替曾国藩在北京的小家庭算账，也不能忘了湘乡曾氏这个大家庭。

在传统社会，做官不是一个人的事，而是一个家族的事业。跃过龙门之后，对家族不做回报，无论如何是说不过去的。因此作为一个穷京官，曾国藩是一直尽力接济家里的。虽然他道光二十一年六月初七日说："孙等在京别无生计，大约冬初即须借账，不能备仰事之资寄回，不胜愧悚。"[1] 但事实上，到北京后不久，曾国藩就经常往家里寄回些钱物，以贴补家用，并表孝思。

道光二十一年账簿中"买高丽参十五两八钱六分（二十二枝）"，及"买祖大人方靴"两笔记载，应该都是寄送老家孝敬长辈的。

道光二十一年之后，曾国藩此类支出逐年渐增。道光二十二年正月初七，曾国藩寄回家中鹿脯一方：

> 兹因俞岱青先生南回，付鹿脯一方，以为堂上大人甘旨之需。[2]

这一年十二月二十日，曾国藩在家信中首次提到寄回十两白银，"以为堂上大人吃肉之用"：

> 九弟前带回银十两，为堂上吃肉之费，不知已用完否？

---

[1]《曾国藩全集·家书》，岳麓书社，1994年，第7页。
[2]《曾国藩全集·家书》，岳麓书社，1994年，第19页。

同信还提到，因为祖父生日快到了，他做了两架寿屏：

> ……正月祖父大人七十大寿，男已作寿屏两架。明年有便，可付回一架。[1]

这两架寿屏成本不低。家书有详细说明：

> 一架淳化笺四大幅，系何子贞撰文并书，字有茶碗口大。一架冷金笺八小幅，系吴子序撰文，予自书。淳化笺系内府用纸，纸厚如钱，光彩耀目，寻常琉璃厂无有也。[2]

道光二十二年起，他又承诺负担祖父母及父母四具棺材所用漆钱。因为寿具须年年加漆，并且必须加厚漆，每年都要花一笔银子。四月二十七日家信中他说：

> 今年漆新寿具之时，祖父母寿具必须加漆。以后每年加漆一次。四具同加，约计每年漆钱多少，写信来京，孙付至省城甚易，此事万不可从俭，子孙所为报恩之处，惟此最为切实，其余皆虚文也。

道光二十三年，他寄回家中阿胶等补品和补服等物品，还有四十两白银。他在三月十九日家信中提到寄回的物品，以及四十两白银的分配方案：

> 付回五品补服四付，水晶顶二品，阿胶二封，鹿胶二封，母亲耳环一双。……阿胶系毛寄云所赠，最为难得之物，家中须慎重用之。竺虔曾借余银四十两，言定到省即还。其银以二十二两为六弟、九弟读书省城之资，以四两为买书买笔之资，以六两为四弟、季弟衡阳从师束脩之资，以四两为买漆之费——即每岁漆一次之谓也。以四两为欧阳太岳母奠金。[3]

综合这些情状，可知曾国藩每年都会寄回家一些高丽参、鹿胶之类供堂上老人用的补品，以及治病用的药品，还有一些家庭妇女用的针线等。另一类是毛笔、书籍等

---

[1]《曾国藩全集·家书》，岳麓书社，1994 年，第 45 页。
[2]《曾国藩全集·家书》，岳麓书社，1994 年，第 48 页。
[3]《曾国藩全集·家书》，岳麓书社，1994 年，第 60 页。

供诸弟使用的文化用品。每次升官之后，还必寄补服、袍褂。

道光二十一年，除了寄回家中高丽参及方靴外，他还承担了父亲的部分返乡路费。合计 59.35 两。详见《〈辛丑年用银数〉〈辛丑年用钱票数〉账簿中用于大家庭支出项表》（表 2-10）。

表 2-10　《辛丑年用银数》《辛丑年用钱票数》账簿中用于大家庭支出项表

月份	记载内容	金额（两）
正月	买高丽参十五两八钱六分（二十二枝），用银十五两二钱九分。	15.29
三月	付买祖大人方靴钱二千五百文。	1.74
闰三月	父亲途费八千文。	5.58
	父亲途费三十六两七钱四分。	36.74
合计		59.35

说明：此表系从《辛丑年用银数》《辛丑年用钱票数》账簿中逐笔挑出用于大家庭支出项目制成。

道光二十二年之后曾国藩资助家中情况，详见《曾国藩京官期间资助家中表》（表 2-11）。

表 2-11　曾国藩京官期间资助家中表

年份	家书中具体记载
道光二十二年	兹因俞岱青先生南回，付鹿脯一方，以为堂上大人甘旨之需。（正月初七）
	寄有笔、参、帖等物。（四月二十七）
	九弟前带回银十两，为堂上吃肉之费，不知已用完否？（十二月二十）
	正月祖父大人七十大寿，男已作寿屏两架。明年有便，可付回一架。（十二月二十）
道光二十三年	付回五品补服四付，水晶顶一座，阿胶二封，鹿胶二封，母亲耳环一双。……阿胶系毛寄云所赠，最为难得之物，家中须慎重用之。竺虔曾借余银四十两，言定到省即还。其银以二十二两为六弟、九弟读书省城之资，以四两为买书买笔之资，以六两为四弟、季弟衡阳从师束脩之资，以四两为买漆之费——即每岁漆一次之谓也。以四两为欧阳太岳母奠金。（三月十九日）
道光二十四年	男在四川，于十一月二十日返京……托渠带银三百两，系蓝布密缝三包。鹿胶二斤半，阿胶二斤，共一包，高丽参半斤一包，荆七银四十两一包。又信一封，交陈宅，托其代为收下，面交六弟、九弟。大约二月下旬可到省。（正月二十五日）
	上半年所付黑狸皮褂，不知祖父大人合身否？（十一月二十一日）

续表

年份	家书中具体记载
道光二十五年	兹因啸山还家，托带纹银百两，高丽参半斤，《子史精华》六套，《古文辞类纂》二套，《绥寇纪略》一套，皆六弟信要看之书。高丽参，男意送江岷山、东海二家六两，以冀少减息银。又送金竺虔之尊人二两，以报东道之谊，听大人裁处。男尚办有送朱岚暄挂屏，候郭筠仙带回，又有寿屏及考试笔等物，亦俟他处寄回。（四月十五日）
道光二十六年	岱云归，男寄有冬菜十斤，阿胶二斤，笔四支。彭棣楼归，男寄有蓝顶两个，四品补服四付，俱交萧辛五家转寄，伏乞查收。（正月初三）
	男寄有高丽参半斤，鹿胶一斤，膏药三十个，眼药三包，张湘纹金顶一品。（七月初三）
道光二十七年	冯树堂六月十七日出京，寄回红顶、补服、袍褂、手钏、笔等物。贺礼耕七月初五日出京，寄回鹿胶、丽参等物。（七月十八日）
道光二十八年	兹乘乔心农先生常德太守之便，付去纹银六十三两零，共六大锭。外又一小锭，系内子寄其伯母，乞寄阳牧云转交。又邓星阶寄银六两，亦在此包内，并渠信专人送去。又高丽参一布包……次等者三两，共五枝。又次等者白参半斤，不计枝。今年所买参，皆择其佳者，较往年略贵，故不甚多。又鹿胶二斤，共一布包。又一品补服四付，共一布包。前年所寄补服，内有打籽者，系一品服。合此次所寄，共得五付。补服不分男女，向来相传鸟嘴有向内向外之分，皆无稽之言也。一品顶带三枚，则置高丽参匣之内。望诸弟逐件清出，呈堂上大人。（三月初一日）
	祖大人之病未知近日如何？……兹寄回辽东人参五枝，重一两五钱。在京每两价银二十四两，至南中则大贵矣。……男前有信托江岷樵买全虎骨，不知已办到否？……又寄回再造丸二颗，系山东杜家所制者。杜家为天下第一有福之家，广积阴德。此药最为贵重，有人参、鹿茸、蕲蛇等药在内，服之一无流弊，杜氏原单附呈，求照方用之。（四月十四日。道光二十八年起，因曾国藩的祖父患病，他寄回家中的物品中，多了名贵药物。）
	高丽参二两，回生丸一颗，眼药数种，膏药四百余张，并白菜、大茄种。（六月十七日）
道光二十九年	便寄……母亲大人耳帽一件，膏药一千张，眼药各种，阿胶二斤，朝珠二挂，笔五支，针底子六十个。（十一月初五日）
	又高丽参一布包。内顶上者一两，共十四枝，专办与祖父大人用。（三月初一日）
	鹿茸一药，我去腊甚想买就寄家，曾请漱六、岷樵两人买五六天，最后买得一架，定银九十两。而请人细看，尚云无力。其有力者，必须百余金，到南中则直二百余金矣，然至少亦须四五两乃可奏效。今澄弟来书，言谭君送四五钱便有小效，则去年之不买就急寄，余之罪可胜悔哉！近日拟赶买一架付归，以父、叔之孝行推之，祖大人应可收药力之效。（四月十六日）

　　说明：此表根据《曾国藩全集·家书》相关内容制成。道光三十年，咸丰元年、二年家书中此类记载极少，不知何故。

　　在道光二十一年中，曾国藩的账簿中没有慈善支出的记载。不过救济穷人特别是穷困族人，一直是曾国藩整个官宦生涯经济生活的一个重点。京官中期开始，曾国藩即参与北京的慈善事业。道光二十五年十一月二十日家信中曾提及他前门内有义塾，每年延师八人，教贫户子弟三百余人。"昨首事杜姓已死，男约同人接管其事，亦系集腋成裘，男花费亦无几。"[1] 从道光二十三年开始，曾国藩开始了对家乡族人不间断的接济和帮助。这在下一章中将要重点提到。

八　曾国藩支出结构分析

通计道光二十一年曾国藩衣食住行及文化消费各项，共花费六百零四两五钱二分。列表如下：

表 2-12　道光二十一年曾国藩支出结构表

项目	金额（两）	占比
居住	107.22	17.74%
服饰	32.69	5.41%
社交支出（含宴饮）	129.3	21.39%
出行	50.58	8.37%
文化消费	49.28	8.15%
日常生活支出（含仆役）	176.1	29.13%
大家庭支出	59.35	9.82%
合计	604.52	100%

由此可见，曾国藩这一年最大的支出是日常生活支出，其次是社交和住房。如上所述，曾国藩入京为官之初，每年法定收入 129.96 两。这样算来，道光二十一年曾国藩的赤字为 474.56 两。

第四节　京官弥补亏空的渠道

一　冰敬、炭敬和别敬

做官一年，入不敷出如此。

---

[1]《曾国藩全集·家书》，岳麓书社，1994 年，第 125 页。

那么，京官通常如何弥补赤字呢？

办法通常有以下几种。第一是如前所述，像曾国藩、陈源兖那样，在入京为官之前，通过拜客、"打秋风"来筹集资金。第二是由家中或亲友提供资助。"戊戌六君子"之一的刘光第中了进士后被任命为刑部主事，但是因为家境贫困，一度不想就任。后来还是族叔刘举臣每年接济他二百两，才勉强做了十年京官[1]，这一点后面还会有介绍。第三是收受其他官员特别是地方官的馈赠，也就是所谓"炭敬"之类。第四是借钱。第五是靠第二职业比如润笔及"坐馆"（当私塾老师）收入，比如下文提到的李慈铭及林则徐的例子。第六是到外面出差获得额外收入，这一点在下一章将重点介绍。最后一条途径当然是贪赃，不过因为京官大多数身居清水衙门，机会不多。

曾国藩在家乡拜客及借款等收入，如前所述，约两千多两。除去在家花费、进京路费外，还有大量积余带到京城。道光二十年和二十一年，他基本就是靠这些积余生活。道光二十年，因为入京草创，花去了八百两白银。道光二十一年的支出中，大部分仍然依赖此项。

曾国藩的另一项重要收入是外官的馈赠。

谈起晚清的官场腐败，人们最为熟悉的恐怕就是"冰敬""炭敬"等名目。外官馈赠，实际上是自然形成的平衡京官与外官收入差距的一种分配机制。因为众所周知，地方官收入丰厚，"三年清知府，十万雪花银"，自然可以稍稍分润一点儿给京中的同乡、同学和同年。

何刚德这样描述这一馈送在晚清的演变：

> 道咸以前，外官馈送京官，夏则有冰敬，冬则有炭敬，出京则有别敬。同年同乡于别敬之外，则有团拜项，谓每岁同年同乡有一次团拜也。同光以来，则冰敬惟督抚送军机有之，余则只送炭敬而已。

在道光、咸丰以前，地方官送给京官的钱，有四类：夏天送冰敬；冬天送炭敬；如果进京办事，离开北京前送的叫别敬；此外给同年和同乡还要送一点儿，叫团拜钱。同治、光绪以来，只有地方总督、巡抚给军机大臣才送冰敬，其他官员都只送炭敬了。

那么，金额多少呢？"其数自八两起，至三百两为止。沈文肃送军机，每岁只三百金，而军机亦有不收者。其余则以官阶大小，交情厚薄为衡。……而别敬则较为普通，督抚藩臬到京，除朝贵外，如同乡同年，及服官省份之京官，多有遍送，其数

---

[1] 刘光第：《自京师与自流井刘安怀堂手札》，《刘光第集》，中华书局，1986年，第192～283页。

不过十金上下，后来竟有降至六金者。然而京官日渐加多，外官所费已不赀矣。"

一般来讲，地方总督、巡抚送军机大臣，一般多不过三百两。普通地方官送给京官的，每次八两到十多两。别敬一般十两左右，后来有降到六两的。

当然，文人送钱，也有讲究，不会直接写明数目，而是以隐语代之：

> 光宣之际，公行贿赂，专重权贵，末秩闲曹愈难沾丐矣。炭敬即馈岁之意，函中不言数目，只以梅花诗八韵十韵或数十韵代之，若四十则曰四十贤人，三百则曰毛诗一部，何等儒雅。亲贵用事时，有人送涛贝勒千金者，信面犹书"千佛名经"四字，亦尚不直致。惜涛不知所谓，举以示人，后拆开，始知是千两银票也。[1]

四十两，在信中说送你"四十贤人"；三百两，称为"毛诗一部"，因为毛诗三百首。当然，也有个别不学无术的亲贵闹笑话。比如载涛收到一封信，上面写着"千佛名经"四个字，不知道什么意思，当着众人打开，才发现是一千两银票。

道光二十七年（1847），张集馨出任四川按察使，在回忆录中留下了送别敬的具体标准："军机大臣，每处四百金，赛鹤汀（尚阿）不收；上下两班章京，每位十六金，如有交情，或通信办折者，一百、八十金不等；六部尚书、总宪（都御使）百金；侍郎、大九卿五十金，以次递减；同乡、同年以及年家世好，概行应酬，共用别敬一万五千余两。"[2]

军机大臣每人送四百两，军机章京每人十六两。当然，如果是有交情或者需要帮着办事的章京，一百或八十两。尚书一百两，侍郎五十两，以下递减。他进京一次，一共花了一万五千两别敬。

而樊增祥1890年10月26日给张之洞的一封密信为证，给何刚德"光宣之际，公行贿赂，专重权贵，末秩闲曹愈难沾丐矣"一句提供了注脚：

> 都门近事，江河日下，枢府惟以观剧为乐，酒醴笙簧，月必数数相会。近有一人引见来京，馈大圣六百（大圣见面不道谢），相王半之（道谢不见面），汉长二百（见面道谢），北池一百（见面再三道谢），其腰系战裙者，则了不过问矣……近来政府仍推相王为政，大圣则左右赞襄之，其余唯诺而已。[3]

[1] 何刚德：《春明梦录》卷下，上海古籍书店，1983年。
[2] 张集馨：《道咸宦海见闻录》，中华书局，1981年，第89～90页。
[3] 黄濬：《花随人圣庵摭忆》，香港龙门书局影印本，1965年，第246～250页。

　　此信讲的是某人进京时向军机大臣馈赠银子后各人的态度和反应。清代官员之间通信，常用隐语。此信中"大圣"指孙毓汶，因为他姓孙。收到外官馈赠六百两后，见了一面，但没有道谢。"相王"指首席军机礼亲王世铎，收了三百两，派人道谢，但是没有见面。"汶长"指许庚身，收到二百两，又见面又道谢。"北池"指张之万，只收到一百两却喜出望外，见了面再三表示谢意。"腰系战裙者"指额勒和布，一文钱也没收到。决定能收到多少钱以及收到钱的态度的，是收送二人的地位和权力关系。之所以礼亲王世铎和孙毓汶收到的多而态度矜持，是因为这两个人位于权力中心，说话算数。

　　从以上记载中可见，"冰敬"（孝敬夏天买冰消暑的钱）、"炭敬"（冬天烧炭的取暖费）、"别敬"（离别京城时的"分手礼"）之类馈赠，少则数两数十两，多则数百两，同、光年间官场腐败加重，有人送过千金，不过这已是足以惊人耳目的极限了。

　　因为数目不多，面积太广，人们习以为常，已经很少有人认为这是一种腐败。光绪七年（1881），户部堂官王文韶、景廉被指控收受巨额贿赂。调查发现二人在钱庄的存款中，有五万多两被列在"别敬""赠敬""节礼"等项下，来源则涉及众多官员。负责办理此案的惇亲王奕谅力主严查送礼者，而参与审案的翁同龢则认为，"别敬""赠敬""节礼"等，向有此例，不能视为受贿，并且在日记当中报怨惇亲王不"晓事"[1]。最后经慈禧拍板，五万多两"别敬""赠敬""节礼"既大多属馈赠，不便查出，置之不问。可见朝廷对此项的态度。

　　事实上，对大部分京官来说，外官馈赠都是沙漠般枯竭的财政生活中不多的清泉，几乎所有的京官都对此如饥似渴，因为它们积少成多，已经成为和俸禄一样稳定和重要的收入来源。冯桂芬说："大小京官，莫不仰给于外官之别敬、炭敬、冰敬。"[2]许多京官生活的重心就在营谋馈赠，他们花大量时间用于酒食征逐，部分原因也是只有广泛交游，才有可能辗转认识许多外官。外官入京之际，京官都争相延请，所以每天都有饭局。张集馨在《道咸宦海见闻录》描述京官对这类馈赠的贪婪时说：

　　　　京官俸入甚微，专以咀嚼外官为事。每遇督抚司道进京，邀请宴会，迄无虚日。濒行时，分其厚薄各家留别。予者力量已竭，受者冀期未餍，即十分周到，亦总有恶言。甚而漠不相识，绝不相关者，或具帖邀请，或上书乞帮，怒其无因，悯其无赖，

[1]《翁同龢日记》，中华书局，1992年，第1736页。

[2] 冯桂芬：《校邠庐抗议》卷上《厚养廉议》，顾廷龙主编：《续修四库全书》第九百五十二册《子部·儒家类》，上海古籍出版社，2002年，第504页。

未尝不小加点染。[1]

京官就靠着"咀嚼外官"生活，外官送别敬，不管如何尽力多送，最后总有怨言。甚至原来并不认识、绝无来往的京官，也会贸然写帖子来请你吃饭，或者写信请你帮助，你也不得不多少帮一点儿。

李慈铭也说，京官穷得没办法，每逢一个地方官进京，都要摸摸底，看看有没有同学、老乡什么的关系可以拉得上。如果有的话，就要想方设法拉上关系，先是去拜见，然后是请吃饭，希望从中获得一点儿好处："京官贫不能自存，逢一外吏入都，皆考论年世乡谊，曲计攀援。先往投谒，继以宴乐，冀获微润。彼外吏者分其朘削所得，以百分之一荤致权要，罄其毫末遍散部院诸司，人得锱铢以为庆幸。于是益冥搜广询，得一因缘，动色相告，趋之若鹜，百余年来成为故事。"[2]

许多老辈京官，为了得一点馈赠，不得不自失身份，同样见于李慈铭日记："上午诣王子敬小坐。见潘星翁及秦宜亭为所画扇，俱细款密字，称谓甚恭。两君于后生皆以丈人自居，子敬年少卑秩，何以致敬若此？盖重其为外吏，不无觊望；又酒食征欢，其交易密耳。宜亭，江湖老客，固不足责；星翁年位俱高，似失中朝老辈之体！"[3]

潘星翁是指潘曾莹，官工部左侍郎。学有根底，工书画，居侍郎高位，年齿已高，为了跟着外官混吃混喝几顿，不惜千方百计讨好年轻后辈。

所以很多地方官"以进京为畏途"[4]，就是因为害怕和讨厌京官的这种"咀嚼"。嘉庆年间刊印的《都门竹枝词·京官》这样说："外任官员怕进京，逢人说苦万千声。劝君莫贴洗尘酒，别敬于今久不行。"咸丰九年（1859）三月，段光清因升任浙江按察使进京，同年、同乡和浙江籍京官都为他接风饯行，经常是一天要赴七八处宴会。他不能推辞，每次都去赴宴，但都是"饮酒数杯，略话寒暄，又赴他席"，这样"酬应数日，酌留别敬"。段光清说自己"已花银数千"，但是仍然感觉在京官那里"不见讨好"[5]。

和大部分京官一样，曾国藩对外间馈赠也十分渴望。道光二十一年十二月，曾国藩在家书中说："男今年过年，除用去会馆房租六十千外，又借银五十两。前日冀望

[1] 张集馨：《道咸宦海见闻录》，中华书局，1981年，第270~271页。
[2] 李慈铭：《越缦堂日记》，广陵书社，2004年，第8373页。
[3] 光绪十二年六月十九日，转引自张德昌：《清季一个京官的生活》，香港中文大学，1970年，第56页。
[4] 张集馨：《道咸宦海见闻录》，中华书局，1981年，第271页。
[5] 段光清：《镜湖自撰年谱》，中华书局，1960年，第144~145页。

外间或有炭资之赠，今冬乃绝无此项。"[1]

不过曾国藩在京官中属持身清峻、注重名声的一类，他在京虽然交往频繁，但多是与崇尚理学的京官朋友相往还，并无致力于与外官"通消息"，故接受的官员赠送不多。道光二十一年正月，在《辛丑年正月记旧存银数》中，曾国藩记载正月这类收入有以下几笔：

> 程玉樵送别敬十二两。罗苏溪送炭资十两。李石梧送炭资十六两。

在《辛丑年入数》中记载从二月到年底的此类收入：

> 二月初五日，彭洞源送银四两。
> 三月初六乔见斋送别敬十六两。劳辛阶送别敬十两。
> 十四日黄世铭送别敬十二两。
> 六月十五日座师吴甄甫送别敬五两。
> 十月初八李石梧送别敬十二两。

通计全年炭敬、别敬等项共计九十七两。不过在《辛丑年年底汇总数》账簿中，记载"外来馈赠九十八两五钱七分"。说明除以上列出各项外，还有一两五钱七分此类收入忽略未记。

而道光二十一年以后，随着他人际交往越铺越广，在士林中声望越来越高，这类收入水涨船高，应是理所当然。不过此后曾国藩关于此项的记载绝少，仅有道光二十二年十二月二十日寄诸弟信记载：

> 今年冬间，贺耦庚先生寄三十金，李双圃先生寄二十金，其余尚有小进项。[2]

二　名声好才能借到钱

曾国藩到京第一年因诸事草创，花去八百余两。到道光二十一年年底，家中带来

---

[1]《曾国藩全集·家书》，岳麓书社，1994年，第18页。
[2]《曾国藩全集·家书》，岳麓书社，1994年，第48页。

的银钱花光，外官馈赠又如此之少，他开始面临借钱问题。京官借钱的对象，通常有同乡、同僚、朋友以及商户。一般来讲，商户比较愿意借钱给官员。因为京官绝大多数总有机会外放为地方官，或者有机会出外差发财，因此不管拖欠多久，最终总能还上。

当然，京官与京官也有不同。在京为官，声誉如何是至关重要的，因为这决定了你能不能顺利地借到钱。曾国藩在家信中说：

> 在外与居乡不同，居乡者紧守银钱，自可致富；在外者有紧有松，有发有收，所谓大门无出，耳门亦无入。余仗名声好，仍扯得活；若名声不好，专靠自己收藏之银，则不过一年，即用尽矣。[1]

道光二十一年年底，年关将近，手头银两全部花光，曾国藩找人现借了五十两银子，才勉强过了个年。及至道光二十二年的春夏之交，他借银已达二百两。到这年年底，累计更高达四百两。在这一阶段家书中多次出现"借""欠""窘"的字样，艰难情形，跃然纸上。在此之后，借钱更成为曾国藩弥补财政赤字的最主要手段。比如道光二十七年二月十二日家书中说："现在京寓欠账五百多金。"[2]道光二十八年五月初十日家书显示，欠债已经过千："京中欠账已过千金，然张罗尚为活动。"[3]

除了这两项之外，道光二十一年起，曾国藩还新开辟了一项小小的资金来源。当年六月他接了北京长沙会馆的管理事务。作为回报，会馆每个月十五千文的房租收入可以先行挪用，"例听经管支用，俟交卸时算出，不算利钱"[4]，对他的财政紧张起了小小的缓解作用。当年他的账簿中就记有这样一笔："借会馆银四十两。"[5]

说到这里，必须说明一下，在计算曾国藩道光二十一年收支时，没有统计他借给朋友们的钱数。事实上，因为交游广泛，为人仗义，曾国藩在自己捉襟见肘之时，仍然大量借钱给他人。当年的借出数账簿显示，他借给朋友们银一百九十一两三钱四分，以及钱十二千文。根据《辛丑年年底汇总数》，借入、借出相抵，他净借入八十五两五钱三分。同时，这张单子还显示，他动用了"人寄卖货银"，即他人托他代卖货物所得银两四十二两二钱。综合以上，这一年他共借入、挪用银两一百六十七两七钱三分。

---

[1]《曾国藩全集·家书》，岳麓书社，1994年，第122～123页。
[2]《曾国藩全集·家书》，岳麓书社，1994年，第142页。
[3]《曾国藩全集·家书》，岳麓书社，1994年，第167页。
[4]《曾国藩全集·家书》，岳麓书社，1994年，第16页。
[5]吴相湘主编：《湘乡曾氏文献》，台湾学生书局影印本，1965年，第4049页。

三　曾国藩的收入来源分析

分析道光二十一年曾国藩收入来源，可以列表如下：

表 2-13　曾国藩道光二十一年收入结构表

项目	金额（两）	占比
俸禄	129.96	21.49%
外官馈赠	98.57	16.31%
借款（个人借款 85.53 两，"人寄卖货银" 42.2 两，挪用会馆资金 40 两）	167.73	27.75%
旧有积蓄（在乡拜客收入等存银）	208.26	34.45%
合计	604.52	100%

从这张表我们可以看出，俸禄收入只能满足开支的五分之一左右，外官馈赠和借款是京官重要的资金来源渠道。

从道光二十一年曾国藩的收入支出分析中，我们可以看到作为翰林的曾国藩的支出主要用于提高自己的文化修养，广泛结交朋友，以及竭力保持官员体统。至于收入，由于持身清峻，有时只能靠借贷等来弥补不足，因此面临着巨大的经济压力。其实如果不是为了力保清节，曾国藩完全可以开辟更多财源，比如可以像某些京官那样放下身段厚起脸皮结交外官，以谋取更多馈赠。

第五节　理学磨砺与曾国藩"保持清节"的关系

一　"学作圣人"

来到北京之前，在白杨坪小天地里成长起来的曾国藩，全部精力都用在八股文上，好友刘蓉说他当时"锐意功名"，他自己也说当时最大的心事不过是"急于科举"。在道光二十三年的一封家书中他说："兄少时天分不甚低，厥后日与庸鄙者处，全无所闻，窍被茅塞久矣。"[1]曾国藩认为因为周围都是见识庸俗鄙陋的人，所以自己的头

---

[1]《曾国藩全集·家书》，岳麓书社，1994 年，第 56 页。

脑也很闭塞。

　　道光二十年入京为官，不仅是曾国藩仕途上的起步，也是他一生自我完善的一个重要起点。作为全国的政治和文化中心，北京是全国精英之渊薮。一入翰苑，曾国藩就见到很多气质不俗之士。他在写给诸弟的信中兴奋地介绍说：

　　　　京师为人文渊薮……现在朋友愈多，讲躬行心得者，则有唐镜海先生、倭仁前辈，以及吴竹如、窦兰泉、冯树堂数人；穷经学理者，则有吴子序、邵蕙西；讲习诗书、文字而艺通于道者，则有何子贞。[1]

　　这些朋友给了他极大的影响，让他知道了圣人可以"学而至之"：

　　　　近年得一二良友，知有所谓经学者、经济者，有所谓躬行实践者。始知范（仲淹）韩（琦）可学而至也，（司）马迁、韩愈亦可学而至也，程、朱亦可学而至也。[2]

　　曾国藩检讨自己，不觉自惭形秽，因此毅然立志自新，"学作圣人"：

　　　　慨然思尽涤前日之污，以为更生之人，以为父母之肖子，以为诸弟之先导。[3]

　　"学作圣人"之志对他的日常生活习惯和经济生活状况都产生了决定性影响。

　　道光二十二年十月初一日起，曾国藩按唐鉴的建议，学习倭仁开始记日课。他在给弟弟们的信中介绍说：

　　　　余自十月初一日起，亦照艮峰样，每日一念一事，皆写之于册，以便触目克治，亦写楷书。[4]

　　如前所述，翰林的生活主要任务就是读书养望，充实学养。然而曾国藩天生乐于交往，喜欢热闹，几乎每天都要"四出征逐"。他自己反省认真读书的时间太少，有

[1]《曾国藩全集·家书》，岳麓书社，1994年，第47页。
[2]《曾国藩全集·家书》，岳麓书社，1994年，第56页。
[3]《曾国藩全集·家书》，岳麓书社，1994年，第56页。
[4]《曾国藩全集·家书》，岳麓书社，1994年，第40页。

时间读书心也静不下来[1]。

既然要自我完善，首先当然就要抓紧时间，不能再"闲游荒业""闲谈荒功""溺情于弈"。从十月二日起，曾国藩给自己规定了以下基本学习日程：每日楷书写日记，每日读史十页，每日记茶余偶谈一则。这是必须完成的课程下限。除此之外，他还每日读《易》，练习作文，学习效率大为提高。

二　一个关于发财的梦

"学作圣人"更重要的一个方面，是拒绝世俗利益的诱惑。在三十岁这一年，曾国藩立下了不以做官发财的誓言。道光二十九年三月二十一日，曾国藩在写给弟弟们的家信中说：

> 予自三十岁以来，即以做官发财为可耻，以宦囊积金遗子孙为可羞可恨，故私心立誓，总不靠做官发财以遗后人。神明鉴临，予不食言。[2]

事实证明，曾国藩的一生基本上践行了这个诺言。

明清两代的官场有一个特殊现象，那就是清官大部分都有较好的理学素养。比如明代著名清官薛瑄就以理学闻名，他一生刚直不屈，被称为"光明俊伟薛夫子""铁汉公"。而另一清官海瑞则深受王阳明心学影响，强调心口如一、知行合一，终身活在天理与世俗的交战之中。清康熙朝盛产清官，一个原因是康熙朝正是清代理学大兴之时。著名清官陆陇其"笃守程朱"，被尊为清代理学第一。熊赐履、李光地两位清官，也都是著名的理学名臣。其他清官如张鹏翮、蔡世远、陈鹏年等无一不是理学精深之士。

这种现象自然并非偶然。因为理学家的快乐就在于与欲望为敌，用常人难以忍受的艰苦来彰显意志的强大。我们看史书所载明清两代清官形象，实在令人鼻酸。

明代的著名清官轩輗"寒暑一青布袍，补缀殆遍，居常蔬食，妻子亲操井臼"[3]；秦纮"廉介绝俗，妻孥菜羹麦饭常不饱"[4]。

[1]《曾国藩全集·日记》，岳麓书社，1994年，第42页。
[2]《曾国藩全集·家书》，岳麓书社，1994年，第183页。
[3]《明史·列传》，中华书局，1974年，第4323页。
[4]《明史·列传》，中华书局，1974年，第4745页。

更著名的清官海瑞"布袍脱粟，令老仆艺蔬自给"，长年吃不上肉。

清代名臣张鹏翮"居无一椽，食无半亩，敝衣布被，家计萧然……四壁空虚，一棺清冷，贫宦与老僧无异也"[1]。

名臣于成龙因长年舍不得吃肉，只吃青菜，故得了一个绰号"于青菜"。辞世后，遗物仅有粗米数斛，盐豉数器，白银三两。

陈瑸官至巡抚，平时也舍不得吃肉，"其清苦有为人情所万不能堪者"，康熙当着众大臣称他为"苦行老僧"[2]。

可以说，薄俸制造成了两个后果。一方面，由于传统社会一直没能建立起约束各级权力的有效机制，使薄俸制的荒悖正如同"渴马守水，恶犬护肉"，因此官员们的整体腐败成为一种不可避免的趋势。但与此同时，薄俸制也培养了独特的"清官文化"，导致明清两代官员两极化发展。在贪风遍地的背景下，清官们如同数盏明灯，高悬在昏黑一片之下，成了王朝的点缀。曾国藩就是其中之一。

曾国藩"学作圣人"是极为认真的。在唐鉴、倭仁等理学大家的影响下，他在生活中时时与"欲望"交战："天理人欲，决不两立。须得全在天理上行，方见人欲消尽。"[3] 在有关曾国藩的资料文件中，我们没有发现任何一笔营求私利的记载。如果说走过后门的话，也仅限于诰封用宝之类的小事[4]。

但困窘的生活确实使理学家曾国藩在京官生涯中不断为利心所扰，并导致不断地自我批评。

道光二十二年十月初十日，他的一段日记十分典型：

> 座间，闻人得别敬，心为之动。昨夜梦人得利，甚觉艳羡，醒后痛自惩责，谓好利之心形诸梦寐，何以卑鄙若此，真可谓下流矣！[5]

听到别人得了一笔不小的别敬，不觉心为之动。晚上梦到别人发财，并且羡慕不

[1]张勤望：《通奉公行述》，《遂宁张氏族谱》卷四，民国十三年刊本。

[2]陈康祺：《郎潜纪闻初笔二笔三笔》上册《陈清端公清操》，中华书局，1984年，第77页。

[3]黄宗羲：《宋元学案》卷六十八，中华书局，1986年，第1531页。

[4]曾国藩在家书中谈及这次封诰用宝的过程："诰封已于八月用宝，我家各轴竟尚未用。吾意思急急寄回，以博父母大人、叔父母大人之一欢。乃意未领得，心焉负疚。去年请封时，系由礼部行文吏部，彼时曾与澄弟谈及。以为六部毕竟声势相通，办事较易。岂知不另托人不另给钱，则书办置之不议不论，遂将第一次用宝之期已误过矣。现在另托夏阶平妥办，不知今夕尚用宝否？"见《曾国藩全集·家书》，岳麓书社，1994年，第221页。

[5]《曾国藩全集·日记》，岳麓书社，1994年，第116页。

已，醒来后痛自反省。

道光二十二年十月十九日，曾国藩在日记中说：

> 两日应酬，分资较周到。盖余将为祖父庆寿筵，已有中府外厩之意，污鄙一至于此！此贾竖器量也。不速变化，何以为人！[1]

立志成为圣人的曾国藩，却心心念念想着借祖父的生日多收点儿份子钱。并且因为即将到来的祖父生日宴会，未雨绸缪地加大了社交力度。这其实不能说明他本性如何贪婪，只能说明清代财政制度是何等扭曲，一个遵纪守法的官员要面临何等巨大的经济压力。

正是理学提供的"意志万能"理论，支撑着曾国藩在无比肮脏的官场中超拔流俗，抵御住了种种诱惑。可以说，京官初期打下的理学基础，是曾国藩一生保持清节的关键所在。

---

[1]《曾国藩全集·日记》，岳麓书社，1994 年，第 120 页。

第三章

四川所获的"巨额灰色收入"和京官后期生活

第一节　从曾国藩看清代乡试主考的收入与支出

一　梦寐以求的主考任命

当然，京官们的生活也不是毫无希望。清代政治体制中为京官特别是翰林们提供了一个摆脱贫困的机会是"得差"，即被派到外地办理公务。在出差过程中，往往会得到大量的"灰色收入"，发一笔横财。这是京官生涯的最重要财政补给站。

何刚德在《春明梦录》中说：

> 从前京官，以翰林为最清苦……所盼者，三年一放差耳。差有三等，最优者为学差（外放为各省学政——作者注）。学差三年满，大省分可余三四万金，小亦不过万余金而已。次则主考，主考一次可得数千金。[1]

京官当中，翰林是最清苦的，因此最盼望的是三年一次的"放差"。差使有三等，最好的是到各省当学政，主管各省教育。当一届学政，大省可以搞到三四万两白银，小省一万多。次之则是当主考，一次可以搞到几千两。

相对学政，翰林们最容易得到的差使是乡试主考。

清沿明制，乡试设正副主考各一，从翰林等京官中选派。乾隆三十五年起，为保证考官素质，规定乡试主考均须考试，称为"考差"[2]。

---

[1] 何刚德：《春明梦录》卷上，上海古籍书店，1983年。

[2] 参考魏秀梅：《清代之乡试考官》，《"台北研究院"近代史研究所集刊》第24期上册，第173页。

几乎所有中下级京官都对当主考的机会梦寐以求，盖因它既有面子又有里子。衡文之典，朝廷一直极为重视。雍正皇帝说："朕御极以来，屡次开科取士，凡属考官，皆择人品端方、素行谨恪者为之。"[1] 因此成为主考，衔命抡才，是人品和文品的双重认定，是一种很高的荣誉。李鸿章晚年位高权重，犹以平生没当过主考为憾。道光二十五年，曾国藩的同乡好友陈岱云外放为江西吉安知府，年仅三十二岁。人人都认为是美差，他却以未得主考、学政为恨。

除了面子上的光荣，当主考"里子"里的实惠更大。首先，主考官是举人们的"座师"，可以收许多门生，这些门生会成为官场上潜在的人脉。其次，乡试结束时，主考官会获得几笔收入：一是地方官场公送给主考官员的"程仪"；二是除了公送之外，地方官员还会以私人名义致送礼金；三是中举者会交"贽金"，也就是拜师费。这几笔收入加在一起，会使一个穷困的翰林一夜"暴富"。

那么，清代乡试主考所获具体有多少呢？《随园诗话》说：

> 春台一穷翰林，即任试差，不过得一二千金，遽买南妾一人，日日食鲜鱼活虾、瓦鸭火腿、绍兴酒、龙井茶，何以养之？[2]

按这个说法，是一二千两，不足以供养一个娶自南方的生活讲究精致的小妾。

翁同龢日记提供了更具体的数字。同治元年，翁同龢出任山西乡试正考官。乡试结束后，他在日记中载：

> 九房公送折席银一百两……九房送程仪二百两，又磨勘费二十五两（共五十两，主司分）……同城各官送程仪八百两。[3]

按此记录，他一共收到馈赠一千一百二十五两，再加上国家法定路费四百两，此行收获共一千五百二十五两。与《随园诗话》相吻合。

不过翁同龢的日记对于了解清代乡试主考收入与支出仍嫌过于简略。我发现的最详尽的资料是曾国藩道光二十三年典试四川时所记的各种账簿。

[1]《世宗宪皇帝实录》（一），《清实录》第七册，中华书局，2008年，第6487页。
[2]《批本随园诗话》卷八第三五条批语，1917年铅印本。
[3]陈义杰整理：《翁同龢日记》，中华书局，2006年，第229～231页。

二　出行前买假朝珠

如前所述，道光二十一年年底，曾国藩找人现借了五十两银子，才勉强过了个年。及至道光二十二年的春夏之交，他借银已达二百两。所以曾国藩对考差非常热衷。正如他后来在家书中说的那样，他的主要动机是解决经济危机：

> 考而得之，不过多得钱耳。[1]

考差如科举一样，对"小楷""白折"功夫非常讲究。因此道光二十二年二月二十四日家书中，曾国藩提到他为了考差正在勤奋练习小楷：

> 男亦常习小楷，以为明年考差之具。

道光二十二年三月十一日家书中，曾国藩提到他为了考差，正在练习作"试帖诗"，写在白折上，大家互相打分：

> 男近来每日习帖，不多看书。同年邀为试帖诗课，十日内作诗五首，用白折写好公评，以为明年考差之具。

虽然尽力准备，但是由于竞争过于激烈，这一年曾国藩没有考中。年底他说，欠债已经上升为四百两，如果明年再考不中，那么经济压力更大了：

> 我在京该账尚不过四百金，然苟不得差，则日见日紧矣。

第二年他再接再厉，全力以赴。道光二十三年三月二十三日，他在家书中说：

> 今年考差大约在五月中旬，孙拟于四月半下园用功。[2]

曾国藩对这次考试期望极大，为了准备这次考差，他甚至预先服起了补药：

---

[1]《曾国藩全集·家书》，岳麓书社，1994 年，第 130 页。
[2]《曾国藩全集·家书》，岳麓书社，1994 年，第 62 页。

男因身子不甚壮健，恐今年得差劳苦，故现服补药，预为调养，已作丸药两单。考差尚无信，大约在五月初旬。

也许是曾国藩的虔诚感动了上天，他鸿运当头，从大批京官中脱颖而出，六月二十日获得了四川乡试正考官的派遣。此时正是他经济极度紧张的时候，真是久旱逢甘雨。

曾国藩当然大喜过望，得信之后立刻忙了起来。一个乡试主考官出京前必须做好如下准备。

第一项是差旅手续及用品。

国家对乡试十分重视，所以对主考官待遇颇厚。乾隆三年规定各省给付主考的路费标准：

云南八百两，贵州七百两，四川、广东、广西、福建、湖南六百两……[1]

这笔路费规定到各省后由各省财政给付。因为部分主考反映上路前花费巨大，无力负担，乾隆六年又规定，主考官可以先从户部领取二百两路费，该省于应给路费内扣除[2]。主考出行，按例由沿途的驿站提供夫子、马匹，不必自己花钱。所以曾国藩在账簿《应办事》中列有领取兵部勘合和官马。

不过路上仍有许多费用是由自己负担的。比如要自己带被褥行李及路上用品。因此出京前，曾国藩在《买零物单》中记下要买的一些旅行物品：轿灯、皮箱、老公卷[3]、包毯、眼镜……还有卫生丸、紫金锭、如意丹、活络丹、午时茶等药品饮品。

第二项是招收仆从。头一次出长差，必须雇用几名有经验的仆从，照顾生活以及处理与地方官场的往来交接事宜。因此主考任命下来后，立刻有许多朋友来推荐仆人。《应办事》中记载，文小南荐来一位张姓，吴竹如、杨昆峰荐来汪喜，邵蕙西荐来李升，曾国藩考察之后皆不满意，都辞退了。后来"吴蔼人荐其仆"，张容之、邹云阶

[1] 光绪《钦定科场条例》卷九，沈云龙主编：《近代中国史料丛刊》三编第四十八辑，台湾文海出版社，1974年，第767页。

[2] 光绪《钦定科场条例》卷九，沈云龙主编：《近代中国史料丛刊》三编第四十八辑，台湾文海出版社，1974年，第768页。

[3] "在官时捆束行李之物也"，包括毛毯、皮带等。见袁绍昂等：《济宁县志》（全），台湾成文出版社，1968年，第532页。

也各荐一人，被他留用。由此可见，他出行之时，身边至少带了四名仆从（包括一名自己的旧仆）。

第三项是购置出京的官服。

主考出京，代表朝廷体统，官服自然要讲究再讲究。在收到主考任命后，曾国藩花费最多的就是服装的投资。《湘乡曾氏文献》中有买衣单一份[1]：

> 朝裙披肩（买），单蟒袍（买），长短风带荷包两付（买），长衫大呢夹袍褂（买），短衫绵袍（买），短衫纱袍一件（买），短衫单袍（买），葛布袍一裹圆[2]（已有一件，再做一件，不要买），（棉、湖绉）一裹圆（买，以狐皮袍面改作），织绒一裹圆（做、买），呢夹一裹圆（要收拾，已有了），中毛羊皮一裹圆（买），大毛白狐一裹圆（收拾），厚薄绵裤怀褂二件（做），厚薄绵夹怀褂小袄三件（做），纱马褂（买），呢马褂（买），呢绵马褂（买），珠毛马褂（买），夏布大衫，湖绉大衫，蓝绉绵衬衫，缺衿红绸夹袍，大呢一裹圆夹袍，呢抖篷，尖方靴，领子领衣各四件，护膝。

《买零物单》[3] 中又注明，要买：

> 朝珠，补子，腰刀，油靴……

这也是出行所用。

同时，账簿中又记载："临行托岱云买貂褂、貂马褂、缺衿大毛江绸袍，预备复命。"[4] 也就是说，准备回来复命见皇帝时用。

以上所买，并非曾国藩自作主张，铺张浪费。《庚子罗柳生使蜀行李》[5]单，是道光二十年他的朋友罗柳生主试四川时所带衣服物品清单，共有七大箱之多，其中衣服六十多件。曾国藩是亦步亦趋而已。为了省钱，他在《庚子罗柳生使蜀行李》单中所

---

[1] 吴相湘主编：《湘乡曾氏文献》，台湾学生书局影印本，1965 年，第 4289～4292 页。

[2] 一口钟的别名。西清《黑龙江外记》卷六："官员公服，亦用一口钟，朔望间以袭补褂。惟蟒袍中不用。一口钟，满洲谓之呼呼巴，无开裰之袍也。亦名一裹圆。"《红楼梦》第九十四回："且说那日宝玉本来穿着一裹圆的皮袄在家歇息。"《老残游记》第六回："你们把我扁皮箱里还有一件白狐一裹圆的袍子取出来。"

[3] 吴相湘主编：《湘乡曾氏文献》，台湾学生书局影印本，1965 年，第 4301～4302 页。

[4] 吴相湘主编：《湘乡曾氏文献》，台湾学生书局影印本，1965 年，第 4294 页。

[5] 吴相湘主编：《湘乡曾氏文献》，台湾学生书局影印本，1965 年，第 4303 页。

列的"蜜蜡朝珠一合"下注"要买假的"[1]，由此可知他此次四川之行所戴朝珠居然是假货。

在《癸卯使蜀行李簿》[2]中，他列出带衣物九大箱，比罗柳生还多了两个箱子。其中衣服靴帽等七十一件。曾国藩对官场排场礼仪之重视可见一斑。

三 翰林的礼物

除了以上行旅、衣服、日用品之类的准备之外，主考官出京，还有一项必不可少的准备，那就是礼品。

虽然朝廷规定主考到各省不得与地方官交游，"各省主考官……在途不闲游，不交接。抵所差之省，提调官即迎入公馆，不得接见"[3]，但实际上，作为京官，主考官与地方官的交往必不可少。特别是在典试完毕后，主考官更可以大大方方地与当地官员及返程所经地方官员往还。这是主考官收受"程仪"和礼品的一个重要时间窗口。基于清代官场礼仪尺寸之繁密，需要交往人数之众多，主考官在出京之前，要准备大量礼品，以备礼尚往来之用。

所以在曾国藩出京前准备的东西中，最重要的一个部分就是"扇对"等礼物。翰林出京，交接各官，以折扇、对联相赠，对"道上办差人"，也以扇对为赏，这才符合"文学之臣"的体统。综合《应办事》[4]和《扇对单》[5]，曾国藩购买了大量的扇子及对联用纸，比如《扇对单》中扇子类所列：

> 真金面棕骨三十把。
>
> 钟鼎文绿漆骨冷金面二十把。
>
> 乌木骨冷金面十把。
>
> 棕壳水磨骨冷金面三十把。
>
> 油绿面棕骨金字十把。
>
> ……

---

[1] 吴相湘主编：《湘乡曾氏文献》，台湾学生书局影印本，1965 年，第 4311 页。

[2] 吴相湘主编：《湘乡曾氏文献》，台湾学生书局影印本，1965 年，第 4385 ~ 4404 页。

[3] 光绪《钦定科场条例》卷二十六，沈云龙主编：《近代中国史料丛刊》三编第四十八辑，台湾文海出版社，1974 年，第 1938 ~ 1939 页。

[4] 吴相湘主编：《湘乡曾氏文献》，台湾学生书局影印本，1965 年，第 4285 页。

[5] 吴相湘主编：《湘乡曾氏文献》，台湾学生书局影印本，1965 年，第 4297 页。

在扇子类下注"请俪裳写八柄，杨慕汀二把，文小南五把……自在道上行书二十把，在道上自写十把"，可见这些扇对，大部分都是请京中长于书法的朋友们题写，小部分由曾国藩自己书写。

对联类列有：

> 橘红七言蜡笺十付（王三送）。
>
> 虚白斋对三十付（罗彦甫写）。
>
> 锦边大红描金八言十付（龙翰臣写五付，自写五付）。
>
> 锦边各色描金八言十付（自写）。
>
> 锦边大红描金七言十付（俪裳写，送十房官）。
>
> 绫边各色洒金七言对十付（俪裳写）。
>
> 未裱素笺七言大红十付（未写）。
>
> 未裱洒金七言各色十付（俪裳写）。
>
> 锦边冷金七言十付（未写）。
>
> 锦边冷金八言十付（自写六付，未写四付，至蜀写）。
>
> ……

以上总计扇子一百六十把，对联一百五十副，足见曾国藩计划交接应对的官员数目之众。曾国藩注明的这些人多以书法闻名，比如梁俪裳是指梁国琮，翰林院编修，工书，尤擅行书，书宗赵体。龙启瑞（翰臣），是道光二十一年状元，能篆、籀，擅画山水，在清代书法史上皆有记载。

上面提到的对子中有十副注明"送十房官"；在《庚子罗柳生使蜀行李》所列的一些扇对下面，曾国藩注明"问是否送大宪用"。这些材料表明，他到四川后，从督抚到房官，皆以扇对为礼物。在《扇对单》中，还有这样一条记载，明确注明是准备给送礼的门生等人用的：

> 廊房头条扇三十个（约二百文一对，罗彦甫写，到省赏送礼人用）[1]。

至于赏路上办差之人的扇对，则直接购买已经请普通写手写好的质量次之一等

---

[1]吴相湘主编：《湘乡曾氏文献》，台湾学生书局影印本，1965年，第4298页。

的货品，称为"赏扇赏对"。在《应办事》[1] 中，记有"郭雨三荐送来赏对二百副，扇一百副（收对五十，扇五十）"等记载。统计这样的记载，曾国藩总计收了赏对三百五十副，赏扇三百把，共花去钱一百零四千。

除此之外，还要买其他一些预备赏人的东西，比如官帽上的顶子、荷包、小刀等：

> 车渠顶四个（预备赏武巡捕），金顶四个（赏文巡捕），赏荷包五十份，小刀五十份，中等小刀五份，中等荷包八份，马鞍纱袍褂料四匹。[2]

这些是用来赏给督抚衙门中的低级官员文武巡捕，以及其他下人。

以上这些准备，所费不赀。在《衣服银钱账》[3] 表中，他列有药店账二十千，纸店账三百二十千，其他衣店等未列具体数字。他向十位朋友共借了七百二十七两银子[4]，用于出门前的准备。

有意思的是，还注明要买"小戥子"，这自然是用于称量路上地方官员所送银子的重量[5]。

四　四川之行的巨额收入

主考领命之后，必须在规定日期内起行。"各省主考官于命下日克期起行，不携家，不辞客，不随从多人骚扰驿站。"[6]

七月初九，曾国藩出京西行，一路心情愉快之至，吟诗作赋不绝。这一天的日记写道：

> 卯初起行，雨后朝旭，清气可飡。西山在望，万尖如笋……未初过白河沟，慨然思明成祖与李景隆之战，得句云："长兴老将废不用，赵括小儿轻用兵。"[7]

---

[1] 吴相湘主编：《湘乡曾氏文献》，台湾学生书局影印本，1965 年，第 4293 页。
[2] 吴相湘主编：《湘乡曾氏文献》，台湾学生书局影印本，1965 年，第 4301 页。
[3] 吴相湘主编：《湘乡曾氏文献》，台湾学生书局影印本，1965 年，第 4318 页。
[4] 吴相湘主编：《湘乡曾氏文献》，台湾学生书局影印本，1965 年，第 4295 页。
[5] 吴相湘主编：《湘乡曾氏文献》，台湾学生书局影印本，1965 年，第 4302 页。
[6] 光绪《钦定科场条例》卷二十六，沈云龙主编：《近代中国史料丛刊》三编第四十八辑，台湾文海出版社，1974 年，第 1938～1939 页。
[7]《曾国藩全集·日记》，岳麓书社，1994 年，第 174 页。

曾国藩所带礼物，一路用去。按《交际名号记》[1]，他在四川相往还者，自总督至知县及文武巡捕，一共五十九人，而一路上在其他省至少与三十名地方官员有过拜访宴饮等交往。按账簿载，在成都他送给总督、布政使、按察使及两位道员的都是每人二副对子、二把扇子。送给将军和学政的是一对一扇，其他知府、知县、十位房官的或一对二扇，或一扇二对，或对扇各一不等。其他路经的陕西等省也大致如是。

那么，曾国藩收获多少呢?

这次出任主考没有让曾国藩失望。作为一省的正考官，这次任务所获收入曾国藩记有账目。现存账目部分内容如下：

入银数

四川省城

公项二千四百两。

制台百两。(宝)

藩台百两。(潘)

道台吴（珩）百两。

道台张百两。

领盘费四百两。

内帘十二人共五百一十三两。

首县轿银四十两。

魏祝亭五十两。

张赞周二十两。

刘退亮百两。

将军五十两。

周荔农五十两。

贺美恒四十两。

黄宝斋四十两。

赘敬共五百两。

李石梧五十两。

陶莲生三十两。

傅秋坪十六两。

---

[1] 吴相湘主编：《湘乡曾氏文献》，台湾学生书局影印本，1965年，第4349～4359页。

方仲鸿二十两。

崇荷卿十二两。

姜海珊二十两。[1]

可见，公项程仪是二千四百两，十二名房官公送五百一十三两，门生赀仪五百两，国家法定路费四百两，其他官员个人所赠九百三十八两：诸项共计四千七百五十一两。这仅仅是四川一地所收，西安、保定等地官员也不可能一无所馈。加上节省的路费，曾国藩此行收入当在六千两左右。

除了银子，还有实物。曾国藩账中下一部分内容就是"入财料数"：

宝中堂江绸袍褂料两套，朱红川绸、川绸料四匹，隆昌夏布料四卷，湖绉四匹。

袁小城滇缎袍料二件，隆昌夏布八匹。

潘木君嘉定绸二匹，巴缎袍褂二付，川绸二匹，被面二床。

富都统巴缎袍褂二套。

首县巴缎袍料四件，程乡茧料十件。

李国钧巴缎袍褂料二套，杭纬四合。

邓存泳成绫二匹，蜀茧二匹。

本家川绸二匹。

汤琢斋送二蓝褐子四件，酱色褐子四件，羽缨二十头，绒毡四床。[2]

除了衣料，曾国藩还收受了其他四川特产，比如藏香、黄连、厚朴、茶叶、砖茶、火腿、海参、浣花笺、桂花米、香珠等[3]。在《由四川回京行李数》[4]中，他记载有"芡实三匣""南枣一包""莲子一匣""桂圆二匣""藕粉一包""茶叶十一包""海参五包""藏香八匣""普洱茶两个""五加皮一匣""川贝母一匣""玻璃一块""如意一品""仙茅三匣""厚朴四卷""燕窝四匣"等多种，下面多注明是谁所送。可见此行收获之丰。

回来后，他将这些特产酌量分送了四十二位师友。比如送了穆彰阿一套巴缎袍褂料，杭纬四匣，燕菜二匣，名山茶二盒。也送季芝昌一套巴缎袍褂料，两个被面，燕

[1]吴相湘主编：《湘乡曾氏文献》，台湾学生书局影印本，1965年，第4361～4363页。

[2]吴相湘主编：《湘乡曾氏文献》，台湾学生书局影印本，1965年，第4364～4366页。

[3]吴相湘主编：《湘乡曾氏文献》，台湾学生书局影印本，1965年，第4372页。

[4]吴相湘主编：《湘乡曾氏文献》，台湾学生书局影印本，1965年，第4405～4424页。

菜二匣，名山茶二盒。送陈岱云的是一套巴缎袍褂料，一副朝珠，一匣建元，一匣黄连，一匣香珠，一匣海参，一匹茧绸……[1]

回来路上，曾国藩心情仍然大好，一路连作《游桂湖》《入陕西境六绝句》等诗。回程日日记载："天气晴和，体亦爽快，间作打油诗几句。"其心情可以想见。回程中所作《柴关岭雪》，内有"挥手舞岩巅，吾生此潇洒"之句。

从四川回来后，曾国藩的经济状况显然大为改善，这表现在三个方面。

一是他在京中所欠的债务全部还清，大大松了一口气。账目册记载他这年年底还银共一千四百零六两。

二是他寄回家中六百两银子，用于还家中历年积欠。同时，又拿出四百两赠送同族和亲戚。

三是他心情很愉快，生活水平上了一个台阶。体重增加，出门必乘车：

> 男自四川归后，身体发胖，精神甚好。夜间不出门。虽未畜车，而每出必以车，无一处徒步。[2]

任四川主考这一次，是曾国藩步入仕途后首次往家里大笔寄钱，大大缓解了家中的燃眉之急。曾家人终于大大地沾了曾国藩一回光。因为到这时，为了维持乡绅生活的体面，曾家已经是债台高筑，从往来家书推测，欠债总额已经高达八百至一千两。

寄回六百两虽然不够清偿所有积债，但是曾国藩坚持把另外的四百两用来周济自己的同族和亲戚。资助亲族，是曾国藩早就念念于心的，只不过此前没有能力。最令他遗憾的是，此次"发财"之前，很多盼望他救助的亲人已经去世："孙自入都后，如彭满舅曾祖彭五姑母、欧阳岳祖母、江通十舅，已死数人矣，再过数年，则意中所欲馈赠之人，正不知何若矣。"十舅在贫病交加中去世尤其令他内疚不已。他多次致信家中，生怕家里人不理解他的做法。他指出几两银子对曾家和对亲戚家的意义完全不同：

> 我家少八两，未必遽为债户逼取；渠得八两，则举室回春。贤弟试设身处地，而知其如救水火也……君子之处顺境，兢兢焉常觉于厚于我，非果厚也，以为较之尤

---

[1] 吴相湘主编：《湘乡曾氏文献》，台湾学生书局影印本，1965 年，第 4367～4370 页。
[2]《曾国藩全集·家书》，岳麓书社，1994 年，第 70 页。

啬者，而我固已厚矣。古人所谓境地须看不如我者，此之谓也。[1]

他还特意交代，十舅虽死，曾家还要帮他"从俗为之延僧，如所谓道场者，以慰逝者之魂，而尽吾不忍死其舅之心"。

这封信充分反映了曾国藩为人的仁爱厚道。

这样做的另一个理由，在道光二十四年三月初十日禀祖父母中这样说：

> ……孙所以汲汲馈赠者，盖有二故。一则我家气运太盛，不可不格外小心，以为持盈保泰之道。旧债尽清，则好处太全，恐盈极生亏；留债不清，则好中不足，亦处乐之法也……[2]

持盈保泰，求缺有余，这是曾国藩一生的人生哲学。

在其后的漫长仕宦生涯中，曾国藩在自奉甚俭的同时，还多次对亲友大量馈赠，或者用于其他慈善用途，作为"散钱"的一个办法。

四川乡试发的这笔财应该说不违反曾国藩"不靠做官发财"的誓言。主考所得的这笔收入用今天的财政标准衡量当然是灰色的，按朝廷明文要求也是不合法的。乾隆三年曾有旨："主考等亦不得于此数（国家规定路费——作者注）之外更有所受，将此永著为例。"[3] 但事实上这笔收入在当时却是公开的，是官场的惯例，连嘉庆皇帝都认为"尚属地主之谊"。事实上，在混乱的清代财政中，各层级的科举考试过程中都有一些没有载于国家明文的"合法支出"。比如晚清时期各省的学政每次监考，可以得到数额不等的"棚规"，其来源是考生所凑送给考官的"份子"。这种"棚规"后来演变成定例，得到了国家的承认。清政府为了防止考官肆意榨取，甚至在嘉庆四年时还具体规定了棚规的最大限额：

> 贵州学政向无棚规，取进童生历有红案银两。嘉庆四年二月有人条奏……上谕曰："各省学政棚规系陋习相沿，非私卖秀才可比。若将棚规红案银两概予裁革，则学政办公竭蹶，岂转令其营私纳贿耶？"……其时有酌定每名四金之例。[4]

[1]《曾国藩全集·家书》，岳麓书社，1994年，第78页。
[2]《曾国藩全集·家书》，岳麓书社，1994年，第74页。
[3] 光绪《钦定科场条例》卷九，沈云龙主编：《近代中国史料丛刊》三编第四十八辑，台湾文海出版社，1974年，第768页。
[4] 姚元之：《竹叶亭杂记》卷二，中华书局，1982年，第43页。

虽然成为著名的理学家，虽然终生"与流俗战"，但曾国藩并不以这种半制度化的规定为对手。这是他和海瑞那种清刻到骨的清官的最大区别之处。多年之后的同治三年年底，因太平天国战争而停止多年的江南乡试在南京重新举行。这一年朝廷派来的主考是刘昆，副主考平步青。此时的两江总督正是曾国藩。曾国藩对当年四川主考任上的收获记忆犹新，这一次他决定做好主人，"一切均从其厚"。因此考试结束后，两位主考在两江收获"公私……程仪约各三千有奇"。"两主考差囊各三竿外，户部例发途费五百亦在此支领，一切均从其厚。"[1]

第二节　回不起家的"副部长"

一　侍郎的日常生活

曾国藩的京官生涯是一帆风顺的。在京期间，他十年七迁，傲视群曹，很快从一个普通进士升为侍郎级高官，这在道光年间是极为罕见的。

前文说过，翰林升官，主要看考试成绩。道光二十七年三月，又逢三年一次的翰林大考，曾国藩名列二等第四名。六月，曾国藩即以内阁学士兼任礼部侍郎衔，也就是说，实职是内阁学士，但享受"侍郎"级别官衔。这是一次罕见的跃升，由从四品骤升二品，从此"跻身卿贰"，步入高级京官行列。

道光二十九年他升补了礼部右侍郎，又创造了一个新纪录：成为清朝开国以来湘乡县出的第一个实职侍郎。侍郎是六部的副官，约略可比拟今天的"副部长"。

传统时代，人生的全部价值似乎都浓缩在"升官发财"四字之中。刚刚步入政界高层之际，曾国藩是十分兴奋的。他写家信说，"由从四品骤升二品，超越四级，迁擢不次"[2]，如此顺利，连他自己都感到很意外。

曾国藩自己在道光二十九年家信中汇报自己初任礼部侍郎的工作情况：

> 二十五日午刻上任，属员共百余人，同县黄正斋亦在内。从前阁学虽兼部堂衔，

[1]《曾国藩全集·家书》，岳麓书社，1994年，第1183页。
[2]《曾国藩全集·家书》，岳麓书社，1994年，第147页。

实与部务毫不相干。今既为部堂，则事务较繁，每日须至署办事。八日一至圆明园奏事，谓之该班。间有急事，不待八日而即陈奏者，谓之加班。除衙门官事之外，又有应酬私事，日内甚忙冗，几于刻无暇晷，幸身体平安，合家大小如常。[1]

也就是说，以前虽然兼礼部侍郎衔，但是完全不管部里的事。现在正式做了"副部长"，情况不同了。每天都要坐班，下属一共一百多人。每八天要去一次圆明园向皇帝汇报事务，叫作"该班"。如果有什么急事，不到八天就要去见皇帝，叫"加班"。除了工作，私人应酬也多，所以这一段时间特别忙，几乎没有片刻闲暇。

升官之后，为了督促自己继续写日记，他托纸店专印了一份《绵绵穆穆之室日记》用纸，每日日记分为八栏，分别为"读书""静坐""属文""作字""办公""课子""对客""回信"，每日按格填写。我们从中抽取比较有代表性的一天，咸丰元年十一月初二日，看看身为侍郎的他一天所做之事：

[读书]
未刻，读《汉书·韩王信传》。申刻，读《会典·宗人府》十四页。
[静坐]
申正，在坐，曲肱枕坐三刻。
[办公]
早，入内，刑部直日。旋至部。午初到家，灯后清折底。
[课子]
背《经》五叶，讲《鉴》三叶。
[对客]
早，自署归，拜客三家。未初，会二客。
[回信]
回余菱香信，自写一片。[2]

大抵是每天上午都要赴署办公，其他时间要课子、读书、见客、应酬。曾国藩在家书中汇报说，自己在礼部工作顺利，与同事们相处得很好，不过几乎没有时间看书了：

---

[1]《曾国藩全集·家书》，岳麓书社，1994年，第179页。
[2] 吴相湘主编：《湘乡曾氏文献》，台湾学生书局影印本，1965年，第3567～3568页。

隔一日至衙门办公事，余则在家不妄出门。现在衙门诸事，男俱已熟悉。各司官于男皆甚佩服，上下水乳俱融，同寅亦极协和。男虽终身在礼部衙门，为国家办照例之事，不苟不懈，尽就条理，亦所深愿也。[1]

余至刑部，日日忙冗异常，迥不与礼部、工部、兵部相同。若长在此部，则不复能看书矣。[2]

二　"副部长"的收入

随着官位的升迁，曾国藩的收入也随之提高。

清代侍郎级高官，年俸一百五十五两。加上恩俸和禄米等补贴，年收入一共可达511.5 两。此外，还有一种额外补贴，叫"饭银"。曾国藩在家书中说，他在任内阁学士兼礼部侍郎衔时，饭银每年是一百两。

"饭银"又叫"饭食银"，内阁及六部官员均有，出自各省到部办理事务时的"帮办费"及盐政关税余款。为什么叫"饭银"呢？主要是因为名义上这是用来给书吏们开伙食的。

清代中央政府行政经费严重不足，特别是大批书吏的开支无处落实，只能在各地方政府到中央政府来交送各种经费时，额外多收（"加派"）一部分。

曾小萍说："除了向上司呈送钱财外（指节礼等陋规——作者注），官员常常向上级衙门的书吏呈送'饭食银'以资助衙门的开销。这种做法可能源于凡向上级衙门交送公务，就呈送一小笔费用的惯例，以弥补书吏们饭食与办公文具的开支……最后，这些捐助成为常例，作为赋税额的一个固定百分比数，通常与赋税一起解送。……巡抚和布政使还不得不为中央政府衙门的书吏筹措例行的数目一定的饭食银，让他们得以正常办公。按察使呈送刑部纸笔饭食。巡抚杨文乾上奏，在雍正改革之前，广东州县每年解送这种饭食银 6 042 两。这些经费用以支付解送罚金和没收财产到部的费用，以及为刑部书吏提供饭食银和官吏办公往来费用。……每年奏销时，各省布政使向户部以及户科解送饭食银。四川解送 1 300 两。"[3]

对于经费严重不足的中央财政来讲，饭食银实质上是一种由地方政府提供的财政

---

[1]《曾国藩全集·家书》，岳麓书社，1994 年，第 185 页。

[2]《曾国藩全集·家书》，岳麓书社，1994 年，第 215 页。

[3]〔美〕曾小萍著，董建中译：《州县官的银两》，中国人民大学出版社，2005 年，第 52 ~ 53 页。

经费的反向补充。

曾国藩在做内阁学士时得到的饭银，叫"内阁饭银"。叶名澧《桥西杂记·内阁饭银》说，这一项起源于雍正年间，朝廷明令各省布政使司每年出银一百两，给内阁学士们补贴："雍正六年，令各省督抚藩司，每岁各出银百两，为内阁侍读学士等官饭银。"[1]

而《晋政辑要》所录部文说得更详细：

> 雍正六年间原任大学士公马等奏请，令各省督抚藩司每人每年给银一百两，以为内阁饭食之费，共计银四千三百两。……此项银两，除出差帮贴及圆明园该班盘费需用纸札等项及衙门一切杂费外，每年内阁学士一员给银五十余两，侍读学士一员给银四十余两，至侍读中书每员给银十余两至二十余两不等，实有不敷。今仰蒙皇上洞悉情隐，特命酌加赏赉臣等遵旨筹酌，侍读学士一员每年赏给银九十两，票签侍读每员赏给银八十两，本房侍读每员赏给钱七十两……今拟于户部银库盈余银内动支一千两，户部堂司官饭食银内动支一千两，其仍不敷银两请照盐差关差每年资助翰林院庶吉士之例，将天津等盐差及各省关差共二十五处，派令每处各出银二百两合五千两，共计一万五千三百两以为内阁各项费用之资。[2]

由此可见，雍正年间每省出银一百两，内阁学士每人分得五十两补贴。后来皇帝命令提高标准，每人大约提高五十两。那么，提高的这块，来源是什么呢？大臣们盘算之后给出方案：每年从户部银库的盈余银中提一千两，从户部官员的饭食银里提一千两，此外还要求各地二十五处盐务和关税部门各出二百两。这一过程直观地呈现了清代财政"拆东墙补西墙"的"缝缝补补"习惯。

曾国藩升任礼部侍郎后，饭食银水平有没有变化呢？

清代六部的饭银水平是不一样的。

《晋政辑要》开列了山西省需要负担的六部饭银数额：

> 各部饭银均系动支耗羡等款，岁有定额，今开列于后：
> 计开

---

[1] 叶名澧：《桥西杂记》，顾廷龙主编：《续修四库全书》第四百一十三册《子部·杂家类》，上海古籍出版社影印本，2002年，第506页。

[2] 海宁：《晋政辑要》卷二《内阁饭银》，清乾隆山西布政使司刊本。

　　吏部饭食银一千两

　　户部四季书吏饭食银八百两

　　地丁奏销并投册饭银一千七百五两六钱

　　本色粮石奏销饭银一百八十两

　　武进士牌坊饭银七两三钱四分六厘

　　随解赴部武进士牌坊银四百七十八两三钱三分一厘。此项坊银系动地丁

　　遇司库交代饭食银一千二百两

　　户科奏销饭银四百四十两

　　礼部饭银一千两

　　兵部驿站奏销饭银一千两

　　兵马奏销饭银三百五十两

　　朋马奏销饭银二百余两

　　兵科饭银三百四十两

　　刑部饭银二千两

　　以上银两解部所需骡脚之费，每年于各州县繁费内共捐银六百九十八两四钱，以为解官支销之用。[1]

　　由此可见，各部官员，自堂官以下，都有饭银收入，不过各部丰瘠不一。山西省所负担者，吏部一千两，户部各项加在一起约四千八百一十两，礼部一千两，兵部为一千八百九十两，刑部为二千两。这从一个侧面证明了清代中央衙门"吏贵而户富，兵武而刑威……以礼部为贫"[2]。

　　何刚德《春明梦录》给出了礼部侍郎每年各项补贴加到一起达八百两这个明确的数字，可是他说的是光绪年间而不是道光年间的事。"京官廉俸极薄，本无贫富之别，而所赖以抱注者，则以外省所解之照费、饭食银，堂司均分，稍资津贴耳。各部之中，以户部为较优，礼部尚书一年千二百金，侍郎一年八百金而已，此其所谓贫也。"

　　而王文韶的资料却说明光绪年间的礼部侍郎饭银只有一百两左右。

　　王文韶是咸丰二年（1852）进士。光绪三年年底他由湖南巡抚奉召进京，四年（1878）三月署理兵部左侍郎，授礼部左侍郎。光绪五年正月他调任户部左侍郎兼管三库事务。光绪八年一度在吏部兼职，同年因云南军需案受到调查。他在日记中

[1] 海宁：《晋政辑要》卷二《各部饭银》，清乾隆山西布政使司刊本。
[2] 何刚德：《春明梦录》卷下，上海古籍书店，1983年。

记有《光绪四年至八年收付账》[1]，虽然这份记载可能是用于应付调查，没有包含所有灰色收入，但仍然可以勾勒出一个晚清侍郎级官员的收入概貌。

王文韶的这份账簿，因为其所记的光绪五年"户部捐输饭银"达二万多两，历来论者多以此来证明清代户部官员收入惊人之高。其实这并非户部堂官收入的常态。光绪五年捐输饭银如此之巨，是与咸丰之后实官捐纳大开，户部几位堂官可以大笔分润"大捐"（捐实官）捐纳饭银分不开的。实官捐纳一旦停止，这份收入就锐减。这种情况将在下一章再讨论，这一章我们需要了解的是侍郎级官员的常态收入。

如果除去"大捐"捐纳部分，则王文韶正常状态下的"额外收入"如下表（表3-1）：

表3-1　王文韶正常状态下的"额外收入"表

额外收入名目	四年	五年	六年	七年	八年
兵部饭银	448	516			
礼部饭银	67				
户部饭银		1 075	1 075	1 075	307
捐纳房常捐饭银		105	185	161	61
捐纳房外省饭银				59	200
钱法堂饭银		464	426	426	447
吏部饭银					121
吏部养廉					28

说明：据《王文韶日记》中《光绪四年至八年收付账》[2]统计，未计小数点后数字。

从这张表中可以看出，如果没有"大捐"（捐实官）捐纳饭银这一项，各部堂官的主要额外收入是饭银，吏部又有少许养廉[3]。王文韶曾任职四部，年额外收入礼部最少，不过67两[4]。吏部次之，149两[5]。兵部两年分别是448两和516两。户部去掉

---

[1] 袁英光、胡逢祥整理：《王文韶日记》，中华书局，1989年，第593～601页。

[2] 袁英光、胡逢祥整理：《王文韶日记》，中华书局，1989年，第593～601页。

[3] 乾隆十四年谕："吏、礼二部堂司各官，向未议养廉，著加恩于三库饭银赢余数内，各赏给银一万两，分赡养廉。"见昆冈等：《钦定大清会典事例（光绪二十五年重修本）》卷二六〇《户部·俸饷·京官养廉》，光绪二十五年八月石印本。

[4] 因为他不是从年初即开始做官礼部，不清楚此项是否是正常的全年数额。

[5] 从账簿推测他不是年初到部，因此亦不确定是否是正常的全年数额。

捐纳项仍然极丰，四年分别为 1 644、1 686、1 721、1 015 两[1]。

王文韶比较典型地代表了晚清侍郎级官员的收入状态。从他的例子可以大致推测，光绪年间，除户部外其他五部侍郎的额外收入，从近百两到五百两不等。户部左堂则每年额外收入在一千六七百两。

至于道光年间，礼部侍郎的具体饭银水平无法确知。如果仍按一百两计，曾国藩任礼部侍郎，全年薪俸加补贴收入不过是六百一十余两。此外还有一些"公费"，不过如前所说，此项国家定制侍郎每月不过四两，实际发放中又以钱代银，大打折扣，即使我们按四两计算，每年不过四十八两。也就是说，礼部侍郎曾国藩的全年正式收入是六百六十两左右。

当然，随着官位升迁，曾国藩也经常获得"派教习总裁"之类的在京典试机会，会有一些贽敬银收入。比如道光二十七年六月，他在家书中说："昨派教习总裁，门生来见者多，共收贽敬二百余金，而南省同乡均未受，不在此数。"[2] 这年十月，他又任武会试正总裁，又可获得一笔贽敬。同时，外官馈赠比中级京官时显然会大幅增加。此外，作为高级大臣，偶尔还会收到皇帝的赏赐。不过，清代皇帝日常赏赐臣工，多是几条鱼、两根鹿尾、几个荷包之类，很少巨额赐予。综计起来，礼部侍郎曾国藩一年收入，可达千两。

道光三十年正月，对曾国藩恩遇重重的老皇帝去世，新皇帝咸丰登基，对曾国藩仍然倚任不衰，屡次任命他兼管他部。到咸丰二年正月，曾国藩兼了五个侍郎，只有户部未曾任职。

多一份兼职，就意味着多一份饭银收入。我们前面讲过，各部饭银收入丰瘠不一。从《晋政辑要》中前引资料大致推测，刑部饭银水平是礼部的两倍，兵部近两倍，吏部则与礼部相当。再综合王文韶的资料，我们可以估计曾国藩在京官末期身兼五部侍郎（只未兼户部）时，每年收入比只担任礼部侍郎会增加八百两左右，达到一千八百两。

三　为什么尚书和侍郎都这么穷

收入虽然大幅提高，但是随着官员排场的升级及交往等级的提高，侍郎的开支也当然随之增加。比如交通费一年就要四百两左右，所以清代的侍郎仍是一介穷京官。

---

[1] 光绪八年他受到贪污指控，并被调查，最终去职，因此光绪八年的收入应该不是正常状态。
[2]《曾国藩全集·家书》，岳麓书社，1994 年，第 150 页。

不仅侍郎是穷官，连尚书的生活也算不上特别富裕。我们可以看一个清中期的例子。陈宏谋是乾隆朝名臣，位高权重，对政局影响重大。乾隆二十八年（1763），陈宏谋由地方内调，任吏部尚书，晋太子太保衔。本属升官晋爵，然而乾隆二十九年三月十八日，他却写家信诉苦说：

> 太宰（吏部尚书之别称——作者注）每年饭银约一千二三百两，今停捐之后，饭银减少，每年不及千两，入不敷出，又无来路，不得不事事省减。"以俭养廉"，今日之谓也！决不肯到处告穷，向旧属借索，有损晚年志操，重负"宁仅苦节称"（乾隆赐诗中句——作者注）之圣训也。[1]

吏部尚书每年的饭银收入不到一千两，导致入不敷出，不得不处处节省。否则就要向旧日下属勒索，才能过活。

此封家书中他还说：

> 每年九卿及各京官俱蒙圣恩许买官参一票，吾得买二斤。从前诸公无银兑库，将票卖与商人自领，可净得银四百余两不等。今年人参壅滞，止卖得银二百两上下。但吾尚须自己吃用，只得设法兑票领出，酌留自用，余者设法卖去。

堂堂尚书，需要将皇帝赐予的特权人参卖掉来补贴生活，可见生活窘迫，并非虚言。两个月后他的家书里，甚至提及自己已经开始负债生活了：

> 此间官况如常，身体尚好，食口六十，用度艰难，已有债负不少矣。[2]

这是乾隆中期的事情，到晚清，情况也大致相似。《春明梦录》的作者何刚德的座师孙诒经就曾做过光绪年间的户部侍郎，兼管三库，在"副部级"官员中是最"肥"的。有一次孙氏说家里有好菜，留何刚德吃饭。何氏兴冲冲坐到席上一看，六个碗里不过是些寻常的炖肉和炒菜而已。还有一次留何刚德吃饭，"乃以剩饭炒鸡蛋相饷"。何刚德不禁感慨地说："户部堂官场面算是阔绰，而家食不过如此，师之俭德，可以愧当时之以八十金食一碗鱼翅者矣。"孙诒经虽然在户部工作十余年，但是没赶上户

[1] 郭志高、李达林整理：《陈宏谋家书》，广西师范大学出版社，1997年，第215页。
[2] 郭志高、李达林整理：《陈宏谋家书》，广西师范大学出版社，1997年，第215页。

部大卖实官的高潮期,加上他以清廉自持,所以手头很紧。

曾国藩升官后生活中第一项增加的开支是车马。道光二十七年曾国藩升授内阁学士兼礼部侍郎衔时,就已经添了一头牲口。这一年六月二十七日他在家书中说,升阁学后,按品级本应坐绿呢车,但因节俭起见,仍坐蓝呢车。

> 前三月买驴子一头,顷赵炳坤又送一头。二品本应坐绿呢车,兄一切向来俭朴,故仍坐蓝呢车。[1]

这封家书也证明了前一章所说,清代京官用车绿呢、蓝呢之规定,遵守并不严格。

实授礼部侍郎后,因为事务较以前大为繁忙,每天都要上衙门,且每八天要到圆明园奏事,曾国藩不得不又添了一头骡子,因此所养骡马已达三头。他在道光二十九年二月初六日给诸弟信中说:

> 余现尚未换绿呢车,惟添一骡。盖八日一赴园,不能不养三牲口也。[2]

道光二十九年六月初一日的一封家书中,曾国藩提到他获赠一辆绿呢车,打算一二年后再用:

> 季仙九先生放山西巡抚,送我绿呢车,现尚未乘,拟待一二年后再换。[3]

及至咸丰二年七月出京之时,曾国藩已经兼五部侍郎,拥有三辆车:一大车、一小车、一水车。他在家信中提到家中拥有的车马怎么处理:

> 车三辆一大一小一水车,牲口三个,问西顺兴可收用否?约共值二百金。若萧家不要,或售予他人,不可太贱。大骡去年买时(托临川买的)去五十金,小黑骡最好,值七十金,马亦值四十金。与其太贱而售,不如送人(若价钱相安售亦可)。
>
> 马系黎老伯借用,即可赠黎家。大方车或送罗椒生,或送朱久香皆可。此外二骡二车,请袁、毛、黎、袁诸老伯商量,应送何友即送之,骡子送杨临川一个亦可。

---

[1]《曾国藩全集·家书》,岳麓书社,1994年,第152页。
[2]《曾国藩全集·家书》,岳麓书社,1994年,第181页。
[3]《曾国藩全集·家书》,岳麓书社,1994年,第191页。

可见咸丰二年时，曾国藩拥有三辆车、一匹马、二头骡子。三头牲口加在一起共值银一百六十两。雇车夫、车辆保养、牲口饲料每年也是一笔花销。按何刚德的说法，当时北京大员养车，"计一年所费，至奢不过四百金"。一年开销需要三百多两，与他初入京时的情况已经不可同日而语。

居住条件也进一步改善。道光二十七年三月，曾国藩移寓南横街路北，这次租住的宅院共有四十几间房，更为宏敞气派。

不过曾国藩其他方面的生活没有什么太大的变化。即使贵为侍郎，不主动伸手捞钱的曾国藩仍然不富裕。因为不曾兼户部，曾国藩的生活水平当然赶不上前人陈宏谋和后来的孙诒经。此时曾国藩在京家口连同仆人，已经二十余人，开支十分浩大。道光二十七年六月二十七日他写信给父母说："男升官后，应酬较繁，用费较广，而俸入亦较多，可以应用，不至窘迫。"同日写给诸弟的信中则说："寓中用度比前较大，每年进项亦较多（每年俸银三百两，饭银一百两），其他外间进项尚与从前相似。"俸禄三百两，是指正俸恩俸，合计三百一十两。这封信略可见曾国藩此时的经济状态。其实这种平衡只是偶然状态，在大多数情况下，他的财政状况都不乐观。比如在升任侍郎后的道光二十九年七月十五日，他在家书中说：

今年我在京用度较大，借账不少。[1]

咸丰元年九月初五日，他更是说：

但京寓近极艰窘。[2]

自道光二十五年起，曾国藩又患上了严重的皮肤病，"自头面以达身体皆见癣斑，摩之有痒，搔之见灰"。几年间治病开支不小，仅头两年就达数百两。"医人阅数十，银钱靡数百，泊无成效。"[3]这更加重了他的财务负担。

然而，在经济仍然艰难的同时，曾国藩对家中的资助水平明显提高。从道光二十七年升任内阁学士起，曾国藩决定每年资助家中一百两白银。事见道光二十八年

---

[1]《曾国藩全集·家书》，岳麓书社，1994年，第194页。
[2]《曾国藩全集·家书》，岳麓书社，1994年，第172页。
[3]《曾国藩全集·书信》，岳麓书社，1994年，第43页。

七月二十日家信：

> 侄于八月接到俸银，即当寄五十金回，即去年每岁百金之说也。[1]

可见，曾国藩与家中约定，自道光二十七年起，每岁寄回家中百金。

道光二十八年十一月十四日与诸弟信中又有具体说明：

> 以后每年照今年为例。上半年春俸，予寄五六十两归，以为家中用度。其有不足，望家中设法张罗。下半年秋俸，予寄五六十两归，以为各亲族帮项及母亲、婶母、四位弟妇零用之项（去年所开之单，计共八十千，若添家中此项，则共百千矣。不知须银多少，乞澄弟告知）。予之寄以今年为常规，家中所送亲族者，亦望于今年举行定例。[2]

也就是说，每年寄回家中一百至一百二十两白银，其中一半是家中日常用度，另一半为资助亲族以及家中几位妇女的零花钱。

对于资助族中贫苦之人，曾国藩更是念念于心。道光二十七年六月十七日，他写信给叔叔，请他用寄回的十两银子悄悄资助穷困族人，并且不要为人所知：

> 侄意戚族中有最苦者，不得不些须顾送，求叔父将此十金换钱，分送最亲最苦之处。叔父于无意中送他，万不可说出自侄之意，使未得者有觖望，有怨言。二伯祖父处，或不送钱，按期送肉与油盐之类，随叔父斟酌行之可也。

道光二十八年十一月十四日信及咸丰元年八月十三日信中"尚须送亲族年例银五十金"，可见从道光二十七年起，曾国藩固定资助亲族诸人每年五十两。

除此之外，曾国藩有时还指定寄回之钱中有资助考试者和乞丐的部分：

> 道光二十九年正月初十日：考试者十千及乞丐之十千，不审皆给否？[3]

道光二十九年七月，因为听说家乡遭遇灾害，谷物价格暴涨，曾国藩在十五日的

[1]《曾国藩全集·家书》，岳麓书社，1994年，第224页。
[2]《曾国藩全集·家书》，岳麓书社，1994年，第174页。
[3]《曾国藩全集·家书》，岳麓书社，1994年，第178页。

信中和弟弟们探讨在家乡办慈善事业。他说，他从步入仕途开始，就想为族人置办一处义田，一直没能实现。他决定将来如宦囊有所积余，必行此事：

> 乡间之谷，贵至三千五百，此亘古未有者，小民何以聊生？吾自入官以来，即思为曾氏置一义田，以赡救孟学公以下贫民；为本境置义田，以赡救念四都贫民。不料世道日苦，予之处境未裕，无论为京官者，自治不暇，即使外放，或为学政，或为督抚；而如今年三江两湖之大水灾，几于鸿嗷半天下，为大官者，更何忍于廉俸之外，多取半文乎？是义田之耗，恐终不能偿，然予之定计，苟仕宦所入，每年除供奉堂上甘旨外，或稍有赢余，吾断不肯买一亩田，积一文钱，必皆留为义田之用。此我之定计，望诸弟体谅之。

虽然刚刚升为侍郎时曾国藩非常兴奋，但这股兴奋劲儿并没有持续太久，道光二十九年十月初四日，也就是升任礼部侍郎后十个月，曾国藩在家信中竟然做了这样的表示："吾近于宦场，颇厌其繁俗而无补于国计民生，惟势之所处，求退不能。但愿得诸弟稍有进步，家中略有仰事之资，即思决志归养，以行吾素。"[1]

是什么让他如此郁郁寡欢呢？是道光晚年以来的政治氛围使曾国藩喘不过气来。

道光年间的大清王朝是一个病势危急、行将就木的病人，一场翻天覆地的大起义正在酝酿之中，而举朝官员们却燕巢幕上，安之若素。大家如同坐在一辆老旧破车里的乘客，眼看着它奔向深渊，却如同不涉己事。

只有曾国藩郁怀如焚。身居翰林之时，他只能读书养望，对国家政治没有发言权。及至位列卿贰，他以为自己终于可以一展身手了，却发现在因循懈怠的政治气氛下，他虽然身为侍郎，想真正有所作为，却根本不可能。

咸丰帝登基后，曾国藩在一年多的时间里满怀赤诚，尽忠竭智，先后上了《应诏陈言疏》《条陈日讲事宜疏》《议汰兵疏》《备陈民间疾苦疏》《平银价疏》等多道奏疏，全面深入地指出了大清天下面临的种种危机，官僚体系存在的诸多问题，呼吁皇帝大刀阔斧，加以彻底改革。然而，事实证明，咸丰皇帝并没有这个魄力。曾国藩上的这些折子，他草草读了一遍，随口夸奖几句，事后却扔进废纸篓，没了下文。

这种情况下，曾国藩屡萌退志。在给罗泽南的信中他说："计稍迟岁时，即当解组归养，从吾子与孟容（指罗泽南与刘蓉——作者注）于万山恬寂中耳。"[2]

---

[1]《曾国藩全集·家书》，岳麓书社，1994年，第197页。
[2]《曾国藩全集·书信》，岳麓书社，1994年，第80页。

第三节　欠下巨债，告别京师

一　为什么绕道江西

虽然反复表示辞官的愿望，曾国藩却迟迟没能动身，原因很简单：筹不起路费。

道光二十八年，曾国藩在家书中说："余自去岁以来，日日想归家省亲，所以不能者：一则京城欠账将近一千，归家则途费接礼又须数百，甚是难以措办……"[1]已经欠账近一千两，回家又要借几百两，实在是借不到。

咸丰元年他在写给欧阳兆熊的信中说自己"本欲移疾归去，不复尸素此间，重乖高堂之望，又遘责稍多，贾竖未能贳我，以是濡滞"[2]。

本来想引病辞职，但是欠债太多，商人们不会放他走。

咸丰元年十二月二十二日，身兼四个侍郎的曾国藩写信给四位老弟说："今年腊底颇窘，须借二百金乃可过年。"[3]

如果不选择做清官，曾国藩其实是有大把发财的机会的。曾国藩仍然清贫如许，这有力地证明了他"不靠做官发财"的誓言是得到坚守的。

曾国藩只给人办过些许规则允许的小事。比如道光二十九年四月二十六日曾国潢信中说，陈旭亭送来两千钱的礼物，又元银十两，"求堂上写信托兄到部里打探"。估计打探之事是捐纳虚衔事宜，因为后文又说，"照到之日，兄务必为他办理……此父亲答应者，弟奉命写信也"。

咸丰元年四月二十六日，曾国潢写信，求曾国藩帮他办一件事。某人想营求巡捕一职，要曾国藩给时任湖南巡抚骆秉章写信说情。"本来千把亦无空坐，兹叩求仁人惠爱，尚要加书马各先生，能获巡捕，遂已足矣。巡捕一得，不畏无位，纵然无位，也可度日，此事万望置之腹心为祷。"这件事曾国藩办得怎么样，未见下文，按曾国藩此时的处世风格，不一定能同意曾国潢的这个请求。即使办成，文武巡捕也不过是督抚衙门内的低级官员，应该也不会给曾家带来较大收入。

不想贪污，就只好寄希望于帝国体制内的收入渠道。道光二十九年，朝廷又一

---

[1]《曾国藩全集·家书》，岳麓书社，1994年，第164页。

[2]《曾国藩全集·书信》，岳麓书社，1994年，第73页。

[3]《曾国藩全集·家书》，岳麓书社，1994年，第227页。

次举行考差。曾国藩全力以赴，尽力一搏，以求如上次四川之行那样获得一笔丰厚收入，以有能力回家省亲一趟。无奈这次虽然成绩不错，却没捞到差使。特别是他最向往的江西主考，落到了他不太佩服的田敬堂头上，这让他很有情绪，在六月十四日给诸弟的信中说："予今年考差，颇望得江西主考，冀家中亲属可就至江西一叙天伦之乐。昨田敬堂得放江西试差，而我私愿不遂。南望家山，远怀堂上，真不知仕宦之略有何味也！"[1]

好在咸丰二年六月十二日，曾国藩梦寐以求的差使终于又一次落到了他头上。皇帝命他充任江西主考，曾国藩喜不自胜，第二天即在谢恩折中奏请乡试结束后顺便回家省亲，皇帝自然照准。

曾国藩兴高采烈，一路南下。一转眼他居京已经十三年。祖父母均已经在此期间去世，临终也没能见上他一面。母亲十分思念他，以至于这年年初，一贯隐忍顺从、从没出过远门的母亲不顾家人的反对，坚决表示要北上来看他。"母亲大人口气，今秋决计进京，并不许人打破。"[2] 这一次，他终于可以一偿夙愿，见到思念已久的父母大人了。

不料七月二十五日，曾国藩行至安徽太和县小池驿时，忽然接到家乡送来的讣告，母亲江氏已经于六月十二日，也就是他接到派差喜讯的当天去世。曾国藩五内俱摧，当即易服奔丧，由安徽转至江西九江，再由九江沿江西上湖南。

如果曾母晚去世几个月，则曾国藩会再次收入数千两。如今这项收入落空，而办理丧事及京师家属回湖南又需要大笔费用，除了收取奠金，别无他法。他之所以要赶到江西再转湖南，既是因为顺路，又是因为可以打一次"秋风"：他既然到了江西，表明他是在江西主考任内中途守制，于是在九江耽搁两日，收到江西省城奠金千两。这千两奠金救了他的急。

> 江西送奠仪千金，外有门包百金。[3]

手里有了钱，他做的第一件事是拿出三百两，还掉北京催得最急的债，并以二百多两在省城还账。其实，因为他宅心仁厚，朋友欠他的银子总数亦将近千金。然而曾国藩将心比心，心存恕道，嘱咐儿子切莫催要：

---

[1]《曾国藩全集·家书》，岳麓书社，1994 年，第 192 页。
[2] 曾麟书等:《曾氏三代家书》，岳麓书社，2002 年，第 103 页。
[3]《曾国藩全集·家书》，岳麓书社，1994 年，第 238 页。

    ……凡有借我钱者，皆光景甚窘之人。此时我虽窘迫，亦不必向人索取。如袁亲家、黎樾翁、汤世兄、周荇农、邹云阶，此时皆甚不宽裕。至留京公车，如复生同年、吴镜云、李子彦、刘裕轩、曾爱堂诸人，尤为清苦异常，皆万不可向其索取，即送来亦可退还。盖我欠人之账，既不能还清出京，人欠我之账而欲其还，是不恕也。[1]

  还完了账，他带着四百多两到家办葬事。然而家属回湖南的钱还是没有着落。因此他只好命儿子在北京开吊，以京城朋友的奠金做路费。但是他要求儿子，只通知到同年、同乡及自己的门生，以及往来账簿上有礼金往来的人，此外不能通知：

    现在京寓并无银钱，分毫无出，不得不开吊收赙仪，以作家眷回南之路费。开吊所得，大抵不过三百金。路费以人口太多之故，计须四五百金，其不足者，可以求寄云年伯张罗……开吊散讣不可太滥，除同年、同乡、门生外，惟门簿上有来往者散之，此外不可散一分。其单请庞省三先生定。此系无途费，不得已而为之，不可滥也；即不滥，我已愧恨极矣！

    京寓所欠之账……可求寄云年伯及黎、黄、王、袁诸君内择其尤相熟者，前往为我展缓……外间若有奠金来者，我当概存寄云、午桥两处。[2]

二 多年后还清的债务

  随着曾国藩抵达湖南，他的京官生涯正式宣告结束。然而困窘并没有因此离他而去，当年在京所欠的债务，多年之后才还清。

  咸丰九年，第二次出山带兵的曾国藩在写给曾国潢的信中说："余往年所欠京账，今冬拟托寄云还清，不知家中尚有清单否？可于此次寄来。"[3]

  虽然说是"还清"，但这次托毛寄云所还的，只是西顺兴店的本钱，并不包括一千两利息。

  同年十一月廿四日，他在日记中提到安排三百两用于另几处还账："是日安排京

[1]《曾国藩全集·家书》，岳麓书社，1994年，第 236 ~ 237 页。
[2]《曾国藩全集·家书》，岳麓书社，1994年，第 231 页。
[3]《曾国藩全集·家书》，岳麓书社，1994年，第 505 页。

信，明早交元旦折差进京。计还债银三百：长沙（会）馆一百、陈仲鸾一百、杨提塘一百也。"[1]

同治三年，任两江总督已经五年的曾国藩又还了西顺兴店那一千两利息。他在写给朋友的一封信中这样说："弟京居时所借西顺兴店萧沛之名光浩银项，壬子丁艰后曾请毛寄云、袁午桥两公代为结算，止利还本。兹接沛之来信，索及前项，因从徽商吴惇成茶行汇兑湘纹一千两，函嘱沛之约同江南提塘李福厚往取。"[2]可见直到做了多年总督之后，曾国藩才有能力彻底将京官生涯的欠账了结。

[1]《曾国藩全集·日记》，岳麓书社，1994 年，第 440 页。
[2]《曾国藩全集·书信》，岳麓书社，1994 年，第 4326 页。

第四章

清代京官群体的生活状况

第一节　京官之穷是大清帝国的常识

经济困顿并不只发生在曾国藩一个人身上，这是汉族京官的普遍情形。

作为一个庞大的群体，京官的生活水平自然也有差别。一般来讲，高级京官生活水平高于中低级京官，户部银库等少数特殊机关的收入高于其他部门。

另外一个重大区别是，满蒙京官的平均生活水平高于汉族京官。清代"首崇满洲"，选官制度中有满洲缺、蒙古缺、汉军缺、宗室缺、内务府包衣缺和汉缺的区别，其用意当然是维护旗人特别是满人的特权。"像大学士和军机大臣的领班这一类要职，必须由满人充任。"王志明说，"中央机关的满缺最多，据《清朝文献通考》记载，1785 年朝官中满洲缺、蒙古缺、汉军缺、汉缺分别是 2 751、253、142、558 名，其中户部和工部的某些机要部门如银库、缎匹库、火药局等，全为满缺所独占。可见要津和中央机关为满人所控制，牢固了满人的统治权。"[1]

即使满汉同处的衙门，满蒙京官的升迁一般也要快于汉族京官。以翰林为例，满蒙翰林升转很快，有"编不过夏"之说，而汉族翰林熬了多年得升京堂，就值得弹冠相庆了。因此总体上来讲，满族、蒙古族乃至汉军族人京官境遇优于汉族，其中少数高级京官以及一部分获"肥缺"的中低级京官甚至身家巨富。

但大部分清代京官特别是汉族京官的生活特点，如果用一个字概括的话，非"穷"莫属。

史料中关于清代高级京官生活贫困的记载很多。比如乾隆、嘉庆年间立朝五十年的名臣朱珪的遗产只有一条布被、几卷残书："卧处仅一布被布褥，其别舍则残书数

---

[1] 王志明：《雍正朝官僚人事探析》，博士学位论文，华东师范大学，2003 年，第 16 页。

箧而已，见者莫不悲感。"[1] 李慈铭日记中咸丰年间曾兼任好几个侍郎的袁希祖之死更有代表性："咸丰十年，袁希祖阁学暴卒。启其箧，仅白金八两，无以为殓。公卿为率赏具棺。袁以阁学摄礼、兵二侍郎，素无清名。去岁方自闽典试归，而其贫至此，京官之况可想。"[2] 虽然做过多年"副部"，本无清名，又刚刚做过有油水的主考，但是袁希祖死后只留下八两白银，只好由大家集资给他买棺材，其他京官的情况更可想见。

关于一般中下级官员悲惨生活的资料更是比比皆是。李慈铭自己日记中常有"不能举火"[3] 等记载，《藤阴杂记》也说张衡任工部司官时，"贫不能举火"[4]。李慈铭日记记载晚清的一个刑部主事，"贫瘁不堪，门庭萧索，屋宇欹漏，使令不供，人有菜色"。房子墙斜屋漏，住户面有菜色，令李慈铭见了"毛骨洒悚"[5]。

因此，京官之穷是大清帝国上下众所周知的一个事实，并且成为人们调侃的一个话题。有一首《都门竹枝词·京官》这样描写当朝一品大员的穷困之状："轿破帘帏马破鞍，熬来白发亦诚难。粪车当道从旁过，便是当朝一品官。"[6] 虽然官居一品，熬到满头白发，但是还是不得不坐着破烂的车马上朝。

北京市井更有许多嘲讽京官的谚语。"京师有谚语：'上街有三厌物，步其后有急事无不误者，一妇人，一骆驼，一翰林也'。其时无不著方靴，故广坐及肆中，见方靴必知为翰林矣。"[7]

曾国藩进京为官前，他那富有远见的老祖父就对家里人说："宽一虽点翰林，我家仍靠作田为业，不可靠他吃饭。"[8] 这句话一方面说明老人深明大义，不愿拖累曾国藩仕途上的发展；另一方面也说明翰林之穷是普及到了穷乡僻壤的常识。

为了更好地说明京官群体的整体生活状况，在这一章中，不妨多观察几名京官的生活状况。我选择那桐、李慈铭、刘光第三人，因为他们同属晚清人物，分别代表京官生活的高、中、低三种水平，同时又都留有比较详细的经济生活资料：那桐和李慈铭都留下了大量日记，刘光第则在家书中多次详尽地谈到过自己的生活状况。

[1] 陈康祺：《郎潜纪闻初笔二笔三笔》下册，中华书局，1984 年，第 334 页。
[2] 李慈铭：《越缦堂日记》咸丰十年十二月四日，广陵书社，2004 年，第 1654 页。
[3] 李慈铭：《越缦堂日记》光绪七年九月十日，广陵书社，2004 年，第 9182 页。
[4] 戴璐：《藤阴杂记》卷七，上海古籍出版社，1985 年，第 82 页。
[5] 李慈铭：《越缦堂日记》同治十年三月五日，广陵书社，2004 年，第 4951 页。
[6] 陆以湉：《冷庐杂识》卷七，中华书局，1984 年，第 354 页。
[7] 欧阳兆熊、金安清：《水窗春呓》卷上，中华书局，1984 年，第 57 页。
[8]《曾国藩全集·家书》，岳麓书社，1994 年，第 1264 页。

第二节 那桐: 京官中的巨富

一 那桐的滋润生活

京官中有一小部分人是巨富阶层, 他们绝大多数是满人。其中一类是立身不谨的重臣, 以清中期的和珅和晚期的奕劻为代表。他们权力大, 管事多, 贪名素著。另一类则是某些出任"肥缺"的官员。这些职务, 级别也许不高, 表面不显山露水, 但"实惠"却非常之多, 比如内务府及户部的某些职官、银库官员、各榷关税务官员等。这些职务大部分都是指定的满缺, 即使非指定满缺, 满人获得的概率也远大于汉人。

综合以上因素, 我选择晚清的满族"循吏""能员"那桐作为清代京官生活"优裕派"的代表。

那桐是内务府镶黄旗满洲人, 咸丰六年生于北京内务府三旗官宦世家。他肯读书, 取得了举人功名, 这在满人中相当难得。他又颇有办事才干, 属满族中的"能员", 所以升迁之路相当顺遂。

据他"亲书履历"[1]看, 他十几岁时, 按旗人惯常做法, 通过捐纳成为"监生笔帖式", 进入低级京官行列。1877年二十一岁时加捐"主事", "签分户部贵州司行走", 成为中级京官。光绪十一年(1885)他中了顺天乡试举人, 这预示着他的仕途将更为通畅。光绪十五年补户部山东司主事。光绪二十二年他任银库郎中, 这是著名的肥缺之一。光绪二十五年任户部侍郎, 步入高级京官行列。光绪二十九年成为户部尚书。清王朝存在的最后几年, 他又陆续任总理各国事务衙门大臣、外务部尚书、军机大臣、"皇族内阁"协理大臣等要职, 成为大清王朝最后时期的重臣之一。

那桐留下了一部日记, 读这本日记, 我们发现, 包括成为高级京官以前的阶段, 那桐的生活一直是极为优裕甚至奢华的。

那桐的住宅位于金鱼胡同, 这是一座始建于光绪十二年(即他中举后第二年), 又经过三次扩建而成的豪华宅邸。形制上是横向并联七跨大院落的庞大宅院, 整座宅邸占地总面积达二十五亩之多, 约三百多间房屋, 几乎占了半条胡同[2]。特别是以其中

---

[1] 北京市档案馆编:《那桐日记》附录《那桐亲书履历本》, 新华出版社, 2006年, 第1079页。
[2] 贾珺:《台榭富丽水石含趣——记清末京城名园那家花园》,《中国园林》2002年第4期, 第72页。

的"那家花园"的"台榭富丽尚有水石之趣"[1]闻名京师，晚清、民国时曾是名噪一时的达官贵人宴会之所。

《那桐日记》起自光绪十六年。从日记记载来看，那桐几乎天天都是在饮宴应酬、唱戏听曲中度过，"生活既按部就班，又富足滋润"。比如光绪二十二年三月，他共有十九天赴宴或者在家宴请别人，"约晚饮""到同兴楼小食""赴福寿堂之约""在家晚饮""赴九九园消寒九集""到福全馆晚饭，谈崇文门公事""同和楼晚饭""赴九九园之约"……名目繁多，经常子正才归[2]。除了日常锦衣玉食外，"那家爱听戏，经常一唱就是一整天，甚或连唱几天。那家花园、那家戏台的精致典雅和具一定规模，成为京城'名胜'，经常举办各种演出活动。所请戏班有'四喜部''同春部''四义班''玉成班''同庆班''长春班''承平班''富连成'等，京戏名角大都是那家的常客"[3]。虽朝廷禁止官员狎妓，但那桐与他人宴饮往还时仍经常招歌妓。"晚约伦贝子、溥小峰……寿子年晚饭，招宝金、宝玉两歌妓。"[4]

在晚清时代，能不能玩得起"西洋玩意儿"是一个家庭是否处于上流社会的一个标志。1897年天津"壮游"了一次后，那桐迷恋上了西洋事物，并且带动了全家对"西洋玩意儿"的兴趣。从那一年起，"那家隔三岔五吃西餐，买洋货。照相也成了稀松平常之事，个人像、家庭集体照、外出活动照、重要会议照，甚至'录胶片'（录电影胶片），几乎到了凡事必照的地步。连全家的娱乐休闲活动也增添了'洋傀儡戏''佛六洋影戏'等内容；坐汽车，安电话，甚至买汽车，反正什么东西时髦，那家便很快拥有。当然，这种观念和生活态度是建立在雄厚的物质条件基础上的"[5]。

那桐日常应酬手笔亦很大。光绪二十二年四月初九日，"熙大人宅"喜事，他出份子二百金[6]。光绪二十四年年底他升京堂后，到各处拜谢老师，送荣禄银一千两，其他则崇绮等十一人均四十两至一百两[7]。光绪二十四年三月二十九日，到庆亲王府拜寿，送"江绸袍褂料二套（玻璃匣）、平金荷包二匣、宴席二桌、协绍酒二坛（三两）、门包四两"[8]。光绪二十五年九月二十一日，庆亲王四女儿结婚，他送"大裁江

[1]贾珺：《台榭富丽水石含趣——记清末京城名园那家花园》，《中国园林》2002年第4期，第71页。
[2]北京市档案馆编：《那桐日记》，新华出版社，2006年，第203～206页。
[3]孙燕京：《从〈那桐日记〉看清末权贵心态》，《史学月刊》2009年第2期，第124页。
[4]北京市档案馆编：《那桐日记》，新华出版社，2006年，第203页。
[5]孙燕京：《从〈那桐日记〉看清末权贵心态》，《史学月刊》2009年第2期，第123页。
[6]北京市档案馆编：《那桐日记》，新华出版社，2006年，第207页。
[7]北京市档案馆编：《那桐日记》，新华出版社，2006年，第300页。
[8]北京市档案馆编：《那桐日记》，新华出版社，2006年，第269页。

绸二套，九件荷包二匣，宴席二桌，绍酒二坛，茶叶百斤，羊烛百斤，喜分百金"[1]。日记中经常可见他借钱给别人，比如光绪二十四年六月十六日，伦贝子借去一千两京松银[2]。

二　为什么户部官员收入高

那桐的生活水平如此之高，有几个方面的因素。第一是那桐出身内务府，家资本丰。《那桐日记》记载那桐叔父铭安赠与他的财产数为"京平松江银三万一千六百两、吴各庄地合银三千四百两"[3]。日记中也提到那桐的姑丈巴敦甫1892年收益是"九千九百五十金"[4]。根据这些零星记载，我们可以大致判断那桐家族的资产"巨万"。

第二个也是最重要的因素，是那桐一生工作多与经济收支有关，且多次署肥缺。

中举之前，那桐即充任户部"贵州司帮印"，后又奉职于"现审处厢红旗管股俸饷处"，后又任"钱法堂事务主事"。中举之后，他又屡任"户部山东司主事""贵州司掌印""俸饷处总办，饭银处差""派充左翼税务委员""充户部恭办大婚典礼处派办司员""充恭办万寿庆典总办""户部内仓监督""吏部尚书崇文门副监督熙奏派充崇文门，奏派委员""户部银库郎中，佩带银库印钥""充制造银元铜钱局提调""户部右侍郎兼管钱法堂事务""派充盘查六库大臣""户部尚书""崇文门正监督""派充督办税务大臣"等肥缺要职[5]。

以上职务可分为三类。一类是临时性职务，比如"充户部恭办大婚典礼处派办司员""充恭办万寿庆典总办"。虽然都是临时充任，但这些皇家庆典，历来开支浩大，承办人员拉大旗，作虎皮，如果有心营私，可钻的空子极多。甚至修办光绪朝《大清会典》这类看起来没什么油水的工程，也有很大闪展腾挪空间。光绪二十五年，那桐任会典馆提调官，事毕将会典工程用剩下的六万两白银交还朝廷，得到慈禧太后的专旨表彰，说他"奉公洁己，办事认真"[6]。这件"小事"能引起最高层的注意，说明把这六万两想法分掉，才更符合那时官场惯例。

另一类是户部的职务。户部的职掌包括全国田地、户籍、赋税、俸饷等，均与经

[1] 北京市档案馆编：《那桐日记》，新华出版社，2006年，第324页。
[2] 北京市档案馆编：《那桐日记》，新华出版社，2006年，第281页。
[3] 北京市档案馆编：《那桐日记》，新华出版社，2006年，第45、163页。
[4] 北京市档案馆编：《那桐日记》，新华出版社，2006年，第101页。
[5] 北京市档案馆编：《那桐日记》附录《那桐亲书履历本》，新华出版社，2006年，第1079页。
[6] 北京市档案馆编：《那桐日记》，新华出版社，2006年，第327页。

济财政相关。比如那桐曾任职的贵州清吏司掌稽贵州布政使司民赋收支奏册，兼核各榷关各税课。山东清吏司掌稽山东布政使司及盛京民赋收支奏册，兼核各处盐课。"八旗俸饷处"专管八旗官兵俸饷及其赏恤事务，并管八旗户籍档册。钱法堂则掌管有关钱币事务，并铸钱供全国经费使用。饭银处则掌管饭银的收支。因为处处关乎经济收支，户部官员的公开收入名正言顺地高于其他部门："各部之中，以户部为较优。"[1]据曾宝慈回忆，曾国荃的孙子曾广汉做礼部侍郎时，还坐骡车；而做户部侍郎之时，则经济实力大涨，坐轿也不在乎了[2]。

户部官员收入高的原因之一是饭食银比其他部门高出许多。从王文韶的例子看，户部侍郎的常例饭银每年 1 075 两，要比礼部侍郎高 15 倍，比兵部高 1.1 ~ 1.4 倍。而遇到大捐实官时期，这项收入更是高得惊人，比如王文韶光绪五年从户部捐纳房分得的饭银高达二万四千多两。我们可以先来看一下根据《王文韶日记》中《光绪四年至八年收付账》统计的收入情况。详见《王文韶光绪四年至八年收入统计表》（表4-1）。

表4-1　王文韶光绪四年至八年收入统计表（单位：两）

额外收入名目	四年	合计	五年	合计	六年	合计	七年	合计	八年	合计
兵部饭银	448	483	516	689						
兵部照费银	35		173							
礼部饭银	67	172								
礼部捐输饭银	105									
户部饭银			1 075		1 075		1 075		307	
捐纳房饭银			24 123	25 662	7 014	8 515	2 036	3 537	1 110	1 864
钱法堂饭银			464		426		426		447	
吏部饭银									121	121
		655		26 351		8 515		3 537		1 985

说明：据《王文韶日记》中《光绪四年至八年收付账》[3]统计，未计小数点后数字。

清代捐官分为"现行常例"和"暂行事例"两种。所谓"现行常例"，一般指捐贡监、

---

[1] 何刚德：《春明梦录》卷下，上海古籍书店，1983 年。

[2] 参考曾宝慈：《曾文正与曾忠襄兄弟之间》，《曾国藩传记资料》（五），台湾天一出版社，出版年不详，第 107 页。

[3] 袁英光、胡逢祥整理：《王文韶日记》，中华书局，1989 年，第 593 ~ 601 页。

衔封、加级、纪录等虚衔[1]；而"暂行事例"则是指"大捐"或"实官捐"，就是"卖官"。这种捐纳在特殊时期才有。捐纳事宜由"户部捐纳房主之"，捐文官由户部收完钱后，知照吏部，武官则知照兵部：

> 凡一切捐生具呈到部由捐纳房办给札付粘连小票……（文官）知照吏部……（武官）知照兵部。[2]

捐纳者上缴的钱款中，既有捐纳的"正项"，还需有附加费，即"饭银"和"照费"。比如左宗棠在《米捐章程》第一条规定："以库平实银上兑，饭银、照费，令捐生照章交纳，随时附便搭解。"[3]

饭银和照费，是付给户部及吏部、兵部相关人员的"办公费用"及"制照工本费"。雍正六年定例：

> 凡捐银一百两，收公费银十两，三两为奏销饭食册费及管事书吏纸张笔墨之需，其余七两存贮司库。[4]

后改每收正项百两，只加饭费银三两，内以二两五钱五分为吏户兵三部堂司各饭银，余银四钱五分，作为心红纸笔费。至咸丰年间，因有人奏称捐纳过程中手续费过高："每库平百两，尚有加平银四两，此外呈文领照并归公照费等项，名目不一。统计正项百两，须交银十余两。"朝廷遂减饭银为一两五钱，照银为二钱[5]。

这笔钱除办公所用外，其余在三部官员及经办人员手中分肥。其分肥过程，可以参考汪曾祺在随笔《国子监》一文中所说国子监情况。国子监是众所周知的清水衙门，但是也有一笔额外收入，因为捐纳贡生和监生的人除了要领吏部执照外，还要领"国子监照"，所以国子监上下都可从中获益。汪曾祺引述一位"世代在国子监当差，'侍候'过翁同龢、陆润庠、王堉等祭酒"的"典籍厅的刷印匠"[6]的话说："纳监的

---

[1] 许大龄：《清代捐纳制度》，《明清史论集》，北京大学出版社，2000年，第96～97页。

[2]《户部则例》卷九七，道光十一年刊本，第24页。转引自许大龄：《清代捐纳制度》，《明清史论集》，北京大学出版社，2000年，第84页。

[3]《左宗棠全集·奏稿三》，岳麓书社，1989年，第465页。

[4]《户部则例》，转引自许大龄：《清代捐纳制度》，《明清史论集》，北京大学出版社，2000年，第96页。

[5] 许大龄：《清代捐纳制度》，《明清史论集》，北京大学出版社，2000年，第96～97页。

[6] 汪文发表于1957年，文中称老董73岁。以此计之，则老董生于光绪十年（1884）。

监生除了要向吏部交一笔钱，领取一张'护照'外，还需向国子监交钱领'监照'——就是大学毕业证书。照例一张监照，交银一两七钱。……每年国子监收入的监照银约有十四万两，即每年有八十二三万不经过入学和考试只花钱向国家买证书而取得大学毕业资格……这十四万两银子照国家的规定是不上缴的，由国子监官吏皂役按份摊分，祭酒每一字分十两，那么一年约可收入五千银子。"

汪曾祺说："查清朝的旧例，祭酒每月的俸银是一百零五两，一年一千二百六十两；外加办公费每月三两，一年三十六两。"在这里，汪曾祺显然把年俸当成月俸了。国子监祭酒是从四品，按清代定制，从四品京官每年正俸一百零五两。参考第二章的《清代道光年间京官俸禄表》（表2-1），祭酒每年的实际薪俸收入应该是278.25两左右。加上月费，不过三百两出头。则监照银一项，居然是祭酒正式收入的十六倍左右。这笔钱除了祭酒之外，几乎国子监中所有人都有分润："国子监一没人打官司告状，二没有盐税河工可以承揽，没有什么外快。但是毕竟能够养住上上下下的堂官皂役的，赖有相当稳定的银子，这就是每年捐监的手续费。……司业以下各有差。据老董说，连他……一年也从这一项上收入二百八九十两银子！……所以，老董说，那年头，手里的钱花不清——烩鸭条才一吊四百钱一卖！"[1]

全国捐官事项统归户部捐纳房收钱，捐文官知会吏部，捐武官知会兵部发照，监生则需与国子监同时发照。因此，这几个部门都从饭银、照费等加派费用中分润。其中户部因为具体承办，所获独丰。正如汪文所显示的那样，这笔钱名义上主要是给具体工作人员的办公费和津贴，实际上却是在户部内部按官位大小分肥，户部左堂此项一年居然有两万多两的收入。相比较之下，兵部所分就少得可怜了，侍郎同一年的照费钱只有一百七十三两。

王文韶此项收入在光绪五年后递减，是因为从光绪五年起，朝廷停止大捐即卖实官，只保留常捐即出售虚衔。上谕称：

> 肃清仕途，自以停止捐纳实职官阶为要。户部应将京捐局银捐等项，及各项实官及常例未载条款、火器营章程等，均行停止。[2]

所以王文韶此项，从24 123两到7 014、2 036、1 110两迅速减少。至于光绪五年后，仍有此项收入，应该是以前未结清之项陆续清结之结果。

---

[1]《汪曾祺散文》，广西人民出版社，2006年，第21～27页。
[2]《德宗景皇帝实录》（二），《清实录》第五十三册，中华书局，2008年，第56024页。

除了饭银这份半公开的收入外，户部官吏还有很大营私空间。清人何圣生《檐醉杂记》即载有康熙年间户部尚书余国柱向苏州巡抚汤斌"索部费甚巨"[1]之事。所谓"部费"，大致来讲，即付给中央各部的活动经费。"各省动用帑项，每于奏销时，先遣人与户部经承议定部费，预防部驳。"[2]部中高级官员的饭食银收入很高，而六部基层吏员此项收入很低，有些低到根本不能糊口的程度。朝廷为了省费省心，不愿意从制度上承担起庞大的书吏队伍的薪俸开支，因此就不得不默许他们收取部费。书吏为了多收部费，只能把"卡"字一诀用到极致。正如雍正皇帝总结说："若无部费，虽册档分明，也以本内数字互异，或钱数几两不符，往来驳诘。"[3]给了"部费"，即使不符规定，户部也可以睁一只眼，闭一只眼；不给"部费"，则很难通过户部的审核。

户部部费的一个重要来源是各省款项核销。清前中期，钱粮奏销部费比例并不算高，如雍正年间，江苏巡抚陈时夏在奏折中称苏州布政使解库银每百两扣部费二两。后部费比例渐长，咸丰三年（1853），奕䜣在奏折中说"各省解京之款，每千两需部费百余金"，而御史何冠英称"需费六七十两"。钱粮核销总量巨大，部费之总数也是相当可观的，如当年山西省解京钱粮三百万两，部费竟至二十万两[4]。工程建造需要部费比例也相当高，如咸丰元年（1851）审出道光二十七年（1847）密云修建六处营房，估银二千九百两，户部书吏索要部费六百两，比例竟高于两成[5]。

当然，这些灰色收入，并不是人人均分。除具体经手的胥吏外，堂官间有染指。至于其他中低级官员，则以掌不掌印区别。"掌印主稿之司官，恒听命于书吏，藉以分润。"[6]掌印者有实权，气焰顿时不同。"余充掌印后，多与查办之役，颇露头角，疑忌者多，故不得不自谨饬。寻常宴会不轻赴席，杂宾一概不见。"[7]如果没有掌印，则收入也不高。何刚德说："此外即饭食银也，饭食银每季只两三金耳。得掌印后，则有解部照费，月可数十金，然每司只一人得之；未得掌印，则不名一钱也。当日部员

---

[1] 何圣生：《檐醉杂记》，杨寿柟：《云在山房丛书三种》，山西古籍出版社，1996年，第18页。

[2] 《文宗显皇帝实录》（一），《清实录》第四十册，中华书局，2008年，第43302页。

[3] 《世宗宪皇帝实录》（一），《清实录》第七册，中华书局，2008年，第5937页。

[4] 此自然段内容主要参考金诗灿：《清代部费问题研究》，《武汉科技大学学报（社会科学报）》2011年第5期，第580页。陈时夏奏折见《世宗宪皇帝朱批谕旨》，《文渊阁四库全书》第四百一十六册，上海古籍出版社，1987年，第642～643页。山东部费事例见中国历史第一档案馆编：《咸丰同治两朝上谕档》第三册，广西师范大学出版社，1998年，第425页。

[5] 中国历史第一档案馆编：《咸丰同治两朝上谕档》第一册，广西师范大学出版社，1998年，第36～37页。

[6] 徐珂：《清稗类钞》第十一册，中华书局，1986年，第5252页。

[7] 何刚德：《春明梦录》卷下，上海古籍书店，1983年。

如此清苦，安分从公，并未尝呼枵腹也。"[1]

那桐长期任职户部，到底获得多少收入未见记载，不过他自光绪十一年至十九年在钱法堂当差，做到主事。十一年起在捐纳房当差，光绪十八年任总办，直至光绪二十四年。此外他还在饭银处长期当差。如前所述，这几个地方都是极有油水的所在。此外他还在贵州司掌过印。因此任户部中低级官员之时，他的收入就应该不菲了。光绪二十六年他更调补户部右侍郎兼管钱法堂事务，光绪二十九年五月初一日起任户部尚书[2]。这期间，仅以捐纳事项言，虽然此前光绪五年一度停止了大捐，但至光绪十年，因中法战争，不得不开海防捐输，捐实官又重新大兴，光绪十五年又开郑工捐，光绪二十一年重开武职捐[3]。从王文韶的事例中，我们可以推测户部相关官员收入必定相当高。更何况那氏贪名久著，正如摄政王载沣的胞弟载涛在回忆录中说"那桐平日贪得无厌""只认得钱""亦是著名的大贪污者"[4]，所以在户部期间，他的收入应该就已经不菲了。

三　银库的水有多深

第三类是著名的肥缺。

第一个肥缺，就是"户部银库郎中，佩带银库印钥"。户部银库是收贮各地送到京师的赋税饷银之所，关于这个职务，一直以来有一种误解，以为是户部的一个下属部门。其实户部虽有侍郎例兼三库，但由于三库地位之重要，朝廷历来会另外拣派管理三库的大臣，所以和三库中的另外两库一样，户部银库实际上是一定程度上独立于户部的一个部门[5]。

众所周知，银库一直是清代财政中水最深的部门，就像时人所评："三库蠹弊，

[1] 何刚德：《春明梦录》卷下，上海古籍书店，1983 年。
[2] 以上任职日期均见北京市档案馆编：《那桐日记》附录《那桐亲书履历本》，新华出版社，2006 年，第 1079 页。
[3] 参考许大龄：《清代捐纳制度》，《明清史论集》，北京大学出版社，2000 年，第 58～63 页。
[4] 载涛：《载沣与袁世凯的矛盾》，全国政协文史资料研究会编：《晚清宫廷生活见闻》，文史资料出版社，1982 年，第 82 页。
[5] 户部在一份奏折中称："臣部本有总核之责，故臣部左侍郎例管三库，因另有拣派大臣管理，是以一收一支，自由三库专司其事，未尝概归臣部经理。"见户部《议复御史吴鸿甲奏请裁并三库折》，《户部银库奏案辑要》，京师官书局，第 7～8 页。转引自任智勇：《试述晚清户部银库制度与庚子之后的变革》，《清史研究》2005 年第 2 期，第 44 页。

以银库为最甚。"[1]对这点皇帝心知肚明。为了让这些"护肉"的"饿犬"不至于偷吃太多，所以对京官十分吝啬的清代皇帝对"三库"官吏独开一面，不但给予养廉，且金额独丰。雍正十一年奏准支给户部有关官员养廉银，其标准为"户部银库郎中、员外郎，每员岁给养廉银各五千两，司库三千五百两，大使二百两，库使三百二十两，笔帖式八百两；颜料库郎中、员外郎、司库，每员岁给养廉银各一千两，大使三百两，库使、笔帖式各一百八十两，掌稿笔帖式、库使二百七十六两六钱有奇；缎匹库郎中、员外郎、司库，每员岁给养廉银各四百五十两，大使、库使、笔帖式各一百五十两，掌稿库使、笔帖式二百一十两；三库总档房主事三百六十两，笔帖式一百二十两"[2]。当然，这笔养廉根本阻止不了银库官吏的贪婪。道光二十三年，银库发生库吏盗银案，清查时发现银库短少或被盗的库平银竟至九百二十五万两以上。显然这并非一时所为，而是历朝累积的结果[3]。

除去"盗银案"这样赤裸裸的偷窃行为不说，银库之所以水深，还因为在银两出入库的过程当中，银库官员可以制造大量的受贿机会。按规定，外省解送到京的赋税饷银，必须在一定期限内入库。一旦银库将验收日期拖后，则银两保管、委解人员食宿之类费用就要由解饷委员自掏腰包。所以贿赂银库官员以期尽先验收，成为委员们一个不得已的选择。清代各地银两的成色差别很大，形制亦别。故在验收银两的过程中，银库官员对银两成色及分量可以百般刁难，要想顺利入库，解饷委员还须另外花钱。至于银两发放之时，各衙门领到银两的成色及形制，库员亦可上下其手，"或给以元宝、银锭，或给以散银（滴珠），并有扣平及搭放成色银等例规"。因此"有无向银库行贿就成为他们是否能得到足色库平银的重要基础"[4]。因为拥有如此巨大的营私空间，银库的官员和胥吏自然是京官中的"异数"。光绪末年，有御史在调查后认为，"（银库）郎中一缺任满，辄挟赀数十万，员外郎以下次之。此款率取之库书之

[1] 户部《议复御史吴鸿甲奏请裁并三库折》，《户部银库奏案辑要》，京师官书局，第 7 ~ 8 页。转引自任智勇：《试述晚清户部银库制度与庚子之后的变革》，《清史研究》2005 年第 2 期，第 44 页。
[2] 昆冈等：《钦定大清会典事例（光绪二十五年重修本）》卷二六〇《户部·俸饷·京官养廉》，光绪二十五年八月石印本。
[3] 任智勇：《试述晚清户部银库制度与庚子之后的变革》，《清史研究》2005 年第 2 期，第 44 页。
[4] 任智勇：《试述晚清户部银库制度与庚子之后的变革》，《清史研究》2005 年第 2 期，第 44 ~ 50 页。

手，库书之下有库丁，又有保护库丁者，无不以财自豪"[1]。

骆秉章在其自叙年谱中则主要记述了库丁们收银时以少充多的舞弊手法。道光二十年，骆秉章奉旨稽查户部银库，当时的四位库官是荣庆、荣禄、公占、苏隆额，皆满员。骆氏到库数次之后，库官就开始对他介绍银库"惯例"，说稽查官员每年照例会得到二万多两"辛苦钱"。骆氏问其来源，原来银库以前收各地捐项银两时，规定每百两要多收四两，归银库官吏私分。后来成亲王稽查时，奏请归入公款。不过就像中国历史上许多次兴利除弊的结果只是弊外加弊一样，此后不久，银库在此四两以外又开始加收四两，继续分肥。其中二两归库丁，二两归库官和查库御史[2]。

弄清原委后，骆秉章对库官说，这笔钱如果曾经奏明他就收，否则他不收。"四库官皆语塞。皆云，阁下不收则弟等五人亦收。"

骆氏拒不受贿，让库官们很担心。过了几天，库官又对他提出建议说："四两平足下既不收，何不带银号捐，每年约得万余金。"同样被他拒绝。

又过几天，库官又托骆氏同乡李某来进言，说各银号准备了到任礼，共七千两。以后三节，每节也送七千两。

各银号送此重礼的目的"不过求都老爷勿挑斥"。原来，多年以来，各银号送到银库的银两照例都是非足平色，经常"以少作多，银色低潮"。银库官员收了重礼后睁一只眼，闭一只眼，遂致使国家资产经年大量流失。

骆秉章的自叙揭示，库官、库丁们舞弊的最重要途径就是在银两入库之时，私自以少充多，以低成色充高成色。"从前收捐多有六七百两或四五百两作一千者。库项之亏短多在捐也。"也就是说，各地捐项，流失率可达百分之三十到百分之六十之多。由此推测，道光年间的库银短缺案，很有可能并非完全如人们传说的那样是因库丁以肛门夹银方式带出的，一个可能的渠道是在入库时弄虚作假。因此骆秉章说，库丁作弊之法，"亦易查出"，一般来讲，就是在银两入库、出库之时，认真审查过秤过程而已。在他的监督之下，库丁无法舞弊，库官、库丁收入大减，十分着急，因此千方百计"总欲使御史受规"。最后他们想到的办法居然是托银号活动，把骆氏调走。道光二十一年"四月时有一京畿道缺出，银号等约五六人到帅副宪宅求见少爷"，要求少

[1] 见户部《议复御史吴鸿甲奏请裁并三库折》，《户部银库奏案辑要》，京师官书局，第7～8页。转引自任智勇：《试述晚清户部银库制度与庚子之后的变革》，《清史研究》2005年第2期，第44～50页。

[2] 这一情形也可以参考上文中提到的咸丰年间因臣工奏称"每库平百两，尚有加平银四两"后遂裁革一段。

爷动员副宪，将此缺放予骆，"送一千银与二爷，送六千银与大人门上"[1]。

那桐在这个正五品的职务上每年的养廉银是五千两，正式俸禄则与普通京官相同，约二百两出头。除此之外到底有多少灰色收入，他在日记中当然不可能透露。不过在担任银库郎中后的第二年，他即于京城繁华地段开始经营当铺。《那桐日记》光绪二十三年八月廿四日记载：

> 余托孟丽堂价买北新桥北大街路东增裕当铺作为己产。丽堂为总管，田诗园（名嘉兴，行三）为掌柜，于八月初一日接替，开市大吉。计占项一万二千余金，架本三万金，存项一万金，统计领去五万三千余金。余于今日约孟总管到铺上香祭神，书立合同，已刻事毕，同丽堂、诗园同饭。[2]

时隔一年多，那桐再次购买当铺。光绪二十四年十月十五日那桐在日记中写道：

> 余托孟丽堂价买灯市口北东厂胡同口外路东元丰当作为己产（卖主孙苣卿，嵩犊山家奴也，住后元恩寺），改字号曰"增长"。总管为孟丽堂，掌柜人为金本如（行二，海淀人）。于八月廿六日接替，十月初二日开市换匾。价本市平松江银三万两，占项市松一万七千两，存项京松二万五千两，统计市松七万二千余金（合京松七万二千九百六十两）。余于今日约同孟总管、田诗园到铺内上香祭神，书立合同二纸，各执其一，携回合同、大契、由单、占项单、家具单、津贴单共六件，办法与廿三年八月廿四日所置增裕当相同。[3]

这两笔达十二万余两的巨额投资显然不是他的公开收入所能承担的。事实上，分析那桐的升迁之路，我们可以很清楚地看到，银库郎中一职是他宦途升腾的关键点：在此之前，他一直是中低级京官；在此之后仅仅一两年间就跻身高级京官之列，后更飞黄腾达成了军机大臣、文渊阁大学士。

那桐做过的另一类肥缺是"派充左翼税务委员""吏部尚书崇文门副监督熙奏派充崇文门，奏派委员""崇文门正监督"等税收官员。这也是著名的肥缺。

清代前期，榷关税收是仅次于田赋、盐税的第三大财政收入，在国家财政中占有

---

[1]《清骆秉章先生自叙年谱》，台湾商务印书馆，1978年，第16～22页。
[2] 北京档案馆编：《那桐日记》上册，新华出版社，2006年，第252页。
[3] 北京档案馆编：《那桐日记》上册，新华出版社，2006年，第293页。

重要地位。税关官职都是肥缺，崇文门税关更是肥中之肥。崇文门税关处于万方辐辏的京师，负责征收出入京师商货税款。京师商贾往来频繁，征税总额巨大，此关的税务官员和胥吏很容易暴富[1]，也素以贪婪闻名。

"天下榷税之关，以京师崇文门胥吏为最侈且暴。言官屡劾，谕旨屡诚，而积习如故也。"[2] 他们勒索敲诈，违例罚款，受贿卖放，以多报少，相沿成习[3]。道光年间上谕中指出："崇文门税局，于寻常行李往来，不论有无货物，每衣箱一只，勒索银二两、四两至八两之多，或偶然携带常用物件，不知应税课则，一经查出，辄以二十倍议罚；即有照例开报纳税者，又以输课无多，仍百计刁难，否则押赴官店守候，不准放行。"[4] 清代巨贪和珅发家致富，一个重要的款项来源就是担任崇文门监督所获收入。那桐担任这些职务的具体收入我们不得而知，但从他一生行迹来看，我们可以肯定的是他不会洁身自好。

四 长于理财的乐天派

除去以上两个因素，那桐个人的理财水平也是一个关键因素。那桐极具经济头脑，擅长理财，"这也许与他长年在北档房、户部工作不无关系。他办事经常习惯性地核算成本，比如光绪十六年（1890），第一次随两宫赴东陵谒陵，来回十余天，回来他曾算了一笔账，'此次一役除户部应领津贴银四十两，尚须赔数十金'。他热衷于从事各种经营活动，比如他经营商铺，置田产、地产，买房产，出租房屋，把自家的经济活动搞得有声有色"[5]，资产积聚相当迅速。

那桐的经营活动中，获利最丰的当数当铺。清代皇族和大员热衷于开典当业，这是因为开当铺税收少，获利丰厚。据夏仁虎记载：

质铺九城凡百余家，取息率在二分以上。[6]

---

[1] 万依：《供宫廷及税官染指的"崇文门"》，《故宫博物院院刊》1987年第2期，第26页。

[2] 陈康祺：《郎潜纪闻初笔二笔三笔》下册，中华书局，1984年，第681页。

[3] 参考岑大利：《清代京城崇文门税务总局初探》，《清史研究》2001年第1期，第56页。

[4] 《宣宗成皇帝实录》（一），《清实录》第三十三册，中华书局，2008年，第34932页。

[5] 孙燕京：《从〈那桐日记〉看清末权贵心态》，《史学月刊》2009年第2期，第126页。

[6] 夏仁虎：《旧京琐记》卷九《市肆》，民国刻本，首都图书馆北京地方文献部藏。

在光绪二十四年以前，京城每座当铺所缴纳的税银仅仅五两[1]。利润之高可以想见。

那桐生活优裕奢华的最后一个原因，是他的性格。与晚清大部分满族官员一样，那桐虽然是"能员"，但他的"能力"仅限于操办具体事务，对朝廷大政、国家兴衰，他从没表现出什么独到的政治见解或思想主张。圆融、开朗、外向和精明使他很善于构建自己的人际关系网，在国步艰难之际仍然全力经营自己的"幸福生活"。从《那桐日记》看，他每年春节登门拜年往还的数字相当惊人。光绪十六年（1890），那桐三十四岁，身为中级京官，"当年正月初一至十五，他登门所拜的人家约计二百六十家，第二年春节期间，拜年约三百三十余家。官至一品后，前往各府拜会的数量略有减少，但来访的客人却明显增加"[2]。成为重臣的1904～1911年，那家每年过年更是门庭若市。这自然也意味着他灰色收入的来源越来越广：除去附加效应不提，最直观的收获是每个登门者所携的节礼。《那桐日记》中记载的"持贽"者中所持最高的为一千金[3]。

所以，虽然国难重重，但因那桐经济实力雄厚，人际关系广泛，性格开朗乐观，在晚清社会政治灰暗沉郁的大背景下，他的生活却是一派阳光、热闹和快活。孙燕京说，《那桐日记》九十万言中，最频繁的记载是家居生活、饮宴应酬、礼尚往来的繁忙和享受。不论年岁如何，每逢年节，那家肯定会举办各种频繁奢华的饮宴聚会。甚至国难临头之际，遇到红白喜事也从未草率行事，各种喜分、奠分一丝不苟。[4]"1890～1925年间，那家的娱乐活动多得不可胜计。如果外出听戏（包括入官听戏）、看花灯……出游不计算在内的话，那桐及家人最钟爱的文娱活动是堂会，内容包括什不闲、八角鼓、大鼓书、说书、影戏（含皮影、幻灯）、洋傀儡戏（木偶戏）和京剧。双处评书、抓髻赵什不闲、子弟什不闲、马老什不闲、马老八角鼓，多是那家固定邀请的演员，甚至成为门客。日记里常提到这些演员的名字，有时还进行评论和比较。什不闲很受那家老少的欢迎，隔三岔五就会被请到那家来娱乐一番……家庭祝寿、友朋拜寿多以演戏为乐，甚至把京剧当成'贺礼'相互送来送去。1903年，那桐的二女儿十九岁生日，'在新西花厅唱安庆高腔戏一天，伦贝子、诚玉如、三祝、小川、彭子嘉、陶杏南送昆戏六出，来客甚多，午正开戏，子初散'。"[5]"对这些活

---

[1] 孔祥吉：《晚清的北京当铺——以〈那桐日记〉为线索》，《博览群书》2009年第7期，第91页。

[2] 孙燕京：《从〈那桐日记〉看清末权贵心态》，《史学月刊》2009年第2期，第122页。

[3] 北京档案馆编：《那桐日记》，新华出版社，2006年，第535页。

[4] 孙燕京：《从〈那桐日记〉看清末权贵心态》，《史学月刊》2009年第2期，第121页。

[5] 孙燕京：《从〈那桐日记〉看清末权贵心态》，《史学月刊》2009年第2期，第126页。

动，那桐总是兴致勃勃，乐此不疲，偶尔才会感慨两句'忙累''倦极'。"[1] 几乎未间断记日记的晚清到民国的三十五年里，"那桐绝少出现失望、烦躁、不安、不如意、心灰意懒等负面情绪。相反，倒是兴奋、昂扬、兴味盎然、兴致勃勃、心满意足表现得淋漓尽致"[2]。

综上所述，那桐是京官中优裕派的典型。清代优待满族的特殊政策，内务府出身的背景和屡署肥缺，使他拥有了雄厚的家底。而善于理财投资的天赋，"贪财好利"和开朗圆滑的个性，推动他在动荡的政治大背景下敛财投资，成为京城巨富，其生活水平是曾国藩等普通汉族京官无论如何都难以达到的。

第三节 刘光第：刻骨的清贫

一 吃老米的官员

如前文所说，曾国藩属于京官中刻苦自砺、持身严正的一类，但他的生活离最穷的京官还颇有一段距离。京官中最贫困一族的代表是刘光第。

刘光第是四川富顺人，出生于咸丰九年（1859），光绪九年（1883）中二甲第八十八名进士，授刑部候补主事。因家贫无力及遭遇母丧等原因，他中进士返里后迁延数年不能赴官，直到光绪十四年（1888）才在他人的资助下进京。自1888年到1898年，刘光第做了十年京官。这十年中，他一直是候补主事。之所以候补如此之久，是因为晚清捐纳大开，仕途拥挤，虽科举正途出身，往往也需等上很多年才能实授。直到京官生涯的最后几个月，刘光第才因参与戊戌变法达到仕途的顶点：1898年9月5日（旧历七月二十日）被授予四品卿衔，在军机章京上行走。但是这个辉煌持续时间十分短暂，同年9月28日（旧历八月十三日）就因变法失败被杀害于菜市口，史称"戊戌六君子"之一。

刘光第整个京官生涯都是在异常贫困的状态下度过的。因为付不起城内的高昂房租，他在南西门外找到一座废圃，简单收拾了一下作为寓所。"君恶京师尘嚣，于南西门外僦废圃，有茅屋数间，篱落环焉，躬耕课子。二三友人过访，则沽白酒，煮芋

---

[1] 孙燕京：《从〈那桐日记〉看清末权贵心态》，《史学月刊》2009 年第 2 期，第 123 页。

[2] 孙燕京：《从〈那桐日记〉看清末权贵心态》，《史学月刊》2009 年第 2 期，第 122 页。此段直接引文以外部分也主要参考了此文。

麦饷客。"[1]

刘光第一家生活水平很低。因为一直处于艰难之中，所以大人、小孩子都很能吃苦，经常靠吃贫民才吃的老米粗粮过活。清代京官所领的禄米，很多时候都质量低劣，无法食用。因为粮仓官员往往会把好米私下贩卖掉，然后以劣米偷运进仓充数，在发放俸米时，粮仓官员会"先将霉烂之米充放"，虽"兼有好米，多以掺和灰土"。因此中下级官员领到的基本都是老米[2]。这些老米"多不能食"[3]，一般都领出来低价卖掉，唯刘光第一家是自己吃掉。刘光第在书信中说："幸兄斋中人俱能善吃老米。"[4]"幸兄宅中大小人口均能打粗，或时买包谷小米面及番薯贴米而食。"[5]

一家人穿得也十分破旧。刘光第"一布袍服，十年不易"，"除礼服外，平日周身衣履无一丝罗"；其夫人则"帐被贫窭"，看起来根本不像一位官员夫人；其儿女则更是"敝衣破裤，若乞人子"[6]。他上班路程很远，"从寓至署，回转二十里"。因为无钱坐车，所以平时"均步行，惟雨天路太烂时偶一坐车"[7]。每天步行十公里，堪称健足。

刘光第避居城外，除了无钱付城内高昂房租外，还有一个原因是无力应付频繁的社交应酬。他们一家人很少出门交游，夫人甚至十一年足不出户。"寻常宴会酒食，亦多不至。其夫人自入都至归，凡十一年，未尝一出门与乡人眷属答拜。宅中惟一老仆守门，凡炊爨洒扫，皆夫人率子女躬其任。其境遇困苦，为人所不堪，君处之怡然。"[8]

二　刘光第为什么这么穷

综合以上情状，刘光第的生活比北京普通市民强不了多少，自然应该被归为京官中最贫困的一类。他的生活之所以如此穷困，有以下几个原因。

第一个原因自然同样是职官收入低微。按清代官制，正途候补的京官，只有正俸，没有恩俸。主事为六品，正俸为六十两，除此还有六十斛禄米。因为财政困难，

[1]《刘光第集》编辑组：《刘光第集》，中华书局，1986年，第440页。
[2]"六品给老米，五品给白米。"见何刚德：《春明梦录》卷下，上海古籍书店，1983年。
[3]何刚德：《春明梦录》卷下，上海古籍书店，1983年。
[4]《刘光第集》编辑组：《刘光第集》，中华书局，1986年，第215页。
[5]《刘光第集》编辑组：《刘光第集》，中华书局，1986年，第280页。
[6]《刘光第集》编辑组：《刘光第集》，中华书局，1986年，第131页。
[7]《刘光第集》编辑组：《刘光第集》，中华书局，1986年，第451页。
[8]《刘光第集》编辑组：《刘光第集》，中华书局，1986年，第439~440页。

晚清官俸又经常打折扣发放，刘光第在家书中曾说自己的"俸银五十余金"[1]。参考第二章《清代道光年间京官俸禄表》，刘光第的正式收入不足百两。

咸丰以后，京官的收入结构发生的一个显著变化是印结银取代官俸，成为京官最主要的收入。印结是清代捐官过程中一种例行的保证手续。捐纳出身的人，需要花一笔银钱，以获得同乡在职官吏为其"保结"。因为自咸丰起捐官大盛，这笔钱数目颇为可观。通常每月结算，各部"同乡有印之京官均分之，各省一律"[2]。寻常省份，每人每年可分得二三百金。

刘光第到京之后给族叔刘举臣的第一封信，这样估计自己的财政概况："但细打算：留京有家眷，每年非六百金不可，除去俸银五十余金（米数百斤），印结闲时长扯不过百余金，贤叔欲助二百金之外，尚须二百余金之谱。如我邑学田办成，津贴京官，每人可得二数（万县去年议定每人亦如是），则所缺无几矣。"[3]

由此可见，他每年印结银收入约一百四五十两，加上俸银，为二百两左右。在北京拖家带口生活，每年至少需要六百两（禄米不算在内），所以赤字是四百两左右。

第二个原因是刘光第出身非常贫寒。

京官生活水平如何，与家庭经济状况密切相关。那桐出身巨富，家底雄厚，所以早年做低级京官时生活也从无困难。翁同龢状元及第后授翰林院修撰，法定收入比曾国藩高不了几十两，但是他的生活从来没有遇到什么窘迫。因为翁氏一族在北京仕宦多年，他的父亲翁心存时任体仁阁大学士，长兄同书不久也官任巡抚。

而刘光第则出身于贫穷的农民兼小商人家庭。读《刘光第集》，他的祖父之穷实在令人印象深刻。"隆冬犹衣败絮，寒不可支，则竟日负邻家铁炉坐不去。面目黧黑，亲故至不可辨识。饥则断菜菔叶蘸于青椒之臼而啖之以代饭"，晚年至穷饿而死，"曾不得少待须臾，获一日之饱食而后死也"[4]。到了父亲一代，家境并无好转。"家经变故多，支用绌，入不敷出，食常不买生菜。两三月一肉，不过数两。中厨炭不续，则弟妹拾邻舍木店残权剩屑以炊。"[5]十三岁时，他又遭遇父亲去世，与寡母相依为命。

---

[1] 何刚德说："余初到部时，京官俸银尚是六折发给。六品一年春秋两季应六十两，六六三十六，七除八扣，仅有三十二两。后数年，改作全俸，年却有六十金。京官许食缺，正四俸补缺后，则两份六十金，升五品则有两份八十金。俸之外有米，六品给老米，五品给白米。老米多不能食，折与米店，两期仅能得好米数石。若白米则尚可不换也。"见何刚德：《春明梦录》卷下，上海古籍书店，1983年。

[2] 指同一省内官员平均分配。

[3]《刘光第集》编辑组：《刘光第集》，中华书局，1986年，第194页。

[4]《刘光第集》编辑组：《刘光第集》，中华书局，1986年，第36页。

[5]《刘光第集》编辑组：《刘光第集》，中华书局，1986年，第44页。

刘光第光绪九年（1883）中进士钦点刑部主事之时，不过二十四岁，真可谓少年得志。一般人肯定会积极赴官，以期鹏程万里，刘光第却在乡淹蹇了数年，盖因家境贫寒，不能支持京官生活的浩大费用。后来，他的一位族叔，自贡盐场绅商刘举臣主动提出每年资助他银二百两，这样，刘光第才在母丧服阕后进京为官。后来富顺县令陈锡鬯一度"亦年助百两"[1]。这就是刘光第进京为官的全部资本。因为自己花费全靠他人捐助，欠着巨额人情债，刘光第自然能省则省，不敢大手大脚。

第三个原因是刘光第个性狷介，持身极严。

刘光第有着强烈的出人头地欲望，也不怎么掩饰自己对仕途的热衷。盖因他之读书，是全家人节衣缩食供出来的，母亲甚至"卖屋而买书"[2]，供他读书。所以全家人发达之愿望，皆在他一身。

到刑部上班后，他工作十分勤奋。《年谱简编》载："销假就职后到署甚勤，每月必到二十八九次。"[3]在致刘举臣的信中，他这样解释自己为什么这样勤奋："主稿等均劝勤上衙门，一月得二十天都好，如能多上，便见勤敏。"[4]如此勤敏，"同乡皆言，如此当法，数年后，必定当红了"。大家如此鼓励，他对自己的仕途也很有信心，认为像自己这样拼命做事，不难飞黄腾达。1890年12月20日，他在家信中说：

> 故就兄一人一身而论，尽可无虑，十数年间，一帆风顺，便可出头。

虽然如此说，事实是十年之间，他却始终在候补主事一职上不能迁转。原因一方面是晚清仕途过于拥挤，另一方面则是刘光第的个性并不适合混迹官场。

刘光第在艰难困苦的环境中长大，个性强硬方刚，能吃寻常人不能吃之苦。《年谱简编》载："1886年（光绪十二年丙戌）二十七岁，常步行富泸间，为瘦犬所伤。从乡人借厨刀削去伤口，乡人围观骇叹。"[5]此举断非寻常人所能为，可见其性格之强。

刘光第的另一个性格特点是内向、孤介。对于社交活动，刘光第既不擅长，也

---

[1]《刘光第集》编辑组：《刘光第集》，中华书局，1986年，第451页。
[2]《刘光第集》编辑组：《刘光第集》，中华书局，1986年，第44页。
[3]《刘光第集》编辑组：《刘光第集》，中华书局，1986年，第451页。
[4]《刘光第集》编辑组：《刘光第集》，中华书局，1986年，第193页。
[5]《刘光第集》编辑组：《刘光第集》，中华书局，1986年，第450页。

不感兴趣。除了必不可少的礼仪比如师门的三节两寿之礼[1]外，平日"少交游，避酬应"[2]。偶尔应酬，也多独坐"寡相谐"。胡思敬在《碑传集补》中说他"恂慎寡交，稠人广坐中，或终日不发一言，官刑曹十余年，虽同乡不尽知其名"。他这样做的原因当然是对官场上的喧嚣浮华十分看不惯。刘光第也说自己"冷僻犹昔"，"在人稠中"他"不善作便佞趋承之状"，以至于"众皆木石视之"[3]。这样的性格，自然影响他在官场中广结机缘，导致其迟迟不能升迁。

刘光第收入结构中的一个突出特点，是缺少"馈赠"等灰色收入。这是因为入仕不久，他就立志要做清官名臣，尽职于社稷。1889 年，也就是进京为官的第二年，他就在家信中说，自己要效仿康熙朝的名臣魏象枢，在亲戚的资助下，力保清廉之节：

> 昔康熙时魏敏果公（名象枢）为一代名臣，俗所称保荐十大清官者也。其初得京官时，亦患无力，不能供职，其戚即应酬之，后来竟成名臣。老叔此番举动，诚不让魏公之戚矣。其奈第以菲材，不足为国家之用，诚有愧于敏果公万万也。有人接济，免致打饥荒，坏人品，此亦魏公之福也。第何幸而亦有此福，但有愧魏公人品远矣。[4]

因为立志要做名臣，刘光第十分爱惜羽毛，其清峻程度远过于曾国藩。刚步入官场之初，刘光第也一度和光同尘，接受过一些馈赠[5]。后来，随着做清官名臣的人生设计日益清晰，他开始拒绝绝大多数官员视为正常的馈赠。"兄……不受炭别敬（方写此信时，有某藩司送来别敬，兄以向不收礼，璧还之）。"[6]甚至连好朋友的帮助他也不要，因为他不想沾染任何灰色收入。"京中今年结费太坏，用颇不敷。抢三已补员外，别项进款约三四千金，平时颇知兄，常欲分润，露于言句，不知兄不敢受也。（赵寅臣欲出京时，欲以纱麻等袍褂相送，因兄所穿近敝故也，兄亦婉而却之而已。）"[7]这样

---

[1] 刘对师门应酬从不懈怠。"秋节在即，各处师门，馈送方殷（第自奉事事从俭，惟应酬师门一事，断不敢菲薄）。"师门应酬周到，不为有所干求，而只是尽师生之情："诚欲自奉俭约，多余点数，以为师门应酬，并非有所干求，只是情不能已。"见《刘光第集》编辑组：《刘光第集》，中华书局，1986 年，第 196 页。

[2]《刘光第集》编辑组：《刘光第集》，中华书局，1986 年，第 453 页。

[3]《刘光第集》编辑组：《刘光第集》，中华书局，1986 年，第 175 页。

[4]《刘光第集》编辑组：《刘光第集》，中华书局，1986 年，第 200 页。

[5] 比如一九八一年十二月十六日这封家书中透露："兄京寓诸尚稳适，今岁外来冰炭费稍多于前年而仍形不足者。良以入数微多出数亦因之以多。谚所谓'水涨船高'是也。"见《刘光第集》编辑组：《刘光第集》，中华书局，1986 年，第 225 页。

[6]《刘光第集》编辑组：《刘光第集》，中华书局，1986 年，第 287 页。

[7]《刘光第集》编辑组：《刘光第集》，中华书局，1986 年，第 233 页。

他就失去了"他人馈赠"这一京官颇为重要的收入来源。

及至后来因参与变法而获得重用后，他的作风在军机中也独树一帜："向例，凡初入军机者，内侍例索赏钱，君持正不与。礼亲王军机首辅生日祝寿，同僚皆往拜，君不往。军机大臣裕禄擢礼部尚书，同僚皆往贺，君不贺。谓时事艰难，吾辈拜爵于朝，当勖王事，岂有暇奔走媚事权贵哉？其气节严厉如此。"[1] "（光第）性廉介，非旧交，虽礼馈皆谢绝。既入直枢府，某藩司循例馈诸章京，君独辞却。或曰：'人受而君独拒，得毋过自高乎？'君赧然谢之。"[2]

如此做官之法，使得他升官反而更为赔钱。第二章提到他因为要添皮衣买貂褂等花销增大，而收入不增。"兄又不分军机处钱一文（他们每年可分五百金之谱，贪者数不止此）……如不当多时，所赔犹小；如尚不能辞脱，则每年须干赔五百金。"

基于以上原因，刘光第的生活自然摆脱不了艰窘。他在书信中描述自己的生活说："兄今年京中尤窘迫非常，六、七、九、十月份印结均坏，以致连厨手亦不能请了，全是一婢女与敝室同操作，日无停趾。（洗衣作饭无论矣，绳儿不喜卧，须人背负，每天一主一婢换贴背之，他人见者，咸称异焉。）"[3] "去夏大雨后，顶棚全漏，烂纸四垂，屡次觅裱糊匠不得（通京俱从新裱糊，匠人忙极）。及觅得，又以价太昂，屡相龃龉，直至冬月，始迫于不得已，费十余金，乃收拾完好（此皆必要用者，不然，冬风从檐隙贯入室中，虽烧炉亦不得暖）。……惟是顶棚末裱好时，客厅诸事，俱颇潦草。"[4]

这种贫困状况贯穿了刘光第京官生涯的始终。直到他在戊戌变法中被捕之时，执行抓捕任务的官兵都惊叹于他家之穷："缇骑见家具被帐甚简陋，夫人如佣妇，皆惊诧曰：'乃不是一官人！'"[5]

第四节　李慈铭：穷并奢侈着

一　穷困潦倒又穷奢极欲

京官中还有一种类型，就是宁可背负巨债，也要讲排场，讲阔气，追求享受。李

[1]《刘光第集》编辑组：《刘光第集》，中华书局，1986年，第436页。
[2]《刘光第集》编辑组：《刘光第集》，中华书局，1986年，第439～440页。
[3]《刘光第集》编辑组：《刘光第集》，中华书局，1986年，第207～208页。
[4]《刘光第集》编辑组：《刘光第集》，中华书局，1986年，第247页。
[5]《刘光第集》编辑组：《刘光第集》，中华书局，1986年，第457页。

慈铭是这类人的典型代表。

李慈铭（1830～1894）是会稽（今浙江绍兴）人，出身于地主之家[1]。他自幼聪颖，"生有异才，年十二三即工韵语"[2]。年纪轻轻，就已经是小有名气的"越中俊才"，不过科举之路却异常曲折艰辛。他二十二岁中秀才后，连续十一次乡试都不中，直到四十二岁时才中了举人。此后又五次参加会试，五十二岁时才中了进士。

由于科场困顿，开始他只能选择通过"异途"进入官场。二十八岁时他花钱捐官，捐报郎中，三十三岁才被分发户部学习行走，做的是"稽核堂印"之类打杂跑腿的低级差事。做了两年京官后，因薪俸太低，越做债务越重，不得不弃官返乡。直到四十二岁中举后才再次入京，得到的也只是一个"候补户部郎中"的资格。中进士后第二年，才补为户部郎中。一直到年满六十，他才成为从五品衔的山西道监察御史，这便是李慈铭一生最"显赫"的官职了。然而此官仅仅做了四年，他就在落寞中"郁郁而卒"了。

李慈铭的仕途为什么如此坎坷呢？既有个人的因素，更主要的是因为晚清咸丰年间捐纳大开导致仕途过度拥挤，以至于他经过三年多的学习行走，十六年的候补才授得实缺。这是京官中比较典型的经历，"这种个例可以代表一般京官的情形"[3]。

与上面提到的那桐和刘光第的一富一穷不同，李慈铭的京官生活状态极为矛盾：一方面，李慈铭收入低微，经常债务缠身，哭穷叫苦，日记中屡屡记载"比日穷困不堪""比日窘甚，负债有如牛毛矣"[4]；另一方面，他却一直在极力追求与自己的收入水平不相称的生活方式，居住宏阔，仆役众多。从同治十三年起，他租住故闽浙总督季文昌的旧邸，"有屋二十余楹，有轩有圃，广植花木，气派宏阔"[5]。内有轩翠舫、碧交馆、花影廊、小东圃等名胜[6]。他家里仆役众多，即使在光绪十年以前，也就是他经济极为窘困的时期，他"平均常常雇用仆人三四人，女佣两人，更夫一名，厨师一名，车夫一名"。与刘光第形成鲜明对照的是，李慈铭虽然一样"穷困潦倒"，却行必有车。

更为引人注目的是，他长年沉醉于宴饮、冶游。他京官生活中"每月有一半以上都有饮宴"，在声色上更经常大为破费。他在老家时本"以四百圆番金购买一歌娘为妾"，到北京后又趁华北大旱，人口价低之际，借钱买了二妾，其中一妾花去白银

[1] 董丛林：《论晚清名士李慈铭》，《近代史研究》1996 年第 5 期，第 16 页。
[2] 平步青：《李慈铭传》，《清代碑传全集》下册，上海古籍出版社，1987 年，第 1323 页。
[3] 张德昌：《清季一个京官的生活》，香港中文大学，1970 年，第 45 页。
[4] 李慈铭：《越缦堂日记》，广陵书社，2004 年，第 9644 页。
[5] 张德昌：《清季一个京官的生活》，香港中文大学，1970 年，第 53 页。
[6] 张桂丽：《李慈铭年谱》，博士学位论文，复旦大学，2009 年，第 13 页。

一百八十两[1]。

清制官员不得狎妓，而挟优"尚可通融"。所以官员交好伶人，也就是所谓"戏子"，成为风习[2]。李慈铭颇好这一口，钱秋菱、傅芷秋、时琴香等当时名伶都与他有来往。梅兰芳祖父梅慧仙的入室弟子，人称"花榜状元"的京城名伶朱霞芬更是他的至好[3]。"根据李慈铭本人的记录，他每年用于歌郎、戏曲、冶游方面的支出是很可观的。在这一方面毫不吝啬，一掷十金。以光绪三年为例，是年他的仲弟在乡饥饿而死，而他在北京一年之中却花一百多两于酒食声色之征逐。'余虽穷，酒食声色之费亦不下百金。通计出门七年以来，寄弟者不过十金耳。'"[4]

我们以李慈铭在光绪十六年生日的情形，来具体观察一下李慈铭的生活状况。

十二月二十七日，是李慈铭的生日。生日的前三天，他的前辈至交黄漱兰在畿辅先哲祠设午宴为他预祝寿辰，宾主十四人坐了两桌，一直延续到晚上才散。生日的前夕，家人为他"暖寿"，他的厨师司马士容特地为他治了一桌上等燕菜席，全家吃得微醺而散。司马士容是当时北京有名的厨师，李慈铭说过："同治以来，都中治庖最精者称王厨、刘厨及司厨三人，皆能治南菜，有承平士大夫旧法。司厨独善事余，余家祭先请客皆属之。余待之有恩，司厨亦感激尽力。余家典礼皆熟稔，不待指使。童仆在外滋事者，必以告。"从前北京能做第一流菜肴的不是饭庄饭馆，而是"口上"的厨师。他们承应婚、丧、嫁、娶、寿与祭祀、换帖结金兰之好以及年菜等小型酒席，司马士容更是其中佼佼者。李慈铭虽然经济上时常拮据，而尚用名厨治肴，如此讲排场，摆阔气，焉得不困。

过生日这一天，李慈铭点蜡烛，拜先人，放鞭爆，并请来伎乐吹奏，以会亲友。来贺者三十三人，有送梅花和迎春花的，有送貂领、四喜袋、荷包的，有送酒席的，

---

[1] 张德昌：《清季一个京官的生活》，香港中文大学，1970年，第54页。
[2] 何刚德说："京官挟优挟妓，例所不许，然挟优尚可通融，而挟妓则人不齿之。妓寮在前门外八大胡同，麇集一隅，地极湫秽，稍有自爱者绝不敢往。而优则不然，优以唱戏为生，唱青衣花旦者，貌美如好女，人以像姑名之，谐音遂呼为相公。"见何刚德：《春明梦录》卷下，上海古籍书店，1983年。
[3] 其中艺名叫霞芬、梅云、素云的三个伶人是经常来者，而霞芬与他关系非同一般，几乎每次聚宴必到，还有多次聚会的地点就在霞芬家里，霞芬有时也到他的住处去。某一年，他送给霞芬的钱就有44两银子。这位霞芬乃京城名伶，是梅兰芳祖父梅慧仙的入室弟子，人称"花榜状元"。参考王维江：《从慈禧到"清流"：同光中兴中的"声"与"色"》，《文史知识》2008年第2期。
[4] 张德昌：《清季一个京官的生活》，香港中文大学，1970年，第54页。

有送烛、桃、面、酒的，等等。晚宴客散后，他再约少数至交小酌，并招伶人霞芬、梅云、素云侑觞。清代法律规定，在北京城中，任何官吏不准公开招妓女侑酒，如不遵法令，被巡城御史查到，后果严重。但准许招"雏伶"陪酒，也可把"雏伶"招到家中与之色情鬼混。霞芬就素为李慈铭所狎昵，时常招来侑酒。在他生日的前几天，他的朋友还在霞芬的"下处"为他祝寿，也招来梅云、素云陪侍。这一恶俗，李慈铭不但不以为耻，反而风流自赏，可见当时社会之腐败。[1]

综上所述，李慈铭的生活属于低收入高消费类型。他的日常花费显然远远超出了正常社交需要。

李慈铭的这种矛盾生活状态，第一个原因当然是他生性贪图享受。

李慈铭的生活品位相当高。他出身地主家庭，早年家中颇有些田产，亲人中还有人开当铺，母亲对他又很溺爱，因此他从小生活优裕，没吃过苦。"慈铭家居三十年，衣食百需，仰给老母，如婴儿然。"[2]

李慈铭一生讲究享受，"食不厌精，脍不厌细"。他对衣服的讲究和在乎远超过曾国藩，比如光绪十三年闰四月二十五日记："四月间制珠毛皮小貂袖银红江绸袍一领。平生衣服，无此都丽也。以袖甚佳，有承平密致之风，团花绣球，俨然官体。"[3] 这件袍子虽然花去他二十两银子，但他没有丝毫心疼，反而颇为得意。徐一士说："慈铭嗟贫，时见于《日记》，而颇讲甘美享用。"[4]

曾国藩、刘光第等刻苦自励以安守清贫为荣，李慈铭独不然。他不但不耐清贫，反而还看不起那些"不懂享受"的同僚。比如他同时代的翰林李用清"安贫厉节"，不收陋规，每出门则徒步，不乘车。众人皆称其俭德，李慈铭却在日记中嘲讽他"文字拙陋，一无才能，惟耐苦，恶衣食，捷足善走，盖生长僻县，世为农氓，本不知人世甘美享用也"[5]。

第二个原因是李慈铭的为官心态相当消沉。李慈铭成名既早，自视极高，以为凭自己的才华，博取"黄金屋颜如玉"当如探囊取物，不料一生困顿，仕途潦倒，沉浮冷署。所以李慈铭的供职态度，与曾国藩、那桐、刘光第三人迥不相同。任户部司官

[1] 牟小东：《李慈铭的过年》，《读书》1992 年第 2 期，第 86～92 页。
[2] 李慈铭：《越缦堂骈体文》卷二，清光绪二十三年刻本。转引自张桂丽：《李慈铭年谱》，博士学位论文，复旦大学，2009 年，第 12 页。
[3] 李慈铭：《越缦堂日记》，广陵书社，2004 年，第 11420 页。
[4] 徐一士：《一士类稿》，重庆出版社，1998 年，第 42 页。
[5] 李慈铭：《越缦堂日记》，广陵书社，2004 年，第 10798 页。

多年，他对职事表现得相当厌倦，甚至"经年不一诣署"[1]，原因是"羞与少年为伍""与俗吏随波"[2]。他二十多年的京官生涯，基本上是在失望、懒散、愤世嫉俗、牢骚满腹中度过的。所以干脆就纵情诗酒，以消块垒。

二　润笔和攀援

那么，李慈铭怎么解决低收入和高消费的矛盾呢？

李慈铭的仕途长期处于候补状态，因此很长时间内他的薪俸收入比刘光第还要低微。因为他出身"异途"，没有正式官俸，所以只有养廉和印结银两项收入。后来虽然补了实缺，然而即使是在户部这个最"富"的部，不掌印的中低级官员仍然收入低微。

李慈铭的家庭也不能给他提供经济资助，因为捐官已经掏空了家底。太平军占领江浙，家产近乎荡然[3]。同治四年他回家奉母之时，"耕无寸田，居无尺埴，露棺三世，赁屋半椽"[4]。

因此，李慈铭在经济上的补充，首先靠润笔。

李慈铭之所以能留名于历史，是因为其文学才能。他学识渊博，"为文沉博绝丽，诗尤工，自成一家"[5]"官京师数十年，为词坛领袖"，被称为"旧文学的殿军"。除诗文集外，还留下了一部厚厚的《越缦堂日记》。

他文名既著，交游甚广，李鸿章、翁同龢等当朝大佬及张之洞等新进都愿意与他交往。工部尚书潘祖荫非常钦佩他的学问，经常请李氏捉刀，"日常接济馈问，亦殷拳弥甚"[6]。除了这些人外，每年请他撰文者还有很多，所以润笔收入颇丰。比如同治十年十一月二十日日记记载："夜周允臣来，送文勤（周培祖）碑铭行述润笔银八十两。"

事实上，"润笔"是某些以文才著称的京官的重要收入渠道。林则徐在写给同乡友人郭柏荫的信中回忆翰林生活说："愚初作翰林时，即有家眷，在京一年俭用，约以五百金为度。编修俸银、俸米及馆上月费，合计将及二百，寻常笔墨中亦有所得，

[1] 平步青：《李慈铭传》，《清代碑传全集》下册，上海古籍出版社，1987年，第1323页。
[2] 李慈铭：《越缦堂日记》，广陵书社，2004年，第8700页。
[3] 张德昌：《清季一个京官的生活》，香港中文大学，1970年，第14页。
[4] 李慈铭：《越缦堂骈体文》卷二，清光绪二十三年刻本。转引自张桂丽：《李慈铭年谱》，博士学位论文，复旦大学，2009年，第13页。
[5] 赵尔巽等撰：《清史稿》第四十四册，中华书局，1977年，第13440页。
[6] 张桂丽：《李慈铭年谱》，博士学位论文，复旦大学，2009年，第20页。

能觅一馆地贴补，则又觉从容矣……"[1] 可见"寻常笔墨"和"坐馆"是他弥补赤字的最主要方式。

第二靠"攀援"。李慈铭为官之初，也曾和曾国藩、刘光第一样矜尚名节，"尝自订七例自勉：一不答外官，二不交翰林，三不礼名士，四不齿富人，五不认天下同年，六不拜房荐科举之师，七不与婚寿庆贺"[2]。然而他并未能真正践行自己的诺言。李慈铭早年就很善于打秋风。比如同治八年张之洞任湖北学政，他应邀赴武昌，盘桓月余[3]。中了进士后，李慈铭一方面在日记中经常嘲讽那些"曲计攀援"以求外官馈赠之人，抨击某些达官为了多得馈赠在外官面前举止失态；另一方面，他自己就是一个"曲计攀援"的高手，颇致力于四出宴饮，交结外官。比如光绪七年春，他就曾至贤良寺投刺直隶总督兼北洋大臣李鸿章，"以近日窘甚，冀其随例有酬应也"。这次李"馈别，敬十二金，犒使二千"[4]。

因此，对比李慈铭与曾国藩的收入结构，我们会发现，李慈铭的馈赠收入远高于曾国藩。光绪九年全年，他所获馈赠收入达 356.72 两，是曾国藩道光二十一年的 3.47 倍，占其总收入的 34.56%，而曾国藩只占 16.31%。

李慈铭一生谋得的最大一笔馈赠，是生涯最后几年担任天津问津书院北学海堂山长所获的每年一千一百余两束脩[5]，这是他京官生涯后几年生活水平越来越高的基本保障。"天津问津书院北学海堂山长"其实只是一个挂名，一年不需要到天津跑几次，束脩却如此丰厚，原因很简单：这其实是李鸿章送给他的"封口费"。

李慈铭一生保持"名士"姿态，"性善骂"，"口多雌黄"，"持论苛刻"，特别对"同时名流，无不极口谩骂，不留余地"[6]。因此获得了"敢言"的称号，被人目为清流。史称他"不避权要，当面折人，议论臧否"。

李鸿章深知李慈铭之善骂，有意结好李氏等清流，以免他们抨击自己。这笔封口费效果不错，虽然李慈铭恣睢放纵，"任情善骂"，但在晚清清流皆竞相痛骂李鸿章之

---

[1] 林则徐致郭远堂书，道光十三年。转引自杨国桢：《林则徐传》，人民出版社，1995 年，第 31 页。

[2] 邵镜人：《李慈铭》，《李慈铭传记资料》（一），台湾天一出版社，出版年不详，第 3 页。

[3] 张桂丽：《李慈铭年谱》，博士学位论文，复旦大学，2009 年，第 17 页。

[4] 李慈铭：《越缦堂日记》，广陵书社，2004 年，第 9022～9023 页。

[5] 李慈铭在日记中记载光绪十六年的束脩：春季脩脯等银二百四十一两，闰月脩脯二十二金，夏季脩脯并春夏岁修凉棚等银三百四十三两，五月节敬十六两，秋季束脩等银二百四十八两，八月节敬十六两，冬季脩金等二百七十一两，年敬十六两。合计一年一千一百余两。这也可以考见当时书院山长束脩收入的情况。李氏官监察御史每年的俸禄远不及束脩的五分之一。

[6] 邵镜人：《李慈铭》，《李慈铭传记资料》（一），台湾天一出版社，出版年不详，第 3～4 页。

时 [1]，他却从来不开口。"慈铭在言路，不劾鸿章。" [2]

李慈铭因为顾及名士身份，在京官中尚属于不滥交滥取者，其他活动能力更强的京官收入更高当可想见。

第三条途径当然就是借贷和典当了。收入不高而又高消费，李慈铭自然一直债台高筑。《清季一个京官的生活》中梳理的李慈铭历年典质与借贷的数字显示，在光绪十一年以前，他几乎每年都要以典当借贷为生 [3]。"在北京的严冬季节，李慈铭穷得把自己的皮袄送进了当铺，但必须给夫、衙门的仆役以皮袄赏。" [4] 这是他维持高消费生活不得不付出的代价。

[1] 所谓 "清流集矢李鸿章，为一时风气"。

[2] 文廷式也指责 "观其日记，是非亦多颠倒"。见徐一士：《一士类稿》，重庆出版社，1998 年，第 42 页。

[3] 张德昌：《清季一个京官的生活》，香港中文大学，1970 年，第 69 页。

[4] 张德昌：《清季一个京官的生活》，香港中文大学，1970 年，第 52 页。

第五章

湘乡曾氏的乡绅生活

第一节　乡绅家庭的社交簿

第三章提到，任四川主考之后，曾国藩给家里寄回去六百两白银，但仍然没有还清家里的债务。这是因为由平头百姓变为官宦之家，曾家社交层次大为提升，要花的钱自然也远远多于以往。

湘乡县是偏僻之地，出了一个翰林，是震动全县的大事。翰林的父亲和兄弟，自然也成为湘乡县的头面人物。所以一旦家里有什么大事，操办的规模和以前平头百姓时代不可同日而语。

道光二十九年十月初四夜，曾国藩的祖父曾玉屏去世。老人一手开创了曾家的缙绅事业，生前得见孙子晋升侍郎，本人得到朝廷"从一品""荣禄大夫"的封赠，如今以七十六岁的高寿辞世，亦算是难得的有福之人。他的遗体穿上了曾国藩早先寄回的朝靴，还有"蟒袍，一品补服，生丝纬呢边冬帽，一品顶，魏家所送墨晶朝珠"[1]，体面风光。他当初不惜代价供子孙获得功名的决定现在看来是何其英明。

曾家出了这样的大事，来的人自然不少。虽然曾家不想大办丧事，千方百计"要瞒""全不发讣文"[2]，但"自初五起，每日来吊者，三二百人不等。每日十余席，一切皆从薄。初七酉时殓殡，夜深成服。今日又十余席"[3]。

十一月十八日曾国潢给曾国藩的家信又说："家中自十月初五日起，已过吊客千余名，簿载甚详。其送祭幛、祭彩、奠仪者，另纸抄录呈阅。至大小蜡烛，总以

---

[1] 曾麟书等：《曾氏三代家书》，岳麓书社，2002 年，第 71 页。
[2] 曾麟书等：《曾氏三代家书》，岳麓书社，2002 年，第 74 页。
[3] 曾麟书等：《曾氏三代家书》，岳麓书社，2002 年，第 72 页。

二三百斤计。"[1] 县令师梧冈送的蓝呢幛上写的是"福备哀荣"[2],"周荷台及门丁皆有蓝绫幛"[3]。

一千多人前来吊唁,其中许多是地方官员。连续多天每天都要摆十多桌吃饭,收到的祭幛、挽联等物堆积如山。如果是一个普通农民,怎么可能如此风光?

咸丰二年二月,曾国藩长子曾纪泽在长沙完婚。虽然曾国藩没有回家,一切由父亲出面,但省内巡抚骆秉章以下高官均亲自拜会了曾麟书,除巡抚外都致送了礼物。曾麟书在家信中说:"方伯(布政使恒某——作者注)送鱼翅、海参四碗,钟同年送燕窝烧烤席,周观察子俨、骆抚台均拜会(子俨翁送燕窝席四碗,酒一坛,点心二样)。"[4] 如果没有儿子做京官,老秀才曾麟书一辈子也没有机会和巡抚大人说上话。

及至咸丰二年六月曾国藩母亲去世,丧事规模更大。在曾麟书写给曾国藩的家书中,抄录了这样一个讣闻单:

> 湖广总督部堂程大人(晴峰)
>
> 湖南巡抚部院骆大人(吁门)
>
> 湖南藩台恒大人(月川)
>
> 湖南臬台周大人(子俨)
>
> 辰沅道台钟大人(子宾)
>
> 候补道台夏大人(憩亭)
>
> 长沙府正堂乔大老爷(心农)
>
> 湖北襄阳清军府王大老爷(此人现在衡州)
>
> 安化县正堂姜太老爷(晓村,现在衡州)
>
> 安化县正堂李太老爷(名逢春)
>
> 醴陵县正堂栗太老爷(名国华)
>
> 湘阴县正堂庄太老爷(寄渔)
>
> 清泉县正堂厉太老爷
>
> 湘乡儒学正堂程老爷(南山)、欧阳老爷(星若)
>
> 湘乡闻戎府杜副爷
>
> 湘乡捕厅王太爷

---

[1] 曾麟书等:《曾氏三代家书》,岳麓书社,2002 年,第 74 页。
[2] 曾麟书等:《曾氏三代家书》,岳麓书社,2002 年,第 74 页。
[3] 曾麟书等:《曾氏三代家书》,岳麓书社,2002 年,第 74 页。
[4] 曾麟书等:《曾氏三代家书》,岳麓书社,2002 年,第 20 页。

前任湘乡县正师太老爷（梧冈）

衡州府正堂陶太老爷（问云）

……[1]

湖南官员几乎全部到来，曾家此时的交往层级一目了然。二十二日，县令朱孙贻来吊唁，带来"银五百两，祭幛八丈，祭菜十碗"[2]。

交往层级高，面积广，收礼多，支出自然也更加巨大。祖父死后，十一月二十六日起，做了四天佛会。腊月初九方发引，"总是要瞒，而看大势，纵瞒也有六七十席"[3]。后来曾母的丧事，更是从六月十二日办到冬月初二三四，"理佛事毕"[4]，办了几个月，才算告一段落。从道光二十八年九月二十二日曾国荃致曾国藩的信中所述祖母佛会事，可见当时办佛会的花费情况：

十四日起佛会，其和尚开头……内外有四十余席（席面是洋菜、香信、海带、仙米）……家中备正库赟二百四十只，合人情赟有八百五六十只，纸扎亦甚体面，金银山有五六对，金银厢有七八对……十九早斋荤共十席，上午打发和尚去，打发钱及念经拜忏钱及数日赏封钱，共二十七千文有奇。又抬盒一架，谷一石二斗，米二斗。此次五日道场，约共用钱一百二拾千文，甚体面，甚整齐。[5]

可见包括佛会在内的这样浩大的丧事，没有数百上千两白银是办不下来的。

除了这些大事，日常小事应酬，开支压力也相当大。查曾国潢家书，此类送礼记载颇多："东斋郭秋湖青师，近丁内艰，弟送奠金四千。"[6] "柳叔于十二起佛会，八千之数早已送去。"[7] "葛亲母在我家五十生辰，内外两海参席陪款，渠亦甚欢喜。二十一日去，打发轿钱四千而已。" "十八日欧阳亲母六十一，九弟往拜寿，办盒礼四样。"[8]……

庶民之家，许多繁重的礼节可以省略，但二品大员之家，必要的体面却不可减

[1] 曾麟书等：《曾氏三代家书》，岳麓书社，2002 年，第 28 页。

[2] 曾麟书等：《曾氏三代家书》，岳麓书社，2002 年，第 27 页。

[3] 曾麟书等：《曾氏三代家书》，岳麓书社，2002 年，第 73 页。

[4] 曾麟书等：《曾氏三代家书》，岳麓书社，2002 年，第 107 页。

[5] 曾麟书等：《曾氏三代家书》，岳麓书社，2002 年，第 138 页。

[6] 曾麟书等：《曾氏三代家书》，岳麓书社，2002 年，第 41 页。

[7] 曾麟书等：《曾氏三代家书》，岳麓书社，2002 年，第 42 页。

[8] 曾麟书等：《曾氏三代家书》，岳麓书社，2002 年，第 70 页。

省。咸丰二年十一月，曾家为已经去世一年的曾玉屏办佛会，"五日约用二百余金"[1]。咸丰七年十一月底，曾国藩在父丧家居之中，逢曾国藩祖母之冥寿。老太太已经去世多年，在普通人家，已经根本没有纪念的必要了，然而曾家还是以相当的规模操办了一番，来客二百余人。十二月初六日，曾国藩在写给曾国荃的信中这样说："（十一月）二十九日祖母太夫人九十一冥寿，共三十三席，来祭二十一堂。地方如王如一、如二、罗十、贺柏八、王训三、陈贵三等皆来，吉公子孙外房亦来。五席海参、羊肉、蛏虷。"[2]花费当然不少。

第二节　老秀才曾麟书左右湘乡政局

一　懦弱的老秀才

读过《曾国藩家书》的人都知道，曾国藩为官之后，在写给父亲和弟弟的信中，经常讽喻他们洁身自好，不要插手地方事务。苦口婆心，反复申说。不过，这些信件并没有阻止他的家人在地方上呼风唤雨。

如前所述，自从成为生员之后，曾国藩的父亲曾麟书就停止了在功名路上的奋斗。他本是一个老实忠厚之人，曾国藩在《台洲墓表》中说："王考气象尊严，凛然难犯。其责府君也尤峻，往往稠人广坐，壮声呵斥；或有所不快于他人，亦痛绳长子。竟日嗃嗃，诘数愆尤。间作激宕之辞，以为岂少我耶？举家耸惧，府君则起敬起孝，屏气负墙，趑趄徐进，愉色如初。"[3]也就是说，曾玉屏当着大家的面，动不动就大声呵斥长子；生活中有什么不如意，也爱拿这个曾麟书当出气筒。一天到晚，斥骂不休。由此可见他是一个严父调教出来的有些懦弱的孝子。曾国藩在一封家书中又这样说："孟子所谓至刚，孔子所谓贞固，皆从倔强二字做出。吾兄弟皆禀母德居多，其好处亦正在倔强。"[4]曾家既说兄弟身上的刚强之处都是遗传自母亲，言下之意则是父亲曾麟书性格比较柔弱。

"秀才"功名的实惠实在有限，一个四十三岁才获功名的老秀才的选择更是有限。如果曾国藩没有成为官员，曾麟书只能在穷乡僻壤的白杨坪做孩子王，后半生都和小

[1]曾麟书等：《曾氏三代家书》，岳麓书社，2002年，第12页。
[2]《曾国藩全集·家书》，岳麓书社，1994年，第356页。
[3]《曾国藩全集·诗文》，岳麓书社，1994年，第332页。
[4]《曾国藩全集·家书》，岳麓书社，1994年，第934页。

孩子打交道。

然而，因为儿子仕途上的成功，曾麟书的社会角色也发生了戏剧性的变化：这个老实本分不爱出头的人，却成了地方上的头面人物，甚至成了左右湘乡经济社会的最重要的一支力量。

二　官员为什么怕绅士

中国明清时代，州县官对地方绅士，特别是头面绅士，莫不特别敬重。在通常情况下，"地方官到任以后的第一件事，是拜访绅士，联欢绅士，要求地方绅士的支持"。这是因为绅士在基层社会发挥着不可替代的作用，以至于费孝通称传统中国为"士绅社会"。"绅权主要基于国家权力对基层社会的低度渗透和绅士自身所占据的资源优势及基层社会所需。"[1]

清代中央集权制行政最低一级是州县，一般情况下只设知州、知县等二三名官员，而这些州县官却要管辖"一个约有二十万到二十五万居民的地区"。而且清朝地方官员的回避制和频繁更换，使"一个州县官到达自己的辖区时，对地方上的情况几乎一无所知，甚至很可能听不懂当地方言，这就使他处于孤立无援的境地"[2]。因此官绅合治是清代地方行政的常态。"政府统治的活动可以区分为两类：一类是往下只到地方县一级官员的正规官僚机构的活动，另一类是由各地缙绅之家进行领导和施加影响的非正规的网状系统的活动。"[3]绅士在基层社会与州县官之间起着中介和桥梁的作用。一般民间告状、纠纷，双方都要找乡绅来出面代理。同时，地方官通常也不愿意为民间琐碎纠纷专门开堂，而宁愿交由绅士来调解。综合以上原因，州县官必须借助于绅士阶层的社会力量，才能完成对基层社会的控制[4]。所以清代知县到任之初首先就要懂得与绅士相处的诀窍："交以道，接以礼，固不可权势相加。"[5]

与此同时，一个州县官如果不得当地主要绅士的欢心，很有可能被扫地出门，因为绅士往往与上层官场保持着通畅的交流渠道。"地方官往往被绅士们合伙告掉，

[1] 郝秉键：《试论绅权》，《清史研究》1997 年第 2 期，第 26 页。

[2] 刘彦波：《清代基层社会控制中州县官与绅士关系之演变》，《武汉理工大学学报（社会科学版）》2006 年第 4 期，第 590 页。

[3]〔美〕费正清：《剑桥中国晚清史》上卷，中国社会科学出版社，1994 年，第 25 页。

[4] 王先明：《近代绅士——一个封建阶层的历史命运》，天津人民出版社，1997 年，第 287 页。

[5] 王凤生：《牧令书》卷二《绅士》，清同治七年江苏书局刻本。

或者经由同乡京官用弹劾的方式把他罢免或调职。"[1] 在曾氏家书中我们可以找到一些证据。道光二十一年，曾国藩刚刚到京为官不久，曾麟书写信给曾国藩，说湘乡县令严丽生贪污腐败，"在湘乡不理公事，篷篷不饬，声名狼藉"，让他想办法除掉此人。曾国藩道光二十一年八月初三日回信说："如查有真实劣迹，或有上案，不妨抄录付京，因有御史在男处查访也，但须机密。"[2] 他可以直接把县令的劣迹交给御史。

咸丰元年八月十八日曾国潢的一封家书，透露出曾家确实可以左右湘乡县令的任期。在家书中，曾国潢向曾国藩汇报说，因为县令朱孙贻深得曾家及其他湘乡绅士的欢迎，所以曾麟书在湖广总督程矞采出差路过永丰之际，专门前去拜会，要求他留朱孙贻在湘乡多干几年。总督对曾麟书说："小侄可保其三几年不调动。"[3] 传统时代巨绅势力对地方政治的影响力和曾家在湖南的社会地位由此可见一斑。

在曾国藩升为礼部侍郎后，曾麟书也成了名副其实的"湘乡第一绅士"。有了曾国藩这个靠山，历任地方官对曾麟书都毕恭毕敬，礼敬有加，连曾国藩的弟弟曾国潢也深得地方官敬重。道光二十八年六月十二日，曾国潢在写给曾国藩的信中，这样扬扬自得地描述他在县令面前如何吃得开：

> 又有数件上案，万万弄不清者，弟从中和息，自官以下莫不感激。弟与师令相见不少，说得亲爱之至，未有大不合者。渠亦目中止有此一绅士，待举人进士，未如此珍重。……或有庸人妄人（想把持衙门者——作者注），澄侯（曾国潢字——作者注）痛骂，自不敢不中止。[4]

道光二十八年十一月曾国潢在家信中说："师令每于弟处格外加意故也。渠前重修二友堂，有《双桂重开》诗，弟今早送诗和之，兼谢之。渠寒心蒂子皆痒，同弟往各厅遍游。"[5] 也就是说，县令对曾国潢特别重视，整修二友堂之后，写了一首《双桂重开》诗。曾国潢和了一首，县令大悦，亲自领着曾国潢参观新落成的建筑。加之上文曾国潢宣称县令对曾国潢比对举人和进士还看重，其实明眼人一看即知，县令所看重的，是曾国藩的身份而不是其他。

---

[1] 刘彦波：《清代基层社会控制中州县官与绅士关系之演变》，《武汉理工大学学报（社会科学版）》2006 年第 4 期，第 590 页。

[2]《曾国藩全集·家书》，岳麓书社，1994 年，第 11 页。

[3] 曾麟书等：《曾氏三代家书》，岳麓书社，2002 年，第 89 页。

[4] 曾麟书等：《曾氏三代家书》，岳麓书社，2002 年，第 34 页。

[5] 曾麟书等：《曾氏三代家书》，岳麓书社，2002 年，第 41 页。

曾国潢道光二十九年四月二十六日信中又这样描写他与县令交往的情态："师令已填实授……弟今日拜会，道喜道谢（细毛虫事），谈的是京内升迁，外头调补，及粤东夷务已大半定等事，毫未及他。"[1] 你看，一个普通秀才，与县令谈的居然全是北京政局、外地官场甚至广东外交冲突这样的国家大事。

三　左右地方的头面绅士

道光三十年，江西人朱孙贻出任湘乡知县，新官上任三把火，力图革除地方赋税征收中的百年积弊，以减轻民众负担，同时也消化前任县令留下的亏空。湘乡县的钱粮，以前都是由衙门里的书吏等人包征包解。他们层层加码，百姓负担甚重。为此，朱孙贻提出一个重大改革方案：由书吏包征包解，改为县里亲征亲解，以杜绝书吏们贪污中饱。

要实行这样重大的制度改革，离开地方绅士的支持和参与是不可想象的。首先，赋税改革切关乡绅们的利益，改革方案必须经由他们同意才可能实行。其次，只有经过绅士从中"晓谕"，普通百姓才会相信知县，接受新的征税方式[2]。这就是曾做过清代知县的汪辉祖所说的，士绅是政府政策的解释者和与底层民众的沟通者："官与民疏，士与民近，民之信官，不若信士。朝廷之法纪不能尽谕于民，而士易解析，谕之于士，使转谕于民，则道易明，而教易行。境有良士，所以辅官宣化也。"[3] 曾在福建做过知县的姚莹也说，百姓并不知道一个官员怎么样，对他们的评价，其实完全取决于地方绅士的口碑。因为百姓其实不怕官，怕的是绅士，信的也是绅士。"（为县官）之要，州县虽曰亲民，而仁信未孚，愚众岂能尽晓？官之贤否，取于绅士之论……愚民不知畏官，惟畏若辈，莫不听其驱使。苟失驭之，则上下之情不通。"[4]

咸丰元年三月初十日，朱孙贻用禀帖恭恭敬敬地请曾麟书到县城。虽然曾国藩一再在家书中劝谕父亲不要干涉地方事务，曾麟书还是欣然前往。他在家书中对曾国藩解释说，朱孙贻到任半年，"清廉勤俭，谨慎谦和，有识有才。丁门书差全无半点权"。

---

[1] 曾麟书等：《曾氏三代家书》，岳麓书社，2002 年，第 55 页。

[2] 此段主要参考刘彦波：《清代基层社会控制中州县官与绅士关系之演变》，《武汉理工大学学报（社会科学版）》2006 年第 4 期，第 590 页。

[3] 汪辉祖：《学治臆说》卷上《礼士》，陈生玺：《政书集成》第十辑，中州古籍出版社，1996 年，第 290 页。

[4] 姚莹：《覆方本府求言札子》，贺长龄、魏源等编：《清经世文编》，中华书局，1992 年，第 577 页。

想兴办利县之大事，所以"数年来予未出门，有此好官，不得不晋县一见"[1]。

从三月十三日起，曾麟书在湘乡县城与"赵玉班、朱尧阶、贺石农、刘月槎"等多名头面绅士一起斟酌商量税改办法，众人讨论多日，定下章程。旧的征税方式是书吏包征包解，户粮房"假正供为名，其诈索有非寻常者。如正银一两，竟有完到八九串者"[2]。本来正税只有一两，但是竟然会收到八九千钱，也就是多收数倍。新的方案是征收由各地绅士出面主持，书办只负责跑腿，所谓"输纳不假书办，仍不离书办"[3]。计划"通县每正银一两，完九八银一两四钱，格外加票银，大户、中户、小户不一，以一钱为止"[4]。也就是说，正银一两，最多交一两五钱。较原来缴纳的最高额降低了八成左右。

计划通过之后，朱孙贻决定将整个湘乡正饷征收，分成娄底、永丰、县城三局，由曾麟书一个人负责永丰局。自五月起，曾麟书几乎天天去永丰办理征收事宜，一连三四个月忙得脚打后脑勺。由于曾麟书为人忠厚，办事公道正派，更兼之有二品京官的儿子做背景，遇有一些掣肘之处，他一出面，也就顺利解决了。相比之下，另外两个局遇到了很多问题。十月初二日，朱孙贻干脆把曾麟书接到了县城，借他这块牌子弹压不服之人。"一则圆转调停，一则坐镇弹压。"县中百姓原来对新的计划半信半疑，经过侍郎之父的一再解释，才放心交纳。"予在县久住月余，亦以钱漕之事，先年粮房包征包解，今年忽改作官征官解，要细意告之乡民，俾不受都书之愚，又不受都书之卡。"[5]

据曾麟书和曾国潢的汇报，在曾麟书的主持协助下，整个湘乡县这一年的钱漕征收非常顺利。"百余年积弊一旦去之，千百抗户，一旦乐输，甚非易易。"[6]"去年钱粮，较粮户房包征包解，通县计之要少五六万千钱，乡间焉有不感循良邑宰之德政乎！"[7]"大户强梁者，向来还得本轻，照今例不过略减。中户小户，则止有往年之半。"[8]此举给全县百姓减负五六万千钱，也就是数万两。普通民众，所交的税只有往年的一半。因此过去那些抗税的人家，这次都高高兴兴地交了。

曾麟书在家书中暗示，他的所作所为是这次重大改革成功实施的关键："各都绅耆皆踊跃从事，所以易易也。""今年我县钱漕、会匪，朱石翘父台办得极好，然亦用

[1] 曾麟书等：《曾氏三代家书》，岳麓书社，2002年，第7页。
[2] 曾麟书等：《曾氏三代家书》，岳麓书社，2002年，第94页。
[3] 曾麟书等：《曾氏三代家书》，岳麓书社，2002年，第7页。
[4] 曾麟书等：《曾氏三代家书》，岳麓书社，2002年，第80页。
[5] 曾麟书等：《曾氏三代家书》，岳麓书社，2002年，第17页。
[6] 曾麟书等：《曾氏三代家书》，岳麓书社，2002年，第12页。
[7] 曾麟书等：《曾氏三代家书》，岳麓书社，2002年，第19页。
[8] 曾麟书等：《曾氏三代家书》，岳麓书社，2002年，第84页。

人得宜，绅耆之努力帮衬，为力亦不少矣。"[1]"予与赵玉班、朱尧阶、贺石农，刘月槎及潢男等十分辛勤，帮石翘父台办成。"[2]朱孙贻对曾麟书自然感激涕零，一再说："老伯如此劳心费力，实在不安。"[3]原来一个前途无望的老秀才，此时却成为整个湘乡县呼风唤雨、决定全县百姓福祉的大人物，曾麟书的兴奋自豪自然溢于言表。曾国潢也汇报说："父亲是日日晡由永丰归，精神百倍，兴致勃然。现在灯时，并不须如往日之少睡。"[4]

四　湘乡离不开曾麟书

除了赋税征收外，地方治安、办理团练也是曾麟书参与的重要地方事务。先是为害多年的湘乡巨盗左光八，被曾麟书命二儿子曾国潢拿获，"左光八已被潢男购线拿获"[5]。送到县城，"数日即站笼站死"[6]。接着曾麟书又亲手消灭了一伙"会匪"。原来太平军兴之后，湖南各地会道门多有响应之状。曾麟书说："我县会匪极多，而为首者，熊聪一……其意与粤西行为相似。"[7]熊聪一计划于咸丰元年发动起义。曾麟书获得消息，"在制军公馆先行密告"，总督随即"委员来县协办"[8]。于是曾麟书"在县与石翘父台密商，假催钱粮，上永市。又月二十三夜二更起行，带乡勇百余，刘东屏率其子霞仙，带乡勇二百余，东屏一带之人，天未晓即到熊家，大战一场。受伤者数十人，重伤八人，比毙一人，肚子打出了"[9]。昔日的老秀才今天竟然运筹帷幄，指挥战斗了。经过数日战斗，擒获"匪徒"五十三人，送到衡州。总督亲审，"议定首犯斩枭，从犯斩决，余均拟遣、拟军、拟徒"[10]。成功地为大清王朝消除了一个小小隐患。

因为曾家在湘乡的地位如此重要，所以曾麟书简直比县令还要忙，想不出门办事都不行；曾国藩的叔父曾骥云也到处处理事务。"现在白玉堂、黄金堂两宅门面均非寻常。而父大人自去年三月以来，为邑中公事，为地方闲事，纠缠萦扰，外出日多，

[1] 曾麟书等：《曾氏三代家书》，岳麓书社，2002年，第17页。
[2] 曾麟书等：《曾氏三代家书》，岳麓书社，2002年，第12页。
[3] 曾麟书等：《曾氏三代家书》，岳麓书社，2002年，第80页。
[4] 曾麟书等：《曾氏三代家书》，岳麓书社，2002年，第81页。
[5] 曾麟书等：《曾氏三代家书》，岳麓书社，2002年，第12页。
[6] 曾麟书等：《曾氏三代家书》，岳麓书社，2002年，第95页。
[7] 曾麟书等：《曾氏三代家书》，岳麓书社，2002年，第13~14页。
[8] 曾麟书等：《曾氏三代家书》，岳麓书社，2002年，第12页。
[9] 曾麟书等：《曾氏三代家书》，岳麓书社，2002年，第14页。
[10] 曾麟书等：《曾氏三代家书》，岳麓书社，2002年，第14页。

居家日少。叔大人自去年八月以后，不散闲事之日十不过二三，如新年来在虾背地方已将二十天矣。"[1]

曾家气焰之赫然，从以下两件事也可以看出来。曾麟书的一个远房堂弟，曾国藩称为十叔、丹阁书者，以前与曾家来往并不多。及至曾国藩做了高官，他就开始打着曾麟书的牌子，四处办事。"前都内有贺姓者，向其族人打油火，以坟茔为名目请他去和。对家理直气壮，不甚理会。他即怀恨，帮贺姓具控，阴用父亲名作附禀头名。家中不惟不知某具控，并不知世上有此事。弟友周姓，偶在词讼处见其禀，不解如此小事，而又无理，如何是此头名，通信告知弟。弟即着人往勤七叔处查。"[2] 有一户贺姓人家和族人发生纠纷，这位十叔被请去调解，无奈对方不把十叔当回事，不予理会。十叔怀恨在心，偷偷用曾麟书的名头写了状子去呈告。好在曾国潢在衙门里有朋友，见到了这道状子，通知了曾国潢，这才水落石出。

曾国藩的妹婿王率五为人荒唐，一度也以打着曾国藩的名头招摇为生。"王率五今年所做之事，更进一境。前在湘潭包递和息，谓请筠仙与袁桂山讲的。假筠、桂名，在乡写信骗人，领来钱三十千，又到处包完饷，领钱二十余千。又同人做红茶，亏钱十余千。此皆近日查出者。而他已有两月未到我家来，并轻易不见我家人的面，可谓荒唐绝伦者也。"[3]

湘乡曾氏的例证说明，在基层社区，离开绅权，正式的官方权力确实不能独立地运行[4]。总的来说，乡绅是以社会权威"而不是以法定权力资格参与政权的运作。这一阶层集教化、治安、司法、田赋、税收、礼仪诸功能于一身"[5]，在地方上承担的

[1] 曾麟书等：《曾氏三代家书》，岳麓书社，2002年，第102页。
[2] 曾麟书等：《曾氏三代家书》，岳麓书社，2002年，第39页。
[3] 曾麟书等：《曾氏三代家书》，岳麓书社，2002年，第91页。
[4] 姚莹对此做过比较具体的分析："缙绅之强大者，平素指挥其族人，皆如奴隶。……愚民不知畏官，惟畏若辈，莫不听其驱使。尚失驭之，则上下之情不通。官虽惠爱而民不知，民或甚冤而官不察，此前人之所以多败也。诚能折节降礼，待以诚信，使众绅士咸知感服，则所至敢于出见。绅士信官，民信绅士，如此则上下通，而政令可行矣。"见姚莹：《覆方本府求言札子》，盛康辑：《皇朝经世文续编》卷二三《吏政》。
[5] 王先明：《近代绅士——一个封建阶层的历史命运》，天津人民出版社，1997年，第155页。

职责相当广泛,几乎将其"触角"延伸到社会生活的各个领域[1]。曾国藩的父亲曾麟书和大弟监生曾国潢都是典型的例证。

曾麟书绅士功能另一方面的表现,是乡绅有时可以以自己的意见,或隐或显地影响朝廷政治运行。比如在擒获"会匪"熊聪一等后,曾麟书写信给曾国藩,要求他"在刑部,禀告各堂官,照制军晴峰先生所议,万不可少减一等,并要早早就日行文来制军公馆及南省巡抚藩臬各衙门,使熊、王各会匪早早正法,令各处会匪及我县余党闻之自然潜消"[2]。

咸丰元年八月初三曾麟书在永丰谒见路过的湖广总督程矞采,"言论甚惬"。程保证,要将曾麟书的一个重要看法,即"匪无不会,而会非必尽匪",具奏皇上,以使今后"州邑办会匪不至顾忌处分"[3]。这说明乡绅的意见有时可以改头换面,直接上达皇帝。

对于曾国藩如何履行大臣职责,曾麟书也经常提出意见,比如训示他"尔现居吏、礼二部,靖共尔位而已。若果有所见,可以备皇帝刍荛之采,则条呈奏之,必有益于天下苍生……妄言轻进,则万万不可"[4]。

从曾麟书的例子可以看出,乡绅能否发挥其功能,主要并不在其性格和能力,而在于他的权力背景。当然,虽然曾麟书自认为所办之事有功于地方甚多,但是并不是所有乡人都这样认为。曾麟书去世后,左宗棠曾这样评价他:

> 此老心地甚厚,惟不晓世故,多为人所欺蒙,以故多为乡人所诟责,然究是老辈典型也。[5]

这句话可以作为对曾麟书绅士活动的一个侧面注脚。

---

[1]"绅士把持政务"局面在晚清更烈,这是因为清朝地方官员的回避制和频繁更换制,强化了绅士左右地方政务的作用。晚清地方官任期较短,有学者统计河南鹿邑和湖南常宁两地,道光咸丰年间,知县平均任期甚至不满一年。这自然造成地方官对于地方政情、民情"乃往往隔阂,诸事废弛,闾阎利病,漠不关心,甚至官亲幕友联为侵欺,门丁书差敢于鱼肉。吏治安得不坏"。(见《清续文献通考》卷一三五,职役二一,考八九五四。)因此,为了使统治机制有所运作,一定程度上实施地方治理,并适度钳制吏胥的欺蒙,地方官必须借助于绅士的力量。"盖官有更替,不如绅之居处常亲。官有隔阂,不如绅士之见闻切近。"见惠庆:《奏陈粤西团练日坏亟宜挽救疏》,盛康辑:《皇朝经世文续编》卷八二,页四五。

[2]曾麟书等:《曾氏三代家书》,岳麓书社,2002年,第14页。

[3]曾麟书等:《曾氏三代家书》,岳麓书社,2002年,第89页。

[4]曾麟书等:《曾氏三代家书》,岳麓书社,2002年,第23页。

[5]《左宗棠全集·书信一》,岳麓书社,2009年,第199页。

第三节　曾国潢的发财之道

一　要账高手

作为一介穷京官，曾国藩对家里的帮助微乎其微。如前所述，他在家信中对祖父这样表达自己的惭愧之意："孙等在京，别无生计，大约冬初即须借账，不能备仰事之资寄回，不胜愧悚。"

只有道光二十四年初寄回家中的六百两银子，确实给家中解了燃眉之急。但有了六百两，曾家尚有数百两外债没有还清。可见数年乡绅排场代价之高昂。

但到道光二十八年，曾家经济却出现彻底翻身之面貌。

道光二十八年，曾国潢在家信中说，这一年家中收入已达五百两。不但负债全部还清，还频频买地。所费之多，甚至引起了曾国藩的不满。曾国藩在道光二十九年正月初十日致诸弟家信中说：

> 既买竹山湾，又买庙台上，银钱一空，似非所宜。以后望家中无买田，须略积钱，以备不时之需。

经济状况改善如此迅速，除了曾国藩寄回家中的六百两外，更关键的，则是由于他的弟弟曾国潢"生财有道"。

曾国潢是曾国藩的大弟，他虽读书缺乏天分，但性格外向，爱出头，好揽事。操持家事，强于木讷笨拙的曾麟书。所以曾国藩劝他放弃入仕之念，专心管理家族事务，上侍奉老人，下照顾其他三个弟弟读书，这是曾国藩通盘考虑后所做的安排。曾国藩道光二十七年七月十八日写信嘱咐四弟说：

> 家中《五种遗规》，四弟须日日看之，句句学之。我所望于四弟者，惟此而已。……现在我不在家，一切望四弟作主。兄弟不和，四弟之罪也；妯娌不睦，四弟之罪也；后辈骄恣不法，四弟之罪也。[1]

---

[1]《曾国藩全集·家书》，岳麓书社，1994年，第154页。

曾麟书参与地方事务，主要出发点是造福乡梓，特别是在帮助朱孙贻改革赋税征收办法的过程中，他清廉自持，树立了好名声。曾国潢说："父亲今年真是一文不受。孔子曰：及其老也，戒之在得。父亲迩日看得'利'字奇哉之淡。"[1]家书中查到的曾麟书唯一收入，是为人点主所得。咸丰元年十月，耒阳曾排山来到曾家，因其父安葬在即，请曾麟书点主。曾麟书坚辞不允后前往。第二年春天三月二十八日，曾排山"亲自来谢，官宝一定五十一两一钱，小毛冬帽一顶，朝靴一双，炒米二斗，莲子、干笋等项，极为体面，实出予望外也"。[2]

而在巨大的经济压力下，曾国潢充分发挥他的"绅士功能"，将一个乡绅的敛财能力发挥到了极致。读过《曾国藩家书》的人，一般都会对曾国藩批评其弟曾国潢干预公事的内容印象深刻。曾国藩做京官期间自顾不暇，曾国潢大肆包揽词讼，成了"武断乡曲"的典型。通过曾国潢这一个例，我们对清代乡绅的收入渠道可以有更为直观具体的了解。

如前所述，清代地方几乎所有大事都离不开乡绅的参与。芮玛丽认为"他们不断地为铺路、修桥、筑坝等筹集资金，组织地方防卫，进行道德训导，仲裁争端，从事慈善事业，虽然这些活动都与生产有关，但是没有一项是直接生产性的"[3]曾国潢参与的地方事务也几乎遍及上述各个领域。不过，他参与社会事务的主要出发点与其父不同，不是地方公益，而是谋取经济报酬。曾国潢在家信中曾这样自述道：

> 弟捐官之说，是个门头，兄可不必究竟。至若想发财，则是平生愿力。[4]

排解纠纷是士绅的重要功能之一。张仲礼认为："这种绅士出面来排难解纷的事例在宗谱和方志中比比皆是，致使人们会得出这样的结论，即绅士要比知县裁断更多的纠纷。"[5]黄宗智认为："在告到法庭的所有'细事'案件中，可能有40%通过这种（民间调解的——作者注）方式得以解决。"[6]县令收到诉状和禀呈后，通常会写上简短的批词，批复地方，促使双方调解。在这类调解中，乡绅通常都是主角。"如果这样的

---

[1] 曾麟书等：《曾氏三代家书》，岳麓书社，2002年，第99页。

[2] 曾麟书等：《曾氏三代家书》，岳麓书社，2002年，第23页。

[3]〔美〕芮玛丽著，房德邻等译：《同治中兴：中国保守主义的最后抵抗（1862—1874）》，中国社会科学出版社，2002年，第157页。

[4] 曾麟书等：《曾氏三代家书》，岳麓书社，2002年，第34页。

[5] 张仲礼著，费成康、王寅通译：《中国绅士的收入》，上海社会科学院出版社，2001年，第45页。

[6] 黄宗智：《集权的简约治理：中国以准官员和纠纷解决为主的半正式基层行政》，《中国乡村研究》第五辑，2007年，第1～23页。

庭外调解成功了，县令几乎没有例外地会认可调解结果，因为对他来说，那样的结果要比任何法庭裁决来得理想。"这实际上就赋予了乡绅很大的裁量权。

当然，乡绅做这些工作，绝大多数时候不是无偿的。一般来说，调解成功后会获得相当丰厚的酬谢。事实上，"干预公事"是乡绅经济收入的重要渠道。张仲礼说："有些绅士以裁断纷争和调解诉讼案件为业，从而获得固定的收入。"[1]

当然，这种情况下也难免产生如雍正帝所说的（绅衿）"或出入官署，包揽词讼；或武断乡曲，欺压平民；或违抗钱粮，藐视国法；或代民纳课，私润身家。种种卑污下贱之事，难以悉数"[2]。

道光二十七年曾国藩跻身卿贰之后，地方上邀请曾国潢出面解决经济纠纷者立刻增多，曾国潢在家书中多次提及。

湘乡牌头铺商人朱岚轩在广东经营时，有大笔欠账不能收回。道光二十八年年初，他找到曾国潢，携曾国潢一起南下广东，半年时间，收回了近两千两白银。曾国潢和朱岚轩以及一个跟班刘四，一路除了旅费外，半年时间只用了十多两银子。大部分时间，都是广东当地官员或者幕友宴请安排。所以，回程路上，曾国潢一一去信道谢："弟在广东起程后，至韶关、乐昌、湖南之宜章及到家，共去信近三十封。曾扰一饭或下馆子一次者（非官即幕友），皆有信谢他。"[3]道光二十八年六月十二日，曾国潢在给曾国藩的家书中汇报此事：

> 弟为朱家事，兄则说"无济"。而弟归后，朱所留之人，又执银票收到五百。此会经弟手者，算有千八九百，下少二千五百，将来或亦可望。若不是弟为他弄到，毫厘皆票矣。[4]

曾国潢参与这类活动的出发点当然是获得经济收入[5]。替别人前后要到了近两千两银子，曾国潢会获得多少收入呢？接下来的信中透露了消息：

[1] 张仲礼著，李荣昌译：《中国绅士——关于其在 19 世纪中国社会中作用的研究》，上海社会科学出版社，2002 年，第 45 页。

[2] 雍正帝：《上谕内阁》四年九月二十七日谕，转引自冯尔康：《清代地主阶级述论》，载南开大学历史系中国古代史教研室编：《中国古代地主阶级研究论集》，南开大学出版社，1984 年，第 267 页。

[3] 曾麟书等：《曾氏三代家书》，岳麓书社，2002 年，第 34 页。

[4] 曾麟书等：《曾氏三代家书》，岳麓书社，2002 年，第 34 页。

[5] 张仲礼著，费成康、王寅通译：《中国绅士的收入》，上海社会科学出版社，2001 年，第 44 ~ 46 页。

止要他谢三百银，庚子年之借字除一百，实谢二百两，退借字足矣。[1]

收益大约是要回账款的七分之一。

二　替人办税

张仲礼将由发挥绅士作用而获得的收入分为两类。一类是以裁断纷争和调解诉讼案件为业，在平息了争端之后，当事人通常会送上一些礼金。张仲礼将这种收入称为"聘用费"。另一类则是经理地方公共事务，比如修理道路、桥梁，办理慈善事业及地方防务过程中所获报酬，张仲礼称之为"经理收入"。曾国潢的上述收入，按张仲礼的口径，自然应该归为"聘用费"。

曾国潢"聘用费"的主要来源，是充当官府与民间中介，解决欠缴赋税问题。乡绅"处于统治者和被统治者的交流汇合点"，天然地"取得了官与民之间的'牙子'地位"[2]。"这种'中等社会'的角色，使绅士阶层在具体的社会活动中表现出双重性格和复杂的姿态。"他既可以"借官势以欺民"，也可以使"民靠绅势以行事"[3]，主要看他从哪方面获得的好处更多。解决欠缴赋税这一老大难问题，官府每每需要地方上的绅士发挥作用，而绅士们也乐于有所作为。曾国潢在家书中详述办理"八都粮饷案"的经过：湘乡八都某人自道光十七年起。"所有粮票，皆未到手"。以前的银票，"即公道扯算，一概也须钱几十千"。"至弟手，则以四千了事，又为之将新饷完清，总之便宜之中又便宜。"那人一共谢了他七十千文，除去办事花销，一共收入了四十千[4]。

道光二十九年闰四月二十六日的家信中，他又这样讲自己如何替人逃避正饷南漕：

> 熊青六家，正饷南漕，共十三年未完（每年正银五两，四年未完。一年五升米，九年未完）。又一个钱办不出。从去年起，叩托弟数十次……拜托四老爷开恩……弟昨一概与之办清，共清出油串五十二张，止去钱一十四千二百。[5]

得意之态尽显。

[1] 曾麟书等：《曾氏三代家书》，岳麓书社，2002年，第34页。
[2] 王先明：《近代绅士——一个封建阶层的历史命运》，天津人民出版社，1997年，第58页。
[3] 王先明：《近代绅士——一个封建阶层的历史命运》，天津人民出版社，1997年，第59页。
[4] 曾麟书等：《曾氏三代家书》，岳麓书社，2002年，第37页。
[5] 曾麟书等：《曾氏三代家书》，岳麓书社，2002年，第58页。

三　有人送干股

至于张仲礼所说的"经理收入"，当然也是曾国潢收入的一个主要部分。如前所述，官府办理地方事务，必须借助于绅士的力量。"凡地方公事，大都由绅士处理……绅士之可否，即为地方事业之兴废。"[1] 曾国潢素喜出头，酷爱揽事，地方上的公益及公共事务曾国潢几乎都插手。

他在地方上所办规模最大的事务自然是团练。咸丰九年，太平军又一次路过湖南，曾国潢办成一支三千六百人的团练。太平军走后撤营，曾国潢计算，"须钱在二万六千串以外"[2]。在此前此后，他还多次在地方团练中起核心作用。张仲礼在《中国绅士的收入》中举例说：湖南桂阳地方绅士办理团练，人数不过四百，然而每年却可以获得二千六百两白银的收入[3]。曾国潢的收入大概也可以据此估算。

除团练外，曾国潢所经办的事务，还包含了义仓、教育、津渡、道路、桥梁、庙宇等类别。《湘乡县志》中记载了许多曾国潢经手的地方建设事业：同治元年，倡修关口至金田路石路，建洲上全福桥；同治二年，鸠众增修永丰关帝庙，鸠修门前石路一百七十三丈；同治六年，鸠修石龙桥；同治八年，鸠修石桥坝路及邹家湾路……[4] 曾国潢所参与的项目，多数是鸠修而非捐修，可见他兴办这些工程的目的之一是从中收取经理费用。正如张仲礼所说："这些工程是由绅士倡议及经理的，而他们又显然能从中获得丰厚的收入。"苏州的一个义仓的账目表明，该仓在 1867 年付给三到四位绅士经理人的薪水差不多八百两银子[5]。曾国潢的具体经理收入在现有资料中未找到记载，但基于他"想发财"的"平生愿力"，这笔收入当不在少数。

除了张仲礼总结的这两种收入外，曾国潢还可能有一类特别的收入：开当铺的干股收入。

从广东替人要债回乡不到一个月，见识了曾四老爷厉害的朱岚轩又力邀曾国潢与他合伙开当铺。曾国潢十一月二十日给曾国藩信中说朱岚轩"信死了曾四老爷"。"前四月在他（朱某）家吃酒……求弟合伙开当铺。""昨夜又遣其脉侄婿刘四来，送官燕

[1]《浙江潮》第二期，页八。转引自王先明：《清代社会结构中绅士阶层的地位与角色》，《中国史研究》1995 年第 4 期。

[2] 曾麟书等：《曾氏三代家书》，岳麓书社，2002 年，第 109 页。

[3] 张仲礼著，费成康、王寅通译：《中国绅士的收入》，上海社会科学院出版社，2001 年，第 50 页。

[4] 刘鹏佛：《清代湘乡曾氏家族与经济社会》，博士学位论文，厦门大学，2003 年，第 130 页。

[5] 张仲礼著，费成康、王寅通译：《中国绅士的收入》，上海社会科学院出版社，2001 年，第 53 页。

七个，丽参四支，猪肘、羊肘、咸鱼各十余斤，糖十封，鸡一只，总是求弟合伙。其合伙也，不要弟出一文本赀，万一要赔，不干弟事。"[1] 不需要曾国潢出一分钱。当铺总成本二十四千，作十二股，白送几股给曾国潢。有利润则与曾国潢对半分，如果赔了，却不干曾国潢的事。

如此好事，只有一个条件，每年和官员们吃一顿饭，有需要时出面与官府交涉："每新正请官与绅衿酒，则须弟到，或者经衙门之事，须弟去，余则全不管理。"

四 "老鼠子上秤钩"

曾国潢之所以能在地方上一呼百应，经营如上诸多事务，当然主要不是因为其"捐监生"的身份。官场和社会上给他这么大的面子，是由于他乃京官曾国藩的弟弟。正如瞿同祖所说："士绅的其他任何亲属——兄弟、伯叔、甥侄、子孙等等，由于与士绅的亲属关系，他们往往在自己的社群中也很有影响力。……亲属的这种影响力，于士绅不在家乡时（比他在家乡时——作者注）有更大的发挥自由，因为他在家乡时可以适当控制。"[2] 欠债别人去要不回来，而曾国潢一出马马上见效的奥秘，当然是他凭"内阁学士兼任礼部侍郎衔曾国藩"的弟弟这一特殊身份，可以借助广东地方政府的行政力量。其他事项的办理，无一不是因为曾国藩的势力支持。

曾国潢当然很清楚这一点，他在家信中也说："我家若无兄创立在京，热热闹闹，家中安得衣足食足，礼义频兴。"[3] 道光二十九年曾国藩实授礼部右侍郎之后，曾家在地方上的影响力更是迅速增长。有了这样的权势，曾国潢在地方上当然要风得风，要雨得雨，更以"湘乡第一绅士"甚至"唯一绅士"自命。他在信中描写如何受人欢迎："不出外，则时有人会；出外，则一日数件，并拦马者之多。自问何知，而人人尊仰如此耶？"[4]

同治元年，曾纪泽在家书中这样向父亲汇报叔父的忙碌之状：

四叔尚在衡郡未归。年来于省城、县城、衡郡、永丰市诸处疲于奔命，周而复始，习以为常，不乐闲居。虽精力过人，然诚非养生之道。……若乃排难解纷，言语

---

[1] 曾麟书等：《曾氏三代家书》，岳麓书社，2002年，第44页。
[2] 瞿同祖：《清代地方政府》，法律出版社，2003年，第300页。
[3] 曾麟书等：《曾氏三代家书》，岳麓书社，2002年，第60页。
[4] 曾麟书等：《曾氏三代家书》，岳麓书社，2002年，第73页。

直率，常留睚眦之怨，不无谣诼之兴。[1]

当然，曾国潢疲于奔命的出发点也不全是为了钱。他天性不甘寂寞，喜欢成为人群的中心，更乐于听到他人的吹捧和颂扬。所以，很多时候，他确实也是主动为乡里排难解纷。只不过他自己的评价绝不是曾纪泽所说的"言语直率，常留睚眦之怨，不无谣诼之兴"，而是觉得自己极有本领人望，为乡里须臾难离。道光二十八年湘乡因灾歉收，第二年端午节前后，一些为富不仁的大户趁火打劫，囤积居奇，导致谷价大涨：正常年份谷价不过一石一千五百文左右，端午后居然涨到三千四五百文。每天来曾家讨米的乞食者有七八十人。"乡间自端节后，谷价涨至三千四五。乞食者，每日男女必过七八十，苦不能堪，景况之可怜，不可语言形也。"[2]

这一年闰四月初十，曾国潢由县城返里，原计划到乡绅葛观一家吃便饭，不料到了葛家，发现这里有大批饥民闹事。"待弟进屋，已来二千人矣，吵吵闹闹，全不是太平气象。而吵事者，虽有头目，又不献出。"[3]

这种情况下，曾国潢挺身而出："弟高声晓谕，人人皆服。而总要开钱，或问他粮谷，或吃一顿酒饭，弟皆不准。至日晡乃讲清，订十三日，约通都有谷之家，至楠竹观，议发减粮，乃退人。观一家，楠竹、树木、衣服、谷米、鸡鸭等项，所失约四十千钱光景。"[4]

这一天，曾国潢同闹事的贫民约定，三天后在楠竹观约齐本都有谷的大户，与贫民代表们商议减粮事宜。

曾四老爷很有号召力，十三日那一天，"贫者富者，竟来千余人"。会议开始，是一位叫邹凯五的乡绅讲话。"邹凯五说得不好，无聊辈几乎动凶器。"在这万分危急的时刻，富人们只有求曾四老爷做主。"各绅士皆游移，公请弟言。弟乃立凳上，高声吩咐：谷要通都流转，发则区了区。保甲造出烟火册来，押令发粜。其无谷之区，要稍殷实人家与保甲到有谷处买来，则不可减价。十日发一期，以七月朔为止，每人一口，一期发一斗。其斗通用葛姓者，价钱通是一千八。不能籴一斗者，则发米。"[5]

据曾国潢自己说，他"讲毕，同声曰好，曰沾恩"。他这一番主持议定之后，各

[1] 曾麟书等：《曾氏三代家书》，岳麓书社，2002年，第546页。
[2] 曾麟书等：《曾氏三代家书》，岳麓书社，2002年，第62页。
[3] 曾麟书等：《曾氏三代家书》，岳麓书社，2002年，第58页。
[4] 曾麟书等：《曾氏三代家书》，岳麓书社，2002年，第59页。
[5] 曾麟书等：《曾氏三代家书》，岳麓书社，2002年，第59～60页。

地遵照执行，没再出现抢闹大户的风潮，"毫无吵闹"[1]。

事实是否如曾国潢自己形容的这样富有戏剧性不得而知，但曾国潢好出头爱管事却毋庸置疑。曾国潢十分在乎地方上对他敬重与否，在有些场合，还会"老鼠子上秤钩，自己称自己"。比如道光二十九年五月十三日，二十四都新兴寺上午举行祭关帝仪式，祭祀仪式的参与者，有"陈金五、王蒯三、颂十、庚三各前辈"，然而人们公请不过三十岁的曾国潢做主祭人。曾国潢也公然不让，到了这一天，还特意迟到了一下，下午一时方到。一个上午，主祭不到，众人只好在太阳下干等。等到主祭的曾四老爷终于到了，人群攒动，纷纷给四老爷让路。曾国潢"当鼓乐吹闹之场，稠人广众之中，弟自己觉得犹从容而不张皇，安定而无甚舛错，此所谓老鼠子上秤钩也。……弟之三十初度可谓度得极热闹矣！"[2] 文字间的自我感觉良好呼之欲出。

曾国藩多次写信给曾国潢，要求他少干预地方事务，曾四老爷却不为所动。因为老曾家除了曾国藩一年往家寄点儿银子之外，他的"办事本领"就是最主要的收入来源了。综合以上情状，统计曾国潢一年之中所办大小事件，他通过这些事务，一年收入大抵可在五百两至一千两白银之间。道光二十九年六月初七日，曾国潢在家信中向曾国藩汇报说：家中经济情况不错，虽然因大灾谷价涨到每石三千四五百文，一天要过往七八十个要饭的，但曾家生活费用的筹办"呼来遣去，总无窘手之时也"。世道如此憔悴，"如我家之活活动动，能有几人哉！"这一方面是说明曾家生活宽裕，另一方面当然也是自我表功。

在曾国潢的努力经营下，到道光二十八年，曾家原本窘迫的经济出现翻身之面貌。道光二十八年年底，曾国潢在家信中说，家中这一年收入已达五百两。不但负债全部还清，还频频买地。湘乡曾家已经"主仆共二三十人"，除去主人，仆人已经十多名。道光二十七年冬，曾家在下腰里建成一座大房，一正二横，外有槽门，起名为"黄金堂"。曾家原有建于嘉庆年间的祖屋一座，名曰"白玉堂"，道光二十八年改建为三进大屋，青墙黑瓦，双层飞檐，山字墙垛，雕梁画栋，颇为壮观。此时的曾家，一切举止做派，都已经是大族气派了。道光二十九年三月二十六日，曾国藩的祖父出门去看新修的坟墓，派头已经十分威风："次日，祖父戴红顶，穿呢马褂、绸夹衣、珠履，坐椅轿，用四夫，依然子扛，后面扛内用一人打一幨伞。父、叔偕弟等衣冠陪行，看祠堂，便看墓坟。三炮而出，三炮而入，颇属大观。"[3]

[1] 曾麟书等：《曾氏三代家书》，岳麓书社，2002 年，第 60 页。
[2] 曾麟书等：《曾氏三代家书》，岳麓书社，2002 年，第 62 页。
[3] 曾麟书等：《曾氏三代家书》，岳麓书社，2002 年，第 53 页。

第四节 曾国藩对曾国潢的约束

在晚清时期前所未有的绅权大张过程中，曾国潢是一个非常典型的代表。曾国潢在地方上经办事务既多，不可能不惹来麻烦，何况他性格霸悍，又常有"发财"之念，因此所作所为常引起非议。特别是后来太平军起，他办理团练，手段残酷，杀人太多，激起强烈民怨。《湘乡县志》录有这样一条告示：

> 访得十四都地方有人布散匿名揭帖，阻挠团练，并敢讪谤办团绅士。此等莠民如非匪党，即系素不务正之徒。[1]

这个被讪谤的绅士，就是曾国潢。事实上，由于他"凭藉门第，倚恃护符，包揽钱粮，起灭词讼，出入衙门"，甚至私设公堂，早已成为地方上有名的"劣绅"，以至于李鸿章在做湖广总督时也非常为难，不得不写信给曾国荃，让他约束曾国潢：

> 澄丈在乡，排难解纷，能稍推却否？念甚。[2]

连曾国藩的门生都被迫发出这样的抱怨，曾国藩的担心和不满更可想而知。对于曾国潢的所作所为，曾国藩一直非常头痛。曾国藩日记同治六年十月二十一日记载："接筠仙信，言澄弟在家为众怨所归，深以为虑。"[3]《能静居日记》也记载曾国藩这样对赵烈文表达忧虑：

> 方今多故，湘中人人以为可危，两舍弟方径情直行，以敛众怨。故吾家人屡书乞来任所，以为祸在眉睫。[4]

湖南形势也不稳，曾国潢和曾国荃在乡中又处处激惹民怨，所以曾国藩的夫人和孩子感觉很不安，多次写信要求离开家乡。

---

[1]《湘乡县志》卷五《兵防志》，谕密访匪徒条，同治十三年刊本，页二〇。
[2]《李鸿章全集·信函二》，安徽教育出版社，2008年，第18页。
[3]《曾国藩全集·日记》，岳麓书社，1994年，第1433页。
[4]赵烈文：《能静居日记》，台湾学生书局影印本，1964年，第1962～1963页。

曾国藩对大弟，几乎每次去信都有劝诫，劝他少管地方事务，劝他生活俭省，劝阻他为自己买田起屋，甚至说出"若不听我，我便恨你"之类的狠话。但是曾国潢仍然积习不改，每日仆仆于道，已经成了他生活的最大乐趣。曾国藩也无可奈何，无法进行更加严厉的约束。因为毕竟多年以来家中一切大小事务，曾国藩无力顾及，都是曾国潢四处奔走操劳。从大家庭的角度来说，曾国潢贡献极大。曾纪泽在为曾国潢夫妇所写的寿序中这样描述曾国潢为乡邻亲族事务操心费力之状：

> 间阎百余里内，穮锄箕帚之争；亲串数十家中，针布米盐之细，片言所折、屈指以筹，莫不井井有条，平平无党。闻者以为烈同夏日，严比秋霜；见之则谓淡似晴川，蔼如瑞玉。[1]

可见他对曾氏一族确实为功甚巨。曾国藩也曾在书信中这样表达感谢之情：

> 老弟二十年以来，凡亲属疾病死丧之事，皆弟一人历其危险，当其劳苦，精力竭矣，忧虑饱矣。弟所尽职于骨肉之际，其劬劳盖百倍于阿兄，且愧且怜。[2]

因此，曾国藩对大弟的管束有时只能适可而止，不能过度打击他为家族服务的积极性。所以，有的时候，曾国藩不得不通过转托他人的方式对曾国潢进行约束。比如同治年间，湖南哥老会大兴，曾国潢必欲究治根株，曾国藩只得托地方官劝诫：

> 哥老会一案……舍弟澄侯不以为然，必欲搜剔根株……求阁下劝诫澄弟，不再搜寻。[3]

不过，虽然曾国潢竭力经营，一个没有官位的绅士所能达到的高度毕竟有限。湘乡曾家的经济状况第二次跃升的主动力不再是曾国藩的大弟曾国潢，而是另一个弟弟曾国荃。

---

[1] 曾纪泽：《曾惠敏公遗集》卷二，台北艺文印书馆，1964 年，第 9 页。
[2]《曾国藩全集·家书》，岳麓书社，1994 年，第 1111 页。
[3]《曾国藩全集·书信》，岳麓书社，1994 年，第 6408 页。

第二编

湘军时期

第六章

"不要钱"的"大帅"

第一节 晚清军营的腐败

一 士兵都有"第二职业"

咸丰二年十二月十三日，正在家中为母守孝的曾国藩收到上谕：

> 前任丁忧侍郎曾国藩籍隶湘乡，于湖南地方人情自必熟悉，著该抚传旨，令其帮
> 同办理本省团练乡民搜查土匪诸事务，伊必尽力，不负委任。[1]

原来，咸丰二年四月，太平军挥师北上，湖南各地，纷纷糜烂。咸丰皇帝情急之下，诏命各地在籍官员协助地方官员兴办"团练"，也就是民兵组织，以保卫乡里。

经过短暂的犹豫，曾国藩决定应命出山，咸丰二年腊月二十一日抵达长沙，以办团练为名，行创建湘军之实。从此墨绖从戎，由文转武，开始了自己的军事生涯。从咸丰二年年底算起，到同治三年六月攻陷南京，他与太平军较量了十一年半。

京官时期，虽然曾国藩立下了"不靠做官发财"的铮铮誓言，却有点儿放空炮的意思。因为他想发财也没什么机会。然而，从这次出山开始，曾国藩的誓言要真正受到考验了，因为晚清军队的腐败众人皆知。

曾国藩曾经说过，晚清国家正规军已经成了一支没有灵魂的军队，所有军官都可以说已经丧尽天良。"国藩数年来痛恨军营习气，武弁自守备以上无不丧尽天良！"[2]

---

[1]黎庶昌：《曾国藩年谱》，岳麓书社，1986年，第22页。

[2]《曾国藩全集·书信》，岳麓书社，1994年，第393页。

清代国家正规军分为八旗、绿营两种。八旗是满族统一全国的主力，定制约二十万人[1]。开国之后，分散到各地，人数不敷使用，遂以收降改编的各地汉族武装作为辅助，因为旗帜绿色，故名绿营，定制五十余万[2]。

要理解曾国藩为什么"数年来痛恨军营习气"，我们先来观察一下正规军中普通士兵的情况。

晚清军营的一大怪现状是士兵普遍都有第二职业，或者经商做买卖，或者种地，或者操持手艺[3]。

在驻防各地的八旗部队中，相当多的士兵私下经商。如太原驻防的普通八旗军人文英阿，就在武汉偷偷开了间旅店，而且还容留不法人员居住。"马甲（八旗骁骑营的士兵——作者注）文英阿在汉城开设歇店（即旅店——作者注），凡宵小皆藏匿其中。"[4]

绿营兵此风更甚，而且明目张胆，不遮不掩。对许多绿营兵来说，做小生意或者手艺活儿是他们的主业，而当兵才是"第二职业"。他们的主要时间都用来开店摆摊，或者做木匠、裁缝等，只有轮到自己值班时，才到营里去待上一天。

据鸦片战争期间定海县令幕友王庆庄记载，定海镇的绿营兵，有一半的真正身份是理发匠、修脚工、仆人等。他们的军人身份，是花三四十银圆的代价买来的，因此根本不把操练当回事儿。"隶兵籍者，半系栉工修脚贱佣，以番银三四十圆，买充行伍，操防巡缉，视为具文。"[5]

除此之外，绿营兵还有开杂货铺的，开茶馆的，贩鱼的，卖肉的，林林总总，不一而足。林则徐在一封奏折中汇报说，鸦片战争期间，长沙青石街的双美茶室就是四名绿营兵合伙经营的[6]。一般情况下，一名绿营兵每月可以通过第二职业挣得三千文左

[1] 戴逸主编：《18世纪的中国与世界·军事卷》，辽海出版社，1999年，第54~55页。
[2] 据《清文献通考》记载，乾隆四十六年，统计各直省绿营数额为五十六万三千余人（《清文献通考》卷一七九，第6395页）。曾国藩曾论及清朝兵额，说乾隆初期"绿营兵额六十四万，常虚六七万以资给军用"（《曾国藩全集·奏稿》，岳麓书社，1994年，第20页）。这六七万是法定的"空额"，用以补军中用度。加上军官系统的腐败，所吃空额远远高出规定，因此，实际数字要远低于五十七万。
[3] 此小节以下主要参考刘庆：《经商与走私：清代军队腐败的重要根源》，《中国军事科学》1998年第4期，第218~223页。
[4] 张集馨：《道咸宦海见闻录》，中华书局，1981年，第40页。
[5] 中国史学会主编：《中国近代史资料丛刊·鸦片战争》第三册，上海书店出版社，2000年，第240页。
[6] 《查复游击马辰被参各款折》，中山大学历史系中国近代现代史教研组、教研室编：《林则徐集·奏稿》，中华书局，1965年，第550页。

右，约合白银近二两，相当于再领一份粮饷。所以，光绪年间有人说绿营兵是"半供差操，半借贸易手艺以谋生"[1]。

这种情况甚至连皇帝也非常清楚。嘉庆皇帝在上谕中就讲过，士兵军事技术荒疏，就是因为绿营兵丁"或在外兼习手艺，训练生疏，营伍废弛"[2]。

那么，原本以打仗为职业的军人，怎么会出现"小贩化""工匠化"呢？

二　清代的"低饷制"

根本原因也在制度。清代文官实行"薄俸制"，军队则实行"低饷制"。

清代绿营兵平均每月的收入不过白银一两三钱六分，米三斗[3]。军人还要养家糊口，这是一个士兵家庭的总收入。清代绿营还有另一项让人啼笑皆非的规定，就是士兵的主要武器装备甚至军装、马匹都要自己负担。

清初物价较低，康熙年间，一两银可买二石至三石粮食，一个绿营士兵的月饷尚可维持一家生活[4]。但随着清中期物价渐涨，这点儿军饷就不够用了。乾隆中后期，米价已达二两一石。到了嘉、道年间，米价更大幅度上涨，每石"丰岁二两，俭岁三两，荒岁四两"[5]。

这样的话，到了晚清，同样的军饷购买力比康熙时期下降了七八成。但清政府却以"遵守祖制，永不加赋"为由，不对军饷标准进行调整。

如此低的军饷，晚清绿营兵还不能全领到手，因为他们还面临着军官们的层层克扣。

和士兵一样，绿营军官的收入同样过低。高级武官，比如从一品的提督，每年正俸不过八十一两，此外虽然还有养廉银八百八十两[6]，但是这样的养廉银标准仅大致相当于地方官中的七品知县（各地知县养廉银标准不均，从四百两到二千二百五十九两不等[7]）。中级军官，比如正四品的都司，正俸不过二十七两，养廉三百两。而低级军

---

[1] 谭钟麟：《防营渐减谨拟练兵章程折》，《谭文勤公奏稿》卷十，1911 年刊本，转引自皮明勇：《晚清军人的经济状况初探》，《近代史研究》1995 年第 1 期，第 21 页。

[2]《清仁宗实录》卷四四，中华书局，1987 年，第 530 页。

[3] 郭太风：《八旗绿营俸饷制度初探》，《复旦学报（社会科学版）》1982 年第 4 期，第 105 页。

[4] 郭太风：《八旗绿营俸饷制度初探》，《复旦学报（社会科学版）》1982 年第 4 期，第 106 页。

[5] 魏源：《圣武记》卷十一《武事余记》《兵事兵饷》，世界书局，1936 年，第 351 页。

[6] 参照郭太风：《八旗绿营俸饷制度初探》，《复旦学报(社会科学版)》1982 年第 4 期，第 104 页。

[7] 黄惠贤、陈锋：《中国俸禄制度史》，武汉大学出版社，2005 年，第 572 ~ 573 页。

官，比如正六品的营千总，正俸只有十四两，养廉一百四十两[1]。

这样的收入水平，当然不能满足他们的日常生活及应酬需要，何况有些军官的官职是花钱买来的，"花钱买缺，到任后自不能不克扣兵粮"[2]。军官的搜刮对象远不如地方官那样广泛，往往只有属下的兵丁这一种，因此也就只能从兵丁和军饷中想办法。军官把兵丁当成私人仆役，派他们给自己办事跑腿，盖房起屋，不付任何报酬，这已经是最轻微的腐败行为。他们把办公经费都揣进个人腰包，几乎所有开支都从军饷中摊派。军官到任后买办公用品，遇到上司、同僚红白喜事送份子，护送饷银士兵的差旅费，修理武器的费用，甚至日常生活中买蜡烛、茶点，都从军饷中开支："武官到任，铺张器具，都守千把，红白喜葬，护送饷鞘弁兵盘费，修补零星军装器械，起早油蜡，差操茶点，无一不摊派兵饷。"[3] 甚至军官去拜见上司的门包也要摊入兵饷。连皇帝自己都承认："各路带兵将弁，往往浮冒克扣，中饱私囊，甚至任意取携，毫无顾忌，致令行间士卒，不免饥寒。"[4]

经过层层盘剥，最后能够落到士兵手里的军饷实在是少得非常可怜。比如福建绿营"每月每兵仅得饷三钱有零，不敷一人食用，别寻小本经纪，或另有他项技艺，籍资事蓄"[5]。一两三钱的银子，要被扣去百分之七十还要多。

当"皇粮"填不饱肚子时，士兵们别寻生计，也就自然而然，由此才出现了晚清军营中广泛的经商潮。士兵混迹市肆，做小买卖，干手艺活，挣钱糊口。在这种情况下，有些地方军官干脆主动鼓励士兵个人外出经商，自己侵吞一半兵饷，只把一半兵饷发放给士兵。这种情形在有些地方渐渐成为一种半公开的制度[6]。因此，士兵们的主要精力都放到谋生上，对日常操演能躲就躲。营中每逢会操，大都是雇人顶替。操练

---

[1] 参照郭太风：《八旗绿营俸饷制度初探》，《复旦学报(社会科学版)》1982 年第 4 期，第 104 页。

[2] 中国史学会主编：《中国近代史资料丛刊·洋务运动》第二册，上海书店出版社，2000 年，第 394 页。

[3] 张集馨：《道咸宦海见闻录》，中华书局，1981 年，第 279 页。

[4] 《清穆宗实录》卷四八，同治元年十一月癸丑条，中华书局影印本，1987 年，第 1297 页。

[5] 张集馨：《道咸宦海见闻录》，中华书局，1981 年，第 279 页。

[6] 按照清朝的规定，属于绿营系统的京师巡捕五营之中，各级将领都可以占用一定的兵额。"副将例得占用六十名，叁、游而下，以次递减，至外委仅得占兵二名"，以备平时巡护府衙，役使差用。至道光、咸丰年间，将领占用兵额的数量"多至数倍"，且大多并非供其差役，而是将"占用之兵，俱由己包揽，令其自便，名为署差"(包炜，咸丰八年六月二十一日奏折，中国第一历史档案馆，军机处录副奏折档)，所谓署差，即让士兵个人外出经商谋生，将领趁机侵吞一半兵饷。对这种变相经商牟利的手段，各省绿营将弁大都竞相效尤，成为朝野咸知的军中宿弊。参见刘庆：《经商与走私：清代军队腐败的重要根源》《中国军事科学》1998 年第 4 期，第 218 ~ 223 页。

之时"兵丁等往往正身不到，私自雇人替代，有名无实"[1]。

与此同时，由于绿营士兵的武器用品都要自己购买，所以大部分兵士对于这些东西能不买就不买，损坏之后能不添补者就不添补。再加上上级拨下来的用来养军马的草料从来都不够用，"兵马关支草料，多有克扣短少"，士兵们都不愿认真操练，怕累坏战马，有个三长两短，自己还要承担赔款。因此军中"马皆骨立，鞭策不前。又器械如：弓箭、刀枪、盔甲、火器等项，俱钝敝朽坏"[2]。马都形销骨立，没力气走路，武器盔甲都破烂不堪。

八旗的状况要好于绿营。八旗作为"国家根本"，待遇从优。按光绪朝《大清会典》记载，八旗前锋、亲军、护军，每月饷银四两，每年米二十二石二斗。马甲、弓匠、炮手三两，每年米二十二石二斗。以上是八旗兵主要兵种，按此计算，八旗兵月饷折成银两平均为五到七两，比绿营兵高出三四倍[3]，同时国家还拨给每人十余亩至数十亩不等的世袭土地[4]。这是清王朝重视八旗的最直接体现。

然而"清中叶以后，随着物价不断上涨，八旗家庭生齿日繁，贫富分化日益严重。贫穷者土地大多已卖掉；有些拥有土地的人也多年来游手好闲，不愿耕种"[5]。同样面临饷粮不足维持正常生活的问题，"于是生活日艰，而无可为计"[6]。与此同时，他们也一样会遭遇克扣。八旗军官的正俸银往往比同一品级的绿营军官高出一至四倍，但养廉银标准却相当，甚至某些品级还不如绿营。因此实际也不敷花费，不得不向士兵伸手，导致士兵拿到手的军饷只有规定的五分之一甚至十分之一。"以核扣减平、办公摊派受累颇深，每兵所得乃不及额饷十分之一二。"[7]另外，晚清八旗和绿营一样，都经常遭遇饷银拖欠，甚至成为制度。1853 年，因为财政困难，政府首先取消了恩赏八旗兵的一个月银粮，1863 年，骁骑校以下只发六成饷[8]。因此八旗军人相当一部分也陷入贫困之中。

[1] 中国第一历史档案馆编：《嘉庆帝起居注》第六册，广西师范大学出版社，2006 年，第 734 页。

[2] 姚元之：《竹叶亭杂记》，中华书局，1982 年，第 51 页。

[3] 郭太风：《八旗绿营俸饷制度初探》，《复旦学报（社会科学版）》1982 年第 4 期，第 107 页。

[4] 参考刘庆：《经商与走私：清代军队腐败的重要根源》，《中国军事科学》1998 年第 4 期，第 218～223 页。

[5] 刘庆：《经商与走私：清代军队腐败的重要根源》，《中国军事科学》1998 年第 4 期，第 218～223 页。

[6] 沈起元：《拟时务策》，载贺长龄：《皇朝经世文编》卷三五，中西书局校阅石印本，1899 年，第 9 页。

[7] 刘锦藻：《皇朝续文献通考》卷七四，上海古籍出版社，1996 年，第 537 页。

[8] 皮明勇：《晚清军人的经济状况初探》，《近代史研究》1995 年第 1 期，第 17 页。

这样一支军队，谈什么战斗力呢?

三 "低饷制"的后果：吃空饷和军队"办三产"

和京官的"薄俸制"一样，清代军队的"低饷制"也典型地反映了传统时代的政治惰性。"清代军事制度大都确立于入关之初，是为适应当时的战争需要制定的。随着社会的发展，这套'祖宗成法'开始暴露出种种不适应性，急需做出局部的，乃至全局的变革，但其统治者往往抱残守缺，不愿意改变旧制。"[1]

改革旧制是一项异常庞大的系统工程。首先它会触及"永不加赋"这条清王朝引以为自豪的"祖宗大法"。清代正规军队数量十分庞大，军费是政府一项沉重的负担。承平之日，军费几乎占到清王朝全国收入的一半左右。战时的财政压力更可想而知。如果按军人实际生活需要，将军饷标准提高一倍以上，就势必要大幅度改革赋税制度，"违反祖制"。

其次，要确实解决军饷制度中的种种弊端，就需要将军队的实际支出都由国家财政统一承担起来，同时配套创建一个庞大的会计、审计系统；这是一项重大的体制变革，没有人有这个魄力，连以勇于改革著称的雍正皇帝也坚持"额定粮饷永不加增"。

因此，面对这个过于庞大的难题，皇帝们拖延一天是一天。雍正皇帝说："绿旗兵丁系土著之人，经营度日，稍觉容易。"[2] 意思是说，绿营士兵都是土生土长，找点饭辙比较容易。这简直是听任士兵兼以小贩营生，用手艺糊口。其他皇帝也是得过且过，不思整顿。

军队的"低饷制"与文官"薄俸制"一样，都透露出以皇权为核心的传统财政制度的自私性与短视性。从皇帝的视角看来，采取"薄俸制"和"低饷制"既省心省力，又为国家节省了大量财政经费。但事实上，都是典型的掩耳盗铃之举，对最高统治者来说，同样是"占小便宜吃大亏。"

军队"低饷制"的第一个严重后果，是军队训练水平下降，严重损害战斗力。

八旗素以骁勇闻名，绿营创立之初，也屡经恶仗。但到了曾国藩时代，都因严重腐败而基本丧失了战斗力。

道光二十九年（1849）秋天，俄罗斯外交官科瓦列夫斯基在卢沟桥边参观了八旗

---

[1] 刘庆：《经商与走私：清代军队腐败的重要根源》，《中国军事科学》1998 年第 4 期，第 218～223 页。
[2]《清世宗实录》卷四四，雍正四年五月壬辰，中华书局，1985 年，第 641 页。

军队一年一度的火器操演。他在游记《窥视紫禁城》中这样描写他所见到的景象：

本来观炮仪式是大清军队的重要活动，规模盛大，层次很高，"即使皇帝因年事已高不能亲自前来，也要派亲信要员前来观摩"。因此科氏以为参加演习的士兵一定会像西方重大阅兵仪式上那样精神抖擞，容貌整齐。但来到现场后，科氏惊讶地发现，八旗官兵精神状态非常散漫，"军士们有的漫不经心地坐在帐篷里，抽着小烟袋；有的边吃早点边与卖小吃的攀谈；还有的在缝补第二天要穿的裤子。似乎没有人关心即将举行的操演"。

演习过程更是敷衍了事，毫不认真："操演开始了……一位参领……摆了一个奇怪的姿势，挥了一下手中的旗子，射击便开始了。他放下旗子，表示射击符合规程……但这一炮打得很不准，炮弹就落在大炮旁边，弄得评审官身上满是泥土。炮甲似乎并不在意，他只是擦了擦眼睛，走到另一门炮旁边。"

观摩之后，科氏得出结论："中国的炮兵自然无法与欧洲的相比，唯一相同的只有打出的炮声。他们同样也不能与其他几个东方强国的炮兵相提并论……中国的炮兵没有一点儿可取之处。"[1]

与八旗相比，晚清绿营的状况更差。道光十四年（1834）冬，两广总督卢坤巡阅广东水师。各营选出精兵强将，到总督面前亮相。不料一场考下来，连一枪一箭都不中者就有七十八人，仅中一枪一箭者有二百二十六人，让卢坤大跌眼镜[2]。

这样一支毫无专业精神的军队，不惟在西方的坚船利炮面前一触即溃，甚至在武器装备远远落后于自己的农民军面前也一样不堪一击。

道光三十年太平军初起之际，朝廷命周天爵署广西巡抚领兵镇压。周天爵在致亲友的信中这样描述清军在太平军面前的表现。

出征之际，士兵居然如同徘徊在屠宰场门口的猪羊，说什么也不愿上路：

> 于是二月初一日出省，带兵一百名，如驻马嵬坡，皆不愿走也；路上募一百名又如石壕驿，未走先哭。

作战之时，一个个裹足不前，让他无计可施：

---

[1]〔俄〕科瓦列夫斯基著，阎国栋等译：《窥视紫禁城》，北京图书馆出版社，2004 年，第 152 ~ 155 页。

[2]广东省地方史志编纂委员会办公室、广州市地方志编纂委员会办公室编：《清实录广东史料》（四），广东省地图出版社，1995 年，第 132 页。

惜我兵一百名如见鹯之雀，一百勇如裹足之羊，无一动者。我手刃二人，光淮而
（用）箭射杀二人，亦无应者。撼山易，撼岳家军难，不意如此。[1]

这些士兵上了战场，如同麻雀见了老鹰，绵羊见了老虎，根本迈不动步。他亲手
杀了两人，另一个军官用箭射死两人，还是没有人向前冲杀。

两年过去了，太平军这些"乌合之众"没有如清廷想象那样官军一到，立成齑粉，
反而越战越强。朝廷开始不断换帅，还特别抽调广州火器专家乌兰泰以副都统身份到
前线助战。乌兰泰到了前线，惊讶地发现拨归其麾下的贵州绿营各军竟全无训练，毫
无军事常识。咸丰元年五月中坪独鳌山一战，这些贵州兵临敌竟不知挖壕筑垒，面对
七名冲杀过来的太平军，一千官兵竟不战而溃。事后剩下的官兵居然不敢出营了，怎
么吓唬也没用。"经奴才营官兵辱骂殴打，即奴才亲自吓喊欲杀，尚不敢出营，其怯
懦不用命，亦可概见。"[2]

低饷制不但导致士兵训练水平下降，还导致了军官道德操守的极度败坏。

清王朝深知如此低微的薪水不足以支持军官的生活，所以对军官的贪腐行为只
能保持较高的容忍度。他们有意识地把自主权相当程度地下放到军官手里，让他们自
谋生路，自己解决，这是皇帝们自以为聪明的选择。他们也明知军官们会突破纪律界
限，只不过仍寄希望于他们自我约束，适可而止；但贪腐行为的特点是，一旦开了口
子，就会肆无忌惮，无所不至。晚清军队贪腐之种种光怪陆离，今人实在难以想象。

第一条当然是吃空额。

军官吃空额，是中国军队历代相沿的最大弊端，历代统治者都对之束手无策。到
了清代康熙年间，康熙皇帝突发奇想，干脆将"吃空额"合法化，当成对军官的一种
补贴。康熙四十二年议准，绿营武官除俸银外，另给虚额兵饷，名曰"随粮"。直到
乾隆年间，皇帝觉得这种做法实在不符大清体面，才将"随粮"改为"养廉"。然而
和地方上养廉银制度一样，武官并不因为有了养廉专款而改变坐吃空额的陋习，只是
由合法变为非法，暗中照常进行[3]。

清代后期，吃空额已经成了军队中公开的秘密。各级将领侵吞的兵饷是一笔永

---

[1] 周天爵：《致周二南书》，《中国近代史料丛刊续编·太平天国》第八册，广西师范大学出版社，
2004年，第316页。

[2]《乌兰泰奏独鳌山一战损将伤兵自请治罪折》，《太平天国文献史料集》，中国社会科学出版社，
1982年，第173页。

[3] 郭太风：《八旗绿营俸饷制度初探》，《复旦学报（社会科学版）》1982年第4期，第103页。

远也查不清的黑账。咸丰皇帝在咸丰二年承认，"空额之敝……各省皆然"[1]。曾任贵州知府的胡林翼给朋友的信说，贵州绿营普遍缺额过半，偏远营汛仅存额兵的六分之一[2]。咸丰三年，吏部右侍郎奏称："京师步军营额设甲兵二万一千余名，风闻现在空额过半。"[3]

第二条是如上所述的克扣军饷。

第三条则是开展第三产业，大肆经商。其具体做法有如下几类。

一是动用军用装备经商。有的水师把战船租赁给商贾贩运货物，将收入纳入私囊。据鸦片战争时期任福建汀漳龙道的张集馨记载："漳郡城外有军功厂，每月派道督造战船一只，以为驾驶巡缉之用。其实水师将船领去，或赁与商贾贩货运米，或赁与过台往来差使；偶然出洋，亦不过寄碇海滨而已，从无缉获洋盗多起之事。"[4]福建水师每月都会造一只战船，但是这些船都被水师军官租给商人贩运大米，或者租给官府用作官船，至于收入，当然就纳入军官们的私囊了。

二是出租军事土地。如浙江八旗、绿营大量出租操场、牧场，以致各处校场长宽皆不足一里，连抬炮（一种两人使用的简陋火器）射击也无法进行。"由于缺少场地和马匹，士兵训练次数大为减少，用鸟枪和火炮进行实弹射击的演习更少。"[5]

三是违法犯罪，走私护私。清代军队本来承担着国防军、内卫部队和警察等多重职能。他们的日常任务之一是海关缉私、设卡缉拿私盐，但是这些执法者却往往成了运私、贩私、护私的主力。

晚清军队最令人痛恨之处，就是其在鸦片走私中所扮演的角色。从十九世纪上半叶开始，沿海水师利用手中的权力收受贿赂，听任鸦片流入内地，有时甚至自己也参与其中，为走私运输护航。到鸦片战争以前，水师官兵与鸦片商相互勾结，已形成一整套从水师提督到普通士兵的贿银分配惯例，也就是所谓"土规"。陕西道监察御史杜彦士说，每条船收的贿赂是四百到六百银圆，走私交易甚至是大清水师代为完成："夷船所以停泊无忌者，由于水师员弁收受陋规，每船得洋四百圆、六百圆不等。船

[1] 咸丰二年上谕，见潘福颐：《咸丰朝东华录》卷一四。
[2] 茅海建：《天朝的崩溃：鸦片战争再研究》，生活·读书·新知三联书店，2005年，第69页。
[3] 中国第一历史档案馆：军机处录副奏折档，咸丰三年第四十六号。转引自茅海建：《近代的尺度：两次鸦片战争军事与外交》，上海三联书店，1998年，第91页。
[4] 张集馨：《道咸宦海见闻录》，中华书局，1981年，第63页。
[5] 刘庆：《经商与走私：清代军队腐败的重要根源》，《中国军事科学》1998年第4期，第218～223页。

上烟土，皆营弁包庇贩卖。""夷船一到彼处，则盈千累万，交水师哨船代为交易。"[1]

广东禁烟期间，林则徐轰轰烈烈地开展过打击走私活动，却一直未能收到实效。后来他曾对友人透露其中的原因说，广东水师的收入中，军饷不过占百分之一，其他百分之九十九都来自鸦片走私，因此英国人是他们的衣食父母："粤营以水师为最优，其岁入得自粮饷者百之一，得自土规者百之九十九，禁绝烟土，则去其得项百之九十九，仍欲其出力拒英夷，此事理之所必不得。"[2]

以上种种贪腐行为，已经是朝野皆知的公开的秘密，却多年相沿，难以取缔。其原因无非是这些收入已经成为军中日常招待经费的主要来源，也是军官固定半固定收入的一部分，如果取缔，必然影响军队稳定。所以历代相沿之下，这些做法竟然获得了某种合法或半合法的地位[3]。从皇帝的角度看，这些做法一时似乎确实缓解了国家经费不足的困难，甚至可以说一定程度上改善了官兵的待遇，不失为不增加财政支出前提下维持庞大的军队数量的一个"巧妙"的办法。所以皇帝们长时间内睁一只眼，闭一只眼，表面上偶尔下下谕旨，重申一下禁止侵没，否则"从重治罪"，"以肃戎政"等纪律，但大多虚声恫吓，并无实际措施。

然而在满足了体制的惰性的同时，这些行为给军队带来的危害却是灾难性的，军队失去了起码的战斗能力，不能正常行使自己的职能。

第二节 曾国藩的厚饷政策

一 湘军军饷有多高

曾国藩不是军人，也从来没有摸过武器。但是他毕竟从道光二十九年起，兼任过数年的兵部左侍郎，加上他以经世致用为志，注意讲求实情，因此对大清国家武装情况有较一般人远为深入和全面的了解。他对军队的看法与林则徐不谋而合：绿营腐败习气已经"深入膏肓，牢不可破"，"居今之世，用今之兵，虽诸葛复起，未必能灭此

[1] 福建师范大学历史系、福建地方史研究室编：《鸦片战争在闽、台史料选编》，福建人民出版社，1982年，第11页。
[2] 中国史学会主编：《中国近代史资料丛刊·鸦片战争》第四册，上海书店出版社，2000年，第466～467页。
[3] 刘庆：《经商与走私：清代军队腐败的重要根源》，《中国军事科学》1998年第4期，第218～223页。

贼"[1]。不论是诸葛亮，还是岳飞，都拿这样一支军队没有办法。

在曾国藩看来，要挽救这个国家，只有一个办法，那就是"赤地立新"，自己动手，练出一支崭新的有战斗力的队伍。所以，他在抵达长沙后的第二天，就复奏，要在长沙"立一大团"[2]，参照"前人戚继光、近人傅鼐成法"，训练一支新的军队。

曾国藩深知低饷制是绿营八旗风气败坏的源头。他说"守粮月支一两，断不足供衣食之需"[3]。要保证新军有良好的作风，就要对士兵实行厚饷原则。

> 湘军陆军正勇每月口粮四两二钱，较绿营马兵口粮多一倍，战兵口粮几多三倍，守兵口粮多四倍，除个人生活外，还可补助家庭。[4]

这种较高的军饷标准，使湘军士兵多能专心操防，一洗旧军队专意经商的积习。这为湘军的战斗力提供了坚实的物质基础。除此之外，曾国藩还给每营增加长夫一百二十人以减轻士兵的劳役负担，原来军队中兵、役混杂的情况由此大为改观，作战部队与后勤部队明显分开，军队组织结构向近代化转变。

对于军官，曾国藩更采用高薪养廉政策。曾国藩奏告朝廷："臣初定湘营饷项，稍示优裕，原冀月有赢余，以养将领之廉，而作军士之气。"[5] 高薪是廉洁和士气的基础，因此湘军军官的收入，较绿营更为优胜。

湘军陆营饷章规定：

> 营官月给薪水银五十两，不扣建[6]；又月给办公费银一百五十两，不扣建。凡帮办及管账目军装、书记、医生、工匠薪粮，并置旗帜、号补各费在内，听营官酌用。[7]

也就是说，湘军规定，陆师营官每月薪水银五十两，办公银一百五十两。看起来薪水不高。

不过，实际上每个月办公经费用不了一百五十两。"帮办、书记、医生、工匠薪

---

[1]《曾国藩全集·书信》，岳麓书社，1994年，第223页。

[2] 黎庶昌：《曾国藩年谱》，岳麓书社，1986年，第22页。

[3]《再陈裁撤湘勇片》，《曾国藩全集（修订版）·奏稿之七》，岳麓书社，2012年，第349页。

[4] 罗尔纲：《湘军兵志》，中华书局，1984年，第115页。

[5]《曾国藩全集·奏稿》，岳麓书社，1994年，第935页。

[6] 发放军饷按农历每月三十日计，遇小月只有二十九天，称为小建，扣除一天，名曰扣建。

[7] 罗尔纲：《湘军兵志》，中华书局，1984年，第115页。

水及置办旗帜、号补各费用"每月多少钱呢？我们通过其他资料可以大概推知。"咸丰九年曾国藩所定的马队饷章规定：马队营官薪水、马干和公费银一百五十两。另外，单独规定帮办月给银十六两，字识月给银九两。这两项共用银二十五两。其他管账目军装、医生、工匠薪水和制办旗帜、号补等费未作具体规定，无法确知，我们也将其估计为二十五两，连前面所说的帮办等薪水加在一起，当在五十两内外。"[1] 这样算来，实际的办公经费开支每月大约在五十两。营官每月纯收入，可达一百五十两上下，这种收入在当时的物价水平下是一个很高的数字。

除此之外，营官另给夫价银六十两。这是普通营官也就是统五百零五人[2] 的总收入。至于统率至三千人以上者，每月加银一百两，夫价银三十两。统至五千人以上者，每月加银二百两，夫价银六十两。统至万人以上者，每月加银三百两，夫价银九十两。这样算来，则普通营官每月总收入为二百六十两，统领等带兵三千人以上者三百九十两，五千人以上者五百二十两，万人以上者六百五十两[3]。纯收入如果不计夫价银则普通营官月入一百五十两，全年一千八百两。带兵三千人以上者二百五十两，全年三千两。五千人以上者三百五十两，全年四千二百两。万人以上者四百五十两，全年五千四百两。

表6-1 湘军军官收入表（单位：两）

级别	薪水银	办公银扣除实际使用所余	职务加银	月薪合计	年薪
普通营官	50	100	0	150	1 800
统三千人以上之将	50	100	100	250	3 000
统五千人以上之将	50	100	200	350	4 200
统万人以上之将	50	100	300	450	5 400

因此，湘军统率万人的将军的收入，是国家正规军中从一品的提督的5.6倍。统率五千人的军官的收入，是正四品都司的12.8倍。普通营官的收入，是正规军营千总的11.7倍。

连曾国藩也不能不承认"章程本过于丰厚"[4]。

[1] 张玉田：《论湘军的后勤体制和保障》，《军事历史研究》1987年第1期，第127页。
[2] 湘军每营编制实为五百零五人，计营官一人，哨官四人，兵勇五百人。见《湘军史稿》第74页。
[3] 《曾国藩全集·诗文》，岳麓书社，1994年，第470页。
[4] 《曾国藩全集·奏稿》，岳麓书社，1994年，第935页。

除了高薪制外，湘军财政上的一大特点是没有严格的会计制度和审计制度，实行彻底的包干制。曾国藩设定支出上限，"凡带千人者，每月支银不准过五千八百两；凡统万人者，每月支银不准过五万八千两"。在这个范围之内，听任军官自由支配军饷，如何分配，完全是军官自己的事，曾国藩并不过问。

> 一营之权，全付营官，统领不为遥制；一军之权，全付统领，大帅不为遥制。统领或欲招兵买马，储粮制械，黜陟将弁，防剿进止，大帅有求必应，从不掣肘。[1]

在湘军建立之初，曾国藩一度亲自审查各营的支出细账，然而不久他就发现除非专门建立一支审计队伍，否则这种审查是没有意义的。因此湘军的财政制度，主要依靠从主帅到各级军官的相互信任与道德砥砺，而不依靠会计制度和审计制度。在这种情况下，湘军财政上就不可避免地出现了巨大的灰色空间，比如截旷制度。国家统计的军饷，是足员足月的全额。但一年当中，军队常有兵员死亡、退伍或者被淘汰，以新兵补充。新旧兵员不可能当天衔接，这中间会有空缺。空缺时的饷银就节省下来，叫作"截旷"。

湘军对截旷等规定很宽松。湘军出身的刘璈在光绪年间所著《巡台退思录》中说：

> 遵查截旷一项，楚军行营章程，前因征战无定，勇有缺额，责成营官随时募补，以应急需。常有勇浮于额之时，截长补短，悉听营官支销，并无报缴截旷。嗣因军务稍定，防营弊窦丛生，欠饷既巨，清结愈难，遂有报缴截旷之举。[2]

也就是说，湘军征战频繁之时，军队经常出现缺额，随时补充，因此没有细算过截旷。在相当长的时期内，截旷是归湘军军官自由支配，作为一种特殊的财政补助。

李鸿章带淮军几十年，截旷和扣建积累巨大。他把其中一部分银两存在直隶藩库中，作为自己的"小金库"，有八百万两之巨。在离开直隶总督之任时，他将其全部移交给后任王文韶，而没有私支滥领，一时传为佳话。王文韶因此称赞李鸿章"公忠

---

[1]《遵旨筹议直隶练军事宜折》，《曾国藩全集（修订版）·奏稿之十》，岳麓书社，2012年，第437页。

[2] 刘璈：《巡台退思录》，《近代中国史料丛刊续编》第八十五辑，台湾文海出版社，1974年，第165页。

体国，廉介可风"[1]。可见这笔钱如果积累起来，为数实在不少。

王闿运在《湘军志·营制篇》中说，湘军军官"故将五百人，则岁入三千金，统万人，岁入六万金，犹廉将也"[2]。带五百名士兵，每年可收入三千两白银。统率上万人，在截旷上手笔松一点儿，每年也可以轻松收入六万两。

在这样高的薪酬水平下，湘军军官不用刻意贪污，即可发家。曾国藩就说："章程本过于丰厚，故营官无人不发财，闻周凤山家已成素封矣，其余积资置产者甚多。"[3]所谓"素封"，意指无封爵而富比封爵之人。

李续宾是湘军中的清廉之将，带兵六年，积金数万两。不过与众不同的是他没有把这些钱寄回家中，而是用于军需。三河之战中李续宾战死后，曾国藩上奏说：

　　李续宾统营既多，历年已久，节省赢余及廉俸至数万金，以养将领之廉，不寄家以自肥，概留军中之需。[4]

二　想发财易如反掌

作为湘军最高统帅，我们如果以统率万人级别计算，曾国藩一年净收入可达五千四百两，比做侍郎时的六百六十两足足增长了七点一八倍。带兵十二年，合法工资收入可达六万四千八百两。

何况他又拥有绝对的财政权。湘军是朝廷编外部队，军饷主要来源靠"自筹"，

[1]《三水梁燕孙先生年谱》（台湾文海出版社，《近代中国史料丛刊》）上卷第44页，记谱主梁士诒光绪二十九年所言，李鸿章督直二十余年，其小金库"淮军银钱所"积存现银八百多万两，甲午战起未及动用，后移交给王文韶。录梁士诒原话如下：
予来天津，住于督署，有时亦住水道署。在督署与于晦若（式枚）同居一室，甚相得。每月北洋编书局总办之夫马费，俱由淮军银钱所送来：继思淮军裁撤已久，何尚有银钱所名目？当时只将夫马费照收，不便详问。后于徐颂阁（郙）师席上晤仁和王蘷石（文韶），谈及李文忠（鸿章）公忠体国，廉介可风，举其事曰："当甲午之后，李文忠赴日议约，离北洋大臣任，由我接替，列册交代，有淮军银钱所存银八百余万两。此系文忠带兵数十年，由截旷、扣建而积存者。如果我王某人带兵，此款是否应该交出，尚费斟酌，然文忠淡然置之。及后既列作公款，我离任后，由荣仲华而至袁慰亭，中经庚子之乱，此款独能保存。今慰亭移作小站练兵之需，气象雄润，是受李文忠之荫也。"予乃恍然于淮军银钱所送夫马费之故，益以服李文忠之廉洁。
[2] 王闿运著，李沛诚点校：《湘军志·营制篇》，岳麓书社，1983年，第163页。
[3]《曾国藩全集·家书》，岳麓书社，1994年，第298页。
[4]《曾国藩全集·奏稿》，岳麓书社，1994年，第935页。

自己想办法解决，其方式有劝捐（捐输）、厘金（设卡抽厘）、以盐抵饷等方式，同时也奏请各省协济 [1]。

所谓劝捐，是指在国家财政特殊困难的时刻，政府鼓励民间捐款，回报以某种奖励（或于个人封官赏爵衔，或于地方增广学额）。

厘金则是自清代至民国初年征收的一种商业税，因其初定税率为 1 厘（1%），故名厘金 [2]。

以盐抵饷即以食盐专卖权抵饷银。咸丰五年，曾国藩上《请拨浙引盐抵饷以充军用民食折》：

> 伏查国家岁入之款，盐课为一大宗。自贼踞金陵，长江阻塞，淮南盐务片引不行。场产堆积如山，而江西、湖南无盐可售，民忧淡食。……臣等一军，恳恩饬下户部，拨给浙盐三万引，用抵饷银，由臣招徕绅富，自备场价，自备运脚，自行运至江、楚两省而销售之。

太平天国占据长江中下游后，食盐国家专卖制度遭到破坏，沿海产地堆积如山，而内地则吃不到盐。湘军要求国家将食盐专卖权下发，由湘军保护盐商分销。如按淮课一引二两六钱八分三厘抽收，据曾国藩估计，"如拨三万引，即抵部拨军饷八万两" [3]。

国家既然无力供给军费，只能在财政上彻底放手，因此湘军的筹饷权完全归曾国藩所有。"自咸丰三年八月曾国藩办水陆军起，其后随其转战湖南、湖北、江西、安徽四省都建立自己的后路粮台或转运站。" [4] 曾国藩开始在各州县设立捐输专局，劝谕全省绅商士民捐输。后来厘金又成为湘军主要的军饷来源。在哪里设卡，派什么人收厘，都由曾国藩决定 [5]。后来以盐引抵饷，招徕绅富，其具体经办方法，也都是曾国藩手定。

清代军费报销制度原本非常严格，但既然军饷由曾国藩自筹，对其管理自然不好意思细求，因此军饷分配权亦皆归曾国藩所有。也就是说，"它既不受北京户、兵部的'层层检制'，也不受地方督抚的掣肘，自成系统。其后勤机构的司官，由统帅奏

---

[1] 参考张玉田：《论湘军的后勤体制和保障》，《军事历史研究》1987 年第 1 期，第 126 ~ 135 页。

[2] 厘金创始之初，本是一种临时筹款方法，同治三年七八月间，清廷臣工多有整顿各省厘金革除积弊的奏议，厘金曾经一度裁而未果，使它取得经常正税的地位。1931 年 1 月 1 日，国民政府取消了厘金制度。

[3]《曾国藩全集（修订版）·奏稿之一》，岳麓书社，2012 年，第 463 页。

[4] 张玉田：《论湘军的后勤体制和保障》，《军事历史研究》1987 年第 1 期，第 134 页。

[5] 张玉田：《论湘军的后勤体制和保障》，《军事历史研究》1987 年第 1 期，第 131 页。

派或委札"[1]。所有大的收入、支出，都由曾国藩一人负总责，对军饷拥有绝对的支配权。他在奏折中说："臣营则十余年来无论支发何款，无不亲自裁度。"[2] 由此可见曾国藩在财政上的集权程度。

为减少麻烦，曾国藩还有意不向户部汇报各地军费收支的真实情况。他在湖北督师时就曾这样指示江西巡抚毓科：该省"银项应奏应题者，须倍加慎重，以少奏为是。或挈列敝衔，先行寄稿函商定妥，再行拜发……可少免于大农之驳诘"[3]。湘军咸丰三年建军，可直到咸丰十年五月，才第一次向朝廷具奏报销第一案清单，时间是从三年九月到六年十二月底。同治六年，又第二次具奏报销，而且并无明细花名册。他在同治七年十一月初三奏稿中解释说："各营无册送臣处，臣遂无册送部。"由此也可见曾国藩的财权独立到何种程度。

从咸丰三年创建湘军到同治七年战事基本结束，曾国藩先后报销军费约三千五百万两，其中除少量各省协款与清政府指拨轮船退款外，绝大多数属自行筹措而来[4]。在此过程中，曾国藩完全可以上下其手。如果曾国藩稍有贪念，则十多年军旅生涯，积累百万资财实在是太轻松的事了。

第三节　曾国藩湘军时期的经济生活

一　湘军的风气与众不同

但曾国藩却没有因此而发财致富。虽然可以支配的金钱如沙如海，他寄回家里的钱，却比京官时期还要少。

带兵之后他第一次寄钱回家，是在咸丰四年十一月，那时他已经离家将近两年，练兵有成，先后取得武昌和田家镇大捷。咸丰四年十一月初七日，曾国藩在家信中汇报完战况之后说：

> 兹由魏荫亭亲家还乡之便，付去银一百两，为家中卒岁之资。以三分计之，新屋人多，取其二以供用；老屋人少，取其一以供用。外五十两一封，以送亲族各家，即

[1] 张玉田：《论湘军的后勤体制和保障》，《军事历史研究》1987 年第 1 期，第 126 页。

[2]《曾国藩全集》（修订版）·奏稿之九》，岳麓书社，2012 年，第 358 页。

[3]《曾国藩全集·书信》，岳麓书社，1994 年，第 1542 页。

[4] 朱东安：《曾国藩幕府的粮饷筹办机构》，湘潭大学古籍所编《曾国藩学刊》创刊号，1994 年。

往年在京寄回之旧例也。以后我家光景略好，此项断不可缺。家中却不可过于宽裕。因处乱世，愈穷愈好。[1]

寄回一百五十两，一百两给家中日用，五十两分送亲戚族人。处于乱世，家里越穷越好，但是资助亲戚族人的钱不能少。

咸丰五年一整年，他没有寄钱回家。咸丰六年十一月二十九日，他在江西寄信给诸弟说：

余往年在京曾寄银回家，每年或百金或二百金不等。一以奉堂上之甘旨，一以济族戚之穷乏。自行军以来，仅甲寅冬寄百五十金。今年三月，澄弟在省城李家兑用二百金，此际实不能再寄。

今年江西艰困异常，省中官员有穷窘而不能自存者，即抚藩各衙门亦不能寄银赡家，余何敢妄取丝毫！兹寄银三十两，以二十两奉父亲大人甘旨之需，以十两奉叔父大人含饴之佐。此外，家用及亲族常例概不能寄。[2]

综合以上几封信，我们可以判断，曾国藩从军之后，每年寄回家中的银两，平均在百两左右，还不及他清苦的京官时期。

之所以如此，一是为了恪守"不靠做官发财"的誓言。出山时，曾国藩已经清楚地意识到了军队这个贪污之薮对自己的考验。在《与湖南各州县公正绅耆书》中他信誓旦旦地说："国藩奉命以来，日夜悚惕。自度才能浅薄，不足谋事。惟有'不要钱''不怕死'六字，时时自矢，以质鬼神，以对君父，即藉以号召吾乡之豪杰。"[3]

既然对家乡父老发下了"不要钱"的誓言，曾国藩自然不可能像其他人那样，从军不久，就大笔寄钱回家，折损清名，贻人口实。曾国藩在家信中也是这样坦承的："余在外未付银至家，实因初出之时，默立此誓；又于发州县信中，以'不要钱、不怕死'六字自明，不欲自欺之志。"[4]

第二个原因是曾国藩深知廉洁对战斗力之重要。而一支军队的廉洁，关键在于最高长官的示范作用，所以他决心以自己做全军的榜样。"盖凡带勇之人，皆不免稍肥私囊。余不能禁人之不苟取，但求我身不苟取。以此风示僚属，即以此仰答圣主。"

[1]《曾国藩全集·家书》，岳麓书社，1994年，第281页。
[2]《曾国藩全集·家书》，岳麓书社，1994年，第336页。
[3]《曾国藩全集·书信》，岳麓书社，1994年，第104页。
[4]《曾国藩全集（修订版）·家书之一》，岳麓书社，2012年，第346页。

我无法要求别人做到完全廉洁，我只能要求自己不贪占一分。

正因为自己从来不苟取，他才能要求别人。他反复告诫军官们说："欲服军心，必须尚廉介。"他对下属们反复申说，要让士兵们心服，廉洁是最关键的。因为士兵和下属对别的还不太在意，只在意上级是不是贪污，是不是处事公正："弁勇之于本营将领，他事尚不深求，惟银钱之洁否，保举之当否，则众目眈眈，以此相伺；众口啧啧，以此相讥。惟自处于廉，公私出入款项，使阖营共见共闻，清洁之行，已早有以服弁勇之心。"[1]"兵勇心目之中，专从银钱上着意，如营官于银钱不苟，则兵勇畏而且服；若银钱苟且，则兵勇心中不服，口中讥议，不特扣减口粮缺额截旷而后议之也。"[2]

一旦发现贪污、中饱私囊行为，曾国藩严惩不贷，从不姑息。副将杨复成、彭得胜因克扣军饷，曾国藩上奏朝廷"正法"处之。

曾国藩的湘军风气，因此与众不同。

咸丰十一年七月二十日，后来成为曾国藩幕僚的赵烈文第一次来到湘军东流大营中，看到湘军军营风貌与他地迥然不同。他说：

> 督帅四月初自祁门来此，城内外扎营三座，众千五百人。……又闻营弁言营中规矩甚严，黎明即起，每日二操，武弁皆令赤足穿草鞋，营中无一人吸食鸦片者。合营办事及供役，悉用官弁，无私从一人。应酬简易，巡捕官自事，长衫而已。帅（指曾国藩）亦躬尚约素，所衣不过练帛，冠靴敝旧，与士卒卧起同时，不苟安逸。每夜常私出巡行察听，更号有违误者，亦不加严责，好语训诲而已。民间辞讼，虽细必亲，小民直至督辕递呈，无一钱之费。其忠清艰苦，至于如此，可为流涕。[3]

曾国藩的湘军，每天黎明就起床，每天操练两次。士兵都光着脚穿草鞋，军中没有一个人吸鸦片。内部交往简单朴素，巡捕官们见长官仅穿一件长衫。曾国藩本人，平时衣着朴素，与士兵同起住，不图安逸。每天晚上经常会出去巡察私访，遇到有违反号令的，好言教诲。民间有跑到总督行署告状的，也亲自处理。如此忠诚艰苦的清官，让人感动流泪。

八月二十六日，赵烈文又巡视了曾国荃的大营。他对比江南大营与湘军营地，得出结论说：

[1]《曾国藩全集·批牍》，岳麓书社，1994年，第140页。
[2]《曾国藩全集（修订版）·诗文》，岳麓书社，2012年，第446页。
[3]赵烈文：《能静居日记》，岳麓书社，2013年，第344页。

　　吾八年春，省吾兄于秫营，遍观长濠营垒，识其兵帅，与此间……人事异者复有二：一、营中饮食，咄嗟立办，客至无不留饮，而此间客至，方谋到城中饭肆买菜，客卒不及候而罢；二、营官及随身亲勇皆华服，此皆如田人，不可辨识。此五者，严既胜懈，俭复胜奢。呜呼，一成一败，非偶然矣！[1]

　　正规军的大营里头，成天大吃大喝，一来客人，厨子马上能做出一席丰盛的酒菜。这儿呢，来了客人，根本没有饭，只能到城里的饭店去买饭，客人往往等不及就走了。正规军那里，军官和随从亲兵们都穿得很漂亮，很讲究。这儿呢，军官们一个个都穿得像农民似的。天下军队做到这个程度的，仅湘军一家。因此赵烈文才感动到"可为流涕"的地步。

　　事实上，虽然采用厚饷高薪政策，但和低薪制的国家正规军比起来，湘军耗用的军饷数却是很低的。道光三十年至咸丰三年春，清廷共动用绿营兵九万七千七百余，费时二年多，军事上没取得什么成效，用饷却高达二千五百一十万余两。而曾国藩的湘军，从咸丰三年起到同治三年平定太平天国止，前后十二年，人数由初起一万七千人增至后来的十二万人，也仅花二千九百万两左右[2]。由此可见湘军整体上的军事效率和节约程度。

　　曾国藩以身作则，带出了一大批廉将。胡林翼就说，湘军主要将领都很有操守："涤帅清节冠时，凡湘人如罗山、迪庵、厚庵、璞山、荫渠均不以军饷自肥。"[3] 罗泽南、李续宾、杨岳斌、王鑫、刘长佑都不贪污军饷。他又说，不光高级军官如此，即使中层和底层小军官，也都保持着正派作风，这正是湘军战斗力的源泉："楚军之在皖北者，如公（李续宜），如厚庵、雪琴，固不待言，天下之人均信之，且深信之矣。即近日小统，如成，如梁，如萧，如吴，如余，均非贪士，勇额不虚，临事亦不怯。如此正派风气，天下之贼何患不平，饷又何患不集哉。"[4]

　　除了胡林翼这封信外，关于湘军将领的清廉作风，还有许多资料可为证明。

　　曾国藩奏称李续宾兄弟"皆以清洁自矢，廉俸薪资，悉供军用，家无长物，环堵

[1]太平天国历史博物馆编：《太平天国史料丛编简辑》第三册，中华书局，1962年，第204页。
[2]杨呈胜：《湘军军饷运用情况和特点考》，《扬州职业大学学报》1999年第3期，第20～24页。
[3]复阎敬铭，咸丰十年九月十八日。见杜春和、耿来金编：《胡林翼未刊往来函稿》，岳麓书社，1989年，第27页。
[4]复李续宜，咸丰十年九月初八日。见杜春和、耿来金编：《胡林翼未刊往来函稿》，岳麓书社，1989年，第78～79页。

萧然"[1]。

　　费行简在《近代名人小传》中记载杨岳斌"仁厚敦笃，寡言语，治水师十余年……既归，家仅中产，怡然奉亲。初起末弁，晚渐通文学，能诗。江宁捷后还乡口号曰：'藉问归来何所有，半帆明月半帆风。'时诸将多拥厚资归，盖以此自明也"[2]。

　　彭玉麟更以不要官、不要财、不要命这"三不要"广为人知。他一生辞官六次，自奉甚俭，平日布衣蔬食，把本来应该纳入私囊的银钱大笔捐出，用于公用及慈善事业。现衡阳城内的船山书院就是他一手捐建的。

二　大帅的工资花到哪儿了

　　那么，曾国藩的合法收入，都用到哪儿了呢？

　　首先，作为因"墨经从戎"而拒绝官职并发誓"不要钱的"湘军最高统帅，财务全权负责的"一支笔"，曾国藩是否按统率一万人的标准给自己发放固定津贴，目前还没有资料可证。一个可以成立的推测是他"以身许国"，"以军为家"，并没有给自己设定固定收入，而是以公务的需要因地制宜地设定自己的经费标准。

　　他的幕僚方宗诚说：

> 　　曾公在营十余年，廉俸所入，别立银钱所，委员司之。凡出入皆经其手，内室不留一钱。公尝告属吏曰，凡官府银钱，必令何项入，何项出，可以告于人人，方是正本清源之道。盖银钱所，即其以身为则也。[3]

　　也就是说，曾国藩带兵十多年，自己的工资收入，不由家人管理，而是专门设立银钱所，派人管理。曾国藩对下属说，每一项收支，都应该可以明明白白地公示，这才是财政上正本清源的办法。设立银钱所，就是财务公开的办法。

　　其次，对于经费的剩余，从为数不多的几条记载中，可以大致判断有以下几个去向。第一是用于军队开支。曾国藩说李续宾"以养将领之廉，不寄家以自肥，概留军中之需"，他自己也是这样做的。咸丰七年十二月十四日夜，他给曾国荃信中说，把一万五千两浙盐赢余交充军饷："余有浙盐赢余万五千两在江省，昨盐局专丁前来禀

[1]《曾国藩全集·奏稿》，岳麓书社，1994年，第3693页。
[2]费行简：《近代名人小传》，台湾文海出版社，1967年，第292页。
[3]方宗诚编撰：《柏堂师友言行记》，1926年京华印书局铅印本，第68页。

询，余嘱其解交藩库充饷。"[1] 从后文彭玉麟的例子来看，这一万五千两银是可以由其任意支配的，纳入私囊当无不可。

第二个方向是用于地方公益事务。

咸丰八年正月十四日，他居乡期间，曾指示弟弟曾国荃，在应酬及救济绅士百姓上，要放手花钱：

> 闻我水师粮台，银两尚有赢余，弟营此时不缺银用，不必往解。若绅民中实在流离困苦者，亦可随便周济。兄往日在营，艰窘异常，初不能放手作一事，至今追恨。弟若有宜周济之处，水师粮台尚可解银二千前往。应酬亦须放手办，在绅士百姓身上，尤宜放手也。[2]

接信后曾国荃向他请示具体如何周济，咸丰八年正月二十九日，他致国荃信中说：

> 周济受害绅民，非泛爱博施之谓。但偶遇一家之中杀害数口者，流转迁徙归来无食者，房屋被焚栖止靡定者，或与之数十金，以周其急。……专以目之所触为主，即孟子所称'是乃仁术也'。若目无所触而泛求被害之家而济之，与造册发赈一例，则带兵者专行沽名之事，必为地方官所讥，且有挂小漏万之虑。[3]

这封信体现了曾国藩从事慈善事业的一贯原则，那就是从个人的恻隐之心出发，以救济亲自接触到的难民为主，不要大张旗鼓，唯恐为人所知。

咸丰八年二月初二日他致曾国荃的一封信也可以为他的收入之主要流向做一证明："余在外立志以爱民为主，在江西捐银不少。"

宁可把大量钱财用于施舍他人，也不寄回家里，除了不靠做官发财之誓言外，曾国藩还有更深入的考虑。

三　为什么对曾国潢说重话

咸丰五年，曾国藩几次听送信的长夫说，弟弟曾国潢资助欧阳夫人在衡阳五马冲

---

[1]《曾国藩全集·家书》，岳麓书社，1994年，第359页。
[2]《曾国藩全集·家书》，岳麓书社，1994年，第367页。
[3]《曾国藩全集·家书》，岳麓书社，1994年，第371页。

（曾氏岳父家附近）买了一百亩田地，作为曾国藩的私产。

十二月初一日，曾国藩写信回家，拒绝这项地产，信中说：

> 闻屡次长夫言及我家去年在衡阳五马冲买田一所，系国藩私分等语，并云系澄侯弟玉成其事。国藩出仕二十年，官至二品，封妻荫子，且督师于外，薄有时名。今父亲与叔父尚未分析，两世兄弟怡怡一堂，国藩无自置私田之理。况田与蒋家坳相近，尤为鄙陋。此风一开，将来澄弟必置私产于暮下，温弟必置私产于大步桥，植弟、季弟必各置私产于中沙、紫甸等处，将来子孙必有轻弃祖居而移徙外家者。[1]

我多次听人说家里去年在衡阳五马冲买了一块地，而且是国潢给我买的私产。我入仕二十年，官居二品，封妻荫子，带兵在外，小有名望。父亲与叔父还没有分家，我没有购置私产的道理。况且田地靠近蒋家坳也就是我妻子的娘家，尤其不像话。这个风气一开，将来澄弟必然会在暮下购置私产，温弟必然会在大步桥购置私产，植弟和季弟必然会各自在中沙、紫甸等处购置私产。将来子孙后代一定会有轻易舍弃祖屋而迁移去外祖家的。

除了这些理由，这封信中还有一段十分关键的话：

> 内子女流不明大义，纪泽儿年幼无知，全仗诸弟教训，引入正大一路。若引之入于鄙私一路，则将来计较锱铢，局量日窄，难可挽回。子孙之贫富，各有命定。命果应富，虽无私产亦必自有饭吃；命果应贫，虽有私产多于五马冲倍蓰什佰，亦仍归于无饭可吃。兄阅历数十年，于人世之穷通得失思之烂熟，兹特备陈大略，求澄侯弟将五马冲田产为我设法出脱。[2]

我妻子是女流之辈，纪泽又年幼无知，全凭弟弟们教育训导，引导走向正大一路。如果你们让孩子从小走上庸鄙自私一路，将来心胸越来越狭窄，就难以纠正了。子孙后代的穷与富，命中注定。因此不必汲汲营营，请国潢把五马冲那块地替我卖出去。

这段话说明了曾国藩不往家里寄钱的另一个原因，那就是他独特的金钱观：奢侈的生活不利子孙的成长。

---

[1]《曾国藩全集（修订版）·家书之一》，岳麓书社，2012年，第278页。
[2]《曾国藩全集（修订版）·家书之一》，岳麓书社，2012年，第278页。

这是曾国藩一贯的见解。咸丰九年日记中记载，有一次他与左宗棠聊天，左宗棠说："收积银钱货物，固无益于子孙，即收积书籍字画，亦未必不为子孙之累。"[1]给子孙后代存钱，固然不好，就是给他们留太多古书、字画，其实也不见得是好事。曾国藩很欣赏这句话，评价为"见道之语"。他从自身经验总结出，大富之家并非是一个人良好的成长环境。他曾在家信中说："凡世家子弟，衣食起居，无一不与寒士相同，庶可以成大器。若沾染富贵气习，则难望有成。"他说他决不"蓄积银钱为儿子衣食之需，盖儿子若贤，则不靠宦囊，亦能自觅衣饭；儿子若不肖，则多积一钱，渠将多造一孽，后来淫佚作恶，必且大玷家声。"我这辈子，决不给孩子们留下遗产。如果他们争气，不用我给他们钱。如果不争气，我多留一分钱，他们就多造一分孽。

所以，他不多寄银钱回家，也是担心家风因此而坏。他在家信中说得很明白："吾不欲多寄银物至家，总恐老辈失之奢，后辈失之骄，未有钱多而子弟不骄者也。"[2]

这一思想是曾国藩教育观念的一贯基础。所以他在给曾国潢、曾纪泽的家信中，对后代的生活作风反复絮言。比如咸丰六年十一月五日，他在给纪泽的信中说：

> 世家子弟最易犯一奢字、傲字，不必锦衣玉食而后谓之奢也，但使皮袍呢褂俯拾即是，舆马仆从习惯为常，此即日趋于奢矣。见乡人则嗤其朴陋，见雇工则颐（颐）指气使，此即日习于傲矣。……京师子弟之坏，未有不由于骄、奢二字者，尔与诸弟其戒之，至嘱至嘱。[3]

然而曾国潢对曾国藩的这些话，执行得并不彻底。曾国潢自认为作为湘乡"第一乡绅"，和别的绅富比起来，他的生活已经十分节俭了，但在曾国藩看来，他在许多地方还是过于大手大脚。咸丰六年三月，曾国潢因事在省城向李仲云家借银二百两，事后希望曾国藩代为偿还。曾国藩写信拒绝，要求家中卖地偿还此项：

> 前三月间，澄弟在长沙兑李仲云家银二百两，刻下营中实无银可拨，只得仍在家中筹还。前年所买衡阳王家洲之田可仍卖出，以田价偿李家之债可也。[4]

因为这件事，再加上前年衡阳买田的旧账，曾国藩对曾国潢十分不满，咸丰六年

---

[1]《曾国藩全集（修订版）·日记之一》，岳麓书社，2012年，第39页。
[2]《曾国藩全集（修订版）·家书之二》，岳麓书社，2012年，第245页。
[3]《曾国藩全集（修订版）·家书之一》，岳麓书社，2012年，第296页。
[4]《曾国藩全集·家书》，岳麓书社，1994年，第321页。

十一月二十九日致曾国潢的信中说了这样的重话："澄弟与我湘潭一别之后，已若漠然不复相关，而前年买衡阳之田，今年兑李家之银，余皆不以为然。以后余之儿女婚嫁等事，弟尽可不必代管。千万千万！"[1]

曾国藩积蓄已久的愤懑和不满洋溢在字里行间。

四　偷运回家一万两

不过，第一次出山期间，发生过一件与曾国藩所标榜的清廉作风相违的大事：曾国藩名下一笔一万两的巨款，从武汉被运回了湘乡曾家。

那是咸丰六年上半年的事。《曾氏三代家书》中有一封曾国华写给曾国潢的信，日期是咸丰六年三月初一日。信中这样说：

> 纪泽姻事，家中无钱可用，大兄有钱一万两在李迪翁处，弟嘱其送寄我家。[2]

并且说："弟不自行着人送归，此中有避嫌之处。"

这封信的发出地点应该是湖北。咸丰六年之初，曾国藩在江西陷入前所未有的窘境。太平军在江西处处得手，"匪踪几欲蔓延全省"[3]。湘军被困于南昌和南康两府的狭小地区，困守孤城，与湖南、湖北皆文报不通，联系中断，连送家书都不得不用隐语蜡丸，化装潜行。即使如此，送信人往往还是被识破，遭捕杀者达百人。"时自鄂渚以南，达于梅岭，贼踪绵亘千数百里，众号数十万。公遣弁勇怀密函赴楚请援，多为贼所截杀，不得达。"[4]曾国藩连续五次遣使赴鄂请援兵，但一直没有音讯，为此十分惶惧。他感到"道途梦梗，呼救无从，中宵念此，魂梦屡惊"[5]。自认为是"军兴以来，各省所未见"的败局。

曾家不知曾国藩生死，自然心急如焚。二弟曾国华毅然到湖北去见胡林翼，要求带兵去救援长兄。《年谱》说：

"公弟国华奉竹亭公命，赴鄂请援师。"胡林翼派出三千六百名兵勇，"交公弟国华总领之，以援江西"。

[1]《曾国藩全集（修订版）·家书之一》，岳麓书社，2012年，第299～300页。
[2]曾麟书等：《曾氏三代家书》，岳麓书社，2002年，第122页。
[3]黎庶昌：《曾国藩年谱》，岳麓书社，1986年，第73页。
[4]黎庶昌：《曾国藩年谱》，岳麓书社，1986年，第73页。
[5]《曾国藩全集（修订版）·奏稿之二》，岳麓书社，2012年，第69页。

曾国华此信应该写于此次出征之前，故信中还说：

> 但老亲大人因江西警急，恐不免于忧虑，烦老兄善为宽解。江西虽紧，究未有贼逼省垣，各省救援之师，已渐次将集，或亦可以剿平。且此关于国家大局，亦有一定之数，我家亦无事过于焦急也。弟此次冒昧之行，惟尽心力为之而已。[1]

曾国华在金钱面前，远没有曾国藩那种避之如仇的坚定意志。当他到了湖北，得知曾国藩在李续宾（李迪庵）处积有万两白银后，毫不犹豫地决定致送回家。借口之一是曾纪泽结婚要用钱。此时距曾纪泽婚事，还有二十天[2]。

李续宾是曾国藩的亲信之一，咸丰六年初他正在罗泽南麾下围攻武昌。曾国华与他一见如故，后来还成了儿女亲家。如果是在平时，如此巨额款项，曾国华和李续宾肯定要请示曾国藩后再做决定。此时恰好曾国藩与湖南、湖北文报不通，曾国华即借此机会，擅自做出了这个决定。

直到三月底，胡林翼派出的勇弁怀揣蜡丸书，间道抵达南昌，才与曾国藩联系上。而考曾国华家信，他是四月二十八日行军途中才首次接到曾国藩的信："廿八夜接大兄信一件，知大兄身体甚好，癣疾已全愈，军事亦得手，与文中丞极为和衷，此莫大之喜信。"曾国藩这封信也是用隐语写成，称胡林翼为"润之老板"，称彭玉麟水师为"雪琴河里生意"，称江西巡抚为"秋山宝店"，可见形势仍然相当紧张[3]。

综合以上原因，我们基本可以判定，曾国华此举事先没有征得国藩的同意。

因为曾国藩不要钱之语说得如此之响，所以曾国华此次送钱回家，做得不声不响，而当此之际，曾家确实非常困难。一是以前曾国藩每年还较为稳定地寄回家里一二百两，从军之后此项不增反减。二是曾家前后经历了祖父、祖母、曾母去世，花费巨大。三是曾国藩回家奔丧不久，在京妻儿家小都回到了湖南老家。曾家几兄弟这些年也纷纷给家族添人进口，曾家人口已达二十多人。曾家的体面乡绅生活本来就是苦撑面子，现在生活当然更加紧张。而曾国藩的儿子曾纪泽又马上要结婚，没有这笔钱，实在难以支撑下去。

曾国藩的老父亲曾麟书因为家中财政紧张，愁苦异常。而老人理解曾国藩的处境，支持他清廉自处，绝不开口向曾国藩要钱，只好自己艰苦支撑。此时曾国藩已带

---

[1] 曾麟书等：《曾氏三代家书》，岳麓书社，2002年，第126页。

[2] 查曾国藩家书，曾纪泽入赘贺氏，"定于三月二十一日成婚"。见《曾国藩全集·家书》，岳麓书社，1994年，第317页。

[3]《曾国藩全集·书信》，岳麓书社，1994年，第319页。

兵三年，积银万两，也非常正常。相信此举一定可以大大缓解曾家的经济状况。

按常理推测，这样重大的家庭财产事务，曾国藩得知之后，肯定会在家书中发表意见。不过在后世保留下来的家书中，并没有发现这方面的内容。

第七章

曾国荃的贪婪和收获

第一节　从眼里揉不得沙子到闭一只眼

一　"大悔大悟"之年

湘军虽然屡获大捷，成为清王朝的中流砥柱，但曾国藩的身份一直是"以在籍侍郎帮办团练"或者"钦差""钦命"办理军务的"侍郎"而已。因为得不到皇帝的信任，曾国藩带兵三年，一直未获督抚之职，孤悬客处，名不正言不顺。加上他刚正严厉的作风与地方官员卑鄙下作的品性相厌相克，在各地官场处处碰壁，用兵、用人、用饷无处不难。咸丰七年初，他接到了父亲的讣告，未经皇帝批准径自回乡，并在随后的《沥陈办事艰难仍吁恳在籍守制折》中历数数年来办事之难，要求皇帝给予他督抚之位。没想到咸丰顺水推舟，批准他回家守制三年，实际上即解除了他的兵权。

咸丰七年二月，曾国藩回到了乡下老家，心情极度恶劣。这一年多是曾国藩一生中最痛苦的时期之一。他对自己在官场中处处碰壁的原因进行了深刻的反思，结论是自己不按潜规则办事，原则性过强，得罪人过多。"吾往年在外，与官场中落落不合，几至到处荆榛。"[1]

曾国藩把家居的一年多称为"大悔大悟"之年，在这一段时间，曾国藩的思维方式发生了重大转变。

经过一年多的乡居，再出山时，曾国藩如同变了个人。行动做事，由原来的方正，一变而为圆通。他的朋友胡林翼说他再出之后，"渐趋圆熟之风，无复刚方之气"。他自己也承认："寸心之沉毅愤发志在平贼，尚不如前次之坚。至于应酬周到，有信

---

[1]《曾国藩全集·家书》，岳麓书社，1994年，第392页。

必复，公牍必于本日办毕，则远胜于前次。"[1]

二 对金钱态度的转变

曾国藩改弦易辙的一个重要方面，就是对金钱的态度。他反省："余昔在军营不妄保举，不乱用钱，是以人心不附。"从此他治军不再一味从严，而是宽严相济。开始对部下宽之以"名利"，在金钱上手笔宽松了很多。他说："近来带兵者，皆不免稍肥私囊，余不能禁人之苟取，但求自己不苟取。"[2] 退回到独善其身的底线。

不但不禁人之苟取，他有时还以金钱为诱饵，鼓动诸将。在攻安庆时，他教弟弟如何调动他人的积极性，说："大约不外平日结以厚情，临时啖以厚利，以期成安庆一篑之功耳。"弟弟曾国荃向他请教如何驾驭太平军降将李世忠，他说：

> 此辈暴戾险诈，最难驯驭……吾辈待之之法，有应宽者二，有应严者二。应宽者，一则银钱慷慨大方，绝不计较。当充裕时，则数十百万，掷如粪土；当穷窘时，则解囊分润，自甘困苦。[3]

湘军虽称军纪严明，但自从出省作战之后，抢掠好货之风一直未息。收复武昌一役，就有许多士兵私藏战利品发了小财。曾国藩在《水师搜剿襄河续获大胜折》中曾这样说：

> （咸丰四年攻复武汉后）水师抢船太多，私匿藏货，破城以后，水陆弁勇各获财物，颇有饱则思飏之意。[4]

接下来的田家镇大捷，彭玉麟怕士兵们因为发了财开小差，干脆把缴获的敌船都一把火烧了。"各勇夺获贼船至五百余号之多。彭玉麟恐船只太多，争夺贻误，又恐众勇饱则思飏，遂将夺回之船一并焚之。"[5]

过去，曾国藩对于这类劫掠一直是严格约束的，但再度出山之后，他却开始睁一

---

[1]《曾国藩全集·家书》，岳麓书社，1994年，第479页。
[2]《曾国藩全集·家书》，岳麓书社，1994年，第391页。
[3]《曾国藩全集·家书》，岳麓书社，1994年，第824页。
[4]《曾国藩全集（修订版）·奏稿之一》，岳麓书社，2012年，第260页。
[5]《曾国藩全集（修订版）·奏稿之一》，岳麓书社，2012年，第322页。

只眼，闭一只眼。对于劫掠所得，他通常"概置不问"。他认为，因为湘军经常欠饷，一定程度上允许士兵抢劫战利品，是鼓舞士气的一种方法。后期湘军的一个心照不宣的策略，就是以丰厚的战利品为诱饵，去鼓动将士们拼死攻城。这也是"临时啖以厚利"的一个重要内容。

所以湘军后期攻下坚城之后，每有劫掠之举，只要不太"过分"，曾国藩不会发言。鲍超一军甚至形成了每克一城允许大抢三天的习惯："每克一城，许部曲掠三日。三日后则严戒，秋毫无犯。"[1] 故《湘军志·筹饷篇》中说："……军兴不乏财，而将士愈饶乐，争求从军。每破寇，所卤获金币、珍货不可胜计。复苏州时，主将所斥卖废锡器至二十万斤，他率以万万数，能战之军未有待饷者也。"[2]

因此我们可以说，天京浩劫的直接制造者是曾国荃，背后的推手却是曾国藩的"啖以厚利"政策。当南京城中财物被湘军抢劫一空，朝廷下旨询问之时，曾国荃建议其兄"勒令各营按名缴出（抢劫所得），以抵欠饷"。曾国藩却公然在奏折中说："勇丁所得贼赃，多寡不齐，按名勒缴，弱者刑求而不得，强者抗令而遁逃，所抵之饷无几，徒损政体而失士心。"[3] 可见，再出之后的曾国藩乃是公然将破城后的抢劫视为"政体"所允许的收揽"士心"之策。

湘军军纪后来的败坏，与曾国藩这种由严到宽的转变有着直接的关系。

第二节　曾国荃的贪婪与收获

一　曾国藩对曾国荃约束的放松

随着曾国藩对金钱态度的改变，湘乡曾家的经济状况开始出现第二次飞跃。当然，这次飞跃的主要动力不是他自己，也不再是大弟曾国潢，而是另一个弟弟曾国荃。

曾国荃字沅甫，小曾国藩十三岁，在几个弟弟中，因为资质最优而最为曾国藩器重，曾有"屈指老沅真白眉"之句。和曾国藩的其他弟弟一样，他科举止步于秀才一阶（优贡）。咸丰六年春，曾国藩在江西陷入太平军围困，三十二岁的曾国荃继曾国华之后，募勇两千人前往救援，开始了自己的军事生涯。

[1]《胡林翼知鲍超》，陈泽珲主编：《长沙野史类钞》上册，岳麓书社，2011年，第163页。
[2] 王闿运：《湘军志》，岳麓书社，1983年，第166页。
[3]《曾国藩全集·奏稿》，岳麓书社，1994年，第4247页。

曾国荃与其长兄性格反差很大，曾国藩为人内向黏滞，谨慎持重；曾国荃却外向豪放，胆大性急。曾国藩在经济上一清如水，曾国荃却并不掩饰自己的贪心。他在家信中对自己第一次领兵这样自我总结：

> 弟此次之出，冒昧从事戎行，较寻常人论之，则所作之事亦当有可对父叔兄弟之处，而较真廉洁、能干之人论之，则抱愧实多。[1]

比起那些没操守的平常人，我还算不错，但是确实比不上真正廉洁能干的人。那意思就是自己是有节制地捞钱。

曾国藩一直对他严格要求，要求他在金钱上向自己看齐，不得滥取分毫。盖自己发誓"不要钱"，却允许兄弟"要钱"，这是初次出山时的曾国藩所不能接受的。

经过"大悔大悟"之后，曾国藩对弟弟曾国荃在金钱方面要求比以前大大放松了。咸丰八年五月初五日，他写信给曾国荃说：

> 弟之取与，与塔、罗、杨、彭、二李诸公相仿，有其不及，无或过也，尽可如此办理，不必多疑。[2]

如前所述，李续宾带兵六年，积金数万两。这封信，意味着曾国藩家庭经济政策的重大改变。他不再要求自己的家族成员和自己一样，做艰苦卓绝的异类。

以前曾国藩一直在外当官领兵，从未亲手经理家中的银钱事务。家居时期他才了解到他领兵在外时，曾家经济上非常困难。家中日常用度，远比他想象的浩繁，仅靠土地收入根本不够。他了解了父亲曾麟书和大弟曾国潢支撑这个家是多么不容易。他可以想象当初老父亲不敢向儿子开口，自己百计营求、左支右绌的情形，心中非常难受。他在写给曾国荃的信中多次流露自己的痛悔心情：

> 今冬收各处银数百，而家用犹不甚充裕，然后知往岁余之不寄银回家，不孝之罪，上通于天矣。[3]

> 余在外未付银寄家……而令老父在家，受尽窘迫，百计经营，至今以为深痛。

[1]《曾国荃全集》第五册，岳麓书社，2006年，第84页。
[2]《曾国藩全集·家书》，岳麓书社，1994年，第388页。
[3]《曾国藩全集·家书》，岳麓书社，1994年，第361页。

咸丰八年九月二十八日信中又说：

> 余去年在家，见家中日用甚繁。因忆先大夫往年支持之苦，自悔不明事理，深亏孝道。[1]

因此，在家庭经济上，他同样退到独善其身的底线，不因自己的坚持而牵累兄弟们改善生活的愿望。对于家中一些重大举动，曾国藩也不像以前那样一味强调节俭。咸丰十年二月初惊闻叔父去世后，曾国藩写信给自己的两个弟弟说："叔生平最好体面，此次一切从丰，六十四人大舆、诰封亭二事必不可少。"[2] 以弥补自己在父亲去世时"未能讲求"的"愧恨"。这种话曾国藩以前是不会说的。

曾国藩的态度转变卸去了曾国荃的羁绳，让他在发财之路上任意驰骋。如前所述，湘军军饷本优，加上曾国藩"临时啖以厚利"的放纵抢劫政策，使曾国荃顺理成章地取代曾国潢，成了改变曾氏家族经济面貌的主要支柱。

二 "每克一名城，必请假回家一次"

咸丰八年八月十五日，曾国荃以长围久困的铁桶战法，攻克了吉安府。这是曾国荃首次攻下大城。城破之后是否有大的抢劫行为，史书没有明文记载（城将破时，他自食其言，屠杀先期约降者数百人[3]），但战后不久，曾国荃就差人送工资津贴什物回家，数量多得连曾国潢都有些惊讶。初出茅庐的曾国荃尚有些忸怩作态，生怕曾国潢责备他，在九月初六日给曾国潢写信解释说：

> 惟数年应有之薪水杂款微有羡余，不得不携归，为家中应用之费，实愧对老亲与老兄平日之直节清名耳。祈兄宽看一层，勿哂责阿弟，是为至感！[4]

在这封信中，曾国荃说明这次寄回家的钱财是：

> 特派公夫等顺解二竿之数，皆库平原封也。又凑花边元洋约共三封，约有三百零

---

[1]《曾国藩全集·家书》，岳麓书社，1994年，第432页。
[2]《曾国藩全集·家书》，岳麓书社，1994年，第523页。
[3] 龙盛运：《湘军史稿》，四川人民出版社，1990年，第206页。
[4]《曾国荃全集》第五册，岳麓书社，2006年，第86页。

两，系交弟妇，弟回时零用（送情）。并衣服、书籍、旗伞、夏布、什物等件，另列一单，往载详明，请仲兄大人饬令弟妇至腰里宅内，指点检拾妥愜。

总数两千三百多两。并且特别嘱咐，在搬运财物时"不必另呼雇工，恐其宣传于外，弟得贪名也"[1]。

继吉安之后，曾国荃又攻陷景德镇、安庆、天京等数座名城。曾国藩幼女曾纪芬说：

> 每克一名城，奏一凯战，必请假回家一次，颇以求田问舍自晦。[2]

也就是说，每下一城，他都会发一次财，回家买田置地一次。

咸丰十一年（1861）八月曾国荃袭故技以长围之法攻破安庆，历史上首次留下了曾国荃部抢劫的详细记载。据《能静居日记》咸丰十一年八月十三日载，两位刚从安徽来的朋友（日记中称为"泳如"和"梁溪王春帆"）向曾国藩的幕僚赵烈文描述了曾国荃部入安庆后大杀大掠之状。他们说，城破之后，城内"房屋贼俱未毁，金银衣物之富不可胜计"。曾国荃的士兵在残酷杀害战俘的同时，展开了大规模的抢劫。"兵士有一人得金七百两者。城中凡可取之物扫地以尽，不可取者皆毁之。坏垣剧地，至剖棺以求财物。"[3] 有一个士兵抢到了七百两白银。城中凡是能拿的东西都拿光了，不能拿的都毁棹。毁墙挖地，甚至连棺材都被打开来寻找财物。至于曾国荃所获多少，无可推测。唯当年十月二十八日，曾国荃又一次回到湘乡故里。

当然，曾国荃部最臭名昭著的一次抢劫，是同治三年（1864）六月攻陷天京后。

第三节　曾国荃在天京到底收获了多少

一　"江宁磁货尽入军中"

要了解曾国荃军事生涯的收入，就不能不回答这样一个问题，那就是：曾国荃在天京大劫中到底收获了多少？

---

[1]《曾国荃全集》第五册，岳麓书社，2006年，第86页。
[2] 曾纪芬：《崇德老人自订年谱》，《曾宝荪回忆录》附录，岳麓书社，1986年，第17页。
[3] 太平天国历史博物馆编：《太平天国史料丛编简辑》第三册，中华书局，1962年，第200页。

曾国荃是南京之劫的罪魁祸首，这是他百口莫辩的事实。

太平天国经营多年的天京，金银如山，财货似海。这是攻城前所有人的预期。南京有无圣库，诸人说法不一。假使如曾国藩转述李秀成语，"昔年虽有圣库之名，实系洪秀全之私藏，并非伪都之公帑。伪朝官兵向无俸饷，而王长兄、次兄且用穷刑峻法搜括各馆之银米"，这只能说明天京事变之后，太平天国政权由洪氏嫡系掌管，"圣库"的性质已经由"公帑"变为"私藏"，而不能由此证明经过长期围困的天京城内已经没有财货了。

事实上，太平天国战争某种程度上就是晚清中国南方社会的一次财富大转移："第一个阶段是太平天国在征战的过程中大量聚敛财富，东南一带的社会财富除毁于战乱的以外，其余大部分都被太平天国囊括而去。"[1] 圣库虽然空虚，但诸将府中却往往金银似海。我们只看李秀成一个例子。

李秀成拥有私产的确切数目无法计算，但在他的《自述》中有脉络可寻。他在《自述》中多次讲到从他手中支出的钱粮数。这些支出，有的难以判断是公是私，仅将明显属于他私财的有具体数目的两笔银钱珍宝账，列举如下。

同治二年（1863）秋在天京城中，李秀成大规模以银米救济贫民。"开造册者有七万余，穷苦人家各发洋钱二十元，米二担，俱到保堰领取。有力之人，即去保堰领米；无力之家，各自领银做些小买卖救急。"以每人领二十元计算，七万余人就是一百四十万余元[2]。

李秀成离开天京赴苏州时，天王不放他走，后来花了十万白银买通上下得准出京："主及朝臣要我助饷银十万，方准我行。后不得已，将合家首饰以及银两交十万。"[3]

从这两笔支出，就可以推算出他的财产是相当可观的。此外，他在天京和苏州城内尚各有一座王府。天京明瓦廊的忠王府"规模颇宏"，而苏州忠王府则至今仍然是著名的宅第园林。当时率领淮军攻占苏州以后，李鸿章也惊叹"忠王府琼楼玉宇，曲栏洞房，真如神仙窟宅"，说其花园戏台"花园三四所，戏台两三座，平生所未见之境也"[4]。李秀成从1859年夏季封为忠王到1861年年底占有苏、浙两省大片地区，不过两年时间，即迅速致富如此。太平天国后期高官的腐化与军纪之败坏可见一斑。我们很难相信，除李秀成外，南京城内外那些将领都是清廉之辈。事实上，在战火纷飞之际，许多太平军将领都效仿李秀成，在各自的驻地营造安乐窝。许多府第虽已被破

[1]陆草：《代价与补偿》，《周口师范高等专科学校学报》2001年第6期，第14页。
[2]罗尔纲：《增补本李秀成自述原稿注》，中国社会科学出版社，1995年，第346页。
[3]罗尔纲：《增补本李秀成自述原稿注》，中国社会科学出版社，1995年，第329页。
[4]转引自罗尔纲：《太平天国史迹调查集》，生活·读书·新知三联书店，1958年，第31~32页。

坏了，但从遗迹上仍可看出当时的豪华程度。比如江苏金坛、溧阳以及浙江绍兴、金华等地所发现的王府遗迹都相当可观[1]。

事实上，在入城之前，湘军将帅都明确知道这是湘军最大也是最后的一次发财机会，百战艰辛，都为了这一刻，军官们渴望再暴富一次，士兵们则渴望捞足一生的资本。"但愿多得金，还乡愿已足。"[2]湘军上上下下都做好了充分的心理准备。曾国荃对全军的这种心理状态，当然了如指掌。在此之前，之所以坚拒李鸿章来援，一个重要原因是担心李部来与他们争抢财物。曾国藩在致李鸿章信中就这样说："恐……城下之日或争财物。"[3]

事实上，早在发动总攻之前，在掠夺财富冲动之下，全军编制已乱，号令不行，连曾国荃都控制不住。人人争相入城，不是为了杀敌立功，而是怕赶不上这空前绝后的盛宴：

> 时中军亲兵传令出六成队，留四成守营，而兵勇贪破城功利，皆违令赴前敌，中军至无一人。中丞（指曾国荃）派营务处易良虎司后事，其意见与诸兵勇同，竟不过问。[4]

破城前即已人心汹涌如此，破城之后的情形自然可以想见。而曾国荃对这股凶暴的贪婪之潮完全听之任之，此际所部欠饷极多，他想以此作为对湘乡老乡最后的报偿，所以当赵烈文劝他整顿纪律时，他居然发了脾气：

> 傍晚闻各军入城后，贪掠夺，颇乱伍。余又见中军各勇留营者皆去搜括，甚至各棚厮役皆去，担负相属于道。余恐事中变，劝中丞再出镇压。中丞时乏甚，闻言意颇忤，张目曰："君欲余何往？"余曰："闻缺口甚大，恐当亲往堵御。"中丞摇首不答。[5]

后来虽然在赵烈文的极力坚持下，贴出了禁杀告示，但谁都知道这只是表面文

[1] 以上主要参考魏文华：《李秀成的万贯家财和他的百万大军》，《齐鲁学刊》1983年第6期，第62～65页。
[2] 孙文川：《读雪斋诗集·兵官谣》，《太平天国史料丛编简辑》第六册，第405页。转引自陆草：《代价与补偿》，《周口师范高等专科学校学报》2001年第6期，第23页。
[3] 《曾国藩全集（修订版）·奏稿》，岳麓书社，2012年，第654页。
[4] 赵烈文：《能静居士日记》，《太平天国史料丛编简辑》第三册，中华书局，1961年，第370页。
[5] 赵烈文：《能静居士日记》，《太平天国史料丛编简辑》第三册，中华书局，1961年，第370页。

章，根本无人执行。湘军的抢劫行为是从上到下、从内到外的，涉及曾国荃部几乎所有成员。诸位高级将领一马当先，率先垂范：

> 中丞禁杀良民，掳掠妇女，煌煌告示，遍于城中，无如各统领彭毓橘、易良虎、彭椿年、萧孚泗、张诗日等惟知掠夺，绝不奉行……又萧孚泗在伪天王府取出金银不赀，即纵火烧屋以灭迹。[1]
>
> 所恨中丞厚待各将，而破城之日，全军掠夺，无一人顾全大局。[2]

连曾国荃的幕府文案也乘机抢掠：

> 是日文案委员有至城（者），见人幼子甫八岁，貌清秀，强夺之归。其母追哭数里，鞭逐之。余诸委员无大无小争购贼物，各贮一箱，终日交相夸示，不以为厌，惟见余至，则倾身障之。[3]

长官如此，普通士兵的疯狂掠杀当然更如狼似虎，以至其情状惨绝人寰：

> 计破城后，精壮长毛除抗拒时被斩杀外，其余死者寥寥，大半为兵勇担抬什物出城；或引各勇挖窖，得后即行纵放。其老弱本地人民不能挑担，又无窖可挖者，尽遭杀死。沿街死尸十之九皆老者，其幼孩未满二三岁者亦斫戮以为戏，匍匐道上。妇女四十岁以下者，一人俱无；老者无不负伤，或十余刀，数十刀，哀号之声达于四远。其乱如此，可为发指。[4]

也就是说，城破之后，那些强壮的太平军除了抵抗而被杀的之外，其他的大多活了下来，因为湘军需要他们抬财物，需要他们指路来挖地窖，找到财物之后就把他们放走。而本地的老弱妇孺，因为不能挑担，又没有地窖可挖，就被杀死。沿街的死尸，十有八九是老年人。连不到两三岁的小孩子，也被湘军砍着玩，死在路上。四十岁以下的妇女都被抢走；四十岁以上的，都被砍伤，身上或中十多刀，或中几十刀，哀号之声响彻街道。残酷如此，令人发指。

[1] 赵烈文：《能静居士日记》，《太平天国史料丛编简辑》第三册，中华书局，1961年，第376页。
[2] 赵烈文：《能静居士日记》，《太平天国史料丛编简辑》第三册，中华书局，1961年，第380页。
[3] 赵烈文：《能静居士日记》，《太平天国史料丛编简辑》第三册，中华书局，1961年，第373页。
[4] 赵烈文：《能静居士日记》，《太平天国史料丛编简辑》第三册，中华书局，1961年，第376页。

这场大劫难持续时间很长，直到一个多月后，南京城内仍然纷乱不止：

> 城中各军尚纷乱不止，兵勇互相掠夺，时有杀伤。本地人有自泰州挈眷来者，兵勇利其妻财，指为余党，搂（掳）其妇女，括其囊箧而去。[1]

经过一个多月的大烧大杀大抢，每个无名小卒都发了横财。他们不仅将城内的金银财物洗劫一空，甚至连建筑物上的木料也拆下来，从城墙上吊出，用船运回湖南。"泊船水西门，见城上吊出木料、器具纷纷。"顿时整个长江中千船百舸，联樯而上，满载从天京抢来的财物、妇女，日夜不停地向湖南行驶。

直到同治四年春，回湘的船队在长江上还连绵不绝。湘籍读书人杨恩寿在长江上见到衣锦还乡的湘军将士的船只，仍惊愕于其财富之多，气派之大：

> 邻舟有客声讻讻，自言凯撤从江东，桅杆簇簇连艨艟，前列五色纛，后列八宝骢；左拥二八姬，右拥十五童；船头低压雪白镪，船尾饱载赤鏖铜，敷腴意气何豪雄！[2]

经过这场大劫掠，"江宁磁货尽入军中"[3]。太平天国惨淡经营十余年，其转移到天京的大量财富，大多都成了湘军的囊中之物。而曾国荃"老饕"之名从此满天下。有野史说：

> 闻忠襄于此中获资数千万。除报效若干外，其余悉辇于家。[4]

二　曾国荃在南京大劫掠中有没有暴富

天京之战，曾国荃一战成名，不过所成却是贪名、恶名大于功名、美名。以前安庆等抢劫，知闻者尚局限于当地和湘军内部。对曾国荃"良田美宅"的评品指摘，则多来自其湘乡老家。这一次不同了。湘军由南京运输战利品回湖南这一情景，距离既

[1] 赵烈文：《能静居士日记》，《太平天国史料丛编简辑》第三册，中华书局，1961年，第387页。
[2]《邻舟行》，杨恩寿：《坦园日记》，第98页，转引自易惠莉：《科举制下湖南士人的生活和精神状态》，《社会科学》2006年第5期，第33页。
[3] 王闿运：《湘军志·湘军后篇》，成都墨香书屋刻本，1886年，第23页。
[4] 李伯元：《南亭笔记》卷八，山西古籍出版社，1999年，第174页。

远，时间又长，数量又是如此巨大，为长江上下诸省人民所共见。由于南京地位的重要，朝廷还特意派出将军富明阿，到南京明察暗访，在水西门恰好看到湘军从城墙上往外运木料和家具。"朝廷……派富（明阿）将军来，托言查看旗城，其实僧王有信，令其访查忠酋真伪及城内各事。泊船水西门，见城上吊出木料、器具纷纷，颇有违言。"[1] 湘军的行径，一时哄传遍及全国，直至上达"天听"。

曾国荃的粗豪作风，更放大了他的贪婪之名。比如天京城破之后，曾国荃做出这样一件骇人听闻之事："尝见沅师专弁入京，以八百金购笺纸，京中为之沸然。"

花八百两银子买几张信纸，这事确实也只有曾国荃能做得出来。而仅凭这一桩事，曾国荃的贪名就可以为京中名公巨卿们所确认了。所以曾国荃所获恶评极多，"世谓其既克江宁，洪杨军中镪货尽为所有"。大家都说，太平天国的财富，都被他捞去了。

而曾国荃的凶残，更加重了大家对他的恶感。湘军在天京的大屠杀，不过是曾国荃部一贯作风的沿继，因为南京这座名城而更广为人知而已。相当多的人对曾国荃的作风早已痛恨入骨，比如那个以刚正闻名的彭玉麟就曾建议曾国藩大义灭亲，杀掉曾国荃。由此可见世人对曾国荃如何深恶痛绝。

无论如何，天京之劫后，曾国荃的贪名、恶名已经遍及天下，上至朝廷，下至百姓，都对他充满恶感。李鸿章说："沅翁百战艰苦而得此地，乃至妇孺怨诅。"

关于曾国荃在此次抢劫中的收获，经过重重传说渲染，达到令人无法相信的程度。

一说天京城破后，曾国荃得部下所献明珠一串，其珠"大于指顶，悬之项下，则晶莹的铄，光射须眉。珠凡一百零八颗，配以背云之类，改作朝珠"[2]。

又说"（曾国荃）于天王府获东珠一挂，大如指顶，圆若弹丸，数之，得百余颗；诚稀世之宝也。又获一翡翠西瓜，大于栲栳，裂一缝，黑斑如子，红质如瓤，朗润鲜明，殆无其匹。识者曰：'此圆明园物也。'"[3]

这些传说有鼻子有眼，更有种种如同亲见的细节，更增加了其流传的神秘。但是这类传说漏洞太多，比如这个"翡翠西瓜"就做了太多野史传说的道具，后来再次出现是在慈禧的棺中。

那么，曾国荃在南京大劫掠中到底有没有暴富呢？

我们还是继续来看赵烈文的说法。赵烈文当时是由曾国藩派驻曾国荃军中的，记

---

[1] 陈乃乾：《阳湖赵惠甫先生年谱》，台湾文海出版社，1983年，第47页。

[2] 徐珂：《清稗类钞》第七册，中华书局，2003年，第3289页。

[3] 李伯元：《南亭笔记》卷八，山西古籍出版社，1999年，第176页。

载湘军屠城惨状毫无避讳，我们没有理由认为他的下述说法是完全虚假的。

同治六年六月十七日，曾国藩与赵烈文"言及沅师收城时事。师云：'本地人尚知感激，若非各营统领猎取无厌，岂非万全美事。'余云：'沅师已实无所沾，但前后左右无一人对得住沅师耳。'"[1]。

同治六年七月二十日，赵烈文和曾国藩聊起曾国荃攻天京后的事。"谈问沅师收城时事。余曰，沅师坐左右之人累之耳，其实子女玉帛无所与也。"[2]

按这种说法，虽然部下后来向他进贡，必不能免，但当时曾国荃本人并没有直接把手伸向"子女玉帛"。因此，曾国荃在天京之劫中虽有所收获，但绝不是湘军中收获最多之人。

除了赵烈文以外，还有一些人为曾国荃辩解，他们所言，大抵也有说服力。比如说此为"诬蔑不经之词。其兄弟皆总师多历年所，而国荃甲子（指同治三年）乞病归，倾所储，置田屋，实不过银三万而已。其姻娅曹襄纪为予言之最详，湘绮先生亦谓曾氏昆季皆非富"[3]。

确实，"巨额财产来源不明罪"不能轻易套在曾国荃头上，因为仅凭合法收入，曾国荃就可以把他的家产说得很清楚。曾国荃自咸丰七年至同治三年，都是湘军重要统帅，如果按前文所算年收入五千四百两计，六年收入三万二千四百两。这与"国荃甲子乞病归，倾所储，置田屋，实不过银三万而已"相符合。

至于人传曾国荃家产百万，那已经是他担任总督多年之后的事了。徐珂在《康居笔记汇函》中说："湘乡两曾之富，文正逊于忠襄，世所知也。然忠襄资财亦不及百万，不若近今疆吏之筮仕数年可致千万也。（徐）花农（琪）兄之次女杳文适忠襄之嫡长孙慕陶侍郎，尝言：'忠襄身后，仅有田六千亩，长沙屋二所，湘乡屋一所。'"[4]

《曾国藩年谱》载，曾家原有土地一百余亩。太平天国失败后，曾国荃"号有田百顷"[5]。郭嵩焘在驳斥王闿运《湘军志》时说过："曾国荃亦无百顷田。"百顷为一万亩，并无百顷，则其实际田产当为几千亩。曾国荃的长孙媳妇徐杳文所说"有田六千亩"应该更为准确。

带兵六年之后，曾国荃还当过数任巡抚，以及接近七年（光绪十年至十六年）的

[1] 罗尔纲、王庆成主编：《太平天国》第七册，广西师范大学出版社，2004年，第327页。
[2] 罗尔纲、王庆成主编：《太平天国》第七册，广西师范大学出版社，2004年，第333页。
[3] 《近代名人小传》，转引自李春光纂：《清代名人轶事辑览》，中国社会科学出版社，2005年，第1341页。
[4] 徐珂：《康居笔记汇函》第二册，山西古籍出版社，1997年，第277页。
[5] 王闿运：《湘军志·筹饷篇》，岳麓书社，1983年，第165页。

两江总督。参考下文关于督抚一级每年陋规收入的算法，"毛收入"当在二百万两以上。郭嵩焘从广东离任时，尚带行李船六十只，李鸿章离世，留下田地至少六万亩，所以我们确实不能说一生积蓄百万两的曾国荃在督抚行列中贪污得特别厉害。

《近代名人小传》还做了一个很有说服力的辩解：

> 国荃官鄂抚，至即劾官文之提用公款，时文势方煊赫，使己亦有贪行，安敢为此？其后文党佛尔国春劾国荃，亦不及是事，可知传说之诬。[1]

也就是说，曾国荃在任湖北巡抚时曾经弹劾官文挪用公款的事。当时官文势力很大，如果曾国荃自己手脚不干净，他怎么敢以此为突破口攻击官文？其后官文的党羽佛尔国春弹劾曾国荃，也没说曾国荃贪污。由此可知传说之不实。

除了以上间接证据，我们还可以看一下更为直接的证据。读曾国荃乡居时的家书，文中反映出的生活水平绝不像有"数千万"资产的超级富翁。同治九年（1870）十一月初二日他在致曾国藩的信中说："弟向未留剩活钱而用度日繁，亦渐有涸竭之意。"[2]十二月十六日致曾国藩信中说："住乡应酬亦大，明春有权住省城之计，借以省款客酒饭轿钱。"[3]十二月十九日，他在给纪泽、纪鸿的信中说："近又知，钱也者，不可须臾缺也。可缺非钱也，君子戒口（原文献如此——作者注）乎其所不钱，恐惧乎其所不钱，一字不差。昔年浪用，自以为得意，今知其非矣。"[4]同治十年（1871）三月初十日致曾国藩的信中则说："弟住省，不甚见客，与人来往甚少，亦不赴酒席宴会。非惟可省精神，亦可省钱。"[5]

由于缺钱，他甚至想到了封爵的俸金，曾国荃在同年四月初六日的信中，有点天真地问曾国藩："伯俸每年应有若干？可否在本籍具呈向司库领取？"[6]

这些信的写作时间，距曾国荃从南京归里仅仅不过七年，这中间他还出任过近两年的湖北巡抚。从曾国荃家书的一贯风格看，他写给兄长和侄儿的信中没有必要在金钱问题上刻意作伪。

[1]《近代名人小传》，转引自李春光纂：《清代名人轶事辑览》，中国社会科学出版社，2005年，第1341页。
[2]《曾国荃全集》第五册，岳麓书社，2006年，第334页。
[3]《曾国荃全集》第五册，岳麓书社，2006年，第337~338页。
[4]《曾国荃全集》第五册，岳麓书社，2006年，第338页。
[5]《曾国荃全集》第五册，岳麓书社，2006年，第342页。
[6]《曾国荃全集》第五册，岳麓书社，2006年，第346页。

曾国荃乡居八年之后，于同治十三年再度出山，手头拮据是他这次出山的原因之一。光绪元年（1875）五月初七日他在给曾纪泽的信中说："千辛万苦，乃得此处，虽撙节用之也，年可省出八千两完账。"[1]五月十三日《谕纪泽纪鸿》信中又说："八年闲居……负欠如山海……"[2]

六月二十五日他在给曾纪泽的信中说："惟晓亭所欠之项，陆续要取偿，余所欠各处之项，自当相其缓急先后，次第以完之耳。"[3]七月十七日《谕纪泽侄》又说："余用度极撙节，大约今年可剩万五千两完账。借账完账，以无利之账清有利之账，以可久欠之账完宜亟完之账。如此周转，究系正办……"[4]光绪二年（1876）六月初六日《复纪泽侄》云："乞退不可太早，亦不能不想做官完账，此中全仗有机缘，否则不敢冒昧率尔径行，且熟思定妥再详复信与侄也。"[5]

这些家书所透露出来的信息是：曾国荃闲居八年，经济状况每况愈下，以致"负欠如山海"，出现了巨大的家庭财政"赤字"，需要"做官完账"。

他在家书中如此高频率地提到其经济窘迫狼狈不堪之状，想必不是为了博得侄子们的同情。曾国荃如果真从南京"获资数千万"，在短短的八年时间里，即使日掷千金，也不至于"负欠如山海"[6]。通观以上数层，我们可以确定，曾国荃虽然放纵部下抢掠，但自己在天京之劫中的收获并不是特别巨大。平心而论，曾国荃毕竟是曾国藩的弟弟，也以"读书人"自居。虽然对曾国藩的话每多违抗，但如果说他贪婪到不顾名节，丧心病狂，也不可想象。

第四节　诸将皆富，大帅独贫

一　湖南军功绅士的大面积崛起

其实，曾国荃只是贪名最大，论起经济实力，他在湘军将领中，绝不是最富的。

---

[1]《曾国荃全集》第五册，岳麓书社，2006年，第408页。
[2]《曾国荃全集》第五册，岳麓书社，2006年，第410页。
[3]《曾国荃全集》第五册，岳麓书社，2006年，第426页。
[4]《曾国荃全集》第五册，岳麓书社，2006年，第430页。
[5]《曾国荃全集》第五册，岳麓书社，2006年，第447页。
[6]以上曾国荃乡居书信反映出其经济状况一节，参考梁小进、杨锡贵：《曾国荃天京"获资数千万"考析》，《文史博览》2010年第12期，第15页。

湘军早期军纪之严明，有许多证据可以证明。但咸丰八年之后，违纪现象开始增多。咸丰八年，湘军在江西因纪律败坏，激起民愤，竟然被民众暗中杀死百多人[1]。及至后期，湘军整体上开始趋向腐败，绿营中那些致命的恶习，比如"吃空额"、克扣士兵等也开始在湘军中出现了。唐炯《成山老人自撰年谱》说："大都带勇专为牟利。其虚籍克饷，智计百出，视绿营又加厉焉。"[2]

鲍超军队在湘军中纪律最差，吃空饷也最突出。同治元年，鲍超军万余人，病故伤亡逃走共减员四千余，但仍千方百计领取全饷。曾国藩对鲍超的伎俩看得很清楚，说鲍超霆军军饷"积欠本已不少，而该营官哨官每于发饷之时，借划还米价为名，又复多方克扣"[3]。左宗棠也说鲍"位尊金多，自为之念重"[4]。

这种现象在湘军中并非鲍超一家。左宗棠曾经函告曾国藩，朱品隆、唐义训两军，"人数实不足额，仅止半成有零"。左又自承："敝部亦间有此弊，现在撤革二营官，拿治一幕友矣。"[5]

曾国藩对这种情况心知肚明，却表示难以处理："亦有所闻，欲求一破除情面之人前往点名，殊不可得。近日各营弊端甚多，不仅缺额一事，鄂中积习有更甚于此间者。若军务不速完竣，正不知迁流之何极耳。"[6]曾国藩的这种态度说明当时的湘军确已腐败到了相当的程度。

其实不靠吃空额之类的恶劣手段，一样可以轻松致富。除曾国藩之外，湘军中最清廉的高级将领，当数彭玉麟了。从他的案例中，我们可以发现，湘军高级将领如果想发财，有多么易如反掌。

《彭玉麟集》中有《赋性》诗二首。其中有"污吏贪官仇欲杀，贤人君子敬如神"及"眼孔着高看义利，分明黑白好安身"之句。诗下自注说：

> 军务告竣，除已报销饷项及阵亡恤赏养伤各银外，下余应归私囊银近六十万，悉留协济长江，不敢携分厘以贻害子孙，咨明六省督抚在案。[7]

[1]龙盛运：《湘军史稿》，四川人民出版社，1990年，第217页。
[2]转引自龙盛运：《湘军史稿》，四川人民出版社，1990年，第432页。
[3]《曾国藩全集·书信》，岳麓书社，1994年，第5008页。
[4]《左宗棠全集·书信一》，岳麓书社，2009年，第456页。
[5]《左宗棠全集·书信一》，岳麓书社，2009年，第496页。
[6]《曾国藩全集·书信》，岳麓书社，1994年，第4175页。
[7]《彭玉麟集》，岳麓书社，2003年，第45页。

也就是说，打完仗后，除了已经报销饷项及阵亡恤赏养伤各银外，剩余可以归入私囊的白银近六十万两。他把这笔钱全部留作公用，没有带回一分。

那么，他这六十万两来源于哪里呢？查《彭玉麟集》下册，有以下一段：

> 公在军垂二十年，初时军饷奇绌，公商于盐政，捆盐自卖，以供一军之饷。至是，军饷有额支实款。公以所领盐票，犒诸将之有功者，而历年存盐银无虑六十万，咨明两湖两江各督抚，发南北两盐道生息，存为长江水师公费，且以备外患，一无所私。公疏言，臣以寒士来，愿以寒士归。[1]

也就是说，彭玉麟部和曾国藩其他部下一样，一度"以盐抵饷"，以食盐专卖权充军饷，通过贩卖此项专卖权，积累了六十万两存银。从诗中的自注可以看出，按当时人的观点，这笔钱他是可以自由取用、纳诸私囊的。湘军军官的灰色收入空间之大由此可见。

丰厚的薪俸，再加上巨大的灰色空间，使湘军将领，不论清廉与否，都迅速发家致富。"故一充营官统领，无不立富，家中起房造屋，水面连艏大舟，四出营利，而士卒恒半菽不饱，人心思乱。"[2]征战十余年后，湘军将领"人人足于财，十万以上赀殖百数，当领未发之饷辄公输县官，计银动数十万"[3]。就是说有十万家产的约有一百人之多，许多人的欠饷后来捐给国家，动辄几十万两。

天京城破之后，大批湘军将领荣归故里，长沙城内顿时"甲等峥嵘""簪缨叠起"，新增"宫保第"十三家之多[4]。曾国荃在长沙也修建了多处房产，他光绪八年移居的贡院西街住所就是其中之一。其他将领如郭松林、杨厚庵、卢俊三等在长沙也有多所豪宅。

湘乡一县更是翻天覆地。如前文曾提到的率军"惟知掠夺"的几员大将，如彭毓橘、易良虎、彭椿年、萧孚泗、张诗日等，无一不是湘乡人。许多湘乡将领纷纷回乡置田建庄。黄田乡章合才，官至提督，在白田一带置田六千余亩。同治三年至光绪三年，建成一百零八间和九十四间的庄园各一栋。横洲乡陈湜将金银财物船运至家，置田数千亩，人称"陈百万"。湘潭的郭松林，因战功被封一等轻车都尉，"出军中获

---

[1]《彭玉麟集》，岳麓书社，2003年，第520～521页。

[2]赵烈文：《能静居士日记》，《太平天国史料丛编简辑》第三册，中华书局，1961年，第400页。

[3]王闿运编：《湘军志·筹饷篇》，成都墨香书屋刻本，1886年，第4页。

[4]《长沙县志》，同治十年刻本，转引自许顺富：《论近代湖南军功绅士的社会影响》，《云梦学刊》2004年第6期，第62页。

资，置田宅值十余万"[1]。临湘人刘璈，入湘军后，官至福建台湾兵备道兼提督学政。后革职抄家时，抄出田契四百三十一张，值银六千二百九十两；房产六十间，值银四千五百八十八两[2]。

湖南风俗原本敦朴，耕农之余，游闲甚少。然而自从军功绅士成批涌现之后，长沙府县之人"衣必绮罗，出必舆马，宴客必珍味，居必雕几。故近市镇而拥素封者间亦有之"[3]。湘潭"及寇平，诸将拥资，还博戏倡优相高以侈靡。尝一度输银至巨万，明日举典商部帖尝之，传以为豪"[4]。

湖南士子杨恩寿在其日记中记载的一件旅途逸事也说明了这一现象：

> 舟子湘乡人矣，昨夜高仆与之谈乡曲事。渠盛夸湘乡之以军功得显秩者以千计，并言：某公由负贩起，今则买田万顷矣！某公由厮养起，今则买田万顷矣。科甲某公连岁买田不下十万，近犹出重价以购。

船夫是湘乡人，和杨恩寿的仆人聊起老家的事，说湘乡县因为军功当官发财的数以千计。某人当初是小贩，现在田产万顷。有人原本是仆役，现在也是田产万顷。

接这个逻辑，曾国藩应该成为湖南最大的富翁了吧？事实并非如此。上述引用的日记中接下来说："高仆曰：之数人者，皆拔自曾中堂乎？则应曰，诺。高仆曰，然则中堂之田，不更不可以丘亩计乎？舟子骤然改容曰，子失言。子不知中堂固清官乎？依然祖遗之业四百石也。"[5]

船夫肃然改容说，你说错了，你不知道中堂大人是清官吗？他家里仍然是祖上传下来的产四百石粮食的田地。

由湘军起家的这一批新绅士中，只有曾国藩一人保持了旧乡绅的道德体面。

二　家产五十五亩

再出之后，除了允许曾国荃适当捞钱，曾国藩还有一个变化，那就是在人情应酬

[1]《湘潭县志》，光绪十五年刻本，转引自许顺富：《论近代湖南军功绅士的社会影响》，《云梦学刊》2004 年第 6 期，第 62 页。
[2] 许顺富：《论近代湖南军功绅士的社会影响》，《云梦学刊》2004 年第 6 期，第 62 页。
[3]《长沙县志》卷十四，嘉庆二十二年增补本，第 8 页。
[4]《湘潭县志》卷十一，光绪十五年刊本，台湾成文出版社，1970 年，第 1731 页。
[5] 杨恩寿：《坦园日记》，上海古籍出版社，1983 年，第 245 页。

上花钱比以前周到了。咸丰八年十月二十六日在家信中他说：

> 余此次在外，一切俱照旧样，惟于人情应酬上略周到些（如胡中丞丁艰送二百，龙方伯送一百之类，向来所无，此后家中亲戚族人中如有庆吊，亦当致情，望弟先写信告）。[1]

胡林翼母亲去世，他送了二百两白银，这已经是向来所无的事。

当年十二月初三日，他按每年惯例，"付回银一百，寄送亲戚本家"，另"附银六十两"，用于庆吊之事：

> 以三十两寄兰姊家，内二十为兰姊五十寿辰贺仪，十两为七甥女出嫁奁仪。以三十两寄蕙妹家，补往年奠待聘妹夫之仪。望即日送去。嗣后亲族家如有应行致情者，望写信告我为嘱。[2]

十二月十三日，又"寄银百两与刘峙衡之嗣子。我去年丁艰时，峙衡穿青布衣冠来代我治事，至今感之，故以此将意"[3]。

由此也可以看出曾国藩与外界交往态度的变化相当全面。

不过变的是对他人、对外界的方式和方法，对自己，曾国藩却固守初心。咸丰八年八月二十二日，他在致澄弟、季弟信中说，兄弟们想分给他的几处产业，他都不能接受。除了为了使季弟安居可以资助季弟盖房之外，他将一守上次出山的旧规而不改：

> 季弟远隔紫甸，余总不放心。汤家屋场之业及各处田业，余皆不愿受。若季弟能在近处居住，或在老屋之上新屋之下中间择买一屋，与季弟安居，我则愿寄钱文至家办成此事。否则，余守旧规不敢少改也。[4]

前文说过，曾国藩家居时期得知家中困窘情状后十分后悔，何以再次出山后，仍然"守旧规而不少改"呢？他自有他的逻辑。

---

[1]《曾国藩全集·家书》，岳麓书社，1994年，第439页。
[2]《曾国藩全集·家书》，岳麓书社，1994年，第447页。
[3]《曾国藩全集·家书》，岳麓书社，1994年，第449页。
[4]《曾国藩全集·家书》，岳麓书社，1994年，第420页。

在九月二十八日致澄弟季弟书中他说：

> 余去年在家，见家中日用甚繁。因忆先大夫往年支持之苦，自悔不明事理，深亏孝道。今先人弃养，余岂可遽改前辙？余昔官京师，每年寄银一百五十两至家，只有增年更无减年，此后拟常循此规。明知家用浩繁，所短尚巨，求老弟格外节省。现虽未分家，而吃药、买布及在县在省托买之货物，必须各房私自还钱，庶几可少息争尚奢华之风。[1]

他之所以痛悔，是因为让老父为难，有亏孝道。而今，老父已经去世，无由尽孝，何必反多寄钱回家？

咸丰八年十月二十六日，又说：

> 去年我在家中嫌用度太广，今年我既出，务求澄弟减省用之。若难于裁减，则我与澄弟共食而分用，或者可以略少。我在军中决不肯多寄银回家，改向来之样子。一则因父母在时我未多寄；二则因百姓穷困异常，我不忍独丰也。[2]

因此，咸丰八年再出之后，曾国藩家书中要求家里勤俭的语言，比以前更稠厚了：

> 吾家后辈子女皆趋于逸欲奢华，享福太早，将来恐难到老。嗣后诸男在家勤洒扫，出门莫坐轿；诸女学洗衣，学煮菜烧茶。少劳而老逸犹可，少甘而老苦则难矣。[3]

前面我们提到了曾氏兄弟分家是由曾国藩力主的。盖因大家族在一起，吃穿用度，相互攀比，加以吃大锅饭，各支没有节俭的动力，因此他在咸丰八年十一月十二日致澄沅季弟信中说：

> 至于家中用度，断不可不分。凡吃药、染布及在省在县托买货物，若不分开，则彼此以多为贵，以奢为尚，漫无节制。此败家之象也。千万求澄弟分别用度，力求节省。吾断不于分开后私寄银钱，凡寄一钱，皆由澄弟手经过耳。[4]

---

[1]《曾国藩全集·家书》，岳麓书社，1994年，第432页。
[2]《曾国藩全集·家书》，岳麓书社，1994年，第439页。
[3]《曾国藩全集·家书》，岳麓书社，1994年，第443～444页。
[4]《曾国藩全集·家书》，岳麓书社，1994年，第444页。

咸丰八年年底分家，曾国藩分得"黄金堂"宅院，因为他屡次严命弟弟不可为他添买田产，所以只分到田五十五亩，曾国藩表示非常满意。

因此，连普通舟子提到曾国藩之清廉，都"骤然改容"。

第三编

总督时期

第八章

清代督抚的收支结构

第一节　两江总督的权力和职掌

一　总督的权力有多大

咸丰十年四月，曾国藩终于当上了总督。

咸丰十年闰三月，太平军再破江南大营，咸丰皇帝依靠八旗军"剿"灭太平天国的梦想彻底破灭。两江总督何桂清逃跑，江浙糜烂。四顾无人，咸丰帝只得捐弃前嫌，于四月十九日任命曾国藩"署两江总督加兵部尚书衔"。六月二十四日实授，并授为"钦差大臣督办江南军务"[1]。

曾国藩等待这个任命已经太长时间了。自创立湘军以来，他一直处于体制不顺的窘境。因为曾国藩是以"在籍侍郎"身份带兵，所创湘军并非经制之兵，饷项必须自筹。同时，军事离不开民事，招兵、选将、购置武器，这些都需要地方行政体系支持，"处处与地方官相交涉"[2]，而地方官却往往不予配合。

地方官不予配合的根本原因在于曾国藩没有实权。从品级上说，曾国藩的侍郎身份和各省督抚相当[3]，后来他又获得了兵部尚书衔及钦差的名义；然而，这些在地方官眼里却被视若无物。因为它们都是虚衔，既没有提拔下属的权力，又很难左右地方官的命运。因此在给皇帝的奏折中，他曾直言不讳地说："以臣细察今日局势，非位任

---

[1] 黎庶昌：《曾国藩年谱》，岳麓书社，1986年，第115、120页。
[2] 《曾国藩全集·奏稿》，岳麓书社，1994年，第365～366页。
[3] 总督为正二品，加兵部尚书衔者为从一品，加大学士衔者为正一品。巡抚为从二品，加兵部左侍郎衔者为正二品。

巡抚有察吏之权者，决不能以治军；纵能治军，决不能兼济筹饷。"[1]

确实，清代行政权力结构的特点决定了不当总督或巡抚，就没法在这个省充分调动资源。因为清代政治实行"督抚分寄制"，皇帝有意识地使督抚总揽地方大权，成为各地的权力中心，以便强有力地控制各地。

我们首先看人事权。清代官员的升沉荣辱，主要看数年一次的"综合考评"，即"京察"[2]"大计"[3] 等的结果。对地方官的考评，名义上是由吏部主持，但实际上是由督抚完成[4]。

另一项重要的人事权就是保举和罢斥权。督抚有权力每三年一次将表现突出的属下推荐进京担任科道等官职。至于在平时保举功绩突出的文武官员更是督抚的一项经常性工作；对不合格的官员，督抚也可以随时向中央建议罢斥。

其次看行政权。各省布政司和按察司管辖范围的地方行政事务最后都须经过督抚核查，因此地方财政、司法等事项的最后决策权都握在督抚之手。

再次看军事权。总督兼兵部尚书，巡抚兼兵部右侍郎，这就说明他们负有直接的军事职责。总督是一省或数省绿营兵的最高统帅，对辖区的绿营兵有直接指挥权；不设总督的省份则由巡抚负责[5]。

由于总揽了一切权力——人事权、军事权、行政权、财政权、司法权，督抚成为次政治中心，成了辖区内千百万人的土皇帝。正如同皇帝是全国之君父一样，督抚就是一省或数省的大家长。所以清代督抚之权力达到了历代地方官的极致，他们在自己的地盘上，一手遮天，说一不二，独断专行。他们对上只对皇帝一个人负责，对下则永远英明，永远正确，永远受到逢迎，下属们除俯首帖耳，别无他法。因此他们也很容易作威作福，专擅恣肆。康熙年间的工部右侍郎田六善曾这样说："今日官至督抚，居莫敢谁何之势，自非大贤，鲜不纵恣。"[6]

---

[1]《曾国藩全集·奏稿》，岳麓书社，1994 年，第 866 页。
[2] 针对文官中京官的综合考评。
[3] 针对文官中地方官的综合考评。
[4] 清代总督所兼都察院右都御史和巡抚所兼右副都御史衔，就是为了体现这种监察职责。督抚对所属两司（布政使和按察使）以下文官，按政（政绩）、守（操守）、才（才能）、年（年龄）"四格"分别打分，再结合所在地方荒残、冲疲、充实、简易四种不同情况，给出评定等第。表现优秀者可以得到加级、记名、引见等奖励，成绩不佳者则予以斥罢或处分。"官吏贤否去留，凭督抚文册。"同理，武官提督以下分为操守、才能、骑射、年岁四格的"军政"考察，名义上由兵部主持，实际工作也是交由督抚经办。
[5] 综合王跃生《清代督抚体制特征探析》（《社会科学辑刊》1993 年第 4 期）与龚小峰《两江总督的定制及职掌探述》（《史林》2007 年第 6 期）。
[6] 门岿主编：《二十六史精粹今译续编》，人民日报出版社，1992 年，第 1653 页。

二　两江总督是天下权力最大的总督

天下总督之中，地位举足轻重的有两个：两江总督和直隶总督。而在太平天国时期，两江总督的重要性则可以说是天下第一。

两江总督是清代光绪朝以前唯一统辖三省的总督。"两江"原指明代的"江南省"和"江西省"，清代把"江南省"分为江苏省和安徽省，所以，两江地区包括江苏、安徽和江西三省。两江地区在军事上十分重要。它正当中国南北之接合部，以长江为纽带，上下呼应，拥有了这块地区，就有了在军事上分裂中国南北的可能。

除了军事之外，两江地区在经济上更举足轻重。江苏是天下首屈一指的财赋重地，"财赋甲于全国"，是天下首富之区[1]。两江所征收的漕粮，占全国漕粮总数的一半以上[2]。两江地区"人文蔚起"，文化之发达，科名之繁盛，更是天下独步。因此除了直隶以外，"能与天下相权衡者，江南而已"[3]。清代之所以设置两江总督，就是从军事战略角度考虑，联三省之势，共同护卫江南这块财赋重地[4]。

两江地区所涉及政务之繁重因此在全国也首屈一指。两江总督的权力大于天下其他总督，因为其衔名为"总督两江等处地方提督军务、粮饷、操江、统辖南河事务"，从这个衔名可以看出，除了一般总督管理的军民政务外，两江总督还要兼管漕运、治河、盐务等重要事务[5]。

漕运[6]的最高长官本来是漕运总督，但事实上，清代的漕运主要由两江总督及漕运总督共同主管。因为两江是征收漕粮的重地。

两江总督又兼管河工[7]，这是因为黄、淮、运河的治理工程相当一部分位于两江地区。由于清代前中期河工素称"肥差"，因而两江总督也乐于插手河务。

[1]《清朝续文献通考》卷三一二《舆地考八·江苏省》，浙江古籍出版社，2000年，第10555页。

[2] 其中江南（包括江苏、安徽省）1 794 400石，江西570 000石，合计占漕粮总数的57%。见《清史稿·食货三·漕运》，中华书局，1977年，第3566页。

[3]《清朝续文献通考》卷三一三《舆地考九·安徽省》，浙江古籍出版社，2000年，第10561页。

[4] 龚小峰：《两江总督的定制及职掌探述》，《史林》2007年第6期，第72页。

[5] 参考龚小峰：《两江总督的定制及职掌探述》，《史林》2007年第6期，第72页。

[6] 清代征运漕粮的省份有鲁、豫、苏、徽、浙、鄂、湘、奉天八省，按供应地区的不同划分为南粮和北粮。苏、浙两省征收的"白粮"（粳米、糯米），仅供皇室内府及王公、百官食用。其他漕粮支放八旗官俸兵米及养马饲料。漕粮的征收数目也有定额，在鸦片战争以前的近二百年中，正粮定额为每年400万石，占田赋征实830万石的48.2%（据白寿彝主编《中国通史》）。

[7] 河工本指治理河道、防止水患的工程，又特指治理黄河、运河的工程和事务。

两江总督另一个重要的任务是兼管盐务。两淮盐场为清政府最重要的盐场，道光十年裁两淮盐政，由两江总督兼理。

此外，两江总督还有对外交涉权。咸丰八年，"五口通商大臣"改由两江总督兼任。曾国藩身后，从同治十二年始，两江总督例兼"办理通商事务大臣"成为定制，简称为"南洋大臣"[1]，与直隶总督兼"北洋大臣"相对应，显示出这两位总督与众不同的重要地位。

因此，两江总督所统属下之多也是其他总督所不及的，他的下属除有三省巡抚外，又有漕运总督、河道总督、江宁苏州二织造、盐政使、提督学政以及布政使（江苏即有江苏、江宁二布政使）、按察使等数十大吏[2]。据1848年秋季本《秩爵全览》，两江总督所辖属官，有四个布政使、三个按察使、十五个道台、二十九个知府、四十个同知、三十四个通判、九个直隶州知州、八个知州、一百八十七个知县。

综上所述，两江总督在全国地位极为重要。雍正皇帝曾说："此原系第一繁剧之任。"[3]所以两江总督的人选是清代皇帝极为重视的。康熙时代的两江总督如于成龙、傅拉塔、范承勋、张鹏翮、雍正、乾隆时期的尹继善，道光年间的陶澍，都是一代名臣[4]。出任两江总督，又手握湘军军权，曾国藩毫无疑问地成了当时大清帝国最有权势的人物之一。

第二节　总督的合法收入与支出

一　总督的工资条

作为如此重要的人物，两江总督的年收入是多少呢？

正如大清王朝的许多事情一样，两江总督的收入，不是一句话能说清楚的。

如果说名义薪俸，说来令人难以置信。清代地方官只给俸银，不支俸米。一品官岁俸银一百八十两，二品官一百五十五两。因此大清帝国的总督，年收入只有区区

---

[1] 张德泽：《清代国家机关考略》，学苑出版社，2002年，第274页。

[2] 龚小峰：《两江总督的定制及职掌探述》，《史林》2007年第6期，第72页。

[3] 《朱批谕旨》卷二二三上，《朱批尹继善奏折》雍正六年九月二十六日，文渊阁《四库全书》第四百二十五册，上海古籍出版社，1987年，第814页。

[4] 《朱批谕旨》卷二二三上，《朱批尹继善奏折》雍正六年九月二十六日，文渊阁《四库全书》第四百二十五册，上海古籍出版社，1987年，第814页。

一百五十五两。如果大致以一两兑换二百元人民币计算，一百五十五两大约为人民币三万一千元，合成月薪约为二千五百八十三元。而按现行的《国家公务员级别和工资标准》，省级公务员职务工资标准为二千五百一十元[1]。古今薪酬制度之一脉相承居然如此巧合。

当然，和今天的工资制度一样，这一百五十五两只是"基本工资"。

雍正年间，勇于变革的雍正皇帝考虑地方政务的实际需要，特批给督抚们一笔重大补贴，叫"养廉银"[2]。这就是所谓的"养廉银"制度改革。两江总督养廉银为一万八千两[3]，在全国总督中处于较高水平。

以上就是两江总督的全部合法收入。相比于曾国藩侍郎时期的511.5两[4]，是其三十五倍之多，与京官的薄俸形成鲜明对比；比湘军高级军官的合法收入也翻了数倍。

但事实上，这个数额仍然远远满足不了一个总督的支出需要。

二 总督日常生活的支出

清代的财政制度与今天有很大差异。在现代财政制度下，公务员通常享有相当的福利待遇。特别是高级公务员，虽然工资可能不是很高，但会享有住房、用车、差旅等方面的大量补助。但是在清代，省级大吏不但没有这些补助，反而还有许多在今天的财政制度下看来极为不合理的支出负担。

为了说清楚这个问题，我们不妨来给一位总督的支出算笔账，看看他一年大致要花多少钱。

第一当然是他的个人支出。

总督身为地方上最大的官员，住房、出行、衣服、饮食当然都要有起码的排场和要求。比如服装，张仲礼说："一些来自日本的目击者在二十世纪初期真实的叙述，可以作为官员高消费的实例。他们提到一个知县的一套官服价值三百两至四百两银。"[5]知县

[1]《公务员工资改革的可行路径》(作者署名为"本刊编辑部")，《中国新闻周刊》2010年第42期，第2页。

[2]顺治年间，考虑到总督生活的实际需要，朝廷给总督发放数种补贴：薪银、蔬菜烛炭银、心红纸张银、案衣什物银、修宅什物银，合计为五百八十八两，是基本工资的四倍左右。这五百八十八两，对一位总督来说当然是仍然远远不够花用，况且三藩之乱起，国家财政紧张，这部分补贴又取消了。

[3]黄惠贤、陈锋主编：《中国俸禄制度史》，武汉大学出版社，2005年，第551页。

[4]见第三章。

[5]张仲礼著，费成康、王寅通译：《中国绅士的收入》，上海社会科学院出版社，2001年，第13页。

如此，督抚更可想而知。结合我们前面讲到的京官服装的情况，一位总督的官服价值上千乃至数千两都是非常正常的。此外出行也极为讲究排场，威风浩大，开支不小。

第二是家庭开支。清代大员之家，往往是数世同堂。一旦当官，父母兄弟依靠不说，就连宗族亲戚甚至同乡也要投奔，一个人的收入要照顾少则几十多则上百的"消费者"。康熙四十一年（1702），御史刘子章奏报："每见知府家口多至三四百人，州县家口多至一二百人，并挈工匠、杂技之流，声色欢娱。"[1]

第三是社交支出，一是官场上请客吃饭送礼，二是周济老家和外地的亲属。在传统时代，这也是一笔为数甚巨的负担。雍正初，苏州巡抚陈时夏曾汇报说，社交应酬过多，是地方官亏空的重要原因之一。"奢靡侈用之人不知谨节，宾朋、宴会、亲戚、交游、公事、应酬、迎送、馈送"[2]，这类支出之巨在后文曾国藩和左宗棠的例子中同样会看得很清楚。

第四是给身边的工作人员开支。以今天的财政观念看，这是很难理解的支出项目。

三　为什么只有总督一个人"有编制"

作为一方诸侯，国家理应给督抚配一支属官队伍，设立一个完备的办公机构。以今天的省级部门而论，有固定的常设机构，才能满足日常行政需要。我们来看一下《陕西省人民政府办公厅（省政府参事室、省金融工作办公室）主要职责内设机构和人员编制规定》[3]，陕西省政府办公厅设17个内设机构：有综合一处到八处、会议处、信息处、机要处、省应急管理办公室（省政府总值班室）、省政府政务公开和媒体联络办公室、省政府督查室、办公室（人事处）、外联处、行政处（财务处）。省政府办公厅机关行政编制163名，其中省政府秘书长1名、副秘书长8名，省应急管理办公室主任1名（副厅级），省政府政务公开和媒体联络办公室主任1名（副厅级），省政府督查专员2名（副厅级），处级领导52名（含机关党委专职副书记1名）。这些人，都是直接给省级领导服务的。仅一个办公厅的人事编制就这么多，何况协助省委书记、省长工作的其他部室。

按常理推测，清代总督衙门也应该有一支类似的办公服务队伍。事实上，清代督

---

[1] 中国第一历史档案馆编：《雍正朝汉文朱批奏折汇编》第一册，江苏古籍出版社，1989年，第801页。

[2] 中国第一历史档案馆编：《雍正朝汉文朱批奏折汇编》第九册，江苏古籍出版社，1989～1991年，第281～282页。

[3] 见陕政办发〔2009〕143号文，颁布机构为陕西省人民政府办公厅，时间为2009年10月19日。

抚衙门当中，也确实存在这样一个相当庞大的班子，他们由幕友、书吏、仆役家丁们组成，负责办公、顾问、保卫、勤杂事务。不过今天的政府之中，上自秘书长下至普通科员都是国家公务员，薪金由国家负担。而在清代，这些人都是总督和巡抚私人聘请的，要由督抚自掏腰包。也就是说，督抚衙门中，只有总督和巡抚是国家承认的正式官员，其他人都没有"编制"。

这在今天看来很不可思议，然而在清代，却是国家定制。

清代其他衙门一般都有"占国家编制的"正式工作人员，也就是佐贰杂职等辅助官员，比如布政使衙门有经历、理问和都事，按察使衙门有经历和知事。知州有州同和州判等副手，此外还有巡检、驿丞等下属。知县则有县丞和主簿为助手。唯独督抚衙门中，只有督抚孤身一人领国家工资，不设任何其他官员。事实上原来连自己花钱请幕僚都是国家定制所不允许的，直至雍正元年始，朝廷才正式允许督抚"延请幕友以资协助"[1]。

为什么要这样设计呢？第一个原因是制度惯性。

我们知道，总督和巡抚不是清代新设的官职，而是从明代沿袭下来的。明代地方上，本来是以布政使和按察使作为一省正式的最高行政机构，总督和巡抚本来是朝廷临时派遣的巡视官员，这个从巡抚的"巡"字就能看得出来。

瞿蜕园说："自藩臬（布政使和按察使——作者注）两司以至知府，皆有首领官以掌其官署内部事务，而督抚独无，此乃由于督抚本身本非正式职官，未暇为之划定制度，遂因循成习也。"[2]

其他衙门都有工作人员而总督和巡抚没有，是因为总督和巡抚本来不是正式职官，没有专门的衙门。

不过，督抚在明代末期已经渐渐演变为常设的官职，到了清代，督抚衙门更是演变成了一省最高行政权力所在，这种设计已经完全不符合现实需要。朝廷之所以仍然坚持这种政治结构，除了制度惯性之外，还应该出于三个方面的考虑。

第一是以这种精干的设置，表明总督和巡抚不应该陷入到琐屑纷杂的日常事务之中，而是要抓大放小，总括全局，节制各方。

第二是防止总督和巡抚坐大，便于随时调动。和历代王朝一样，清代也致力于防范地方割据。"即使督抚们被授予一省或数省的军政权力，由于他们没有自己的职能机

[1] 王先谦：《东华录》第九册《嘉庆朝》卷八，学苑出版社，2004年，第697页。雍正年间，傅敏署理湖广总督不久说："臣因暂署月日不久，故不延幕宾，今见两省刑名钱谷事务殷繁，必须幕宾相助办理。"见中国第一历史档案馆编：《雍正朝汉文朱批奏折汇编》第九册，江苏古籍出版社，1989年，第697页。

[2] 黄本骥：《历代职官表》，上海古籍出版社，2005年，第62页。

构，再加上中央的严格控制，仍然不能恃权自重，缺少与朝廷对抗的能力和实力。"[1]为防督抚在地方上形成根深蒂固之势，朝廷有意识地将他们频繁调动。清代前期，督抚的任职期限一般为二三年，只有个别皇帝特别欣赏的人才能长期任职。以两江总督为例，自顺治四年至雍正十三年共八十八年，历二十八任，平均3.1年一任。江苏巡抚从嘉庆元年到道光三十年的五十四年中，历三十五任[2]，平均1.5年一任。这种频繁的调动使督抚无法久据一方，来不及培植个人势力。而没有属员，轻车简从，自然更方便朝廷对他们调动。

第三则是这种设计使中央政府几乎不用考虑总督一级的行政经费支出，只需供给督抚一人薪俸即可。从表面上看，这会给国家节省大量财政经费，也大大减少了中央一级财政设计上的麻烦。

然而实际上，和薄俸制一样，这种设计只是体现出皇帝们的小气和偷懒，实际上并不能减少官僚机构运行中的各种费用。相反，这种表面上的精简不可避免地形成大量"潜规则"，由此造成大量贪墨之机。督抚"职任封圻，政务殷繁"[3]，不可能不建立庞大的助手队伍。因此，乾隆中期后的督抚衙门，自然形成了一套得到朝廷默许的庞大的办公机构，或者说一个非正式权力系统，这个庞大的人员群体，要由督抚自己想办法来养活。

四　一份总督工资要养活多少人

关于总督衙门的这套非正式权力系统，相关研究及基础资料都比较稀少。清代地方档案虽汗牛充栋，保留下来的督抚衙门档案却为数不多。主要原因是这套办公机构后来虽然得到朝廷默许，却不符合国家定制，上不得台面。因此虽然近年来对清代地方政府的研究成果颇多，但基本上都集中于州县一级，关于督抚衙门的研究极少[4]。我们只能依据一些零散的材料，对督抚衙门的运转方式进行一定程度的复原[5]。

咸丰三年(1853)的两江总督署平面图显示，从仪门到大堂的左右两侧，设有吏、

---

[1] 韦庆远、柏桦编著：《中国官制史》，东方出版中心，2001年，第314页。

[2] 参见《清史稿》卷一九七至二〇八。

[3] 王先谦：《东华录》第九册《嘉庆朝》卷八。

[4] 关于州县等地方政府组织结构及功能、运作的研究近年已经十分充分，瞿同祖的《清代地方政府》和周保明的《清代地方吏役制度研究》等书在清代基层政权的研究方面，有开创之功。

[5] 关晓红：《晚清督抚衙门房科结构管窥》，《中山大学学报（社会科学版）》2006年第3期，第55页。

户、礼、兵、刑、工、承发七房，六房的结构和名称与中央六部对应[1]，"承发房"则是奏章公文的集散之所。旁边有"架阁库"，相当于档案室，是存放档案及公文卷宗的地方。与西花厅对应的办公厅，是总督与幕僚议事的地方，而东花厅对面的签押房，则是来往公文盖章签发之处[2]。

这种办公结构并不是总督自创，而是模仿原有的地方衙门。周保明在《清代地方吏役制度研究》中绘制的县衙组织结构图表明，县衙内部的组织同样是以吏、户、礼、兵、刑、工、承发七房为主，并设有架阁库[3]。也就是说，各省督抚衙门的结构与其他地方衙门大致相同[4]。因此，在总督衙门中，必不可少的是以下三类工作人员：幕友、书办、仆役。

所谓幕友，又称幕宾，俗称师爷。这些人大多有较高的文化素养、丰富的社会阅历和较强的公文处理能力，地位大约相当于今天政府机构中的秘书长、副秘书长，办公厅主任、副主任之类，起着参谋助手甚至代理决策的作用，所以薪水待遇一般都很优厚。

清代幕友的待遇并无统一标准。江浙比较大的州县衙门，重要幕宾"非二三百金不能延至"[5]。《秋水轩尺牍》的作者许葭村在直隶广平府做幕友，年修金一千两，外加每月膳食费二十两，全年收入一千二百四十两。江宁布政司衙门幕友每人"束脩一千六百两"，江西的布政司幕宾束脩一年一千五百两[6]。曾任过布政使的张集馨在《道咸宦海见闻录》记载咸丰九年皇帝与他的一段对话，谈到幕友的薪水标准："上曰：汝在各省，请几个幕友？对曰：只有四川皋司系请三人，其余各处不过一人。若辈束脩甚大，人多请不起。上曰：束脩系多少一年？对曰：总要千金，少亦七八百。"而据周询《蜀海丛谈》所载，四川总督幕府大席（折奏、刑名）年修二千余金，另加节礼可获八千余金，年收入可逾万金。

综合以上资料，我们估计清代中后期督抚衙门的幕宾束脩，每人平均应该在一千

[1] 六房主管事务大致如下："吏房经营吏书、官属及本治候选官员等项。……所属官攒若干名；某官于某年月日到任，任内有无荐罚委署及升迁空缺；某攒典于某年月日报纳着役，有无役满出缺悬缺。"户房经管赋税徭役之类，礼房经管学校考试祭祀等项，兵房经管军事事务，刑房经管司法刑事治安等事，工房经管修造及置办军需等项。

[2] 刘刚主编：《清两江总督与总督署》，广东人民出版社，2003年，第71页。

[3] 周保明：《清代地方吏役制度研究》，上海书店出版社，2009年，第108页。

[4] 周保明：《清代地方吏役制度研究》，上海书店出版社，2009年，第110页。

[5] 贺长龄、魏源编：《清经世文编》（上），中华书局，1992年，第421页。

[6] 李春梅：《清朝前期督、抚陋规收入的用途》，《内蒙古社会科学（汉文版）》2007年第2期，第39页。

两左右[1]。江浙比较大的州县衙门里，至少要有七八个幕宾才够日常差用[2]。江宁布政司"在署写算办事八人"[3]，由此推测，大省督抚衙门的幕友至少也应该在八人左右。这样算来，清代中后期，大省督抚每年需要负担的幕宾束脩支出就达八千两以上。同治年间，蒋琦龄在上书中这样说："臣在四川，见总督养廉银万三千两，仅余二千四百两，其刑名幕友束脩，即千三百两。"[4]也就是说，四川总督一年虽然有一万三千两养廉银，但是仅仅花在幕友身上的就有一万多，给幕友开完工资，只剩两千四百两了。

书吏也就是普通工作人员，也是衙门中的重要人物，是各级衙门中专门从事日常办公和文档管理的人员的统称，大致相当于今天的科员。和幕友一样，书吏亦不被纳入国家职官范围。

清代后期，督抚衙门有一定的"额设书吏"，即国家承认的工作人员，不过数量很少。如河南山东总督衙门"经制书吏，上下两班，每班十名，共二十名"。这个数量只是正常需要的十分之一，因此需要雇用大量编外书吏。"现今办事书吏，头班二班，俱有百余名，是较经制十倍有余。"[5]编外人员是在编人员的十倍多。

即使是额定的书吏，国家所给的报酬也仅是象征性的。他们享有国家拨给的"工食银"，不过标准每年只有六两，远远不敷生活需要。额外书吏的工资则全部要督抚自己设法解决。

除了书吏之外，衙门中还有大量的后勤保卫等人员，比如门子、铺兵、轿伞扇夫、厨役、马夫、灯夫、更夫、钟鼓夫等[6]。总督衙门的收发接待、采买后勤、安全保卫、交通出行等众多事务，都由这些杂役仆从来完成，因此，他们的数量也是相当庞大的。这些人的薪水，自然也要督抚来解决。

由督抚来负担身边工作人员的开支，这在今天看来已经十分不合理了，清代的财政制度中居然还有比这更匪夷所思的规定，那就是总督还要负担一部分地方事务支出。

比如，按国家规定，总督作为一省或数省绿营兵的最高统帅，要定期对绿营兵进行检阅，以保持军队战斗力。阅兵是要花钱的，有"粘补标下军装、操演枪炮火药等"

---

[1]李春梅：《清朝前期督、抚陋规收入的用途》，《内蒙古社会科学（汉文版）》2007年第2期，第39页。
[2]贺长龄、魏源编：《清经世文编》（上），中华书局，1992年，第421页。
[3]李春梅：《清朝前期督、抚陋规收入的用途》，《内蒙古社会科学（汉文版）》2007年第2期，第39页。
[4]周保明：《清代地方吏役制度研究》，上海书店出版社，2009年，第521页。
[5]贺长龄、魏源编：《清经世文编》（上），中华书局，1992年，第613页。
[6]周保明：《清代地方吏役制度研究》，上海书店出版社，2009年，第113页。

费用支出，还要对表现优秀的士兵进行奖励。比如雍正朝朱批奏折反映，广西巡抚阅兵时，对于每中一箭一枪的兵弁，给赏钱一百文，连中三次的除给赏钱外还加赏银牌一面。这些奖励一次支出一般都在七百两左右。这些支出并无国家经费，而要督抚自筹。

在督抚们的诸多不合理负担中，有一项最具有代表性，那就是皇帝与督抚们的通信费用，或称"督、抚赍折等差遣盘费"。封疆大吏经常要派人往返京城，递送奏折。奏折事关国家机密，需要干员专程护送，这笔路费每年平均不下千两，边远省份花费更多。如李绂在广西巡抚任时，开列该衙门日用花费的账单中有"赍折二人路费，每次用银一百两，臣任内（一年半）共十八次，共用银一千八百两；赍表笺本章驰驿弁役，每次二人给路费四十两，臣任内共十三次，共用银五百二十两"[1]的记录。这些支出同样不在国家经费的报销范围内。

以上几项是督抚因公所致，但需自己负担的经常性费用。如果遇到一些特殊事务，支出又得额外增加。比如兴修水利、赈恤灾伤、资给孤贫和病故人员等，虽然国家通常有专项拨款，但与实际支出通常相差很多。这就需要督抚设法筹措不足部分，通常的筹措方式之一就是捐款。督抚作为大吏，自然要带头。比如雍正朝广西巡抚曾汇报他"捐修柳州府学府银一百两，捐修省城钟鼓楼五十两，捐修浮桥银五十两"[2]。

那么，一位总督一年到底支出多少呢？在雍正年间物价尚低之时，刘世明任福建巡抚时具折奏道："巡抚衙门一切需用……酌量于不丰不啬之间，每年不过一万四千五百金。"[3]"浙江巡抚李卫到任时，吃食口粮，俱系原籍装运外，其他的一切日用盘费及衙门幕宾束金，每年还要八千余两。山西巡抚衙门一年内共用银九千七十二两。直隶总督一年则需二万四千九百两。比较贫穷的贵州巡抚衙门每年也需银八千五百两。从以上一些督、抚衙门的用度情况看，总督、巡抚要维持正常公务和养赡家口涉及的私人开支，每年所费在八千至两万多两不等。"[4]到了晚清，物价较雍正时期上涨约二倍到三倍左右，地方事务繁杂程度也成倍增长，督抚办公机构人员较雍正时膨胀数倍以上，使得一些地方总督的支出银两每年动辄以十万计。

[1]中国第一历史档案馆编：《雍正朝汉文朱批奏折汇编》第二册，江苏古籍出版社，1989年，第51页。

[2]中国第一历史档案馆编：《雍正朝汉文朱批奏折汇编》第七册，江苏古籍出版社，1989年，第53页。

[3]中国第一历史档案馆编：《雍正朝汉文朱批奏折汇编》第十四册，江苏古籍出版社，1989年，第462页。

[4]李春梅：《清朝前期督、抚陋规收入的用途》，《内蒙古社会科学（汉文版）》2007年第2期，第40页。

第三节　陋规的性质和边界

一　陋规是怎么产生的

如前所述，在雍正皇帝发放养廉银之前，一位总督的收支差额在近万两到二万两之间。

解决如此巨大的差额，当时主要的办法就是"规费"。

要详细了解清代督抚的收支结构，我们必须要深入探究一下"规费"的产生和发展。

"规费"更为常见的叫法是"陋规"。这个"陋"字反映了世人对它的道德判断，因此今天的读者有一种常见的认识，认为"陋规"是贪腐的产物，并且主要都归入了官员的私囊。

这是一个很大的误解。事实上，"规费"产生的根本原因，是地方官员收支的巨大不平衡。它的主要用途之一，也是地方公务。因此，它不能直接列入官员的个人收入。

曾小萍说：

> 为了保证衙门的运转，赡养家眷，以及完成担当的众多公共事务，他们不得不依赖下级管理机构通过非正式经费体系所转送的经费。这些经费主要有四种类型：一是下级官员以礼物和金钱的形式直接向上级官员呈递的收入；二是来自重要的专门税收机构，也就是关差和盐政的"赢余"；三是对于正式税收体系中赋税和物品依一定比率进行的扣除；四是在采买和分配过程中胺削的经费。[1]

所谓靠山吃山，靠水吃水。在没有独立财政来源的情况下，督抚们只能靠他们的权力来获得经济收入。对一位总督来说，所谓"陋规"，主要就是下属各官员和衙门给他的"进贡"。

康熙五十六年，江西巡抚白潢在奏折中向皇帝详细汇报当地的陋规收入。白潢说：

> 所有巡抚衙门各项旧规，奴才逐一清查，谨据实胪列，为我皇上陈之。
> 一、巡抚衙门每年阖属有节礼银约计五万两。奴才伏查守令为亲民之官，若欲禁

---

[1]〔美〕曾小萍著，董建中译：《州县官的银两》，中国人民大学出版社，2005年，第51页。

其贪虐，要在上司先行洁己……圣训不可收节礼甚是，奴才到任后已经禁革。

一、巡抚衙门每年粮道有征漕规礼银四千两，奴才伏查征收漕粮弊端丛集，现在清查禁革所有漕规不应该收受。

一、巡抚衙门每年湖口、赣州二关共有规礼银二千四百两。奴才伏查监督在关抽税巡抚正当禁其苛索，安可取其盈余，此项不应收受。

一、巡抚衙门每年盐商有规礼银一万两。奴才伏查前任巡抚宋荦不收盐规，所有每包重七斤四两之盐，止可卖银九分五厘至一钱而止。迨后巡抚收此盐规，盐价每包增至一钱一二分。近来巡抚除盐规之外又有向盐商借贷者，以至盐价每包增至一钱三四分不等，小民甚以为苦。奴才到任后，行令司道传唤商人公同面议，盐商等情愿减价每包盐平卖银一钱一分，照民戥系一钱一分六厘，商民称其便。所有盐规一万两可否收受，伏祈圣裁批示遵行。（朱批：此项该收）

一、巡抚衙门每年布政使有钱粮平头银八千两。奴才伏查此项前蒙圣训命奴才收用，奴才祇遵圣谕，当留作养赡之费。

以上五项俱系江西巡抚衙门之旧规。若过取则为贪，势必官民受累。若概却又近于矫，兼且俯仰无资。奴才才智短浅，闇识中庸之道，未敢冒昧径行，伏祈圣裁批示，俾奴才有所遵守，免于隙越。（朱批：这折甚是，尔所议者亦是，准。）[1]

据白潢的说法，江西巡抚的"陋规"或者说"规礼"总数达到七万四千四百两。

白潢具体列举了江西省陋规的五项内容：一是节礼，下属官员在节日所送，每年大约五万两；二是漕规，粮道衙门所送，每年四千两；三是关规，辖区内两家税关衙门所送，每年两千四百两；四是盐规，盐商所送，每年一万两；五是钱粮平头银，每年八千两，布政使衙门所送。

从这份清单可以清楚地看出，白潢所收到的"规礼"由"规"和"礼"这两部分组成。所谓"规"，是由下属部门送的，上述的"漕规""盐规""关规"以及"钱粮平头银"即是。而所谓"礼"，则是官员们以个人身份送的。白潢所说的"节礼"就是。

那么，这些"规"和"礼"的来源又是什么呢？

二　"规"费的来源

我们先来看看"规"。

---

[1] 中国第一历史档案馆编：《康熙朝汉文朱批奏折汇编》第八册，档案出版社，1985年，第8页。

　　总督巡抚衙门的规费主要来自直接或者再下一级下属部门，比如布政使衙门、粮道衙门、盐务衙门以及各税关等有钱有权的部门。

　　规费的第一项是"钱粮平头银"[1]，来自布政使衙门。在交送正税时，各州县会拿出占正税一定比例的附加税，作为布政使衙门的办公经费。这个比例各省惯例不同，然而大都在百分之三到百分之五之间。比如在广东，州县解送银粮，每百两需额外缴纳三两，称为"搭平银"。在江苏南部，"解费"占税额的 5%，在湖南为 3.3%，广西为 3.5%[2]。

　　布政使衙门从中再分一部分送给总督和巡抚。比如江宁布政使每年收到的这笔钱是 12 900 两，他要拿出 1 500 两给两江总督，2 700 两给江苏巡抚。"州县和其他下属机构缴送的收入到达布政使、督粮道等官员手中，但是它们并未成为后者独享的财产，这些钱粮的接收衙门是经费流向更高衙门的渠道。在山东，运费和饭银等形式的经费大多数合并为'分规'，这是因为它们是在布政使、巡抚和总督之间进行分配的。同样，广东藩库的搭平银则在总督、巡抚、布政使、按察使之间进行分配。江宁布政使觉罗石麟奏报，他已从江苏州县收到随平银 12 900 两，其中每年平规银 1 500 两呈送总督，2 700 两呈送巡抚。"[3]

　　规费的另一个来源是"关规"，即各税关致送上级的陋规，这也是省内大员衙门开支的主要来源之一。众所周知，税关是肥缺，有权有钱。税关在收税的时候，会在国家的正税之外公开加收一部分，作为"税规"，一部分留作自己的办公经费，另一部分是送给上级的办公经费。这种额外的加征有各种名目，比如"楼税""签量费""饭食""客费"等。

　　"在福建，除去税关的行政开支，全部陋规收入分成四份：两份送往巡抚衙门，一份给委派管关的官员，一份在办差家人中分配。粤海关的数字尤巨，每年陋规平均六七万两，它们也被那些在税关供职之人和省内大员所瓜分。"[4]

　　除了税规外，税关送给上级的钱还有另一个来源——"赢余"，也就是税关工作成绩突出，所收的税多于国家规定的额度，那么这些钱例归地方官场支配。"与陋规不同，赢余不是官吏胺削的结果，而是贸易的增长超出了政府最初制定的贸易额的结果。……一旦完成官方的正额，官员可以通过继续依照法定的税率征税就轻易地获得大笔款项。直到雍正改革之前，大多数这种赢余存留在省里，很难判定有多少进入了

[1]清后期又叫"解费""搭平银""秤余""秤银"等。
[2]〔美〕王业键著，高风等译：《清代田赋刍论》，人民出版社，2008 年，第 72 页。
[3]〔美〕曾小萍著，董建中译：《州县官的银两》，中国人民大学出版社，2005 年，第 64 页。
[4]〔美〕曾小萍著，董建中译：《州县官的银两》，中国人民大学出版社，2005 年，第 55 ~ 56 页。

非正式经费体系，又有多少直接进入税关官员的私囊。"[1] 甚至在皇帝眼里，这些赢余都是官员们的"应得之物"：

> （署理江苏巡抚）何天培上奏，在江苏，除了沿海关税正额和已支出部分外，还有五千七百三十二两赢余不属于任何人。……皇帝批示：如此羡余漏规原不可定数，尔虽忠诚据实奏闻，朕不便允从缴解。凡如此等，尔只管奏闻，一面暂浮留司库，或地方有公用，或你有赏犒之需，原是你当得之物，奏请讨用。[2]

在一些省，陋规的一个重要组成部分是"漕规"，即来自漕运管理部门，也即粮道衙门的规费。

清代的漕粮，除了正米之外，也要额外加收一部分，叫"漕项"[3]，它的征收理由是漕米在运送过程中会出现运输费用及鸟鼠啄食、自然腐烂等自然损耗。这个理由当然是说得过去的，但问题是州县长官通常会擅自提高附加税的税率，每石米的税额可能会征到四五两银，也就是说，百姓所交的税收是国家规定的三倍。于是"每办一漕，额多之州县立可富有数十万（两银）之巨资"[4]。当然，这笔好处要在整个官场上分肥（这部分在下文中有详细分析），其中就包括送给总督的"漕规"。

在另一些省份，"盐规"可能更为重要。"出自盐政的非正式收入有三个来源：一是销盐收入的赢余。"[5] 地方政府每年有销售食盐专卖权的定额，这笔钱算作正税，被解送中央政府。但有时中央允许地方在此额度之外超额销售，获得收入叫"盐课赢余"，可以用于地方公共开支。"二是盐政官员与受雇书吏征收的陋规，三是来自盐商的捐献。"盐商因为政府特许他们垄断经营的权力，皆获厚利，所以每年要集体给官员们送上好处。"一群河东盐商的例子具有典型性。雍正三年（1725），在山西颁发100 000 道新的盐引。该地区的盐商借此获取了巨额利润，雍正六年（1728），他们自愿每年捐献 5 000 两作为该省的公费。用盐商自己的话说，他们如此做，不仅因为他们从增加的盐引中获利，而且因为是王朝为国家带来了繁荣，人口不断增长，对盐

[1] 所谓漕运，就是由南方征收大米，运送到北京供京师食用。漕运部门在国家规定的数额之外，每年要加征各种"漕项"。

[2]《官中档》，18847，署理江苏巡抚何天培，雍正元年九月初九日。转引自〔美〕曾小萍著，董建中译：《州县官的银两》，中国人民大学出版社，2005 年，第 202 页。

[3] 名目有"随正耗米""运军行月钱粮""水脚银""轻赍银"等。

[4] 民国《上海县继志》卷三十。转引自李文治编：《中国近代农业史资料》第一辑，生活·读书·新知三联书店，1957 年，第 326 页。

[5]〔美〕曾小萍著，董建中译：《州县官的银两》，中国人民大学出版社，2005 年，第 59 页。

的需求也持续上升。"[1]

通过以上叙述，我们很容易理解，"规"费产生的理由是资助上级部门办公经费之不足。它的范围实际上涵盖了地方上所有有油水的部门。不管这油水来自哪儿，都要给上级进贡一部分。因为不这样做，上级就没有让这个油水来源存在的必要。所以除了这几项主要的陋规之外，有些省还有些特殊的项目。比如"香规"，是向到山东泰山和湖北太和山（武当山）进香的香客征收的，康熙、雍正年间的山东巡抚每年可以分到"香规"银两千五百两。鸦片战争之前，广东有"土规"，来源是鸦片（土烟）走私贩子送给海关官吏和水师官兵的贿赂银。

三　解剖乌程县这只麻雀

为了更具体地说明问题，我们以县级政府为例，更加详尽地分析一下规费的来源。

现代财政一般分为中央财政、地方财政两部分。清代把地方政府收上来的"地丁银"分成两部分：一部分叫"起运"，即运交给中央的部分；一部分称作"存留"，留下来作为地方行政开支。不过由于制度设计的自私性和短视性，皇帝们只重视中央财政，留给地方的其实远远不够。用曾小萍的话来说，所留数目"与州县的行政需求几乎没有什么关系"[2]。

而州县需要花钱的地方很多，比如本级衙门的行政经费支出，再比如兴修地方公共工程所需要筹措的巨额资金。

对基层官员来说，解决收支间的巨大差额并不算困难，因为他们拥有直接收税权。"被任命管理一州一县的官员处于独一无二的位置，可以操纵合法的赋税制度，创造超越法律、保证庞大中国官僚机构运作的收入。"[3] 他们在向百姓征收国家正赋时，通常都要比国家规定的多收一些。这就叫"耗羡"或者"加征"。多收的钱，一部分如"耗羡"的"耗"字本意一样，用于抵偿运送税粮过程中的损耗和路费。更多部分，则是用于地方开支[4]。

因此，"耗羡"或者"加征"的出现情有可原。但问题是，多收多少，国家并没有固定的标准。这是因为各州县经济条件不同，实际支出各异。即使同一个地方，每

---

[1]〔美〕曾小萍著，董建中译：《州县官的银两》，中国人民大学出版社，2005年，第192页。
[2]〔美〕曾小萍著，董建中译：《州县官的银两》，中国人民大学出版社，2005年，第51页。
[3]〔美〕曾小萍著，董建中译：《州县官的银两》，中国人民大学出版社，2005年，第44页。
[4] 根据现有的资料综合来看，清代的耗羡大体占正税的10%~50%。这一部分，国家从未正式承认过，但实际上却是默许的。

年的收入和支出也会有所波动。黄仁宇说，传统中国的一大弊病是"不能在数目字上管理"，朝廷没心思替他们差异化细算每一个地方、每一级政府的具体支出需要，因此也就没法为各地制定附加税标准，监督各地方政府的征收幅度。因此只能赋予基层政府一定程度的自主权，征收多少，实际上是地方官的"良心账"。既然如此，大多数地方官员自然就"不讲良心"，尽可能将征收额扩大，在满足行政经费需要之外，以剩余部分肥己。朝廷对此除了加强"思想教育"之外，基本无法可想。所以清代开国之后，加征就有不断加重的趋势，"州县火耗，每两有加二三钱者，有加四五钱者"[1]。"大州上县，每正赋一两，收耗银一钱及一钱五分、二钱不等。其或偏州僻县，赋额少至一二百两者，税轻耗重，数倍于正额者有之。"[2] 本来应该在正税之外多收百分之十，最后可能变成百分之二十、百分之五十，个别情况下甚至百分之百至百分之二百。至于其名目，则多如牛毛，总名之下，还有子名，子名之外又有别称，同一名目又因官、因地、因时，各有不同的内容[3]。如胡林翼所称："州县书役样米、淋尖、踢斛、抛散、溜滆，以及由单、串票、号钱、差费等等名目……计每县陋规多至数十款，百余款。"[4]

我们以道光年间浙江乌程县为例，看一下县级政府的收入来源。

道光年间，浙江钱塘人吴煦游幕各地，身后留下大量存抄的档案资料。周健根据其中《浙江乌程县收支账册（1843年）》《浙江乌程县道光二十年漕用各费账册（1840年）》[5]，制成道光年间浙江乌程县入项一览表[6]，引用如下：

表 8-1　道光年间浙江乌程县入项一览表

名目	额数	实际征价	市价或法定征价	盈余
地丁	112 769 两	每两征 1.682 两	每两征 1.05 两（正银 1 两耗银 0.05 两）	71 270 两
南米	1 500 石	每石征 6 120 文	每石市价 2275 ~ 2925 文	3 342 两

[1] 蒋良骐：《东华录》卷二十二，学苑出版社，2004年，第399页。
[2] 丁守和等主编：《中国历代奏议大典》第四册，哈尔滨出版社，1994年，第245页。
[3] 张晨：《清代部费陋规问题研究》，博士学位论文，武汉大学，2013年，第67页。
[4]《胡林翼集》第一册，岳麓书社，2008年，第332页。
[5] 太平天国历史博物馆编：《吴煦档案选编》第七册，江苏人民出版社，1983年，第1~14页、15~17页。
[6] 周健：《陋规与清嘉道之际的地方财政》，《"台北研究院"近代史研究所集刊》第75期，2012年3月，第115~158页。他原文自注此表所据材料为太平天国历史博物馆编：《吴煦档案选编》第七册，江苏人民出版社，1983年，第14~17页；郭世昌修：《乌程县志》（光绪七年刻本）卷二十五《田赋》，页5b。

续表

名目	额数	实际征价	市价或法定征价	盈余
漕粮	84 651 石	每石征 5 553 文	每石市价 2275～2925 文	139 299 两
税契	不详	每两征 84 文	每两征银 3 分	每两 36.6 文
产单	不详	无	无	每本 940 文
盐规	无	无	无	每年 680 两

　　说明：1. 清代向农民征收的田赋分三类：地丁、租课和漕粮，其中漕粮又称漕南，水运京都之粮为漕粮，留南方供军需之粮称南米。

　　2. 周健原注：纹银、银圆与制钱的折价据账册中反映的 1 580 文／两、1 200 文／元，糙米市价据（清）柯悟迟《漏网喁鱼集》，页 5。

　　由此可见，乌程县每年正税收入 237 887 两，而实际征收至少 452 479 两，是国家正税的 1.9 倍，这样一年至少可以在国家正税之外收入 214 592 两。

　　这 214 592 两"额外收入"当然不可能全部归入乌程县县令的私囊。

　　这部分收入首先要用于本级地方政府运转所需。

　　乌程县道光二十三年的例行支出，记载于《浙江乌程县收支账册（1843 年）》[1] 中。

　　其中第一类为本署的幕友修金。"本署各席。刑、钱修金，各库纹八百两，火食每月十千文，节礼每次洋八元，随各二元，高足每位洋四元。"

　　第二类是衙门内其他工作人员工食杂用。比如"本署每节各项差役付钱八千六百文，又轿夫六百文，又执事六百文，又礼生、坊役各一百四十文"。

　　第三类是购买工作生活用品支出。比如"笤帚百，共六百文"。"各朔望行香、香烛、元宝，钱五百文。"

　　第四类是社会救济。"孤贫病故，每名损赏钱一千文。"

　　第五类是监狱管理费用。其中包括禁卒、挑水工、管媒婆、更夫、看役、听事、仵作等人的口粮、盐菜、工钱，监犯口粮盐菜钱，监犯病故每例赏棺木、楮锭，监犯起解红衣裤等。

　　额外收入用途的第二个部分，则是致送上级部门的"规"和"礼"。

　　张仲礼在《中国绅士的收入》中将州县官员的附加税直接列入其私人收入，无疑是不适当的。除了用于本级衙门，这部分收入还必须分润上司和其他部门。一方面，上级衙门并无直接税收权，它们更需要解决行政经费不足的问题，另一方面，上级怎么可以听任自己不如下级富裕呢？这实在既不合天理，也不近人情。所以自然而然，

[1] 太平天国历史博物馆编：《吴煦档案选编》第七册，江苏人民出版社，1983 年，第 15～17 页。

"附加税"还要进行"再分配",主要方式就是"陋规"。

陋规的致送方式,并不是由州县直接分送以上各级衙门,而大致遵循层层递进制原则。大体上来说,每一级政府主要负责与它直接发生政务往来的上级政府和相关部门的行政费用补充。我们还是来看乌程县的情况。

《浙江乌程县收支账册(1843 年)》显示,乌程县每月需要例送湖州府"月费",每月 66.66 两,全年共 800 两,每次另有门随洋 10 元。知府因公上省,乌程、归安二县每次送银 50 两。年底知府赴县盘查库项,赠银 400 两。

此外,湖州府署各发审幕友修金、伙食,由府内七县公摊,乌程每年负担修金 240 两,伙食 43 200 文,逢节日另赠各幕友节礼数元至十数元不等。

"不仅如此,府署内外一切琐细杂用,均由乌程、归安两首县负担。综计'各宪节寿''府署费用''在城文武节仪'各款,乌程县每岁至少馈赠各上司、同寅规礼银 6 258 两。"[1]

可见乌程县要负责上级知府衙门的办公经费、幕友薪金、知府出差费用及其他琐细杂用。这部分陋规明显体现出它的行政经费"反向补充"性质,也就是由下级政府为它的上级政府提供行政经费补充。这种补充一般来讲是层层递进制,也就是每一级政府主要负责补充它的上一级政府。

而与此同理,知府衙门则需要把州县政府补充给自己的这部分再分润给自己的上级部门。

雍正元年年希尧署理广东巡抚,他到任后向皇帝汇报巡抚衙门规例:

> 今奴才到任一月,查明巡抚衙门规例,司、道、府、州、县每节送巡抚节礼一万二千余两,一年四节约计银五万两。奴才钦遵圣训,概行拒绝。即币帛亦不收受。(朱批:这才是好。)惟布政司每年有平规银八千两,广州、潮州、肇庆、高州四大府监收桥税四季帮办费钱七千两,两项一年共银一万五千两,前任巡抚杨宗仁俱皆收受,奴才蒙圣恩深重,收此两项以作一年盘缠与夫犒赏兵丁之费。奴才京中别无所面,每年一万五千两足够。奴才一年之用,若粮道、盐道并无巡抚衙门例规。理合奏明。[2]

由此可见,广东的四大府需要与布政司衙门等一起分担巡抚衙门部分经费。

[1]周健:《陋规与清嘉道之际的地方财政》,《"台北研究院"近代史研究所集刊》第 75 期,2012 年 3 月,第 127 页。

[2]中国第一历史档案馆编:《雍正朝汉文朱批奏折汇编》第一册,江苏古籍出版社,1991 年,第 194 ~ 195 页。

事实上，这种反向补充覆盖了国家财政体系的所有层级。雍正元年，两江总督长鼐在奏折中这样列出自己的支出事项。他说：

> 奴才仰赖圣恩，抚养子弟家口，照护族人亲人，嘉赏八旗军士射弓善中者，官兵红白喜事，协助围猎，以及赏赐奴才标下官兵等项。[1]

由此可知，长鼐在总督任内有一项支出叫"协助围猎"，这显然是地方官对皇帝事务的反向补贴。

四 从"漕规"看陋规的形成过程

在乌程县入项当中，最大的一项是漕粮、南米的盈余。对于有征漕任务的省份来说，漕务不但是税收中的重中之重，也是所有公务中最重要的一项，是关乎国计民生的头等大事。但是，漕务（尤其是江南的漕务）办理过程中，不但存在着和地丁钱粮银一样的附加税费问题，而且这个问题比地丁钱粮银还要严重。

我们以乌程县为例，看一下漕粮征收过程中的开支情况，同时也可以细致观察在这个过程中陋规的分配情况。周健在另一篇文章中对《浙江乌程县道光二十年漕用各费账册（1840年）》[2]进行了具体统计，以下部分数据来自他的论文《嘉道年间江南的漕弊》[3]。

道光二十年，乌程县办漕过程中一共支出 29 424.85 元（合 22 490 两）。这些钱是怎么花出去的呢？

州县政府办理漕务，开支非常巨大。自开仓收粮直至兑米上船，处处需要花费："有修仓搭棚、纸张油烛之费，有仓夫、斗级、书记、漕记、差役饭食之费，有内河运米交兑夫船耗米之费，有交米书役守候之费，一切用款甚巨。"[4]

根据《浙江乌程县道光二十年漕用各费账册（1840年）》，我们可以看到，乌程县每年征收南米、漕粮，有如下几类花费：

---

[1] 中国第一历史档案馆编：《康熙朝满文朱批奏折全译》，中国社会科学出版社，1996年，第1267页。

[2] 太平天国历史博物馆编：《吴煦档案选编》第七册，江苏人民出版社，1983年，第1～14页。

[3] 周健：《嘉道年间江南的漕弊》，《中华文史论丛》2011年第1期，第233～299页。

[4] 《左宗棠全集·奏稿一》，岳麓书社，1987年，第564页。

第一类是修理仓库、开仓祀神等施工支出。每年征收漕粮前，要整修或者新建仓库，花费不小。比如"修仓砌墙毛石块七船，钱八千四百文。修仓泥水工食，钱一百四十千文。修仓用瓦七万块，洋七十九元，钱五千九百六十九文。修仓木匠工食，钱一百九十千文"……

此外还要添买工具用品，如铁锁、灯笼、火把以及祀神香烛等。看起来林林总总，但这些直接开支合计不过871.02元，仅占当年漕务开支的2.96%。

第二类是管理及工作人员的费用。征收漕粮任务繁重，流程复杂，需要大量管理及工作人员。"是年乌程带征上年缓征漕粮，起运较多，共开二十廒，于大有仓、新仓两处存粮，自开仓至兑运，各仓廒均驻有一定数量的幕友（20名左右）、家人（126名）及书吏，负责各项事宜，这自然是一笔不小的开支。"[1]计有如下数种：

一是"漕俸劳金"，也就是管理仓库的工作人员薪水。仓库中有正廒、副廒、仓门、署门、仓印、署印、管监、仓署跟班、提糙、账房等。

二是仓库管理人员及其家人的伙食补贴，又叫"仓内执事家人饭食点心折菜"。

三是"漕友、委员火食点心"。即管理漕务的幕友、委员等人的伙食补贴。

四是备廒花费，即各廒守米家人、更夫、地保、捕役的饭食钱及年节赏钱。比如"守米家人"，每人每天"给饭食钱一百二十文，守夜点心钱六十文，灯油钱三十文"。

五是满廒留兑，即留兑时正廒、总巡、巡风、三使、门上之饭食、灯油钱。

六是兑米劳金，即正廒、总巡、收筹、巡风、仓门、三使、火夫劳金，及夜兑、添袋、船户、肩夫饭食钱。

七是溢米例赏。"所谓'溢米例赏'指各廒所征漕米超过额征部分的赏钱，每余米一石，赏钱342文，由'正廒'（管廒家人）、'记书'（负责收粮的书吏）对分。是年溢米例赏达1 486.06元，可见本色浮收之重。"

以上七项，合计5 180.8元，为数较多，不过也仅占整个漕务开支的17.61%。

第三类是本级衙门从中获取部分办公经费及供给上级部门及其他相关部门的分润，也即所谓的"规费"。这一项，占整个漕务开支的79.43%。也就是说，这才是整个支出中的大头。

这79.43%，又可以分为两大部分。

第一部分是致送上级及同城文武的"漕规"。

一是粮道漕规，即账册中的"粮道临仓"。因为在征收漕米过程中，各省粮道例须临仓亲验米色，并监督兑粮上船，押运北上，所以以此命名。这一年粮道的漕规为

---

[1] 周健：《嘉道年间江南的漕弊》，《中华文史论丛》2011年第1期，第233～299页。

3 240.22 元。其中包括"粮道向例"共库纹两千两，也包括粮道在县七天的差旅食宿费用及身边工作人员漕规费用等。

二是知府漕规，即"本府漕规"，一共是 1 996.23 元。其中送给知府本人的是"本平纹银一千零十五两，另白米四十石"。此外知府身边的大量工作人员也需要致送漕规，在"本府漕规"项下一并核算。

三是"漕修例款"，名义上是管理漕粮事务的幕友、经纪、高足、书启等人的报酬。其中既包括粮道署中管漕幕友、知府各幕友及所荐幕友、经纪漕修，也包括乌程县本县的刑名、钱谷幕友及所荐幕友、经纪、高足、书启、朱笔、墨笔、号件、地丁头柜、南米头柜、散柜、验串、圈账、账房、新仓监收等漕修、程仪。

从字面上来看，这项支出应该列入管理成本当中。但事实上，这些参与其事的"幕友、经纪、高足、书启"中许多是粮道署和知府荐来的，他们本人往往又例荐幕友、经纪等，这些人名义上帮同办理漕务，实际上往往只是挂名拿干薪而已。正如御史王家相所言，"未开仓以前，上司先荐幕友，由首府分派各州县，该州县即不延请，而碍于情面，不得不致送束脩"[1]。

四是漕务的委员的办工费用及报酬，归入"漕内委员"项下，包括总运及巡抚、粮道、知府所委催兑委员之供应、程仪。比如"总运临湖船价洋二十四元，又坐日派洋八元，又供应包费等款派洋二百三十七元，又公馆（器具在内）派洋四十四元，又太平船价派洋一百五十元，又程仪派本平纹银二百八十两二钱九分九厘……"

按理此项也应该归入管理费用。但事实上，这些委员并不负担多少实际工作，主要任务就是收取陋规。正如御史陈肇所说："每届收漕，上司委员到各州县察看，名为查漕，其实皆为调剂候补人员起见。各委员一到，并未认真盘查，不过需索陋规而去，或已经府委，又由道委，源源而来，营求无厌。"[2]

五是同城文武漕规，即乌程及邻邑归安各级武职、府县学、各厅均有漕规，并另荐经纪、家人。"协台、都司、左右营守备、左右巡城、府学正副广文、本学正副、安学正副、府经厅、本粮厅、本河厅、本捕厅、大钱司、南浔司……"均有分润。

六是送给督抚衙门部分具体工作人员的"各宪房漕例"，比如："督号房莫利天洋二元，禀事李文达洋二元。抚禀事吴元太洋四元，又傅承祖、沈载赓共洋八元。抚门房方玉正、李宪廷洋四元，号房方治均洋二元。抚茶房郑天池洋三元，又工食钱七百文……"

[1]王家相奏，嘉庆二十五年九月十七日，军机处录副奏折03/1765/067，中国第一历史档案馆藏。
[2]陈肇奏，道光四年八月二十日，军机处录副奏折03/3053/034，中国第一历史档案馆藏。

以上六类，合计占整个漕务支出的 36.98%。

第二类则是"帮费"。所谓帮费，是指州县政府帮助运输漕米的费用。

在清代财政体制中，"帮费"的产生和发展很有代表性，对我们理解清代税收体系畸形发展的内在机理，正好是一个便于解剖的"麻雀"。本来朝廷定制，州县官员只需要征收漕米，并且运送到漕船之上。运输之事，由"旗丁"也就是负责漕运的兵丁负责。负责漕运的旗丁本来有国家法定的报酬，与州县无涉。但问题是，报酬标准定于清初，清中期通货膨胀之后，"所领一石之价，仅敷买数斗之粮"，这些收入已经远远不能满足生活的需要。与此同时，清中期后，运河河道年久失修，遇浅阻之处，需各处雇觅人夫，运输成本也大大增加。旗丁不得不借口米色不纯等，向地方政府索要帮费。地方官员害怕"延误漕粮起运之期"，受到朝廷追责，只得妥协。这就是帮费的起源。事情至此，尚可谓情有可原。

问题是，和所有不合理收费一样，实际需要最后只成了一个引子。如前所述，清政府的薪俸体系和经费体系定于开国之初，到了清代中晚期已经严重脱离实际，各级衙门都在寻找新的经费来源。发现"帮费"这个新的陋规来源之后，沿途所有衙门官员都纷纷伸手。因为粮船北上，沿途文武均有催趱之责，漕运总督、河道总督以及途经各省督抚都会遣派员弁，在重要闸坝负责接应催趱，沿途"不下数百员"。每个人都要得些好处，否则不予放行。总漕、仓场衙门的官弁吏役因为掌握着盘查、验米等权力，更是"得以意为臧否"，对旗丁予取予求，而旗丁"顾惜身家，不得不如其愿"。

因此，和地丁银中的"耗羡加征"一样，漕务中的"帮费"自诞生后，也迅速恶性发展，滚雪球一样名目越来越多，数额越来越大。如魏源所言："今岁所加，明岁成例，则复于例外求加。"[1] 由嘉庆初年的每船一二百两、中期的三百两，至道光初年的四五百两，经道光中前期的大幅上扬，至末年已攀升至千两以上。名目也一再新出，什么铺舱礼、米色银、通关费、盘验费等，不一而足[2]。据周健分析，这些帮费只有大约百分之十是旗丁用于补贴收入的不足，其他百分之九十，则分润给沿途管理漕运事务的各级衙门及官员[3]。而帮费也因此成了州县办漕支出中最大一项。道光二十年，乌程县支付帮费银 12 489.11 元，占整个漕务支出的 42.45%。

[1]《魏源集》，中华书局，1976 年，第 430 页。

[2] 周健：《嘉道年间江南的漕弊》，《中华文史论丛》2011 年第 1 期，第 233 ～ 299 页。

[3] 周健：《嘉道年间江南的漕弊》，《中华文史论丛》2011 年第 1 期，第 233 ～ 299 页。

表 8-2　乌程县道光二十年漕务开支统计表[1]

名目		额数	说明	比例（%）
1. 修理仓库、开仓祀神杂用等支出		871.02 元	修理仓廒、开仓及满廒人工、饭食、赏钱等。如"修仓砌墙毛石块七船，钱八千四百文。修仓泥水工食，钱一百四十千文。修仓用瓦七万块，洋七十九元，钱五千九百六十九文。修仓木匠工食，钱一百九十千文"……此外开仓祀神香烛钱，购买铁锁、灯笼、火把等，也从此项目中开支。	2.96
2. 管理费用	1. 漕俸劳金	1 891 元	正副廒、巡风、总巡、仓门、仓印、管监、署巡、旱巡、提糙、账房、流差、守米、挂名等漕俸	6.43
	2. 仓内执事家人饭食点心折菜	398.00 元	开仓至满廒正副廒及家人饭食、点心、折菜、折米、年节钱	1.35
	3. 漕友、委员火食点心	178.33 元	验串幕友、地丁头柜、南米头柜、钱席及散席幕友、大钱司帮收、捕厅帮收、府委菱湖司弹压、监收幕友、管圈账幕友火食、点心钱	0.61
	4. 备廒花费	59.21 元	各廒守米家人、更夫、地保、捕役饭食钱及年节赏钱	0.20
	5. 满廒留兑	50.20 元	留兑时正廒、总巡、巡风、三使、门上之饭食、灯油钱	0.17
	6. 兑米劳金	1 118 元	正廒、总巡、收筹、巡风、仓门、三使、火夫劳金，及夜兑、添袋、船户、肩夫饭食	3.80
	7. 溢米例赏	1 486.06 元	正廒、书记、三使赏钱	5.05
	合计	5 180.8 元		17.61
3. 漕规	本府漕规	1 996.23 元	知府并府内家人漕例，及所荐幕友、经纪脩金	6.78
	粮道临仓	3 240.22 元	粮道往来供应及漕规	11.01
	同城文武漕规	1 306.21 元	协台，都司，左右营守备，左右巡城，府学，乌程、归安县学，湖州府经厅，乌程粮厅、捕厅、河厅、大钱司、南浔司，归安县粮厅、河厅、捕厅，乌程、归安巡城委员，湖州府各厅，南浔汛，安吉营，太湖营，乌镇汛，晟舍汛，马要汛，菁山汛（包括所荐家人、经纪）漕规	4.44

[1] 参考周健：《嘉道年间江南的漕弊》，《中华文史论丛》2011 年第 1 期，第 233～299 页。周健原注：洋银/制钱比价按账册中反映的 1 200 文/元计算。纹银/制钱比价按 1 570 文/两计算（《中国近代货币史资料·清政府统治时期（1840～1911）》，第 80 页）。白米按 2.4 两 / 石折算。

续表

名目	额数	说明	比例（%）
各宪房漕例	65.25 元	各上级（督、抚、藩、道、府）衙门书吏漕规	0.22
漕内委员	1 945.04 元	总运及巡抚、粮道、知府所委催兑委员之供应、程仪	6.61
漕修例款	2 330.97 元	粮道署中管漕幕友、知府各幕友及所荐幕友、经纪漕脩、乌程县刑名、钱谷幕友及所荐幕友、经纪、高足、书启、朱笔、墨笔、号件、地丁头柜、南米头柜、散柜、验串、圈账、账房、新仓监收等漕修、程仪	7.92
合计	10 883.92 元		36.98
4. 帮费	12 489.11 元	台前帮、台后帮、温前帮、温后帮、白粮帮兑费	42.45
合计	29 424.85 元（合 22 490 两）		100

从以上资料我们可以看出，漕规的致送也是"层层递进"。知县衙门的"漕规"主要致送给与本衙门有直接工作往来的部门和人员。对于本省官员，主要致送对象有征收南米、漕粮的粮道以及其幕友，本衙的顶头上司知府及其幕友，与本衙门同城的文武官员。至于再上层级的衙门，并不致送其主官及幕友，只送本级衙门有可能与之打交道的具体工作人员，比如总督、巡抚衙门的号房、禀事、茶房等。之所以粮道和知府送得特别多，自有其理由。军机大臣曹振镛曾解释说："州县既已违例浮收，必有刁生劣监等从而把持评讼，全赖知府为之调停；其与旗丁争执米色、评讲帮费不决者，又须粮道为之分剖。是以知府、粮道两处之规费特重。"[1] 至于分润同城文武，一是如此香气诱人的肥肉，自然引人垂涎；二是平时事务往来，少不得相互帮忙。

对于外省部门，州县也只致送给具体接洽的旗丁。至于运输过程中的层层向上分配，则由旗丁及其所贡献的个人和衙门负责。

由此可见，陋规往往是因事而设，缘势而生，如藤攀树，如瘿附躯。它的产生，没有依据，没有计划，因此它的成长也漫无节制，呈现一种病态的旺盛和繁荣。虽然没有一个明确的顶层设计和发展规划，全靠相邻层级间的博弈和纠缠，但是它丑陋生长的结果，却一定程度上弥补了财政体系的缺陷，并且几乎满足了漕运过程中所有相关利益部门的利益需要。只不过，这种弥补是以大量民脂民膏被侵吞为代价。

---

[1]《嘉庆道光两朝上谕档》第二十五册，广西师范大学出版社影印本，2000 年，第 441 页。

五　地方官要送几种礼

规费主要出自有权有钱的部门，至于"礼"，则是所有官员，不管肥缺瘦缺，官大官小，都要送的，因为这代表官员个人的心意。从广义上讲，陋规指所有非法收入；而从狭义上讲，陋规专指官僚体系中个人致送的金钱和礼物。

之所以说"陋规"是有旧中国特色的一种财政分配方式，就是因为这种分配是在"礼"的面纱下进行的。它不光要解决地方财政资金不足以及官员薪水过低的问题，还要承担在官员之间建立情感联系的功能。

"所有的官吏，从底层的县丞到总督，都定期向上司呈递已成惯例、数目确定的白银作为礼物。这些礼节包括上司的生辰规礼、新官到任的贺礼、拜见官员的表礼、每年主要节日的四节节礼。这些礼物数目可观，尤其是省里大员比如巡抚和布政使所收受的礼物。雍正二年，两广总督承认收受属下节礼 47 110 两。每年呈送广西巡抚的节礼总数是 12 400 两。除此之外，他到任时所收的礼物与一季节礼相当，并且来自桂林、平乐、浔州、梧州四府的落地税赢余每年有 7 000 两。山东巡抚塞楞额上奏，该省前任布政使从州县接受的礼物 9 784 两，前任学政从同一来源获益 3 204 两。"[1]

清代官场的基层官员需要向上级致送的礼金异常繁重复杂，以至于他要建立一个专门的账簿来进行统计。顺治、康熙时期的吏科给事中林起龙曾经这样概括一个州县官员需要送的礼金：

> 参谒上司，则备见面礼；凡遇时节，则备节礼；生辰喜庆，则备贺礼；题授保荐，则备谢礼；升转去任，则备别礼。[2]

下面我们就来分析一下林起龙所说的这五种礼。

一是"见面礼"。上司刚刚到任，下属要前往参拜，要送"见面礼"或者"新参礼"，也叫"贽礼"或"贽见礼"，或是称"上任礼"或"到任规礼"。

"见面礼"的标准如何呢？

康熙五十六年（1717），出任两江总督的长鼐报告："奴才于六月十九日抵达江宁，接任之后，二十二日，安徽布政使年希尧、按察使朱作鼎，江宁按察使祖业

---

[1]〔美〕曾小萍著，董建中译：《州县官的银两》，中国人民大学出版社，2005 年，第 51 ~ 52 页。

[2]《皇清奏议》卷七《林起龙严贪吏以肃官方疏》，转引自丁守和等主编：《中国历代奏议大典》第四册，哈尔滨出版社，1994 年，第 43 页。

宏……松江府知府李文元，伊等亲携一百二十两至五百两等，作为新接任之礼，送与奴才，共银三千八百两。估算现送来之银数及尚未送来之江南、江西司道府官员之银，约万两余……奴才蒙受主父重恩，钦遵仁教之旨，未收受所送银两，并禁再送银两。为此谨具奏闻。（朱批：好，知道了。惟嗣后长久观察矣。）"[1] 也就是说，他到两江地区后，安徽布政使、按察使，江宁按察使，江安粮道，驿盐道，常镇（常州、镇江）道，徽州、江宁（南京）、扬州、镇江、松江（上海）等府知府前来参见，每人送银一百二十两到五百两不等，总共有三千八百两。按已送的标准估算，加上尚未见面的下属将要送来的数目，此项礼银大概有一万多两。而刘愚《醒予山房文存》卷十中说到，晚清四川总督的到任礼大约有二万两银子。四川总督权势并不能和两江总督相比，此例也许可以说明，晚清官场礼金标准较康熙时大为上涨。

二是"节礼"。也就是逢年过节送的礼。三个重要的传统节日，即端午节、中秋节、春节时，下属是一定要向上司送礼的。据广西巡抚高其倬说，广西省内各衙门每年向巡抚送节礼一万两千四百两[2]。广西是"老少边穷"地区，送礼标准也相对较低。而山东巡抚的节礼收入，据交代高达六万两银子。其他各省的巡抚，河南是四万两，贵州最少，是七千两[3]。

三是"贺礼"，就是上司家红白喜事及生日时送的礼金，官员的妻子、父母做寿，官员生儿子、生孙子，都要送礼。雍正元年（1723）博尔多代理山东布政使，"济南府的官员做备围屏、杯、缎、银如意、调羹送来上寿"，具体价值不详。第二年出任安徽布政使，"收受各属寿礼，金银、绸缎、玉器等项共计银七千余两"[4]。

四是"谢礼"，是为了感谢上司提拔而送的礼。

五是与"上任礼"相对应的"离任礼"，即林起龙所说的"别礼"，它在上司升迁、调动离任时送。

除了上述五种主要的"礼金"之外，还有其他许多名堂的礼。比如上级到下级单位巡视和检查工作，也会收到礼金。其中有一项叫"盘库礼"，就是上司到下级衙门盘查银库、粮库时下级送上的礼金，其目的当然包括让上级少挑毛病。咸丰九年

[1] 中国历史第一档案馆编：《康熙朝满文朱批奏折全译》，中国社会科学出版社，1996年，第1208页。两江总督长鼐奏报未收受下属官员礼银折，康熙五十六年六月二十五日。

[2] 李春梅：《试探清朝前期督抚的陋规收入》，《内蒙古社会科学（汉文版）》2005年第7期，第27页。

[3] 李春梅：《试探清朝前期督抚的陋规收入》，《内蒙古社会科学（汉文版）》2005年第7期，第27页。

[4]《世宗宪皇帝朱批谕旨》卷二一七《朱批石麟奏折》，文渊阁《四库全书》，上海古籍出版社，1987年。

（1859），张集馨回答皇帝的询问时，说四川总督每年春、秋两次到布政司衙门盘库，每次可得银子一千两。[1]

吴煦档案乌程县账册中关于礼的记载主要集中于"各宪节寿"一款，主要内容如下：

> 藩节寿各礼。臬节寿，杭文二百两[2]，新参同。本道节寿，杭文二百两，新参同。运节寿各礼。粮节寿各礼。学节寿各礼。杭府节寿各礼。本府节寿、新参，司平银三百六十两，门包杭元三十六两。[3]

由此我们可以看到，礼的致送，同样是层层递送，只不过递送的层级范围要远比"规费"广。一个县令，虽然还不够给总督、巡抚直接送礼的资格，但最高可以送到布政使、按察使级别。乌程县每逢布政使、按察使、杭嘉湖道、盐运使、粮道、学政、本府（湖州府）以及杭州府官员节寿或到任（"新参"）之时，都需送礼。当然，这种致送，并非对象级别越高，送得越多，而是相反。按察使节寿和新参，都不过杭平二百两；而送给自己的顶头上司知府，则是司平银三百六十两。

和"规"一样，"礼金"中的一部分内容，包括门包在内，也是下级部门对于上级部门财政经费的反向补充，因此其来源自然是公款。查弼纳在奏折中说："窃惟大小官吏自掏银两补于职用者甚少。凡馈送上司之礼物非取自于民，即为动支库银。"

表 8-3　清代督抚收支结构简表

收入来源			支出项目	
合法收入	正俸	二品文官正俸标准为一百五十五两。	**个人生活支出**	衣食住行支出，包括住房、舆马、衣裘、饮馔、赡养家属等项目。
	养廉银	乾隆年间定两江总督为一万八千两。		
陋规收入之礼金部分	见面礼	下属首次进谒上司所送。康熙年间两江总督长萧汇报说此项礼银大概有一万多两。《醒予山房文存》说，晚清四川总督到任礼大约有二万两。		庆吊往来支出，以及周济老家和外地的亲属，同官、同年、故旧的应酬。
	节礼	节庆时送，康熙晚年雍正初年一些地方官汇报，广西巡抚每年节礼约一万两千四百两。山东巡抚节礼收入六万两，河南四万两，贵州七千两。		

[1] 张集馨：《道咸宦海见闻录》，中华书局，1981年，第261页。

[2] "杭文""杭元"即杭州市平所计之银。转引自周健：《陋规与清嘉道之际的地方财政》，《"台北研究院"近代史研究所集刊》第75期，2012年3月。

[3] 太平天国历史博物馆编：《吴煦档案选编》第七册，江苏人民出版社，1983年，第18页。

续表

收入来源			支出项目
陋规收入之礼金部分	贺礼	上司红白喜事及生日时送。雍正元年博尔多代理山东布政使，"济南府的官员做备围屏、杯、缎、银如意、调羹送来上寿"。第二年出任安徽布政使，"收受各属寿礼，金银、绸缎、玉器等项共计银七千余两"。	个人承担的公务支出
	谢礼	感谢上司提拔时所送。	
	别礼	上司升转去任时所送。	
	其他礼金	比如"盘库礼"，上司到下级衙门盘查银库、粮库时下级送上的礼金。	
	钱粮平头银（又叫"秤余""秤银"等）	来自布政使衙门。雍正元年年希尧汇报广东巡抚陋规收入，"布政司每年有平规银八千两"。康熙年间两江总督长鼐汇报陋规情形："安徽布政使秤银四千两，江西布政使秤银四千两。"江西巡抚白潢汇报："巡抚衙门每年布政使有钱粮平头银八千两。"	
陋规收入之规费收入	关规	来自各税关。白潢汇报："巡抚衙门每年湖口赣州二关共有规礼银二千四百两。"	
	漕规	来自粮道衙门。白潢汇报："巡抚衙门每年粮道有征漕规礼银四千两。"	
	盐规	来自盐商。长鼐汇报："两淮盐商拨银二万两。"白潢汇报："巡抚衙门每年盐商有规礼银一万两。"	
	其他陋规	有些省有特殊项目，比如"香规"，是向到山东泰山和湖北太和山（武当山）进香的香客征收的，康熙、雍正间的山东巡抚每年可以分到"香规"银两千五百两。	

支出项目栏补充内容：

身边工作人员，如幕友、书吏、门子、铺兵、轿伞随夫、厨役、马夫、灯夫、更夫、钟鼓夫等薪水开支。据周询《蜀海丛谈》所载，四川总督幕府大席（折奏、刑名）年修二千余金，另加节礼可获八千余金，年收入可逾万金。

绿营赏操开支、递送奏折开支。李绂在广西巡抚任时，开列该衙门日用花费的账单："赍折二人路费，每次用银一百两，臣任内（一年半）共十八次，共用银一千八百两；赍表笺本章弛驿弁役，每次二人给路费四十两，臣任内共十三次，共用银五百二十两。"

地方公益事业开支。比如兴修水利、赈恤灾伤、资给孤贫、病故人员等捐款。雍正朝广西巡抚曾汇报他"捐修柳州府学府银一百两，捐修省城钟鼓楼五十两，捐修浮桥银五十两"。

六　为什么林则徐也要收陋规

除了上述规礼外，这种反向补充还有许多其他形式。最直接的是地方政府与上级政府公务往来的时候，要付给上级"投文费"（递交文件费）、"挂号费""册费"（记录费用）、"掣批费"（领取交税证明的费用）。比如乌程县与湖州府打交道时，"把门门号每次洋三元，投文挂号每次钱七百文，接帖门上每次洋八元"[1]。

此外，首县、首府要负责上司的家具陈设和办公建筑的维修，仅为这种开支就使

---

[1] 太平天国历史博物馆编：《吴煦档案选编》第七册，江苏人民出版社，1983年，第17页。

地方政府花掉数百甚至数千两白银[1]。总督出差一般由地方官承担住宿、供备和膳食的经费[2]。除此之外，为了应付"预算"中未包括或未完全包括的各项开支，各省政府还会要求地方官员提供经常的或特别的捐款。由于这种"捐款"是省政府强派给地方政府的，其数额也由省政府决定，因此叫摊捐。这种规费和摊捐也是底层政府为了协助上层政府衙门支应各项开支的一种经常方式。

因此到了十八世纪，这些陋规已经演变成了一种"复杂的非正式经费体系，与正式的财政管理相辅相成……获取它们的大多数方式是非法的，但是从全国规模看来，非正式经费体系并不是简单的、已经制度化的腐败。尽管参与这一体系的许多人无疑会从中牟取私利，但它的存在基本上是对中国帝制晚期的财政无法向官员提供履行职责手段的一个回应。至少一个世纪以来，非正式经费体系很好地填补了这一缺口"[3]。

所以我们很容易理解著名清官林则徐也公开收受"陋规"。道光二十六年，陕西发生重大灾荒，地方税收大幅减少，导致国家的军粮都停征了，然而"陋规"的致送却不能停止，陕西粮道张集馨在《道咸宦海见闻录》中说这一年"督抚将军陋规如常支送"，其中的"抚"就是陕西巡抚林则徐。那么林这一年所得"陋规"多少呢？张集馨说，计"每季白银一千三百两"，另有"三节两寿"的"表礼、水礼、门包"和杂费，"年逾万"[4]。

不管多大的天灾人祸，林则徐的"陋规"都会旱涝保收。我们很难想像林则徐为一己之私不顾百姓死活。这一事例只能解释成，离开了这笔"陋规"，林则徐个人生活以及巡抚衙门的日常运转就无法继续。这个例子可以说明，"陋规"其实已经成为一种变形的财政制度。任何一位官员都无法跳离"陋规"游戏。由此我们也就能理解为什么在晚清，本来是官员们之间表达私人感情的"礼金"却都有着明确严格的时间和数目规定。因为这名义上是人情来往，事实上则是上级官员赖以活命的固定收入，和国家正式税收没什么两样。"上司各项陋规等于正供，不能短少"[5]，已经成了比国家的正式财政制度还要硬性的制度。因此许多官员宁可挪用国家正式税收，造成国库亏空，也不敢耽误给上级送礼。

---

[1]〔美〕王业键著，高风等译：《清代田赋刍论》，人民出版社，2008年，第72页。瞿同祖《清代地方政府》认为是由所有州县官共同承担。

[2] 瞿同祖著，范忠信、晏锋译：《清代地方政府》，法律出版社，2003年，第45页。

[3]〔美〕曾小萍著，董建中译：《州县官的银两》，中国人民大学出版社，2005年，第44页。

[4] 张集馨：《道咸宦海见闻录》，中华书局，1981年，第261页。

[5] 咸丰四年五月二十六日四川学政何绍基奏折，《何绍基诗文集》第二册，岳麓书社，2008年，第669页。

这一局面有许多官员的自述为证。同治二年,河南学政景其浚在给皇帝的奏折中这样自陈心路,在没当官以前,他对"陋规"一事"未尝不笑之",认为自己当了官也绝不会收取。但是一当了官,发现不收不行:"及其登仕版也,苦无办公之资,兼不能自存活,而同事诸人,无不收受陋规,不得已试从而效之,而君子遂变为小人,上下官员,联为一气。"[1]谢金銮也说,陋规实际上没有进入私囊:"凡有陋规之处,必多应酬,取之于民用之于官,谚所谓以公济公,非实宦囊也。"[2]一生经历雍乾嘉三朝的汪辉祖在总结为官经验时说,对于陋规,只能采取现实的态度,不能一概裁尽:"陋规不宜遽裁,可就各地方情形,斟酌调剂,去其太甚而己,不宜轻言革除。"他甚至抨击那些要裁减陋规的官员心术不正:"至署篆之员,详革陋规,是谓慷他人之慨,心不可问,君子耻之!"[3]

不仅官员们这样坦然,皇帝们对陋规也一样不得不表现出宽容。

由于法无明文,陋规当然是"非法的"。康熙皇帝说:"凡事不可深究者极多,即如州县一分火耗,亦法所不应取。"但是,因为国家财政没有给地方支出留下余地,所以实际上也无法对这种约定俗成的做法进行认真惩处。所以康熙皇帝紧接着又说:"若尽以此法一概绳人,则人皆获罪,无所措手足矣。"[4]

康熙四十八年(1709)九月,皇帝在给河南巡抚鹿祐的上谕中更是表示了对官员收受陋规的高度理解:

> 所谓廉吏者,亦非一文不取之谓。若纤毫无所资给,则居常日用及家人胥役,何以为生?如州县官止取一分火耗,此外不取,便称好官。若一概纠摘,则属吏不胜参矣。[5]

明清财政制度设计,就是基于这样的"中国特色"思维方式:人性难以相信(虽然圣贤的教导是性本善),凡事不可深究。即使朝廷给足开支,地方官也难免会贪污,所以干脆任由地方官靠陋规生活算了。其实仔细探讨起来,"陋规"并不仅存在于官场,甚至遍及全社会。民国时人记载说,在北平,仆人们来买东西时,商店照规矩会自动

[1]盛康辑:《皇朝经世文续编》卷二十,转引自周保明:《清代地方吏役制度研究》,上海书店出版社,2009年,第522页。
[2]谢金銮:《居官致用》,徐栋辑:《牧令书》卷三,转引自周保明:《清代地方吏役制度研究》,上海书店出版社,2009年,第519页。
[3]汪辉祖:《学治臆说·论用财》,中华书局,1985年,第53页。
[4]蒋良骐:《东华录》卷二十一,学苑出版社,2004年,第342页。
[5]王庆云:《石渠余纪》卷三,北京古籍出版社,1985年,第141页。

把价格提高一成，作为仆人们的佣金，这在北平通俗叫作底子钱。小康之家给仆佣的工资很低，因为他们明知厨子买菜时要揩油，仆人购买家用杂物时也要捞上一笔。明清皇帝的政治思维，与市井细民的持家打算，真是完全同构，如出一辙。

因为无法在全国建立细化的有效的财政体系，皇帝们只能寄希望于官员们的道德情操过硬，准确把握这个收取陋规的"度"。上文年希尧向皇帝汇报巡抚衙门规例，雍正皇帝在折后批道：

> 览尔所奏，朕心甚悦。全是真语，一无粉饰……至于巡抚进路，必于指定某项无有是处；朕也不知那（哪）是该取，何是不该取。此等碎小之事，朕亦不问不管，只问你总责成一个好字。从来督抚将此事上沽名钓誉，裁去不取，拐弯另设他法，所得更甚。此等私套，皆不中用。有治人无治法。朕如今要定规矩绳限你们，万无此理，只要你们取出良心来将利害二字排在眼前，长长远远地想去，设法做好官就是了。不必这些面前打哄，好歹朕自有真知灼闻的道理。[1]

同样，两江总督查弼纳在雍正元年上折奏明岁收各项礼物银两的数目。雍正的批示是：

> 任凭你该如何去作，朕只总向你责成个好字。朕信得过你，再不是负朕之大臣。保管从来督抚不曾奏你如此一个折子，实令朕不忍观也。好，真好。应当用之费必取于当取之处，不然国家连钱粮都要不得了。[2]

制度问题在这里被简化成了"信得过""信不过"和是否"取出良心"的问题。当然，这只是雍正皇帝进行养廉银改革前的态度。不过，这也是陋规问题无法纳入制度化解决渠道时清代历任皇帝的一贯态度。

七　两江总督能收多少"陋规"

问题是，良心不可依恃，贪婪是人的本性。皇帝们寄希望于地方官员的诚实，然

---

[1] 中国第一历史档案馆编：《雍正朝汉文朱批奏折汇编》第一册，雍正元年正月初二日至九月二十日，江苏古籍出版社，1991年，第194～195页。

[2] 中国第一历史档案馆编：《雍正朝满文朱批奏折全译》上册，黄山书社，1998年，第106页。

而，这种诚实很难得到保障。

上文提到过，康熙五十六年十一月，江西巡抚白潢向康熙汇报了巡抚衙门的规费情况。七天之后，白潢所处两江地区的新任总督长鼐也向皇帝汇报了总督衙门的陋规情形。他说：

> 奴才临行时，入请训谕，圣主指示地方诸事，复降仁旨赏奴才官兵费用等项。奴才每念皇父深恩，刻骨铭心。今奴才对二省文武官员内之厅州县官员馈赠之礼物，俱未收纳。

> 江苏布政使之秤银四千两，张伯行既然免之，不复收外，司、道、府等大员一年礼物银共四万两，两淮盐商拨银二万两，安徽布政使秤银四千两，江西布政使秤银四千两。再者，捐纳之事，总督巡抚俱有份，一石抽取四分。江南地方捐纳监生、贡生，捐纳官衔者少，一年获二三千两不等。合计一年获七万两。

> ……奴才仰赖圣恩，抚养子弟家口，照护族人亲人，嘉赏八旗军士射弓善中者，官兵红白喜事，协助围猎，以及赏赐奴才标下官兵等项，虽有用项，这多银亦用不尽……奴才会同巡抚吴存礼、李成龙商议，两淮丁酉年纳盐应收取奴才分内之银二万两，吴存礼分内之银二万两，李成龙分内之银一万两，储备公用，嗣后每照此存银五万两，倘公务有用则用之。（朱批：所获银既然宽裕用之，司道府大员之礼物亦应禁止。）[1]

按长鼐的说法，因为感激皇帝深恩，他决心廉洁从事，因此到任之后，下属所送礼物都没有收受。两江总督的陋规收入约七万两[2]。长鼐说，他将大部分陋规裁去，每年只收两万两，用于公务，具体地说，用于抚养子弟、照护族人亲人、军事演习奖励、官兵红白喜事、协助皇帝围猎等。这一态度得到了康熙皇帝的赞赏。

然而，长鼐的话显然打了很大的埋伏。长鼐五年后在任上去世，雍正元年，接替长鼐出任两江总督的查弼纳汇报说，两江总督衙门每年陋规收入可以达到近二十万两。江苏、安徽两省"布政司秤兑多余之银，粮道、驿盐道、两淮运使等多余之银，两淮盐商所赠礼银，皆送臣衙门，加之各关监督及属下官员馈送之四时礼物，核计岁

---

[1] 中国第一历史档案馆编：《康熙朝满文朱批奏折全译》，中国社会科学出版社，1996年，第1267页。两江总督长鼐奏闻所得份数银两并将余银用于公务折，康熙五十六年十一月二十一日。
[2] 其中"礼物银"一年四万两，其他属于"规"的范畴，有三种：一是盐规，即盐商贡献二万两；二是两省布政使秤银共八千两；三是从捐纳事务中每年抽取二千至三千两。两相对比，可以看出，白潢所谓"钱粮平头银"就是长鼐所谓的"秤银"。

得共近二十万两"[1]。实际数量是长鬲汇报的十倍。

"陋规"给贪腐带来了极大方便。而腐败如同洪水猛兽，只要一开口子，必然愈演愈烈。我们在史料中看到雍正初年各地向皇帝汇报的陋规数目，一般都十分惊人。据雍正初年山东巡抚黄炳奏报，当地巡抚衙门每年接受的规礼达十一万余两[2]。而河南巡抚则奏报："一年所有各项陋例，不下二十万两。"[3]

相对于上面估计的雍正年间督抚的实际年支出是八千到二万两，我们可以看到，在国家的默许下，官员们会超越"合理"限度多远。

所以雍正皇帝进行的"耗羡归公"和"养廉银"改革就显得无比英明。他以公开的"养廉银"来补足地方官员开支的需要。此后，总督最大的一笔固定收入是养廉银。养廉银制度使得官员的合法收入大为增加，收受规礼少了最重要的借口，禁革陋规在此基础上渐次展开，吏治一时为之一清。可是这种情况只维持了不长时间，乾隆中期之后，陋规又死灰复燃。

这首先是由于"养廉银"的数额远远少于"陋规"。雍乾之际历任部院大臣和地方大吏的孙嘉淦就说，养廉不及火耗之"少半"[4]；乾隆初钱陈群说得更清楚，康熙时期，很多地方"税轻耗重，数倍于正额者有之，不特州县官资为日用，自府厅以上，若道若司若督抚，按季收受节礼，所入视今之养廉倍之"。因此，地方官员尽管表面上薪给猛增十倍甚至百倍上下，实际上收入却锐减。官员心底对陋规势必念念不忘。所以即使是雍正时期，陋规也没有彻底禁绝。比如雍正五年巡察御史博济到江南，勒索驿站规礼，被江南总督范时绎参奏。山东蒲台知县朱成元有一个习惯，送礼后要一一在账簿上登记，雍正六年被人揭发，雍正命人严审，结果发现朝廷虽然明令禁止陋规，事实上山东官僚系统的规礼仍很严重：州县官进谒上司一次，巡抚衙门索门包十六两，布政使司、按察使司索门包八两，粮道十二两，驿道、巡道各五两，本州府十六两，同知、通判三两到四两，解地丁钱粮则有二十种小费、杂费[5]。

乾隆晚年开始，清代吏治全面腐败，陋规制度再次大规模重返历史前台。嘉庆亲政之初下诏求言，洪亮吉在上书中这样说："十余年来，督抚藩臬之贪欺害政比比皆是……出巡则有站规，有门包，当时则有节礼、生日礼，按年则又有帮费，升迁调补之私相馈谢者，尚未在此数也。以上诸项无不取之于州县，州县则无不取之于民。钱

[1] 中国第一历史档案馆编：《雍正朝满文朱批奏折全译》上册，黄山书社，1998年，第106页。
[2]《宫中档雍正朝奏折》第二辑，台北"故宫博物院"，1979年影印本，第83页。
[3]《宫中档雍正朝奏折》第二辑，台北"故宫博物院"，1979年影印本，第743页。
[4] 贺长龄、魏源编：《清经世文编》卷二十七《办理耗羡疏》，中华书局，1992年，第432页。
[5] 宋舜志：《雍正的吏治整顿》，《洛阳师范学院学报》2004年第1期。

粮漕米，前数年尚不过加倍，近则加倍不止。督抚藩臬以及所属之道府，无不明知故纵，否则门包、站规、节礼、生日礼、帮费无所出也。州县明言于人曰：'我之所以加倍加数倍者，实层层衙门用度日甚一日，年甚一年。'穷之州县，亦恃督抚藩臬道府之威势以取于民，上司得其半，州县之入己者亦半。"[1]

乾隆晚年陋规制度死灰复燃，一个原因是吏治败坏；另一个也是根本的原因是雍正皇帝去世后，清代物价大幅上涨，"雍正时期和乾隆末嘉庆初的价格差异巨大，根据整个十八世纪官员的零星记录，王业键估算出这一时期物价差不多增长了三倍"。而乾隆皇帝未能继承雍正的改革精神，只是将养廉银数额固定化，而不是随着物价上涨进行合理调整，导致官员们的收支又一次出现明显的不平衡。"……通货膨胀对于火耗归公改革的影响不可低估。官员生活支出增加，但养廉额不变，使得官员极为紧张。而且基建物料、劳役工食及幕宾和胥吏的薪金都必须相应地增加。"[2]

乾隆皇帝仅是没有继续提高养廉银水平，嘉庆皇帝则是变本加厉，基于自私短视的政治惯性，为了应对中央政府的财政困难，经常扣发养廉银。"地方官员无法再以固定的薪俸和僵化的地方经费制度去应对。"[3]"（嘉庆时期）一些地方亏空日益严重，全省每个官员都要摊扣养廉，以归还前任官员的积欠……恶性循环由此开始……到了嘉庆时期，中央政府自身也面临着短缺，并且转向地方官员，以'捐输报效'的形式寻求支持……各省官员也开始注意到，可支配的火耗收入对于省内的行政和公共服务而言已严重不足。"

在以上几重因素作用下，陋规制度不可避免地复活了。"当大员们发现自己实际的收入在减少，他们就开始将开销重担转嫁到属下身上，如同火耗归公前一样，公差官员开始责令他们路经地界的官员供应食物、炭薪、仆人、车马、宴请以及规礼……大量合法收入来源被剥夺，地方官员开始求助于不合法的加派，强制性的捐献、陋规、银钱比价上的投机以及其他办法来筹措经费，这没有什么奇怪的。甚至嘉庆皇帝也被迫承认，地方官员除了依靠陋规别无选择……收受陋规成为官员甚至是廉洁官员的污点。从这点上讲，政府的任何提升官员操守的努力都注定要失败。"嘉庆以后，各种陋规全面复活，形式与内容与养廉银改革前毫无二致，数量上则比改革以前还要更多。李鸿章曾在奏章中描述晚清的吏治状况说："政以贿成，婪索相竞。自大府以至牧令，罕能以廉公自持。取之僚属者，节寿有贺仪，到任有规礼，补缺署缺有酬谢。

---

[1] 赵尔巽等：《清史稿》卷三五六，中华书局，1976年，第11314页。
[2]〔美〕曾小萍著，董建中译：《州县官的银两》，中国人民大学出版社，2005年，第279页。
[3]〔美〕曾小萍著，董建中译：《州县官的银两》，中国人民大学出版社，2005年，第274页。

取之商民者，街市铺户有摊派。变本加厉，上下相沿，不以为怪。"当初雍正开创的养廉银改革，至此彻底走向反面。

张仲礼先生说，按照西方标准，中国官员的"规费"收入当然属于腐败，但是"中华帝国的朝廷和百姓都不认为收取规费有什么不妥或者是腐败，只要此种行为保持在习惯性的限度以内就行"[1]。而这个习惯性的限度，据张仲礼的研究结果，督抚级的官员平均是十八万两。

谙熟盐、漕、河、洋诸务及东南政坛内幕的金安清说，晚清的两江总督陋规收入达到了三十万两：

> （规费收入）以两江总督为最，一年三十万。淮南盐务居其一，各关备贡居其一，养廉公费居其一，皆用印文解送，不以为私。[2]

可见，两江总督个人收入中，第一位的是由淮南盐运使报效的那部分。两淮盐商们每年要主动向地方政府报效各种开支一百多万两，其中自然有两江总督的那一份。咸、同年间，通商口岸渐增，两江辖境内有上海、宁波、绍兴、九江等海关和税关，故"各关备贡"也是两江总督收入的重要组成部分。与此相较，自雍正时期发放给地方官的"养廉银"，反倒在江督收入组成中排到末位了。因此，督抚们只要专守陋规，不必"例外求赇"，即可称"操守廉洁"了。

当然，这一时期"规费"的制度化倾向更加明显。随着时间推移，陋规在晚清渐渐化名为办公"经费"，无须私相授受，可公然见诸奏牍报表。金安清说得很清楚：这三十万巨款，"皆用印文解送，不以为私"。也就是说，这些钱都是各衙门公开以正式印文解送的方式，送到总督衙门。这三十万巨款起码在表面上是用于公务的，否则不可能送得如此光明正大。所以，如果按张仲礼先生的算法，把这三十万都算成曾国藩的个人收入，肯定是不合理的。

那么，曾国藩在两江总督任内的收入支出情况到底如何？这是下一章要分析的内容。

[1]张仲礼著，费成康、王寅通译：《中国绅士的收入》，上海社会科学院出版社，2001年，第7页。
[2]欧阳兆熊、金安清：《水窗春呓》卷下，中华书局，1984年，第59～60页。

第九章

整顿官风与裁撤陋规

第一节　两江总督的新作风

一　如何亮相

曾国藩的总督生涯前后长达十二年[1]。

早在京官时代，曾国藩就认为当时天下一切弊端根子都在吏治。从 1850 年至 1851 年，曾国藩先后上呈的几道著名奏折[2]，矛头都直指吏治。他说，今天吏治已经坏到了极点，要挽救国家危局，就必须从吏治入手。"若不从吏治人心痛下功夫，涤肠荡胃，断无挽回之理。"[3] 问题是，那时他是一介京官，只有发言权，没有行动权。如今成了地方大吏，终于可以对吏治采取切实行动了。

在曾国藩所处的时代，虽然大部分官员沉沦在陋规贪腐之中，但也有一股清流逆激而上，一批立志挽救国家于危亡的名臣比如胡林翼、左宗棠、沈葆桢等挺身而出，力图在可能的范围内解决陋规问题，澄清吏治，再造乾坤。曾国藩就是其中的典型代表。

---

[1] 如前所述，咸丰十年四月十九日，曾国藩署理两江总督（六月二十四日实授），直至同治四年五月初三日他接奉上谕北上"剿"捻，首任两江总督几乎整五年。因"剿"捻无功，同治五年十一月初六日，曾国藩回到两江总督本任。同治七年七月二十日，他奉命调任直隶总督，二任两江总督不到两年。同治九年八月初二日，曾国藩因办理天津教案"不力"，结束了两年的直隶总督生涯，仍任两江总督。这次他在江督任上又做了一年多，直做到同治十一年二月初四日去世。如果不包括中间年余的"剿"捻时期，实任总督不到十一年。不过在"剿"捻过程中曾国藩仍然拥有两江总督头衔，只不过由李鸿章署理，他的衔名全称"钦差大臣、协办大学士、两江总督、一等毅勇侯"，奉谕督办直隶、山东、河南三省军务。

[2] 即《应诏陈言疏》《备陈民间疾苦疏》《敬陈圣德三端预防流弊疏》。

[3]《曾国藩全集·奏稿》，岳麓书社，1994 年，第 31 页。

官场上讲究"亮相"。一位新官以什么姿态出现在官场之上，在任何时代都是个需要认真斟酌的问题。

咸丰十年五月十五日，也就是升任两江总督二十六天后，曾国藩由宿松沿江东下，前往祁门大营。因为"臣奉恩命，权制两江，必须带兵过江，驻扎南岸，以固吴会之人心，而壮徽宁之声援"[1]。这次出行，对于两江地区的官场来说，就是新任总督的"亮相"之举。

途中曾国藩经过湘军水师控制的长江。湘军官兵盼着大帅成为总督，眼睛都盼蓝了。如今曾国藩如愿以偿，湘军的日子也肯定要比以前好过多了。湘军上下都扬眉吐气，欢欣鼓舞。曾国藩预料到，各处水师一定会大摆宴席，对他大搞迎送仪式。

清代官场的一大陋习，就是迎送之风。对许多地处交通要道的地方官来说，他们最繁重的工作不是处理政务，而是迎来送往。早在顺治时期，刑科给事中任克溥就在一份奏折中说，地方官的精力，百分之七十都用于应酬上了：

> 有司十分精神，三分办政事，七分奉上官。[2]

官场应酬，有许多精细的"尺寸"，比如上级来视察，地方官要出城多少里迎接，来到之后，安排什么级别的宴席款待，听几次戏，临走时送多少程仪，都按级别大小、事体轻重、关系远近，有微妙而明确的"潜规则"。张集馨在他的自叙年谱中对此有一段具体描写：

> 西安地当孔道……过客到境，粮道随将军、中丞等在官厅迎接……每次皆戏两班，上席五桌，中席十四桌。上席必燕窝烧烤，中席亦鱼翅海参。西安活鱼难得，每大鱼一尾，值制钱四五千文，上席五桌断不能少。其他如白鳝、鹿尾，皆贵重难得之物，亦必设法购求，否则谓道中悭吝。戏筵散后，无论冬夏，总在子末丑初……次日，过客起身，又往城西公送，并馈送盘缠，其馈送之厚薄，则视官职之尊卑。每次宴会，连戏价、备赏、酒席杂支，总在二百余金，程仪在外。[3]

[1] 黎庶昌：《曾国藩年谱》，岳麓书社，1986年，第115页。
[2]《清世祖实录》卷一一八，中华书局，1985年，第918页。
[3] 张集馨：《道咸宦海见闻录》，中华书局，1981年，第79～80页。

也就是说，西安地处交通要道，每当有官员路过，陕西粮道都要随西安将军、陕西巡抚等在官厅举行迎接仪式，每次迎接的规格，是请两班戏，安排上席五桌，中席十四桌。上席必须用燕窝烧烤，中席也要有鱼翅海参。西安这个地方活鱼很难得，大鱼一尾，要值四五千文，这道菜是上席五桌断不能少的。其他如白鳝、鹿尾等，都是贵重难得之物，也必须设法购求，否则就要说粮道太小气。每次戏筵散后，不管冬天夏天，总要到午夜了。

官员离开时，本地官员又要到城西共同欢送，并且要送盘缠。盘缠送的多少，要看对方官职之尊卑。一般来说，每次宴会，连请戏班、赏下人、办酒席等等，总要二百余两银子，盘缠还计算在外。

张集馨说自己的从政岁月，主要都耗费在迎来送往、听戏请客、花天酒地上了："终日送往迎来，听戏宴会，有识者耻之。"因为来往的官员实在太多了，所以根本无法休息："来往过客，攀挽流连，余等复迭为宾主，几于无日不花天酒地。"同僚之间，也需要经常以宴会来联络感情："大宴会则无月无之，小应酬则无日无之。"[1]许多官员因此不得不天天泡在酒海里，喝坏了官风，喝坏了胃。

对于这种情况，朝廷当然是三令五申，严厉禁止。禁止官员公款吃喝迎送的上谕每朝都要发上几道，而且每道说得都是那么痛切。有的说："抚按旧习，迎送往来，交际馈遗，实为可恨。"有的说："各衙门官员，拜往宴会，旷职营私，明季弊习，深可痛恨。著都察院严行禁饬，有故违者，该城御史呈报纠参，隐徇者并治。"有的上谕甚至规定，御史出巡，必须"减驺从以恤驿困，禁铺设以纾民力，拒参谒以杜逢迎""如不恪遵力行，一经发觉，必行重处"[2]。光从字面上看，朝廷对这个问题态度不可谓不坚决，措施不可谓不严厉，但是正如大家所知道的，这些"天语玉音"几乎没有一个字能落到实处。

原因非常简单。清代官场上，官员们只需对上负责，不需对百姓负责。只要上级满意，升官发财自然机会多多。如果疏于应酬，那么肯定升迁无望。

对于这种风习，曾国藩自然非常清楚。曾国藩以"礼学经世"闻名，但是对于这类"礼节"，他避之唯恐不遑。所以出发之前，他特别致信杨载福、彭玉麟，要求他们不要搞迎送仪式：

　　国藩赴水营，请阁下告诫各营，无迎接，无办席，无放大炮。除黄石矶三五里

---

[1] 张集馨：《道咸宦海见闻录》，中华书局，1981 年，第 79 ~ 80 页。

[2]《清史编年》第一卷，中国人民大学出版社，2000 年，第 608 页。

外，上下游各营，均不必禀见。方今东南糜烂，时局多艰，吾辈当屏去虚文，力求实际。整躬率属，黜浮崇真。[1]

不要举行迎接仪式，不要办宴席，不要放礼炮。除了三五里之内的军官，其他营的军官不要前来参见。如今国家处于动荡之中，我们应该力戒浮华之风，率真从事。

这封信，也可以说是曾国藩整顿吏治的第一份宣言书。

然而按官场的潜规则，上级的本分是严格律己，下级的本分却是必须过格招待，这才叫"各得其所"。特别是曾国藩苦熬了这么多年，终获总督之位，军官们发自内心地高兴。所以曾国藩五月十五日起程，五月十六日到达横坝头，发现各营仍然在江边列队迎接，而且还燃起了鞭炮。

曾国藩十分不悦，立刻再次写信给杨载福、彭玉麟，恳请他们不要再搞这些仪式：

十二复雪弟一缄，十四复厚弟一缄，皆言力戒官样、黜华崇实之事。兹国藩于十六日抵横坝头，各营迎接已极热闹，特此专布，恳两君严戒各营，禁止迎接、排炮、爆竹、吹手、酒席等，千万之恳。[2]

下属们这才确认，曾国藩的上封信不是官样文章，因此这次要求得到了不折不扣的执行。二十日到华阳镇，彭玉麟亲自来接，没摆什么仪式。

曾国藩以这样的举动，为自己的总督生涯开了个好头。他宣布，自己以后出行，不要求下属迎送、供应食宿，以减轻下属的负担。同治二年十月，曾国藩的家人路过望江，县令因事下乡，未能迎送，事后特别禀呈缘由，请求曾国藩原谅。曾国藩在禀帖上批复：

近日地方官专讲应酬，不知民事为何物。凡省会冲要之缺、有驿站之缺，则朝夕疲于送迎，亏空生于酒食。一不周到，则上司、同僚交相责怨。本部堂恨之戒之，从不责州县以办差之事。本年亲赴金陵，尚不令沿途办差，况眷属耶？该县地当孔道，以后如此等酬应，可省则省，本部堂暨各上司决不以此见怪。[3]

---

[1]《曾国藩全集·书信》，岳麓书社，1994 年，第 1413 页。

[2]《曾国藩全集·书信》，岳麓书社，1994 年，第 1415 页。

[3]《曾国藩全集·批牍》，岳麓书社，1994 年，第 302 页。

也就是说，当今之日，地方官专讲应酬，几乎不知民生为何物。大凡地处省会冲要的地方，有驿站的地方，官员们朝夕疲于送迎，因为公款吃喝，造成财政亏空。一不周到，则上司同僚们都纷纷责怨。我对这种风气十分痛恨并且要大力戒除，所以从来不要求州县官员对我进行接待。今年我自己到金陵，都不要求沿途官员接待，何况我的眷属！该县地当孔道，以后遇到这样的应酬，可省则省，我和其他上级官员决不以此见怪。

二　曾国藩怎么收礼

既成为地方大吏，一个无法回避的问题是如何处理礼品。升官之后，初次前来谒见的下属，都不会空手而来。

五月十五日起程后，曾国藩在长江上走了十二天水路。五月二十六日，因为第二天要改为陆路，势必要开始接触地方官员。所以他专门写了一篇文告：《谕巡捕、门印、签押三条》，发给身边的工作人员，对他们约法三章，"明日起早经过地方，即是与州县交涉之始"，"特严定条约，愿巡捕、门印、签押敬听而牢记之"[1]。

这约法三章中第二条专讲如何处理礼品：

> 第二不许收受银礼。凡收人礼物，其初不过收茶叶、小菜之类，渐而收及鞍马、衣料，渐而收及金银、古玩。其初不过投赠之情，渐而笑索授意，渐而诛求逼勒，贿赂公行，皆始于此。嗣后我巡捕、门印、签押，务各自爱，不准收受丝毫礼物。倘有隐瞒收受者，重则枷号棍责，轻则递解回籍。

如果一开始收了茶叶、小菜之类的礼物，口子一开，以后势必会收好鞍好马、衣服料子，最后就会变成收受金银和古玩。因此，一定要防微杜渐。

文章结尾，又一次重复不得收受任何礼品：

> ……以上三条，巡捕、门印、签押三处，各写一份，贴于座右……至送礼物者，一概谢绝不收。无论茶叶、小菜，以及裁料、衣服、书籍、字画、古玩、器皿、金银、食物，均皆不收。[2]

[1]《曾国藩全集·诗文》，岳麓书社，1994年，第456页。
[2]《曾国藩全集·诗文》，岳麓书社，1994年，第457页。

由这约法三章，我们大致可以推测，曾国藩就任之初，没有收取地方官员例行的"见面礼"。这就相当于放弃了一笔相当巨大的收入。按上文提到的见面礼标准，这笔收入可达一万两至两万两。

不过身在官场，从始至终片礼不沾是不可能的。如此"不近人情"，不符合曾国藩"和光同尘"的作风，也不利于他在某些情况下与下属建立基本的情感联系。所以在实在拒绝不了的情况下，他会从下属送来的礼物中挑一两样价值最轻的，其余璧还。

咸丰十一年八月初七日，曾国藩移行辕于安庆，并把家眷接到了这里。因为没有现成的衙门，他就借居在太平天国"英王府"中。新经战乱，"英王府"中缺少生活起居用品。我们前面提到，首府有为督抚办治家居的任务。于是庐州知府唐景皋送去了大批居家日用之物，从家具到被褥，林林总总，几乎无所不有。

虽然这是官场惯例，曾国藩却不打算照行。但东西已经送来，曾国藩又不忍违了下属一片体贴心意，于是将其他东西一概推却，只收了草席七领。他写信给唐知府说：

> 顷接手书，复承惠贶多珍，锡比百朋，情殷千尺，至以为感。惟各物嫌于过费，万不敢当。谨领草席七种，取藉茅无咎，连茹汇征之象，且祝灾区遗黎咸登衽席，颂使君生成之绩也。余件奉璧，即希查收。[1]

意思是说，您送来这么多好东西，我十分感谢。只是它们价值过于昂贵，我不敢当，所以只收七张草席。

之所以收草席，是因为《易经》云："拔茅茹，以其汇，征吉。"[2] 曾国藩说"藉茅无咎，连茹汇征"，是说茅这种草，根都相连，拔起一根，则会牵引起其他。象征事物相互牵引，皆向于吉。以此借喻在唐的治理下，灾区黎民脱离苦海，"咸登衽席"。

咸丰十一年十月初九，湘军名将鲍超亲赴安庆，一为商量军务，二为给曾国藩贺寿。鲍超的军队向以能战、能抢闻名，因此他既是一个粗人，也是一个富人。其他部下不敢给曾国藩大肆送礼，鲍超却不管这一套，他一共带来十六包礼物，其中有许多珍贵的珠宝古玩之类。曾国藩览之而笑，从中挑了一件收下，其他都送还鲍超。收了一件什么呢？一顶小帽。曾国藩在日记中这样记载：

---

[1]《曾国藩全集·书信》，岳麓书社，1994年，第2742页。
[2] 高亨：《周易大传今注》，齐鲁书社，2009年，第119页。

> 鲍春霆来，带礼物十六包，以余生日也。多珍贵之件，将受小帽一顶，余则全璧耳。[1]

鲍超对此也无可奈何，只好又带了十六大包东西回去了。

从史料上判断，曾国藩还收过美籍华人容闳"报效"的礼物。

同治四年，容闳从美国完成采购任务回到中国。两年前他受曾国藩委托，以"出洋委员"身份，携六万八千两白银出洋采购机器，开启了洋务运动之先声。机器运抵上海之后，他赴南京向曾国藩汇报工作。

此时曾国藩已经离开南京，北上"剿"捻。曾国藩知道，按中国官场惯例，容闳一定会向他致送礼物，因为曾国藩给他的是一个"肥缺"。所以曾国藩特意于同治四年十一月二十九日写信给儿子曾纪泽嘱咐说："容闳所送等件如在二十金以内，即可收留，多则璧还为是。"[2]

由此可见，这个时候的曾国藩收受礼品，有一条默认的"价格线"，大概相当于今天的四五千元。至于容闳所送的是什么，价值多少，没有留下记载。

当然，对于至亲至近之人，在特殊情况下，曾国藩也可能网开一面。曾国藩的小女儿曾纪芬在她的回忆录中说，黄翼升夫人曾经送给曾国藩夫人一双翡翠钏、一粒大珍珠。后来又送过一铺纺绸帐。送此"厚礼"事出有因，因为黄翼升夫人要拜欧阳夫人为义母：

> 文正在署中无敢以苞苴进者，故太夫人无珍玩之饰。余所忆者，为黄提督翼升之夫人坚欲奉太夫人为义母，献翡翠钏一双，明珠一粒；某年太夫人生辰，又献纺绸帐一铺。此帐吾母留作余嫁奁之用，余至今用之未坏也。[3]

有时候，属下送给曾国藩的礼品是他所喜欢的书籍，他就会收下后以价格相当的礼物回赠。比如同治元年三月十一日，幕僚莫友芝送了他一部《元和郡县志》，他也回了一部《通鉴》[4]。

拒收礼物形成习惯后，很少再有人给曾国藩送礼。上文曾经提到，同治六年八月二十八日，赵烈文在曾国藩处，看到曾国藩每天吃的菜很清淡，因此问他，你不怎么

[1]《曾国藩全集·日记》，岳麓书社，1994年，第671页。

[2]钟叔河辑录、评点：《曾国藩往来家书全编（大字典藏本）》上卷，中央编译出版社，2011年，第228页。

[3]曾纪芬：《崇德老人自订年谱》，《曾宝荪回忆录》附录，岳麓书社，1986年，第8页。

[4]《曾国藩全集·日记》，岳麓书社，1994年，第728页。

吃鸡鸭，那么吃火腿吗？

曾国藩回答：

> 无之，往时人送皆不受，今成风气，久不见人馈送矣。即绍酒亦每斤零沽。[1]

一开始有人送他不收，后来就成了风气，没人送了。现在自己喝点黄酒，也是派人到街上现买。

赵烈文笑着说：大清二百年不可无此总督衙门！

曾国藩也开玩笑说：

> 君他日撰吾墓志铭皆作料也。

二人相笑而罢。

我们知道，节礼是督抚收入的大头。上一章提到，康熙晚年到雍正初年，江西巡抚、广东巡抚汇报的节礼收入均为五万两。两江总督的汇报数则为四万两。由此推测，曾国藩又拒绝了五万两左右的收入。

第二节　管理身边工作人员

一　对身边人严格要求

曾国藩树立官场新风的另一个入手点，是管好身边的工作人员。

五月初七日，曾国藩在日记中记载，"刻居官要语训属员"。这篇文章就是《曾国藩全集》中《劝诫规则》十六条。这是他为属下官吏及幕僚等制定的工作准则。十六条包括劝诫州县官员、劝诫委员、劝诫绅士、劝诫营官等各四条。

十六条中第一条，亦即劝诫州县之第一条，叫作"治署内以端本"：

> 宅门以内曰上房、曰官亲、曰幕友、曰家丁，头门以内曰书办、曰差役。此六项者，皆署内之人也。为官者欲治此六项人，须先自治其身。凡银钱一分一毫，一出

---

[1] 赵烈文：《能静居日记》，岳麓书社，2013 年，第 1100 页。

一入，无不可对人言之处，则身边之人不敢妄取，而上房、官亲、幕友、家丁四者皆治矣。凡文书案牍，无一不躬亲检点，则承办之人不敢舞弊，而书办、差役二者皆治矣。[1]

这一条我们要详细解读一下。"治署内以端本"，重点说的是对"署内人员"的约束。包括对"上房、官亲、幕友、家丁、书办、差役"六项人要从严要求。如前所述，曾国藩五月二十六日作《谕巡捕、门印、签押三条》，所说的"巡捕、门印、签押"其实亦在这六项之内。

所谓"上房"，是指官员及其家人的住所，这里指的是官员的家属。"官亲"自然是指官员的亲戚。对这两类人从严要求，防范他们利用身份之便干扰施政，自然是吏治的题中应有之义。

"幕友"就是师爷，我们在前文说过，幕僚们在衙门中的地位至关重要，曾国藩因此专门写了《劝诫委员四条》，其中有一条是要求他们"崇俭约以养廉"。

而"巡捕、门印、签押"也是衙门内的关键角色。在《谕巡捕、门印、签押三条》中，除了不收礼之外，曾国藩还提了另两条要求。

第一条要求自己身边的工作人员不要欺凌辱慢地方官员：

第一，不许凌辱州县。人无贵贱贤愚，皆宜以礼貌相待。凡简慢傲惰，人施于己而不能堪者，己施于人，亦不能堪也。往尝见督抚过境，其巡捕、门印、签押及委员等，见州县官，皆有倨侮之色、严厉之声，实可痛恨。今当痛改恶习。凡见州县及文武属员，总以和颜逊词为主，不可稍涉傲慢，致启凌辱之渐。[2]

也就是说，不准凌辱州县官员。对人不论高低贵贱，都要以礼相待。但凡傲慢自大之人，谁都不愿相处。曾国藩说，以前我经常见到督抚过境之时，身边的工作人员对州县官员，皆有倨侮之色、严厉之声，这种作风实可痛恨。你们要痛改此种恶习。凡是见到州县官员以及文武属员时，总要以和颜逊词为主，不可稍涉傲慢，以防止以后慢慢形成凌辱地方官员的风气。

第三条是不许给亲友请托安排工作：

[1]《曾国藩全集·诗文》，岳麓书社，1994 年，第 436 页。
[2]《曾国藩全集·诗文》，岳麓书社，1994 年，第 456 页。

第三，不许荐引私人。凡巡捕、门印、签押，势之所在，人或不敢不从。或其亲族，或其旧识，或荐至各将营盘，或荐入州县衙门，纵有过失，互相祖护，为患甚大。自此次告诫之后，概不准荐人入将领之营，入州县之署，亦不准各营各署收受。[1]

也就是说，不准向有关衙门荐举自己的亲戚朋友。但凡巡捕、门印、签押等人，由于势之所在，其他人或不敢不从。所以经常会把他的亲戚同族，或者旧友相识，推荐到军队或者州县衙门去工作。这些人一旦有了过失，总督身边工作人员还会为他祖护，如此为患甚大。因此你们概不准荐人入军队或者州县衙门。

二　小角色为什么有大权力

读者看到这两段也许会产生疑问：巡捕、门印、签押，其名目听起来不过是总督身边的低级服务人员，身份低微，无权无势，何以居然敢对州县官显倨侮之色，发严厉之声，并且能把自己的亲族故旧荐至州县衙门或者营盘之中呢？因此我们需要解释一下。

此处的"巡捕"不是巡查捕快，而是指"武巡捕""文巡捕"两职，是总督、巡抚、将军的侍从之官。

《文物春秋》一篇介绍直隶总督的文章说："按清代中期开始形成的定制，直隶总督署内……设武巡捕一员，维持本衙内的秩序，并承当高级武员谒见总督的礼宾员；设文巡捕一员，承当高级文员谒见总督的礼宾员……"[2]

号称"民国掌故专家"的陈巨来在《安持人物琐忆》中则这样说："清制，凡总督、巡抚二衙，例有文武巡捕二班，如后来之副官，文巡捕司接进谒下属之名帖，武巡捕司督、抚出衙时之警卫队者，二职官至低微，但与督、抚最接近，非工于谄谀者不能胜任也。"[3]

以上所述虽略有参差，要之所谓巡捕，大致相当于今天高级官员的卫士长或者说接待室主任，他们负责维持衙内的秩序，并且在下级参见总督时负责领路。故曾国藩提醒他们"凡见州县及文武属员，总以和颜逊词为主，不可稍涉傲慢，致启凌辱之渐"。

"门印""签押"都是指家丁中的"长随"。"长随"字面意思是"长期跟随"，是

---

[1]《曾国藩全集·诗文》，岳麓书社，1994年，第457页。

[2] 衡志义：《清代省府第一衙——直隶总督署》，《文物春秋》1997年第4期，第3页。

[3] 陈巨来：《安持人物琐忆》，上海书画出版社，2011年，第117页。

官员仆从中的特殊角色，与那些负责做饭挑水的家丁地位迥然不同。为了了解清代官场生态，我们必须再花一点笔墨对这一角色进行深入解读。

"长随"虽然也是"奴仆之辈备奔走伺候而已"[1]，但却往往被官员们称为"朋友""爷们"。他们的任务不是伺候官长的衣食起居，而是协助官员办理政务。《偏途论》一书将长随分为三种：第一种是落魄的世家子弟，读书不成，做生意又没本事，一时找不到出路，暂做长随；第二种是自幼奔走江湖"为商为客"的历练老成之人；第三种则是不务正业，"专喜结交朋友，吹弹歌舞，嫖赌逍遥"[2]之人，因生活无着，痛改前非，立志跟官。这类人见识颇广，能说会道，因此为官长所任用。[3] 从性质上说，他们是官员们处理公务时的私人助手。

"门印"二字分别指的是"门上长随"和"管印长随"。门上长随本义是看管衙门宅门的仆人。清代地方衙门的布局，有"内署"和"外署"之分。"外署"指衙门前半部分的升堂审案的"大堂"及书吏、差役办公的厢房等。"内署"则一般指衙门后半部"二堂""三堂""花厅"等处。这些地方既包括地方官处理日常事件、接待宾客的办公室、客厅，也包括官员家属、亲眷等居住的内宅。在"内署"和"外署"之间，有一门相通，这就是所谓"宅门"。外面的普通工作人员没有命令，不得入内。因此公文传送也以此为交接的枢纽。所以"门上长随"就是指在"宅门"管理传达通报等事务的长随。

门印中的"印"，应该与"签押"一起说明。"签押"是指签押房。所谓签押即"签字画押"的简称。所以"签押房"是官员日常处理公文的处所。由于官府需要处理的文件数量很多，地方官一般都交给"师爷"和"长随"等人进行初步处理，提出具体意见，然后地方官看阅修改后签发。这就是所谓"签"。而所谓"押"，即在文告或牌照、契约、任命书等文书上钤盖大印。这些最关键的公务程序，按惯例都在"签押房"即"机要办公室"里运作。因此曾文中的所谓"签押"，就是指在"签押房"里处理公事的长随。而所谓"门印"中的"印"，则是指保管和使用官印的长随。《偏途论》记载，一般大的县级衙门，签押用印长随要有十个人："其省会首县地方大缺，司签必宜十人：稿签一人、发审一人、值堂二人、用印二人、号件二人、书禀二人。"[4]此所谓"稿签""发审""值堂""用印""号件""书禀"六项，就是当时地方衙门"签押长随"的分工。

[1] 王景贤：《牧民赘语》，转引自周保明：《清代地方吏役制度研究》，上海书店出版社，2009年，第131页。
[2] 章伯峰、顾亚主编：《近代稗海》第十一辑，四川人民出版社，1988年，第617页。
[3] 周保明：《清代地方吏役制度研究》，上海书店出版社，2009年，第133页。
[4] 章伯峰、顾亚主编：《近代稗海》第十一辑，四川人民出版社，1988年，第645页。

从表面上看，巡捕、门印、签押，品级低微甚至没有品级，他们是官僚体系中最基层的工作人员，何以要从严防范呢？事实上，这三者都"无官之责，有官之权"，与吏治关系甚重。

传统权力的运用之妙就在于经手人是否能充分挖掘每份工作的寻租潜力。以上三个角色的权力，说大就大，说小就小。比如看门的门子，如果充分发挥其"能量"，可以左右许多公务的进展和执行。

"门上长随"这个称呼，有广义和狭义之分。我们先来看狭义的"门房"，即专门看管宅门的长随。如前所述，宅门是衙门内外交通的唯一通道，因此被称为"官长耳目咽喉之所"。门房事务因此也就特别繁杂。所以一个精明的门子可以拥有以下权力：

一、他可以决定来访客人能不能见到官员。

客人来拜访官员，首先要由门子进行通报：

> 同寅文武官拜会者，接帖回明本官，请示或会或不会。若不会，令号房挡驾；若会，令开中门，执帖清官花厅引坐，自己执帖站立花厅门外，候官与客相会，将帖送交客友。官会客者，先知会跟班朋友，令把门唤茶房。[1]

由于求见者甚多，门子拥有代官员挡驾之权，这项权力自然有操纵空间。因此门卫"合法收入"的第一项是门包，即求见长官者奉献的礼金。韩愈《论变盐法事宜状》中，即有衙署门子索取门包的叙述，可见这一传统的源远流长，到明清此事已是见怪不怪了。

二、他掌握着官府内部的许多情报。门房日常工作，除了通报客人外，还有"发梆传点，启闭宅门"，以维持衙署安全，保证署内机密信息不外泄。清初黄六鸿所编《福惠全书》卷二中，收有他任地方长官时拟定的《宅门告示》："谕把守宅门皂隶知悉：照得川堂逼近内衙，务须严肃，不许容放一人后堂站立窥听。如吏书传送签套或紧急文稿，许击梆从转斗内投进。"[2] 从这份告示我们看到，以前出现过门房偷偷放人进入后堂窃听政府工作进展的情况。

因此普通百姓也包括外署的工作人员要打探署内信息，只能通过门房。所以你打

---

[1]《各行事件·执帖》，蔡申之：《清代州县故事》，《近代中国史料丛刊》第五十辑，台湾文海出版社，1966 年，第 27 页。

[2] 黄六鸿：《福惠全书》，《官箴书集成》第一册，黄山书社，1997 年。

听长官心态或上房内情，就必须搞定"门子"。《儒林外史》第五回中，高要知县施政不当激起众怒，商民鸣锣罢市，"将县衙门围得水泄不通"，而且点名只要揪出躲在幕中出坏主意的劣绅张静斋来打死。知县大惊，为何商民对衙门内部决策的细情如此清楚？"细细在衙门里追问，才晓得是门子透风。"[1]这一细节即彰显出门房地位的特殊。所以那些精明的门子很知道怎么把自己掌握的"内部信息"换成好处。事实上，愿意为这些信息花钱的人绝不在少数。

三、要给官员送礼，也必须经过这个关口。所谓雁过拔毛，要想让你的礼品能到长官面前，你先得给门房一份谢礼。《红楼梦》第六十回中，柳五儿的舅舅给贾家当门房，官员们给贾家送礼，都要给门房一份，因此他们经常有"外财"可发。广东官员给贾家送了两小篓子茯苓霜，余外还要给门上一篓做门礼，这一篓，就由门房的门子们均分。

以上我们说的是狭义。而在许多语境中，"门房"仅是"门上长随"中的一类，"门上长随"的广义远远超出管理宅门事务这个范围。因为如前所述，衙门内除了总督一人，没有国家正式公务人员，今天本来应该交由各机构办理的大事小情，都要由门上长随等仆人们去办。

方大湜《平平言》说："门丁所司之事，约有五端：一曰传唤书差，一曰出纳稿签，一曰访察情形，一曰商量公事，一曰为官代劳。"[2]《偏途论》则记载：门上分"司门总""司稿门上""司钱漕门上""司差门上"和"司执帖门上"。

其中"司门总者，各事皆管"，为门上事务的总管。其下之"司执帖门上"，一般简称"执帖"，主管接待客人，安排官员出门等事务；"司钱漕门上"，主管代表官员处理税务等事；"司稿门上"，包括"案件"和"呈词"两项，主管文稿、呈词等进出；"司差门上"，主管启闭宅门、稽查出入、接待委员以及解银、解犯过境等事宜。

一句话，门子们其实就是官员们的手、脚和嘴巴，大约相当于今天省委办公室的各处处长。他们负责接待告状者。遇到有人告状，门房要先问明情况，有状纸的，将状纸呈交地方官；没有状纸的，领着告状人写状纸后呈官。"遇喊冤击鼓等事，即由值日头目，问明情由。先看案之轻重，有词无词。若无词，吩咐值日头（目）带去做词。而后将词送进，呈官看过，判写日期下来，带交签稿。"[3]

外地解来犯人，由他们替官员验明身份，办理入监手续。"解来人犯，面谕差照

---

[1] 吴敬梓：《儒林外史》，人民文学出版社，1999年，第34页。

[2] 方大湜：《平平言》卷二《不必用门丁》，湖南科学技术出版社，2010年，第89页。

[3]《各行事件·门房》，蔡申之：《清代州县故事》，《近代中国史料丛刊》第五十辑，台湾文海出版社，1966年，第22页。

票验明斗箕，标牌收监后，再拆来文，核对无错，方发刑房；照缮短文解票，送签押盖印挂号。"[1]

他们还代表官员们与办理钱粮、税收等事务的部门打交道。"平日钱粮柜上征收之钱，签差下乡追收之钱，必严令每日缴进"；"遇比较之日，必得早晨传户粮房送比簿比差，即令传其管头、总头差役，催追欠数；午间传齐站班人等，如有欠差，实意不下去者，喊伺候，如齐者请官坐堂"[2]。

官员出门，由门上安排有关夫役、轿马、执事、礼物、食物和银两等事项。如官出门拜客，"先知会差总，预备执事、轿夫、跟班马，外边伺候齐全，再上去请官"[3]；"官相验回衙，令茶房预备大堂公案，令原差预备爆竹，伺候排衙进阁房。先到账房领爆竹伺候，俟官排衙毕，进内阁接放"[4]。

三　门子的收入空间

所以门上长随有太多机会可以弄权营私。清代《刑案汇览》中，就有大量的门丁犯罪案例，涉及撞骗商铺、侵蚀钱粮、索诈民众、私押徒犯、干预公事、受贿舞弊、私放嫌疑人等各种罪名[5]。因此门上长随们被尊为"门政大爷"，他们是衙门内最吃香的角色。

至于巡捕和签押，也都炙手可热。巡捕既负责带领官员参见总督，下级官员常趁机先向他打听总督的喜怒好恶。签押的权力则更为巨大。按惯例，签押长随和师爷们有权在"签押房"中为官员初步处理文件，分出种类，拈出轻重缓急，候官员处理。由于公事都汇总于此，所以，"签押房如同军机处也"[6]。这些工作人员也自然如同"军机大臣"，其中可操作的寻租空间，远非门上可比。比如门上接到一份状纸，可以压在门房几天，通知被告消息，以索要贿赂。但一般来说，门房接收发放公文总有日程限制，不能拖延过久；而这类公事一旦进入签押房，则由于新旧公事往往积压于此，

---

[1]《各行事件·门房》，蔡申之：《清代州县故事》，《近代中国史料丛刊》第五十辑，台湾文海出版社，1966 年，第 22 页。

[2] 蔡申之：《清代州县故事》，《近代中国史料丛刊》第五十辑，台湾文海出版社，第 2 ~ 13 页。

[3]《各行事件·执帖》，蔡申之：《清代州县故事》，《近代中国史料丛刊》第五十辑，台湾文海出版社，第 27 页。

[4]《各行事件·门房》，蔡申之：《清代州县故事》，《近代中国史料丛刊》第五十辑，台湾文海出版社，第 25 页。

[5] 周保明：《清代地方吏役制度研究》，上海书店出版社，2009 年，第 134 页。

[6] 章伯峰、顾亚主编：《近代稗海》第十一辑，四川人民出版社，1988 年，第 646 页。

如何区别轻重缓急，签押长随的处理弹性就大得多。

如此重要的岗位，其法定收入是多少呢？古代中国政治名实分离之严重，在这个细节上彰显得淋漓尽致：这些承担繁重工作的长随们居然没有法定薪俸，只有一项名为"工食银"的微少补贴，据周保明等研究的结论是平均每年六两[1]，甚至不能糊口。

在地方政府中地位如此重要的角色，收入如此低微，从制度制定层面来讲，出发点当然是为国家"节省经费"。因此长随们的生活几乎全靠灰色收入，也就是所谓的"家人出息"。

门上长随的灰色收入分两部分。一部分是逢年过节的门敬（或称门礼）。如前所述，逢年过节下级都要给上级送礼，除了长官之外，还要顺带给门上诸人送一份很重的"门敬"，以和他们搞好关系。比如《官场现形记》第四十一回写道："向来州、县衙门，凡遇过年、过节及督抚藩臬道府六重上司或有喜庆等事，做属员的孝敬都有一定数目，甚么缺应该多少，一任任相沿下来，都不敢增减毫分。……至于门敬、跟敬（给上司跟班的钱），更是各种衙门所不能免。"[2]《偏途论》记载："到任请酒、三节两寿、巡检、典史送礼，另有门包"[3]。

上一章当中我们提到道光年间乌程县每年送给上级部门的节寿各礼，只提到了送给主官的内容。其实其完整清单内容更多：

> 藩节寿各礼，门包洋三十元，无干礼，小随三元，外开发共十一元。
>
> 臬节寿，杭文二百两[4]，新参同，门包洋二十元，小随洋二元，号房洋四元，外开发四元。
>
> 本道节寿，杭文二百两，新参同，门包洋二十元，小随洋二元，号房外开房〔发〕共四元。
>
> 运节寿各礼，门包洋十元，小随洋一元，外开发洋二元。
>
> 粮节寿各礼，门包洋十元，小随洋一元，外开发钱二千四百文。
>
> 学节寿各礼，门包洋四元，小随钱四百文，外开发洋一元。
>
> 杭府节寿各礼，门包洋四元，小随钱四百文，外开发钱五百六十文。
>
> 本府节寿、新参，司平银三百六十两，门包杭元三十六两……小随杭元三两六钱……外开发钱八百四十文。新参另给执帖门上洋六元，新参另给管厨洋四元，新参另

[1] 周保明：《清代地方吏役制度研究》，上海书店出版社，2009 年，第 224～243 页。

[2] 李宝嘉：《官场现形记》，太白文艺出版社，1996 年，第 667 页。

[3] 章伯峰、顾亚主编：《近代稗海》第十一辑，四川人民出版社，1988 年，第 637 页。

[4] "杭文"指杭州市平所计之银。

给众跟班洋四元，新参各役叩寿钱五千六百文。[1]

可见"礼"并非仅送给主官。送给主官的"节寿"之外，还有很多附带礼金项目。比如送给其长随的，是"门包"，而且通常还另附十分之一的"随银"。此外负责传禀接待的"外开发""号房"甚至"管厨"也要有礼金致送。

门包和节礼，在这里其实仍然表现为一种下级单位对上级单位的财政补充。正是这类下级部门贡献的所谓"灰色收入"，替上级主官养活了他庞大办公队伍中的主体。所以"门敬"是衙门里的重要收入，重要到督抚们的礼金可免，门子们的门敬却不可免。湖北巡抚宪德曾经奏报说，湖北巡抚每年有盐商送的礼金四万两，送的时候要给门子送门礼四千两，他的前任杨宗仁已经把四万两禁革了，但家人门礼四千两仍然照旧收受[2]。

除了逢年过节的收入，平日所有进入衙门的公私事件，门上都要收"规费"（又曰"使费""规礼"等），也就是所谓"门包"。这是家人的一项重要"出息"。民事诉讼的呈词收转或刑案嫌犯、证人、邻右等人解到和传唤，都要经过门卫，"原差送进到单，而公事私规费，要探听案之好歹，将规费收清"[3]。所谓"案之好歹"，即斟酌案值多少，按比值收取"规费"。此外，几乎所有从门房出入的银两，门房都要抽头儿。比如地方上孔圣、关圣、城隍等祠庙的官费祭祀，据《各行事件》记载："发各庙春秋二季祭祀银两，问明每两折钱若干，门房每串或扣一百、二百不等。"[4] 以此揣测，大概凡从衙署支款报销及供货行铺前来结账者，皆逃不过雁过拔毛的"规矩"[5]。

不过，这些规费并非全归门上所有，其中一部分必须拿出来分润给全衙门的工作人员，因为门子们创造的"效益"，离不开其他部门的配合。对于那些有明确数额和"规矩"的陋规，官员们一般都掌握得很清楚，甚至"书面规定下来并使之合法化"。王凤生《驭下》云："莅任时，须将该衙门家人出息若干，谕令开单送阅，亲为核定，应去应存，并以何项归众，何项补贴门印办公，外此再取分毫，即以婪赃论。"[6] 可见，"门包"收入分作两个部分：一是作为所有家人的共同收入，一是作为具体办事

---

[1] 太平天国历史博物馆编：《吴煦档案选编》第七册，江苏人民出版社，1983年，第15~17页。

[2] 雍正五年三月十六日湖北巡抚宪德奏折，中国第一历史档案馆：《雍正朝汉文朱批奏折汇编》第九册，江苏古籍出版社，1989年，第278页。

[3] 蔡申之：《清代州县故事》，《近代中国史料丛刊》第五十辑，台湾文海出版社，第23页。

[4] 蔡申之：《清代州县故事》，《近代中国史料丛刊》第五十辑，台湾文海出版社，第14页。

[5] 完颜绍元：《官场那些道儿：观照千年兴衰规律》，中共中央党校出版社，2008年，第188页。

[6] 徐栋：《牧令书》卷四，道光二十八年刻本。

家人的补贴。"通常陋规的一部分被留作门丁和'稿案'的办公费用，剩下的按季度或在三个主要节日期间分发给每个长随。每份的金额高低取决于其资历的长短和勤勉程度。"[1]

不过，对于长随们在"规矩"之外的上下其手，官员们就不可能都掌握得那么详细了。因此长随们通过营私枉法发了大财的所在皆有。"曾发生过这样的一件事：某书吏以每月向门丁付三万钱的代价，换取了该门丁经手的所有文件、官方布告、草稿向各房分发以前先行阅读的权利。""冯桂芬估计，在江苏的一个县，长随、书吏从漕粮征收中通过陋规和贪占获得的银钱可达平均每人一万两之巨。"[2]

通过以上分析，我们可以看出地方官身边的这些工作人员，其地位和作用是何等重要和关键。因此，如何选用和管理这些人，对地方官来讲也是吏治的关键环节。清代的汪辉祖在《学治臆说》中谈到他的经验："司阍非老成亲信者不可，其任有稽察家人出入之责，不止传宣命令而已。心术不正，将内有所发而寝阁，外有所投而留难，揽权娈诈，无所不为，其后必至钩通司印（即掌管公章的办公室机要人员），伺隙舞弊。此二处，官之声名系之，身家亦系之。"如果管理不好，他们就可能成为地方上的祸害。纪昀《阅微草堂笔记》说："其最为民害者，一曰吏，一曰役，一曰官之亲属，一曰官之仆隶。是四种人，无官之责，有官之权。官或自顾考成，彼则惟知牟利，依草附木，怙势作威，足使人敲髓洒膏，吞声泣血。四大洲内，惟此四种恶业至多……"[3]

所以曾国藩才专门写了这样一篇约章，对他们进行要求。唯曾国藩手下这些随从是否收受门包以及门包水平如何，未能找到相关资料。

第三节　赋税改革与裁撤陋规

一　胡林翼的税费改革

不搞迎送，不大吃大喝，不收礼品，管好身边人员，这些对于吏治来说，虽然重要，但毕竟都是小节。

[1] 瞿同祖著，范忠信、晏锋译：《清代地方政府》，法律出版社，2003 年，第 147 页。
[2] 瞿同祖著，范忠信、晏锋译：《清代地方政府》，法律出版社，2003 年，第 149 页。
[3] 纪昀：《阅微草堂笔记》卷六《滦阳消夏录六》，中国戏剧出版社，2000 年，第 115 页。

曾国藩整顿吏治，最核心的举措是挑战陋规问题。

陋规最大的害处还不是败坏了官风，而是把老百姓逼到山穷水尽的地步。羊毛出自羊身上，从各级官员直至办事人员的陋规都直接出自百姓的血汗。早在太平天国起义之前，江南诸省就有很严重的"浮赋"问题，"附加税"之高已达到了惊人的程度。比如江苏省在咸丰前期，一石大米值两千文钱。也就是说，如果给国家交一石米的漕粮，老百姓本来只需要交两千文钱。但是官府却层层加码，各地需要交八千、十千至十八千文不等，附加税达到了正税的三倍至八倍不等[1]。"浙江杭、嘉、湖三府漕粮折征，最初每石收 6 000 余文，以后逐渐提高，致一石之漕粮，合时价达两石以上"[2]。当时就有人说："江南必反于漕。"[3] 果然，太平军一到，那些活不下去的贫民纷纷随之而去。

早在就任总督之初，曾国藩就开始思考这个问题。咸丰十年四月十九日，也就是朝廷任命曾国藩署理两江总督当天，曾国藩的日记中记载了和胡林翼探讨湖北赋税征收体制改革的经验：

> 是日胡中丞言州县办上司衙门之差，所费不过百千，而其差总、家丁开报至三四千串之多，县令无所出，则于钱粮不解，积为亏空，皆天家受其弊。故湖北州县现无丝毫差事，如有，向例由州县办差者，皆由藩库发实银与州县，令其发给，不使州县赔垫分毫。其名则天家吃亏，其实则州县无可籍口，钱漕扫数清解，为天家添出数十倍之利云云。信为知言。[4]

湖北巡抚胡林翼是晚清地方大吏中减赋工作最有成效者之一。他很早就提出，减赋是与太平天国争夺民心的最好办法："御贼之法，先结民心；救乱之略，先保民命。"[5] 在太平天国战争进行期间，"中兴名臣"们已经不约而同地开始推动减轻百姓负担的改革。最早行动起来的是湖南省，因为湖南是太平军最早撤出的省份。经左宗棠建议，湖南巡抚骆秉章在 1855 年初秋决定裁革一些陋规，以减轻农民负担。他的具体方案是"地丁每两加耗四钱，漕米折色照部章每石完纳一两三钱，外加纳一两三钱

[1] 吴云：《两罍轩尺牍》卷五，第 13 页，转引自潘国旗：《太平天国后期清政府的"减赋"政策刍议》，《财经论丛》2006 年第 1 期，第 98 页。
[2] 潘国旗：《太平天国后期清政府的"减赋"政策刍议》，《财经论丛》2006 年第 1 期，第 98 页。
[3] 冯桂芬：《均赋税议》，《显志堂稿》卷十，光绪二年校邠庐刻本。
[4] 《曾国藩全集·日记》，岳麓书社，1994 年，第 493 页。
[5] 汪士铎：《胡文忠公抚鄂记》卷四，岳麓书社，1988 年，第 22 页。

以资军饷，又加纳银四钱作县署公费。其他款目，一概裁革"[1]。"新统一规定的田赋税率加上浮收约比原来总税率低二成，而折征漕粮加上浮收不到原来的五成。为了能够减低税率，骆巡抚取消了许多归地方各级官员所有的津贴。"[2]这是所谓"减赋"的先声。

咸丰七年，湖北战乱初步平息，胡林翼对一度被太平军占领的那些州县也进行减赋改革。"1857年，胡林翼对一度被太平军占领的州县仿照湖南办法，裁减丁漕浮收，革除一些冗费。把漕粮折价，定在4000～6500文，并宣布禁革由单费、串票费、样米、号钱等额外需索。"[3] "胡林翼在1857年秋季着手搞减税……对三十三个应照常征缴漕粮的县，他争取清帝的批准进行一次大改革——大量削减极重的浮收和取消名义上有数十种他称之为'浮费'的收入。这里面包括过去巡抚本人、布政使、督粮道以及府道都享受的津贴。"[4]

二　曾国藩主导的两江地区减税

曾国藩裁除陋规，减轻百姓负担，也是在太平军撤出之后逐步推进的。同治元年（1862），江西全境基本恢复，曾国藩与江西巡抚沈葆桢参照湖南、湖北的做法，开始了减负改革。江西省田赋的附加税率，原来是百分之一百五十到百分之一百七十之间（地丁每银一两，或收银一两五六钱至六七钱不等，或收钱二千四百文至三千一二百文不等）。漕米则每一石米，或收银二三两至四五两不等[5]。

曾国藩与沈葆桢商量之后，决定自同治元年起，将田赋附加税率定为百分之五十（每地丁正耗银一两一钱，实收库平银一两五钱），漕米每石改收二两白银。所有州县办公等费一概在内。农民按照减浮章程完纳丁漕，较前大为轻减，如广信府属漕米折价即较前轻减一半。据布政使李桓估计，改革之后，每年可为百姓减负一百多万两："此次新章核扣，每年复可为民间节省银一百万余两，为军饷共筹银三十余万两。"[6]

降低附加税就必然要裁减"陋规"。江西和其他省一样，"至于馈赠陋规，到任者则有上司各衙门之供应、门包，年例则有本管知府之节寿、月礼。收漕则有粮道、本

[1] 骆秉章：《骆文忠公奏稿》卷八，第12页；又《骆秉章年谱》，咸丰五年乙卯纪事，转引自潘国旗：《太平天国后期清政府的"减赋"政策刍议》，《财经论丛》2006年第1期，第99页。
[2] 〔美〕费正清等：《剑桥中国晚清史》，中国社会科学出版社，1985年，第484页。
[3] 潘国旗：《太平天国后期清政府的"减赋"政策刍议》，《财经论丛》2006年第1期，第99页。
[4] 〔美〕费正清等：《剑桥中国晚清史》，中国社会科学出版社，1985年，第485页。
[5] 夏鼐：《太平天国前后长江各省之田赋问题》，《清华学报》第十卷第二期，1935年。
[6] 李桓：《请奏严定减收丁漕裁停繁费章程详》，《宝韦斋类稿》卷十一，赵宝墨斋版，1880年。

府同寅文武、地方绅士之陋规与大漕馆、干修等名目。此外尚有一切随时零星馈赠之款"[1]。曾、沈、李认为"江西一切积弊情形均与湖北相等",曾国藩与沈葆桢"仿照湖北定章,先将州县一切捐摊款项全行停止,馈赠陋规悉数裁革,以清其源,再将各属征收丁漕数目大加删减,以节其流"。曾国藩预料改革将会遇到巨大阻力,"……他担心由于这项计划'不利于官',官府会多方加以阻挠。他决心要弹劾那些'违抗新章'的州县官员"[2]。

在曾国藩、沈葆桢的铁腕之下,这项严重损害官员阶层利益的改革取得了成功。不过由于是首次尝试,曾国藩不久之后才发现,这次减税改革搞得过于激进了。如此大规模地降低附加税后,各州县收入顿减,许多地方行政开支没有着落。"尽管这些措施能使江西的知县们办事更加方便,但曾国藩发现在以后两年中他们的负担并未大大减轻,其中有些人为了完成任务还陷入困境。这部分是由于白银贬值,而在1864年的规定中改铜钱为征税单位前,白银是江西省征收农业税的法定通货。"[3]"1863年6月,曾国藩在描述江西局势时说:'州县之入款顿绌,而出款则不少减。牧令深以为不便,而绅民于大减之后仍尔催征不前。'1863年期间湘军军费增加,此事使曾国藩越加后悔不该把江西省田赋税率定得偏低。"[4]改革的不良后果使曾国藩充分认识到了"陋规"存在的部分合理性。

同治二年(1863)五月,江苏大部已经收复,曾国藩与江苏巡抚李鸿章开始研究江苏的减税问题。为了打动中枢,曾国藩与江苏巡抚李鸿章会衔上奏的奏章中,指出改革最终会提高实际的纳税额,即所谓"以与为取,以损为益""借减赋之名,为足赋之实"。他们这样说明改革的必要性:"不减额之弊在多一分虚数,即多一分浮费;减额之效在于少一分中饱,即多一分上供。减额既定,胥吏无权,民间既沾实惠,公家亦有实济,是为转移之善术一也;吴民死亡之外,大半散之四方,故乡赋重,望而生畏,招之不来,荒田愈久愈多。惟闻减赋之令,必当争先复里,是为劳来之善术一也;愚贱天良未泯,此时减赋令下,彼见皇上于经费匮乏之时,尚有此度越寻常之举,有不感生望外,踊跃输将者乎?是又激劝之善术一也。"[5]

不过鉴于江西经验,江苏的陋规裁革力度没有江西的大。"鉴于最近江西省税制

[1]郑起东:《试论清政府镇压太平天国后的让步政策》,《清史研究》2008年第3期,第62页。
[2]〔美〕费正清等:《剑桥中国晚清史》,中国社会科学出版社,1985年,第486页。
[3]〔美〕费正清等:《剑桥中国晚清史》,中国社会科学出版社,1985年,第486页。
[4]〔美〕费正清等:《剑桥中国晚清史》,中国社会科学出版社,1985年,第487页。
[5]陈其元:《清代史料笔记丛刊:庸闲斋笔记》,中华书局,1989年,第146页。

改革的经验，他（曾国藩）对诸如浮收等有关问题仍然犹豫不决。"[1] 最后定下来的方案是专减漕粮，不减钱粮。至于旧有陋规，有的裁撤，也有些予以保留，"只期只敷办公，不准逾额浮收"[2]。"将松苏太属漕额，统按原额减去三分之一，常镇二府照原额酌减去十分之一"，合计全省为三十分减去八分。改革之后，江苏的漕粮负担只减去了百分之二十七，幅度远较江西为小。

安徽的改革进行得稍晚，虽然 1861 年秋清军就已经攻占安庆。1864 年，朝廷批准安徽巡抚乔松年的裁撤浮费建议。漕粮折色章程规定，漕米除部定每石折银一两三钱外，另加八钱上下作为司库提存之款，废止陋规和捐摊等费，另加丁漕余资若干，以供州县办公费用。漕粮银两折征钱文数额，参照各地具体情况，每石"大例总在5 000 文以内""最多不过 6 500 文"[3]。

三　整顿盐务

太平天国战争耗尽了曾国藩的心力。越到晚年，他对官场上的陋俗越持"浑和宽容"的态度。这种心态使得他不能下定决心，从根本上重新厘定陋规，在地方上建立一套清楚合理的新财政体系。他认为陋规形成多年，合理因素与不合理因素纠结难分，只能因势利导。他说："大抵风俗既成，如江河之不可使之逆流。虽尧舜生今，不能举斯世而还之唐虞。贤者办事贵在因俗而立制。所谓'除去泰甚'者耳。"[4]"他劝李鸿章，即使苏松太地区的浮收在将来得到核减，'浮收竟可不必入奏，不必出示'。他还建议各县征收浮收可按该县风俗人情而为之制，对大小户之例不必更张过甚。'大户名目可革则革，办法不必一律，减法不必一价，但使小户实有所减而已。'"[5]

不过在整顿盐务陋规方面，曾国藩的成就还是十分显著的。因为盐商们通过国家授予的专利权获利极丰，所以地方官场上对盐商们的剥削也极重。几乎每个衙门都想从盐商身上捞点儿钱，只要没有来源的支出，最后差不多都算到盐商们头上。

与各地一样，两江地区财政的重要支柱也是盐规。根据两淮运司王凤生的统计，道光十年，两淮盐商负担的法定税额（即两淮纲盐正课）为二十一万七千两。但这只是盐商们负担的一小部分。除了正税外，他们每年要负担两江地区的养廉银、兵饷，

[1]〔美〕费正清等：《剑桥中国晚清史》，中国社会科学出版社，1985 年，第 498 页。
[2]刘郇膏等：《江苏减赋全案》卷二，清同治五年刊本，第 43 页。
[3]潘国旗：《太平天国后期清政府的"减赋"政策刍议》，《财经论丛》2006 年第 1 期，第 99 页。
[4]郭廷以编：《郭嵩焘先生年谱》上册，"台北研究院"近代史研究所，1971 年，第 247 ~ 248 页。
[5]〔美〕费正清等：《剑桥中国晚清史》，中国社会科学出版社，1985 年，第 490 页。

以及"水脚""部饭"等办公经费三十三万两，这算是国家的正项开销。此外，还有普济、育婴、书院、义学、务本堂、孝廉堂等地方公益事业，需要他们贡献二十余万两。这些还都不是大头，各衙门公费及盐政运司以下之书役、辛工、纸饭及"乏商月折"等项，需要他们负担八十万两之巨。为了向盐商们要钱，官员们想尽花招。如漕运总督、河道总督、巡抚各衙门，从未有缉捕犒赏等款，而各处仍以此名义每年向盐商征收开销三四千两[1]。

过于巨大的"陋规"导致盐商们几乎赚不到什么钱，经营盐业的积极性大减，从而加剧了两淮盐务的衰败。从同治三年起，曾国藩着手大力整顿两淮盐务。他替盐商们计算成本，明确了正税及各种附加税的税额，保证他们有钱可赚。曾国藩说："收课科则必须核定以昭信守。"[2] 为此，他规定：例收的每引报部正课银一两五分一厘，杂课二钱，外办经费银四钱，仓谷一分，河费一分，盐捕营一分，无可减免，仍照旧额征收。而团练、坝工、缉费、号工等不急之款，则一概删除。至于从盐商身上所出的招商局费银、都营赏犒银、驳船、江船、商伙、辛工、栈租等处费银以及皖岸报效银等数目，都要固定下来，不得任意多收。书役人等也不准再需索分文，滥收者一经查出或商人禀明，给以严惩[3]。这一措施有力地促进了两淮盐业的重新兴旺。

四 江南经济的恢复

从整体上看，江南地区的减赋政策对太平天国战争后经济的恢复功不可没。十余年来，两江总督所辖的江苏、安徽、江西都是清军与太平天国作战的主要战场。江南这从前最富庶的地方，遭受的破坏尤其严重。"白骨露于野，千里无鸡鸣"之句，完全适用于两江。有外国人记述当时他观察到的苏州一带情形："沿途所历各村，每三四处，必有一完全焚毁者；亦有三村相连，外二村未动，而其中一村仅余焦土者。"过去，南京到苏州一带，"皆富饶殷实，沿运河十八里，廛舍栉比，人民熙熙攘攘，往来不绝"，现在，则"房舍、桥梁，尽被拆毁，十八里中杳无人烟，鸡、犬、牛、马绝迹。自此至无锡，沿途如沙漠，荒凉万里"[4]。当湘军围金陵时，曾国藩就曾在给郭

[1] 倪玉平等：《变通于成法：陶澍与淮南盐政改革》，《盐业史研究》2010年第2期，第4页。
[2] 《淮北票盐章程》，王定安撰：《求阙斋弟子记》第四册，《近代中国史料丛刊》第六辑，台湾文海出版社，1966年，第2332～2334页。
[3] 盛茂产：《曾国藩与两淮盐务》，《盐业史研究》2003年第4期，第48页。
[4] 李文治编：《中国近代农业史资料》第一辑，生活·读书·新知三联书店，1957年，第148页。

嵩焘的信中感叹："皖省群盗如毛，人民相食，或百里不见炊烟。"[1]

战争停止几年之后，原本被蹂躏得毫无生气的江南地区已经重现繁荣，许多地方已经见不到战争的痕迹。同时，官员们的贪婪榨取得到一定程度的约束，对澄清两江地区吏治也起了重要作用。太平天国战争后，江南经济迅速恢复，让步政策功不可没。西方传教士目睹了太平天国战后经济迅速恢复的情况，卫三畏写道："1865 年中国所面临的形势"，"其被破坏的程度是一般人难以想象的。然而，恢复的速度——居民不仅恢复了旧业，而且重建了住所，整顿了贸易——甚至使那些一贯诋毁他们的人也感到吃惊，并转而赞誉很被人瞧不起的中国文化所显示出的复兴活力"[2]。同治九年（1870），曾国藩回任两江总督，经过瓜洲，看到瓜洲港口兴旺的景象："荒江寂寞之滨，今则廛市楼阁，千樯林立矣"[3]，回忆起十年前经过瓜洲时残破的情景，唏嘘不已。

第四节　清除劣员，整顿官风

一　两江地区的整顿

吏治的另一个关键问题当然是对官员的任用和管理。有治人无治法，是传统政治的不变信条。曾国藩亦坚信"人存而后政举"[4]。

到达祁门之后，曾国藩立刻派出幕僚，秘密考察两江地区所有高级官员（府道以上）的优劣。同时，他又要求司道官员们汇报自己属下官员的优劣情况。同时命各级基层官员以书函形式，谈一谈自己对本地形势和任务的看法，以此考察官员的素质："密札司道，举劾属员，札名各营统领，举劾营官哨弁，均得以密函上达。札饬道府州县官，访求地方利病、山川险要，留心所属绅民之才俊、田野之树畜。现前急应办理事件，均用书函答复。"[5]

他还仿效唐代武则天之法，在衙门口置一木甀，名为举劾箱[6]。号召所有军民人等，举报贪污不法官员，总督衙门对举报人严加保护。

[1]《曾国藩全集·书信》，岳麓书社，1994 年，第 3922 页。
[2]〔美〕卫三畏著，陈俱译：《中国总论》下册，上海古籍出版社，2005 年，第 692 页。
[3]《曾国藩全集·书信》，岳麓书社，1994 年，第 1358 页。
[4]《曾国藩书信》卷十五，中国致公出版社，2011 年，第 171 页。
[5]黎庶昌：《曾国藩年谱》，岳麓书社，1986 年，第 119 页。
[6]黎庶昌：《曾国藩年谱》，岳麓书社，1986 年，第 121 页。

通过一番考察，曾国藩认为两江地区急需从外地调来几位高素质的官员，来作为本地官场的楷模。早在出任两江总督之初，他就写信给胡林翼等好友，请他们推荐好官："惟须得极清廉极贤之州县一二人，来此树之风声。"他甚至想把安徽省北部的地方官全都换掉，为此写信向胡林翼求助："皖北州县，一一皆请公以夹袋中人才换之，俟当附片奏之。"

从出任总督的第一天起，他就不厌其烦地一再诰诫属下地方官保持清廉。

他所写的《劝诫州县四条》中除"治署内以端本"外，还强调"崇俭朴以养廉"：

> 近日州县廉俸，入款皆无着落，而出款仍未尽裁，是以艰窘异常。计惟有节用之一法，尚可公私两全。节用之道，莫先于人少。官亲少，则无需索酬应之繁；幕友家丁少，则减薪工杂支之费。官厨少一双之箸，民间宽一分之力。此外衣服饮食，事事俭约；声色洋烟，一一禁绝；不献上司，不肥家产。用之于己者有节，则取之于民者有制矣。

如今财政紧张，政府经费没有着落，所以必须节约开支。节约开支，首先从减人开始。少让亲友住在衙门，少用师爷和长随，可以减少很多应酬和工资。

他不厌其烦，利用一切机会对下属进行廉政教育。

郭某出任庐江县令，他在其禀帖上批道：

> 大兵之后，民困未苏，亦须加意抚循，不可稍涉苛扰。该令以书生初历仕途，惟俭可以养廉，惟廉可以生明。此二语者，是做好官的秘诀，即是做好人的命脉。临别叮嘱之言，千万勿忘！[1]

你是书生，初次任官，我告诉你两句话，既是做好官的秘诀，也是做好人的命脉：只有俭朴，才能保证廉洁；只有廉洁，才能保持处事清明公正。

望江县令周文甫到任，曾国藩在同日批示：

> 该令初次做官，未染宦途习气，尤宜保守初心。无论作至何等大官，终身不失寒士本色。常以"勤"字、"廉"字自励，如天地之阳气，万物赖之以发生，否则凋枯矣；

[1]《曾国藩全集·批牍》，岳麓书社，1994年，第289～290页。

如妇女之贞节，众人因之以敬重，否则轻贱矣。[1]

无论官做到几品，都能保持寒士本色，才是做人的高境界。每天用勤字和廉字来要求和激励自己，这样才能保持向上的心气。官员的廉洁，如同女人的贞节。

他要求州县官自己应该"一分一毫，一出一入，无可对人言之处"。

虽然对官场进行了一番洗汰，但曾国藩对两江地区的官员整体素质一直不满意。同治元年（1862），他在给安徽巡抚李续宜的信中说："他选用的州县官员'皆不惬物望'，而李巡抚留用的那些人'也非称意之选'。"[2] 这反映了大清帝国晚期吏治极度败坏之下官员素质的整体陷落。因此，曾国藩只能降格以求，以能找到"中材"为满足。到同治二年夏初，他在给郭嵩焘的信中还认为自任总督以来，"吏治毫无起色，可愧之至"[3]。

二 "直隶风气之坏，竟为各省所未闻"

直到来到直隶之后，曾国藩才发现，和这个天子脚下的省份比起来，两江地区的地方官素质还是很高的。

同治七年七月二十日，曾国藩奉命调任直隶总督，成为天下各省督抚之首。

直隶总督全称为"总督直隶等处地方，提督军务、粮饷、管理河道兼巡抚事"，驻保定，辖区包括了今天的北京、天津两市，河北省大部，河南、山东以及内蒙古和辽宁部分地区。据《清史稿·地理志》载，除顺天府外，直隶总督领保定、正定、大名、顺德、广平、天津、河间、承德、永平、朝阳、宣化十一府；赤峰、遵化、易州、冀州、深州、定州、赵州七个直隶州；张家口、独石口、多伦诺尔三个直隶厅，全省共有一百一十四个县（包括散州、散厅）[4]。因为手握兵权、负有拱卫京师之重责，故直隶总督在清代一直是最重要的一个总督职位。

在赴保定就任途中，曾国藩一路留心考察直隶的吏治，结果令他十分惊讶。他说"直隶风气之坏，竟为各省所未闻"[5] "此间吏治极坏"[6]。

他发现，有的直隶地方官到任一年多，竟然没有升堂问过一次案。另一个问题是

---

[1]《曾国藩全集·批牍》，岳麓书社，1994年，第290页。
[2]〔美〕费正清等：《剑桥中国晚清史》，中国社会科学出版社，1985年，第483页。
[3]《曾国藩全集·书信》，岳麓书社，1994年，第3922页。
[4] 黎仁凯等：《略论直隶总督与总督衙署》，《文物春秋》1991年第1期，第59页。
[5]《曾国藩全集·奏稿》，岳麓书社，1994年，第6187页。
[6]《曾国藩全集·书信》，岳麓书社，1994年，第6729页。

各地随便摊派抓差，以致穷人纷纷逃亡。在给皇帝的奏折中，他这样汇报：

> 臣入境以后，略询民间疾苦，大约积狱太多，羁累无辜。闻有州县到任年余，未曾坐堂一次，讯结一案者。又因连年用兵，差徭甚重，大户则勒派车马，供支柴草；小户则摊派钱文，掳充长夫。劣绅勾通书役，因缘讹索，车辆有出而无归。贫户十室而九逃。

他认为，造成直隶吏治"败坏"的因素，首先是"大吏过于宽厚"，也就是以前的总督过于宽纵，给不法之徒以可乘之机："劣员此处败露，方惧严参，而彼处钻营，反得优保。""玩上则簸弄是非，虐民则毫无忌惮。"[1]

曾国藩决心一改在江南实行的宽厚政策，对当地官场痛加整顿，"大加参劾""严立法禁，违者重惩"。他对朋友们说，自己"素非苛刻者流"，这样做实在是基于形势迫不得已，"非刚猛不能除此官邪"。

在对属下官员们进行深入考察了解之后，曾国藩于同治八年（1869）四月将第一批应参应举之员汇奏朝廷。这次参劾的十一名劣员均为知县、知府以上官吏，他们大都是捐班出身，主要劣迹或是"性情卑鄙，操守不洁"，或是"貌似有才，心实贪酷"，或是"擅作威福，物议沸腾"，或是"品行卑污，工于逢迎"，或是"专事夤缘，贪而多诈"，或是"浮征勒派，民怨尤甚"，或是"词讼置之不理，积压尤多"，或是"疏慵不理公事……浮收勒派，贪名久著"[2]。与此同时，又保举十名"贤员"。

九月上旬，他又递上第二批举劾官员的名单，包括参劾劣员八名，保举贤员九名。

三　清理积案，改变风气

汰换官员之外，曾国藩整顿直隶吏治的另一个着力点是清理积案。直省"风气甚坏"的主要表现是各级官员懒于公事，极善拖延。曾国藩发现到同治八年（1869）旧历三月底止，直隶积压的同治七年以前的案件竟达一万二千余件。仅保定府衙门中由朝廷交下来处理的重大京控上访（即越级直接上告到京师大理寺、刑部、都察院等衙门的案件，这些上访案件的处理原则一般都是发回当事的省份处理）案件就达一百三十余件[3]。这些案件，有延搁二三年的，有一拖就是八九年者。曾国藩说："吏

[1]《曾国藩全集·奏稿》，岳麓书社，1994年，第6187页。
[2]《曾国藩全集·奏稿》，岳麓书社，1994年，第6228页。
[3]《曾国藩全集·奏稿》，岳麓书社，1994年，第6746～6749页。

治之弊，民生之困，端由于此。"[1]

曾国藩接印视事仅一个月后，就拿出了积案处理方案：《直隶清讼事宜十条》及《直隶清讼限期功过章程》。

在章程中，他要求：第一，"通省大小衙门公文宜速"[2]。曾国藩指出，办事拖延之病，虽各省都有，但"直隶则似更甚"。现在军务已竣，曾国藩发誓要"力挽积习，与诸君子舍旧图新"，他要求"通省上下皆以勤字为本"。凡是上司要下属查明或办理的事，都要明定期限，违限记过，凡小过达到六次，大过达到三次，就要撤差撤官。

第二，首先整顿保定府发审局。保定为首府，起着全省的表率作用，因此率先整顿。他要求保定府彻底杜绝府役、门丁得钱卖放、行贿嘱托、任意讹索之弊。"首府之滞狱一清，通省之风俗立变，造福造孽，只在吾人存心一转移间耳！"[3]

第三，要求州县官必须躬亲"六事"，不得听信幕友丁书。所谓六事，即"亲收状纸""亲核案情""亲发传票""亲自勘验""亲定期限""上报案件亲自经理"。直隶向来逢三日、八日为老百姓告状之期，由门丁、典史等受理讼状，地方官从不亲自受理，积压多日，且最后往往由幕友拟定处理意见，地方官根本不过目，甚至缠诉已久而地方官还不知道告的是什么事。官府效率之低下通常拖得原告、被告精疲力竭、倾家荡产，有时双方不想再打官司了，想收回诉讼，仍然被按例拖延，迟迟无法撤诉。所以曾国藩提出了这六条要求：第一，放告之期，地方官必须亲自收状。即收押、释放人犯和处理、判决的文件、布告、榜文，要地方官亲自拟稿、过目、审定。第二，能断的案件，立予断结。不能断的案件，交幕僚拟批。但必须亲自细核，分别准驳。第三，准理者，差票传人，必须亲自删改。第四，命盗案件，以初起招供为重，必须亲自勘验，愈快愈好。第五，承审期限，何日解勘，何日详结，必须亲自计算。第六，监禁管押之犯，常往看视。每日牌示头门，每月册报上司，必须亲自经理。"六者皆能躬亲，则听讼之道，失者寡矣。如其怠惰偷安，不肯躬亲者，记过示惩；如其识字太少，不能躬亲者，严参不贷。"[4]

第四，"禁止滥传滥押"。差役在办案时，通常会把尽可能多的人牵扯到案内，管押起来，以借机勒索。曾国藩规定，各级官吏在清理讼案时，"不准多传"人犯、人证；而所传之人证，"非命盗大案，不准轻于管押"，凡管押之人，必须挂牌明示，注明日期，"俾众周知"。如未悬牌，或牌上人数与实际管押人数不符，家属可以喊冤，总督

[1] 奏折，同治八年三月十六日。
[2]《曾国藩全集·诗文》，岳麓书社，1994年，第444页。
[3]《曾国藩全集·诗文》，岳麓书社，1994年，第446页。
[4]《曾国藩全集·诗文》，岳麓书社，1994年，第446页。

还要派人秘查，查明属实，将记过严惩。

第五，"禁止书差索费"。曾国藩强调，丁书索费之恶习必须彻底改变，否则"一字到官，百端需索；疮痍赤子，其何以堪"！他要求各级官吏必须尽除这一积弊。如果访察有索费实据，必定"随时严惩"。

第六，"四种四柱册按月呈报悬榜"。"四种"指的是有关积案、监禁、管押方面的旧管、新收、开除、实在这四种不同类型；"四柱"指的是有关逃犯方面的旧逸、新逸、已获、在逃这四种不同类型。曾国藩严格要求各州县官及时将这"四种""四柱"汇齐上报，"存于三处官厅，大众阅看"。如有不报者，或报而不实者，"立予记过"惩处。

第七，"严治盗贼，以弭隐患"。他要求各级文武官员"专讲捕盗之实政，不尚会缉之虚文"，将所获之"犯"分为两种办法处置：一是"赃少而情轻者"，仍照旧例"招解斠转"；二是"赃多而情重者"，及时禀请就地"照军法从事"。对于平时那些不能"治本治标"的官吏，予以"记过撤参"；而对那些能够认真缉捕的官吏，"则予以重奖"。

第八，久悬未结之讼案应"核明注销"。曾国藩认为，有些民事案件本来就不严重，只是打官司双方因一时愤起，事后原被告双方"情甘罢讼"；有些民事案件，本因刁民凭空捏造事实诬陷他人，所以不敢到案对质。对于此类案件只要查有实据而又无法了结，就应当在两个月之后将案件注销，"以清积牍"。

第九，"分别皂白，严办诬告、讼棍"。曾国藩认为，直隶"健讼逞刁者亦复不少"，要求各级官吏"确究虚实"，分清是非黑白，"不稍含混，一变向来麻木不仁之习"。对于那些"积猾玩法"之讼棍，除照法律断案之外，"再加严刑以痛苦"，以达"救一时之弊"的目的。

第十，"奖借人才，变易风俗"。要把扫除邪风与伸张正气同时推进[1]。

在他的严厉督促下，整个直隶官场迅速行动起来。到同治九年二月初二日，也就是曾国藩接直隶总督印一年后，曾国藩奏报说，已经结清了同治七年（1868）以前的旧案一万两千零七十四件，同治八年以来的新案两万八千一百二十一件；现在旧案只剩九十五件，新案只剩两千九百四十件。在如此短的时间之内，将这三万余件复杂的新旧案件据实迅速结案，实在不是一件轻而易举的事情，可见曾国藩付出心血之巨大。接印半个月后，他在家书中这样告诉儿子曾纪泽："吾自初二接印，至今半月，公事较之江督任内多至三倍。无要紧者，皆刑名案件，与六部例稿相似，竟日无片刻

---

[1] 以上皆引自《曾国藩全集·诗文》，岳麓书社，1994 年，第 444 ~ 452 页。

读书之暇。做官如此，真味同嚼蜡矣。"[1]接印一个月后又说："余近日所治之事，刑名居其大半。竟日披阅公牍，无复读书之暇。"[2]

曾国藩的心血没有白费。他的所作所为给全国各省树立了良好的榜样。他制定的《直隶清讼事宜十条》及《直隶清讼限期功过章程》切中时弊，有相当大的可操作性，不久被清廷多次印行，颁发各省，以便各地督抚参照执行。

曾国藩拼了老命，直隶官风也大为改观，然而，曾国藩本人并不满意。他说："年内两次举劾，虽舆论尚谓不谬，而官场习气全未转移。"就在曾国藩准备将整顿吏治进行到底之际，发生了"天津教案"。之后他又调回两江总督原任，直隶吏治整顿半途而废。

[1] 钟叔河辑录、评点：《曾国藩往来家书全编（大字典藏本）》上卷，中央编译出版社，2011年，第265页。
[2] 钟叔河辑录、评点：《曾国藩往来家书全编（大字典藏本）》上卷，中央编译出版社，2011年，第266页。

第十章

既清又浊的总督生涯

第一节　总督的生活水平和对家人的约束

一　大学士请客用瓦盆

虽然按惯例，江督拥有巨大的收入，然而曾国藩却活得像穷人一样。

离开京城之后，曾国藩不再有出入宫廷的需要。他每天面对的都是自己的同僚和下属，所以穿衣越来越简单。岂止简单，有时候简直到了不修边幅的程度。

赵烈文说他第一次见到曾国藩时，曾国藩"所衣不过练帛，冠靴敝旧"[1]。

这一记载得到了外国人的印证。同治二年，戈登在安庆与曾国藩会面，戈登的随员惊讶地发现堂堂总督"穿着陈旧，衣服打皱，上面还有斑斑的油渍"[2]。

到了同治六年，曾国藩已经是太子太保、一等侯，又补授体仁阁大学士，名副其实的"位极人臣"了，可是他所穿的马褂质地简陋，又短又小，看起来比普通读书人还要寒酸。同治六年九月初六日赵烈文的日记中说：

> 涤师来久谈，谈次，师脱马褂置榻上，又少坐即去。余取视榻上衣：佛青洋呢面，布里，琵琶襟，极短而小，盖寒士所不屑衣者。为之太息不已。

在吃的方面，曾国藩更不讲究：

---

[1] 赵烈文：《能静居日记》，岳麓书社，2013年，第344页。

[2]〔英〕伯纳特·M.艾伦著，孙梁编译：《戈登在中国》，上海古籍出版社，1995年，第42页。

> 窦兰泉侍御来，予亦陪饮，食鲥鱼止一大瓦缶。兰泉笑曰：大学士饮客，用瓦缶，无乃太简乎？公大笑而已。[1]

窦垿（号兰泉）是曾国藩的老朋友了，多年不见，在江南重逢。客人发现总督大学士请客居然用瓦器。

这并非仅因战时物质条件艰苦。战争结束重现升平后，赵烈文日记中曾国藩每日的饮食也仍然十分简单。同治六年八月二十八日，赵烈文在曾国藩处闲聊，正好曾国藩的侍卫官拿着一张纸请示曾国藩。曾国藩告诉赵烈文，这是他的"食单"：

> 材官持一纸示师，师颔之，顾余曰：此何物，足下猜之。余谢不敏。师曰：此吾之食单也。每餐二肴，一大碗一小碗，三蔌，凡五品。不为丰，然必定之隔宿。

每顿饭两个主菜，三个小菜。这对于普通老百姓当然是很丰盛了，但是在官员阶层，却是相当寒俭的。

曾国藩的女儿曾纪芬在回忆录中说，总督时期的曾国藩请客和出席下属举行的宴会，对用菜标准有严格要求：

> 所至禁用燕菜烧烤之席，僚属皆遵守，相习成风。平日宴客常用之品，惟红烧鱼翅鱿鱼片及豆腐汤等。[2]

至于住，曾国藩也可以说是天下总督中最不讲究的一个。同治元年，幕僚方宗诚来到曾国藩身边，他这样描述曾国藩寝室的样子：

> 当公夫人未来皖时，宴彭雪琴侍郎于内室，招予陪饮。见室中惟木榻一，竹床二，竹枕二，此外一二衣箱，无他物也。[3]

这一情景在另一位幕僚赵烈文《能静居日记》同治二年五月初九日条中得到了印

---

[1] 方宗诚：《柏堂师友言行记》，《近代中国史料丛刊》第二十二辑，台湾文海出版社，1966 年，第 75 页。

[2] 曾纪芬：《崇德老人自订年谱》，《曾宝荪回忆录》附录，岳麓书社，1986 年，第 16 页。

[3] 方宗诚：《柏堂师友言行记》，《近代中国史料丛刊》第二十二辑，台湾文海出版社，1966 年，第 75 页。

证。他记载了曾国藩内室的情形：

> 今日直诣相国卧室，葛帐低小，布夹被草荐而已。旁有二小箱，几上陈设纸笔之外，无一件珍物，吁，可敬哉！[1]

二　家中女眷的工作日程表

不光自己的生活一如既往地简单，他对家人的要求也一如既往地严苛。

同治二年，曾国藩将欧阳夫人、两个儿子及两个女儿女婿接到了安庆。

如前所述，曾国藩兄弟分家之后，曾国藩一支只分到五十五亩田地。分家以前，吃大锅饭，借曾国荃、曾国潢的光，曾家生活水平还算得上不错。分了家之后，欧阳夫人带领子女住在"黄金堂"。既然曾国藩要求自己"以廉率属，以俭持家，誓不以军中一钱寄家用"，曾国藩妻儿的生活马上变得贫窘了。曾国藩幼女曾纪芬就曾经回忆说：

> 先公在军时，先母居乡，手中竟无零钱可用。拮据情形，为他人所不谅，以为督抚大帅之家不应窘乏若此。其时乡间有言，修善堂杀一猪之油，止能供三日之食；黄金堂杀一鸡之油，亦须作三日之用。修善堂者，先叔澄侯公所居，因办理乡团，公事客多，饭常数桌。黄金堂则先母所居之宅也。即此可知先母节俭之情形矣。[2]

欧阳夫人在家手无余钱，只能事事躬亲，下厨烧灶、纺纱织布……

欧阳夫人在乡下的苦日子过够了，和孩子兴冲冲来到安庆，想享享总督家眷的福，没想到总督府中的日子过得比乡下还要紧张。

曾国藩给夫人的零用钱很少。据方宗诚记载，欧阳夫人月费仅四千铜钱，折银二两，儿媳则减半。这点儿钱对于一位总督夫人来说，实在是太少了。曾国藩的幼女曾纪芬曾经回忆说，稍涉奢华的东西都不能买，一是没有钱，二是怕曾国藩责备。连欧阳夫人想买点儿京货，也会挨曾国藩一顿呵斥：

---

[1] 赵烈文：《能静居日记》，岳麓书社，2013 年，第 657 页。

[2] 曾纪芬：《崇德老人自订年谱》，《曾宝荪回忆录》附录，岳麓书社，1986 年，第 60 页。

初文正在日，家中人给月费二缗，尔时物价虽贱，亦苦不足，稍涉奢华之物不能买，亦不敢买也。欧阳太夫人偶唤卖京货之妪入署，且为文正公所诃，他无论矣。[1]

曾国藩不许孩子们穿华丽衣服，小孩子只能穿大孩子的旧衣服。曾国藩还亲自写下规矩，不许穿镶大花边的和五彩的衣裙：

余忆幼时所见皆淳朴无华。而余家为尤甚，姊妹姑嫂至一衣递袭，已详前记矣。文正素恶纷华，曾手书不准穿大镶花边衣五彩花裙，盖今日所视为陈旧者，彼时方矜奇炫异也。[2]

有一次，曾国藩见曾纪芬穿了一条镶了花边的彩色绸裤，就立命她换掉，其实这条裤子是死去的长嫂留下的旧东西：

忆入金陵督署时，尚未终靖毅公丧，所着为蓝呢夹袄及长嫂贺夫人所遗黄绸裤，缀青花边。文正见而斥以为侈，乃亟取三姊之绿裤易之。此裤亦贺夫人遗物，盖嫂以遗姑、姑又互相袭用也。

整个总督府中，只有两位女仆。一位是欧阳夫人从湘乡老家带来的老妪，另一位是大女儿身边的小丫鬟。

欧阳太夫人自原籍东下，仅携村姬一人，月给工资八百文。适袁姊有小婢一人，适罗姊则并婢无之。房中粗事亦取办于母氏房中村姬。[3]

"房中粗事亦取办于母氏房中村姬，乃于安庆以十余缗买一婢，为文正所知，大加申斥。"因为人手不够用，欧阳夫人在安庆花十多千钱，买了一个女仆，曾国藩知道后大为生气。欧阳夫人没办法，只好"遂以转赠仲嫂母家郭氏"。

既少月费，又无仆人，那么总督府中的日子怎么过呢？只有自力更生："文正驭家严肃守俭若此，嫂氏及诸姊等梳妆不敢假手于婢媪也。"

[1] 曾纪芬：《崇德老人自订年谱》，《曾宝荪回忆录》附录，岳麓书社，1986年，第19页。
[2] 曾纪芬：《崇德老人自订年谱》，《曾宝荪回忆录》附录，岳麓书社，1986年，第57页。
[3] 曾纪芬：《崇德老人自订年谱》，《曾宝荪回忆录》附录，岳麓书社，1986年，第12页。

曾家的女人们，每天都要进行体力劳动。从洗衣做饭腌制小菜，到纺线绣花缝衣做鞋，都要亲力亲为。从早上睁开眼睛，直到晚上睡觉，基本上不得休息。

同治七年，曾国藩"剿"捻回任再督两江后，为家中女人们制了工作日程表：

> 早饭后，做小菜点心酒酱之类，食事。
>
> 巳午刻，纺花或绩麻，衣事。
>
> 中饭后，做针黹刺绣之类，细工。
>
> 酉刻（过二更后），做男鞋女鞋或缝衣，粗工。[1]

每天吃完早饭，要做小菜，腌咸菜，做酒酱，这叫食事；上午要织布，纺棉花，这叫衣事；下午要刺绣，叫细工；晚上要做鞋，叫粗工。总之一天到晚不让她们歇着。

在这个日程表后面，曾国藩还提出了工作量的要求，自己将定期检查：

> 吾家男子于看读写作四字缺一不可，妇女于衣食粗细四字缺一不可。吾已教训数年，总未做出一定规矩。自后每日立定功课，吾亲自验功。食事则每日验一次，衣事则三日验一次，纺者验线子，绩者验鹅蛋，细工则五日验一次，粗工则每月验一次。每月须做成男鞋一双，女鞋不验。
>
> 上验功课单谕儿妇满女知之，甥妇到日亦照此遵行。
>
> 同治七年五月二十四日。[2]

如此辛苦的总督府家眷，恐怕大清天下找不到第二家了。当时每晚南京城两江总督府内，曾国藩秉烛夜阅公事，全家长幼女眷都在麻油灯下纺纱绩麻，成为中国历史上一幅不常见的画面。

可以说，和曾国藩一起生活很痛苦。身为总督眷属，他们需要与同一层次的家庭社交，也需要有自己的生活和娱乐。曾国藩以自己的"圣人"标准，去约束他们的日常生活，势必让他们在社会上显得寒酸落伍，造成他们在社交及生活中的种种尴尬不便。我们可以想象，曾国藩的妻子儿女们对他一定腹诽不止。然而，除了偷偷抱怨，拿这位天下最刚强又最顽固的老人，谁又有什么办法呢？

曾国藩有两个儿子、五个女儿，早在做京官时期，曾国藩就"议定"每个女儿的

---

[1] 曾纪芬：《崇德老人自订年谱》，《曾宝荪回忆录》附录，岳麓书社，1986 年，第 15 页。

[2] 曾纪芬：《崇德老人自订年谱》，《曾宝荪回忆录》附录，岳麓书社，1986 年，第 15 页。

嫁妆是二百两白银。咸丰十一年六月初四日，曾国藩写信给曾国潢说，大女儿婚事在即，虽然当了总督，但他还要坚持在北京讲好的嫁妆数目：

> 嫁女之资，每一分奁贰百两，余多年在京议定，今不能增也。

咸同时期，物价上涨很快，社会风习变化迅速，二百两银子在咸丰十一年其实已经不够用了。到了同治五年，曾国藩的第四个女儿曾纪纯出嫁时，这个数目更是脱离实际到了让人无法相信的地步。办婚事时曾国荃正好赋闲待在荷叶老家。他无论如何不能相信大哥只给二百两陪嫁银，"闻而异之曰：'乌有是事？'"打开箱奁亲自验看后才相信。"再三嗟叹，以为实难敷用，因更赠四百金。"[1] 曾国荃送了四百两银子给嫂子欧阳夫人，打发了第四女的婚事。

由于过于脱离现实，曾国藩刚刚去世，他的这套苦行僧式的家规就被儿子曾纪泽打破了。

> 及惠敏（曾纪泽的谥号——作者注）主持家政，稍以文正积存俸余购置田宅，月奉太夫人湘纹十二金；两嫂各十金，两房小孩一概在内，不另给；余与两兄每月六金；各房男女用人薪资在外，均由账房并月费分发。[2]

每个人月费增长数倍，曾家才达到普通官员的生活水平。由此也可以看出曾国藩在世时，曾家人的生活是如何"落伍"。

第二节　清与浊：总督生活的具体支出

一　曾总督家里一年要花多少钱

曾国藩在两江总督和直隶总督这两个帝国最重要的总督位置上一共做了十二年（即使在北上"剿"捻期间，仍然拥有两江总督头衔）。按张仲礼的说法，如果他的总收入不超过二百一十六万两，那么他就不会被判定为一个贪官。

---

[1] 曾纪芬：《崇德老人自订年谱》，《曾宝荪回忆录》附录，岳麓书社，1986 年，第 14 页。
[2] 曾纪芬：《崇德老人自订年谱》，《曾宝荪回忆录》附录，岳麓书社，1986 年，第 19 页。

曾国藩一生到底积蓄了多少钱呢？

同治七年十一月，他在家信中说，他所积养廉，一万八千两。

这笔钱就是他为自己攒的养老钱："余罢官后或取作终老之资，以极丰裕矣。"[1]

那么，他的钱都花到哪儿去了呢？

第一项是日常生活支出。曾国藩到达安庆之后，即按当时惯例，将家人先后接到自己身边。后来在南京时期也是和家人共同居住。曾国藩生活虽然十分俭朴，但是由于人口越来越多，开支不可避免地越来越大。特别是晚年以后，曾国藩及夫人都疾病缠身，孙子、孙女辈也经常患病，医药开支大增，搞得曾国藩担心自己的工资不够花。同治十年，他给曾国潢、曾国荃写信说：

> 纪鸿之次子病白喉数日，今已全愈。余合室大小平安。惟署中所用弁仆姬婢等太多，食口众，则用度浩繁。又兼治病医药，百端奢靡，入少出多，江督岁中进款竟不敷一岁之用。曩者尝怪澄弟日用太多，不能节俭，以致欠债甚巨。今余亦因用度不俭，亦将欠债，深为可讶。……近嘱戒纪泽等必须从上房、厨房两处节省，而后不至亏空。……余平日自誓不欲身后留余财，亦不宜留债与后人耳。[2]

可见这一年府中生活支出异常地多，竟至于将一万八千两养廉银全花光，还借了外债。不当家不知柴米贵，曾国藩这才理解曾国潢为什么会欠下那么多钱。原来曾国藩发誓说，不给子孙后代留金钱，现在看来，搞不好还会留债务。因此曾国藩只好命纪泽减少厨房开支，从嘴里省钱。

第二项则是馈赠亲友的支出。帮助亲友是出仕者义不容辞的责任，成为总督之后，曾国藩寄赠亲友的金钱虽然远远低于一般督抚的平均水平，但也是一笔经常性的支出。

同治十年十一月曾国藩家书中说："历年有菲仪寄家乡族戚，今年亦稍为点缀。兹命彭芳四送去，乞弟即为分致。毫末之情，知无补于各家之万一。"[3] 由此判断，每年所寄各家，不过数十两而已。

之所以所送者少，是因为曾国荃历年送得多：

---

[1]《曾国藩全集·家书》，岳麓书社，1994 年，第 1350 页。
[2]《曾国藩全集·家书》，岳麓书社，1994 年，第 1405 页。
[3]《曾国藩全集·家书》，岳麓书社，1994 年，第 1424 页。

团山嘴桥告成，余只能出二百金，即日寄回。盖沅弟寄回银两太多，半为兄弟五家之私，半为宗族乡党之公，余不能不节俭少寄。为私家固宜少，即公事义举亦宜少。公私虽微有别，其由营搬银回湘乡则一耳。身家自奉固宜少，戚友馈赠亦宜少。人己虽微有别，其以公银作私用则一耳。

团山嘴的桥落成了，曾国藩只捐了二百两，原因是曾国荃已经捐了很多。家用固然要节俭，其实做地方公益也不必手笔太大，因为做公益的钱，实际上也是从公家库里拿出来的。

亲友婚丧，所助则多一些：

（兰姊之丧）……吾即日当寄银二百两，料理伯姊丧事，即以为临三、临八甥家用之一助。[1]

同治六年二月十三日，在给纪泽的家书中，曾国藩说："袁薇生入泮，此间拟以三百金贺之，以明余屏绝榆生，恶其人非疏其家也。"[2]

同治五年十二月，曾国藩在家书中提到，前一段时间曾寄赠给曾国潢一千两白银。这笔金钱，是曾国藩寄赠给曾国潢的最大一笔，但是比起其他督抚来，自然是不值一提："前致弟处千金，为数极少，自有两江总督以来，无待胞弟如此之薄者。"[3]这笔寄赠有一个特殊背景，是因曾国藩北上"剿"捻，将家小送回湘乡。曾国潢这一年不但须顾照嫂侄，而且为曾国藩营修富厚堂尽了许多心力。

经常有亲友来江宁总督衙门小住，接待费用也不是小数。同治十年八月十四日，曾国藩告诉纪泽，江表弟回家，要多送些钱："江表弟归，于六十金之外或加二十千更妥。以渠用费不资，恐未足偿也。"[4]

同治十年九月初，曾国藩在给纪泽的信中嘱咐他，妻弟欧阳来江南，要好好款待，留住几日，返程时要送一百两礼金，二十两路费，此外还送衣料一套："尔舅氏来此，曾未少加款洽。余思陪同一餐亦尚未办。尔可强留少住数日，与尚斋一同返鄂，并为我致意留之。如万不肯留，则送菲仪百金，外船费二十两，袍褂料一付……"[5]

[1]《曾国藩全集·家书》，岳麓书社，1994年，第941页。
[2]《曾国藩全集·家书》，岳麓书社，1994年，第1325页。
[3]《曾国藩全集·家书》，岳麓书社，1994年，第1307页。
[4]《曾国藩全集·家书》，岳麓书社，1994年，第1411页。
[5]《曾国藩全集·家书》，岳麓书社，1994年，第1415页。

第三项是官场上的庆吊支出。

早在做总督之前，此项就是曾国藩的一项经常性支出。比如湘军名将李续宾战死，曾国藩在家书中提及他吊唁所送的是"奠金两千两、挽联一副"。成为总督后，这类庆吊往来在家书中更是经常提及。比如同治九年七月十二日给纪泽的信中说：

范兰江之死，余曾允赙仪百金。[1]

二　曾国藩的幕府是怎么开支的

第四项比较大的花销是幕友及总督府中工作人员的薪俸支出。

关于曾国藩幕府的薪俸支出，需要进行较为详细的考察后，才能说得清楚。

曾国藩的总督衙门正处于传统衙门向近代行政机构转变的初始阶段，而在这种转型中，他为了适应军务和地方事务的需要，依托在战时大大膨胀了的督抚权力，突破旧有规章习惯，对督抚衙门的结构及职能进行了改革。

曾国藩接任两江总督之初，只有一个空头衔，没有驻地，没有衙署，也没有办事人员，一穷二白，一切都要从头做起。

不过，在湘军时期他的身边已经建立起了一个颇具规模的工作班子。咸丰八年曾国藩再次出山之初，在日记中关于身边所带之人的大致记载如下：

咸丰八年六月十六日，他记载出行时，他和身边工作人员一共需要十条船。其中，曾国藩自己与刘郭二位幕僚一船，此外"戈什哈（戈什哈，满语，即清代高级官员的侍从护卫——作者注）二船，巡捕亲兵二船，文案一船，内银钱所一船，各少爷一船，火食一船，长夫一船"[2]。戈什哈三十三人乘坐二船，由此推测，他身边共带有一百五十人左右。

七月十一日，他在日记当中记载："粮台：银钱所二员，军械所一员，总理大员一，总理州县一，闲散无差各员。随身：文巡捕一，武巡捕一，文营务处二人，武营务处二人，总理书启一人，总理文案一人。"这应该是他此次出山拟定的幕府结构初步框架。

七月十八日日记又详细罗列了所带以及计划聘用的幕府人员及身边工作人员名单：

[1]《曾国藩全集·家书》，岳麓书社，1994年，第1380页。
[2]《曾国藩全集·日记》，岳麓书社，1994年，第246页。

随身各员。营务处：李次青、王人瑞、朱品隆、小委员杜光邦。翼长：二人。文巡捕：凌××、刘曾撰、丁蔼士。武巡捕：杨镇南、褚景锟。银钱所：何敦五、曾席珍、彭芳禄。军械所：丁蔼士、王澧、李勉亭。管公牍：郭意城。管书启：许仙屏、郭笙皆、黄训埏。发审所：李笏生。家人：韩升（门印）、王福（签押）、何得（笔墨）、曾盛（衣服）、曹荣（跟班）。文案：闫泰、陈鸣凤、刘嵩。粮台各员。护理粮台：彭山屺、喻吉三。银钱所：邹寿璋（未到以前，何敦五兼管）。军械所：莫祥芝、胡云衢。闲散：杨名声、戴朝议、黄兆炳、卜宗铨、李兴锐。总理：李筱泉（未到以前，雪琴兼管）。季员：魏拣、张秉钧、邓尔昌、凌荫庭（以上管报销转运，凌兼管文卷）、闫辉。船厂：曹禹门、胡嘉垣。支应：秦豫基、廖献廷、叶宝树、曹炯（以上留水师）。湖北转运局：厉云官。江西支应局：丁应南、胡心庠（江西新添）。贵溪转运局：翁学本。带戈什哈晋省：高连胜、李承典、詹鸿宝、廖洪元、彭述圣、杨世俊、李照裔、张占鳌[1]。

仅从以上有具体姓名的幕友名单看，他此次计划聘用的幕友至少有四十四人，身边随带家人也就是所谓"长随"五名。从这些资料判断，曾国藩在就任总督前，身边已经有文巡捕、武巡捕、戈什哈等仿照地方督抚所设的侍从人员，以及数量不少的家人跟班。同时，还有文案处、发审所、银钱所、军械所等幕僚机构。

接到两江总督任命之后，曾国藩由宿松大营前往祁门，一边赶路，一边着手构建自己的总督班子。他写信向老友胡林翼求助："敝处须一刑名幕友，专办地方照例事件，尊意如有其人，求荐一位，本领不必甚高，但能精细有恒为妙。"[2] 到了祁门之后，他在日记中这样构想公事规模："派一员专管衙门公事，分别吏、户、礼、兵、刑、工六科，以六箱贮之。将来……以船为官署，将文卷概置其中，派司道大员管理。"[3] 由这些记载判断，成为总督之后，曾国藩身边至少多了一名刑名幕友，一名专管衙门公事的档案员。

以上是现在资料中所见曾国藩就任总督之前以及之初的幕友情况。此后，随着曾国藩两江总督生涯的开展，他的幕府也迅速膨胀。关于曾国藩幕府成熟期的人数，他的幕僚之一薛福成在《叙曾文正公幕府宾僚》一文中，列举出主要幕僚八十三人。李

[1]《曾国藩全集·日记》，岳麓书社，1994年，第258页。
[2]《曾国藩全集·书信》，岳麓书社，1994年，第1427页。
[3]《曾国藩全集·日记》，岳麓书社，1994年，第512页。

鼎芳著《曾国藩及其幕府人物》一书中开列幕僚一共八十九人。他的另一位幕僚容闳则说,当时全国各地英才聚于曾国藩门下者"不下二百人"[1]。

曾国藩的幕府与传统幕府有很大区别。为了重建遭到国内战争严重破坏的社会秩序,应对近代以来日趋繁杂的内外地方政务,曾国藩突破了清代对督抚幕府的种种限制,建立起拥有众多专职机构的幕府官僚体系,以弥补原有地方行政体制职能的缺失。

曾国藩的幕府机构内有文案处主理文牍事务,营务处管理湘军军务;外有厘金局筹措军费,善后局管理民政,制造局生产军械等。每一部门内部又细分许多分支机构,非常庞大。事实上,这已经不再是传统意义上的幕府,而是一系列新创设的政府机构了。

因此曾国藩幕府成员的工作方式也与传统方式有所不同。曾国藩幕府中虽然传统幕友依旧存在,但已退居次席。更多的幕僚,采用委员差遣制。按照清代官场惯例,督抚大员或者是领兵将帅,可以委派下属官员办理某项临时"差事"。这些受差遣的人员通常被称为"委员"。委员属于临时派遣,事情处理完毕就回来销差。曾国藩充分地利用了这一富于弹性的地方行政惯例,以委员差遣之名,行自辟幕府属僚之实,使督抚幕府人事制度发生重大变革。

因为人事制度的变革,曾国藩幕府成员的薪俸支领方式也发生了重大变化。幕府成员被分成两部分,一部分是传统的刑名钱谷之类幕友,仍然按照传统,由雇主即总督负责开支。另一部分,即众多委员的薪水从所在办事机构直接领取,不再由曾国藩直接负担。《剑桥中国晚清史》第九章这样解释这种混杂的开支方式:"曾国藩依靠他的一批私人幕友来为营务处、粮台和各种特设的局办事,这些人名义上是他的'食客',并从他私人俸禄中支领酬金。曾国藩以善于把精干之士招进幕府和量才使用他们而著称。他常常任命幕友至营务处或某个粮台任职,这样就把'食客'转为有委员地位的政府官员并付给官俸。"而李志茗则这样表述:"在刚开始时,幕友的束脩从幕主的薪俸中开支。咸同军兴以后,由于国库空虚,财政困难,各将帅和疆吏便各自为计,就地筹饷。他们主要通过办捐输、运饷盐、收厘金等办法筹饷,以解决军需用款问题,其中也包括幕僚的薪水。如曾国藩初出办团练时,其幕僚的薪水就统一由内银钱所发放。后来,随着幕府人员的激增和幕府机构的不断设立,幕僚的薪水遂直接从他们所属的幕府机构中支取。不过,那时候,督抚们也聘请幕友为自己办事。这些幕

---

[1] 傅国兴:《清代直隶总督幕府盛衰初探》,《文物春秋》1997 年第 4 期,第 30 页。

友因未被派差到幕府机构任职，其馆金遂根据惯例，仍由幕主支付。"[1] 朱东安先生的研究结论是："办厘人员薪水来自厘金提成，粮台人员薪水来自湘平与库平银两的差色折算余数……而文案人员则薪水出自军费。"[2]

关于传统幕友的具体薪俸标准，我只找到了一条资料，即同治九年七月十二日曾国藩在写给曾纪泽的信中提到的：

> 钱谷刘幕价本太重，以后至多不得过八百金。[3]

关于委员开支，亦仅举一例：

> 现令章合才招湘勇三千东来，派朱唐洲、李健斋为营务处，梅煦庵为支应委员。薪水则朱六十金，李、梅各四十金，略为位置三人。[4]

此信中所说数字，应该是月薪。则委员年薪，在四五百到七八百两之间。

除了幕客开支，署中书吏等其他办公人员的工食银等也需曾国藩负责。

咸同之际，国家权力重心开始下移，督抚衙署的组织结构与作用也悄然出现重大变化。光绪年间的山东巡抚衙门档案为目前存留所仅见的晚清巡抚衙门档案。因山东没有总督管辖，巡抚就相当于总督，所以巡抚衙门内的组织结构，对了解清代晚期省级行政机关的一般状况有很大的参考价值。光绪二十八年十一月（1902年12月），山东巡抚衙门共有四十四个房科，在册书吏四百三十名。东西两房虽大致依照原来六房的序列排班，但与传统六房职能相比，已有明显扩展；部分新增房科的名称，还与衙门外新设的局处所对应。东房中由户科分解衍生的钱粮、粮船、北运、南运、厘金、土药、河务、户收、堂号、赈捐、筹款、提饷等科房，多与局所相关，礼科则分解为节孝房与学堂科。西房中兵马、军需、军务、海防等房，以及洋务、电报、机器等房，无论职能所属或房科称谓都迥异于原来的兵科与工科。此外还有即行房协调统管洋务及新政事务，管辖范围包括了"洋务及新政一切事件，或洋务路矿学堂一切新政及紧要事件"。房科数量增加和名称的变化，反映了巡抚权力扩张及其衙署职能扩展

[1] 李志茗：《传统与现代之间：晚清幕府制度的演进和推理》，《中国人民大学复印报刊资料·中国近代史》2008年第12期，第5页。
[2] 朱东安：《曾国藩传》，百花文艺出版社，2001年，第417页。
[3] 《曾国藩全集·家书》，岳麓书社，1994年，第1380页。
[4] 《曾国藩全集·家书》，岳麓书社，1994年，第1409页。

的事实。当然，众多的房科仍是巡抚自置，并未得到朝廷的认可，属于职官体制外的建置[1]。由这个例子，我们可以推测曾国藩时期的两江总督署和直隶总督署，包括书吏等工作人员应该在四百人左右。

三　总督的公务支出

第五类支出是捐助地方公共事业。在就任两江总督之前，曾国藩就经常有捐修地方城池之举。比如：

> （江西湖口县城）道光以后，城久不完。又遭粤逆蹂躏，砖石无存。咸丰七年克复后，曾文正公国藩论奏湖口地方要紧宜城，自捐八千串；彭公保玉麟捐钱四千串，余皆民捐，照旧重建山城。[2]

也就是说，湖口县城破坏已久，曾国藩认为此地重要，必须修城墙。于是和彭玉麟二人共同带头捐款，带动民间捐助，重建此城。

这虽然是咸丰七年之事，曾国藩、彭玉麟亦非当地守土之员，但由此事也可推知官员在地方建设中经常扮演的角色。

在就任总督后，曾国藩收拾残破，振兴百废，费力极多。方宗诚说：

> 曾公既克复金陵，立书院以养寒士，立难民局以招流亡，立忠义局以居德行文学之士，立书局校刊四书十三经五史，以聘博雅之士。故江浙被难者，无不得所依归。又立普育堂，养妇女幼孩数千人，并立义学，俾令幼童读书无荒嬉。凡妇女矢志守节不嫁者，立清节堂居之。又设医药局以时施诊治。若绅士被难之家，其妇女则仅登簿籍，令归其家，而朔望给钱米周之，不令入普育堂者，养其耻也。[3]

这些机构的设立，曾国藩具体出资多少不可详考。不过方宗诚记载中有一条，证

---

[1] 关晓红：《晚清督抚衙门房科结构管窥》，《中国人民大学复印报刊资料·中国近代史》2006年第11期，第24页。

[2] 方宗诚：《柏堂师友言行记》，《近代中国史料丛刊》第二十二辑，台湾文海出版社，1966年，第72页。

[3] 方宗诚：《柏堂师友言行记》，《近代中国史料丛刊》第二十二辑，台湾文海出版社，1966年，第71~72页。

明他拿出总督的"规费"来刻书：

> 当金陵初行乡试时，士子欲买四书不可得。公乃先刻四书十三经，继刻史记两汉
> 书，又与浙江湖北等省，分刻二十四史。其刻资则拨运司所解盐政规费充之，尽交江
> 宁府收存。及移节直隶时，尚余数千金，仍留为刻资，不自取丝毫也。[1]

　　第六类是资助"贤士"，"周恤故旧"。曾国藩对在战乱之中保留"读书种子"非
常重视，认为这是延续文化的关键。所以对各地大儒名士，生活穷困者，必想方设法
加以周济。方宗诚说："同治元年春，予客武昌，还谒曾涤生制军于安庆。制军……
礼敬贤士，周恤故旧，如恐不及。设采访局以表章忠义死节之士，招致宿儒，以树风
声。其或死不得葬者，则资助焉，且经纪其家。其或避地他州者，则必以书招之，不
来则又必移书告他大吏敬礼之。苏州陈硕甫先生（奂），江宁汪梅村，兴国万清轩，
并无一字干之，而公必为移书各督抚，使得所厚养。尝言当兹剥复之交，保全善良，
乃为天下留养微阳，以俟元气之复。其养贤之费，皆分廉俸为之，不用公帑也。"[2]

　　在方宗诚的《柏堂师友言行记》中，相关记载颇多。比如："曾节相好贤，出于
天性。予见公言及桐城老儒许玉峰先生，朱鲁存文学，苏厚子、文钟甫两征君，戴存
庄孝廉诸丧，久皆未葬，节相慨然即出二百金，命各为买山葬之。予因属甘玉亭任其
事，葬毕，公又亲书碑文以表之。"[3]

　　"曾公于故旧极有恩谊。仁和邵位西员外懿辰殉节杭州，妻子亡出，公招致安庆
养之，并延师课其子。石埭沈槐卿明府衍庆殉节于鄱阳县任，与公实未面也。公念其
忠义，岁馈金周其家。绩溪周志甫明经成，公聘任忠义局修志者也，既卒，公亦厚恤
之，并教育其诸子。其他忠义之士，虽不相识，闻其贫，皆资助之。而所费则分廉俸
为之，绝不用军需公款也。"[4]

　　同治五年十二月初六日那封家书也证明了这一点。对湖南的一些故旧之家，他于
年节之际，也会致送礼金。"昨令李鬷汉回湘送罗家二百金，李家二百金，刘家百金，

---

[1]方宗诚：《柏堂师友言行记》，《近代中国史料丛刊》第二十二辑，台湾文海出版社，1966年，
　　第74页。

[2]方宗诚：《柏堂师友言行记》，《近代中国史料丛刊》第二十二辑，台湾文海出版社，1966年，
　　第57页。

[3]方宗诚：《柏堂师友言行记》，《近代中国史料丛刊》第二十二辑，台湾文海出版社，1966年，
　　第58页。

[4]方宗诚：《柏堂师友言行记》，《近代中国史料丛刊》第二十二辑，台湾文海出版社，1966年，
　　第68页。

昔年曾共患难者也。"[1]

方宗诚对曾国藩的清廉极其推崇。他总结说："（曾国藩）居身朴素，治家勤俭。自居官后，亦未尝置田庐。夫人子妇，不废纺绩。"

四　曾国藩的请客和送礼

但是，曾国藩并非所有开支都如此光明正大，无可挑剔。以下开支，就有涉及"潜规则"之嫌了。

第一项是吃喝应酬。在官场应酬上，曾国藩并不标新立异，而是尽量从俗。刚刚就任总督时，他曾经拒绝"公款吃喝"，不久以后，他发现这种要求实在难以贯彻，徒然惊世骇俗，并无实益，所以后来也就随波逐流了。

同治十年九月底，曾国藩到苏州阅兵。他写信给曾纪泽谈到在苏州这几天的应酬情况：

> 余于二十八日抵苏后，二十九竟日拜客，夜宴张子青中丞处。三十日在家会客，织造及质堂、眉生、季玉公请戏酒。初一日在恽次山家题主，后接见候补百六十余人，司道府县公请戏酒。初二日早看操，夜湖南同乡公请戏酒。[2]

天天拜客，日日戏酒，曾国藩的所作所为，与一般官僚并无二致。只不过在遵从成规的同时，他尽量降低规模，简化形式，处处为他人考虑，不想给下属造成过大负担。十月初他到达上海，正好赶上他的生日。十月初十，生日前一天，地方官员们请戏酒给他预祝。十一日正生日，接惯例又要"正祝"一番。曾国藩怕大家破费太多，竭力推辞，自己花钱请了几桌客：

> 初十日，各官备音尊为余预祝，十一日又将备音尊正祝。余力辞之，而自备酒面款接各客。内厅抚、提、藩等二席，外厅文武印委等二十席。虽费钱稍多，而免得扰累僚属，此心难安。[3]

---

[1]《曾国藩全集·家书》，岳麓书社，1994年，第1307页。
[2]《曾国藩全集·家书》，岳麓书社，1994年，第1422页。
[3]《曾国藩全集·家书》，岳麓书社，1994年，第1421页。

这二十多席想必花了他不少钱，然而吃吃喝喝只是他日常开销中最小的部分。

第二项是冰敬、炭敬、程仪之类的"灰色支出"。

两江总督本是天下最"肥"之"缺"，曾国藩的前任们因此手笔都比较丰阔。曾国藩既袭此任，在许多方面也不得不萧规曹随，比如致送炭敬。

联络京官是地方大吏必不可少的动作。晚清官场流传的居官要诀云："仕途钻刺要精工，京信常通，炭敬常丰。"[1] 曾国藩历来厌恶官场之钻营，但是天下督抚都送的炭敬，他却不想免俗。他做京官多年，深知每年冬天那笔炭敬对他们来说意义何等重大。曾国藩致送的对象，主要是湖南籍的京官。同治五年十二月初六日，他在给曾国潢的信中说："同乡京官，今冬炭敬犹须照常馈送。"这笔钱，每年至少数千两。

除了炭敬，另一笔比较大的花销是程仪。如前所述，迎来送往是官场上的重任。每年来往南京的大吏要员自然也不在少数。

同治九年四月，曾国藩写信给儿子曾纪泽嘱咐说："仙屏（许振祎）差旋，若过保定，余当送程仪百金。是星使过境，有交谊者酬赠之常例。"也就是说，清代官场上，皇帝派出的钦差路过辖地，与之相识的大吏在迎送宴请之外，通常还会送给他一百两左右的程仪。他准备用这个标准来对待许振祎。同治十年八月十四日，他给儿子的信中说：

> 织造处送程仪百金，外加五十金水礼（书在外）预备。[2]

九月十五夜给纪泽的信中提到了另一个过境官员：

> 王逸梧以主考过此，余应送百金。[3]

同治九年，江南发生著名的"刺马案"，朝廷派出刑部尚书郑敦谨（号小山）南下与曾国藩共同审理。接惯例，办完事后，地方上要送给钦差一笔很重的程仪。然而郑敦谨特别清廉，"郑小山于正月二十八日出来拜客一日，二十九日拜折后即行起程，干礼水礼一概不收，一清彻骨。小钦差程仪则已收去（每人五百耳）"[4]。"干礼"是指贵重礼品如金、银之类，"水礼"则指食品、果品杂项之类。连水礼都不收，可谓清

---

[1] 况周颐：《蕙风簃小品》，北京出版社，1998 年，第 315 页。
[2] 《曾国藩全集·家书》，岳麓书社，1994 年，第 1411 页。
[3] 《曾国藩全集·家书》，岳麓书社，1994 年，第 1418 页。
[4] 《曾国藩全集·家书》，岳麓书社，1994 年，第 1400 页。

廉到底了，所以曾国藩说他"一清彻骨"。不过他的主要随员，也就是曾国藩说的"小钦差们"却不愿意效法他们的主官。他们每人收了曾国藩致送的五百两银子。曾国藩在"五百"后面加了个"耳"字，可见用官场惯例衡量，这笔钱对他们来说并不算多。

本省官员赴外省就任，也要例送程仪。同治十年十月初四日，曾国藩在家书中嘱咐纪泽说：

> 苏抚送魁将军入川程仪二百两，藩百两，臬百元。余与抚军事同一律，亦须送二百两。尔问明藩及道各送若干，即封二百金送去。[1]

我们所能查到的曾国藩所送的最大一笔程仪发生在同治三年。那年年底，因太平天国战争停止多年的江南乡试终于举行。历来考试结束后，地方官场都会致送主考和副主考一笔厚重的程仪。曾国藩对当年四川主考任上的收获记忆犹新，这一次他决定做好主人，"一切均从其厚"。

这一年朝廷派来的主考是刘昆，副主考平步青。考试结束后，他们在两江收获"公私……程仪约各三千有奇"。就是说，江南官场公送了三千两，大家以私人名义所送加一起也有三千两。"两主考差囊各三竿外，户部例发途费五百亦在此支领，一切均从其厚。"[2]

"炭敬""程仪"是官场上经常发生的支出。至于"别敬"，则频率较低，只有在地方官需要进京时才发生。

同治七年七月二十日，曾国藩奏命调任直隶总督。这一年十二月他抵达北京，在北京过完年后出都赴保定就任。

在出发之前，曾国藩身上带了一张可以兑换二万两现银的银票。为什么要带这么多钱呢？主要就是为了给京官们送"别敬"。多年没有入京，那些在穷京官生活中挣扎的故友新朋盼他如望云霓，他的别敬当然不可能过少。他在日记中多次记载"核别敬单""定别仪码""定分送各单"，可见这件事他是多么在意。在给儿子的信中，他说："余送别敬一万四千余金，三江两湖五省全送，但不厚耳。"[3] 总共送了一万四千两，他仍然认为不厚。

天津教案后，他又收到回任两江总督之命。同治九年九月二十三日，他由天津起

---

[1]《曾国藩全集·家书》，岳麓书社，1994年，第1422页。
[2]《曾国藩全集·家书》，岳麓书社，1994年，第1183页。
[3]《曾国藩全集·家书》，岳麓书社，1994年，第1350页。

程入都，陛见后十月十五日出都返回江南。这一次，仍然需要送"别敬"。在进京前，曾国藩这样计划：

> 拟于（九月）二十、二十一日起程入都，十月初六、七日必须出京[1]。
>
> 别敬不能速送，只好与诸公订定出京后补送，或腊底再送炭金。保定寄存之二万金，大抵须用去八九千。[2]

后来他在给曾国荃的信中说"九年冬在京用去万余金"，可见这一次送"别敬"又花掉一万多两白银。

五　行贿户部八万两

除去人情往来，官场上的"潜规则"更需要大笔银子。

同治七年，捻军被镇压，天下大致平定，太平天国战争军费报销提上了议事日程。

要报销就不可避免地遇到"部费"问题。

按照清代财务制度，曾国藩需要先将这些年来的军费开支逐项进行统计，编成清册，送交户部。户部要对报销清册进行审查，检查有无"以少作多、以贱作贵、数目不符、核估不实"等"虚开浮估"的情况，如发现此类情况，则要退回重报。审查合格，才呈报皇帝予以报销。

因此，报销过程中，最关键的是户部的态度。如果户部高抬贵手，什么不合规定的费用都能报销；如果他们非要鸡蛋里挑骨头，再光明正大的支出也过不了他们的审计关。那么，户部的态度是由什么决定的呢？视"部费"多少而定。传统时代，"部费"主要落在具体经办的"书吏"也就是办事员的腰包。

早在咸丰八年，曾国藩就已经开始筹划部费问题了。当时他以为太平军不日可平，报销在即，所以在给曾国荃的家书中谈及此事说："将来需用部费不下数万。闻杨、彭在华阳镇抽厘，每月可得二万……余偶言可从此项下设法筹出部费……想杨、彭亦必允从。"[3]

不过书吏的胃口实在是太大了。曾国藩托李鸿章打听一下户部打算要多少部费，

---

[1]他怕在北京过生日，那样的话应酬就更繁重了。

[2]《曾国藩全集·家书》，岳麓书社，1994年，第1391页。

[3]《曾国藩全集·家书》，岳麓书社，1994年，第380页。

李鸿章回信说：

> 报销一节……托人探询，则部吏所欲甚奢，虽一厘三毫无可再减……皖、苏两局前后数年用饷约三千万，则须银近四十万。如何筹措，亦殊不值细绎。……若辈溪壑，真难厌也。[1]

也就是说，李鸿章托人去找户部的书吏，探探他们的口风。反馈回来的消息说，书吏们要一厘三毫的回扣，也就是报销一百两给一两三钱。曾国藩需要报销的军费总额是三千多万两银子，按一厘三毫算"部费"需要四十万两。

曾国藩一听，也吓了一跳。四十万之巨，无论如何是不能答应的。怎么办呢？只有继续活动。曾国藩命江宁布政使李宗羲托人，李又托了一个叫许缘仲的人出面和户部书吏接洽，做了大量工作，讨价还价的结果是给八万两，显然书吏做了极大让步[2]。

恰好在这时，中枢的批复到了。由于他们平定太平天国、捻军的卓越功勋，皇帝（实际是太后）同意他们免于部议，曾国藩对此感激涕零，同治七年十一月二十七日在给儿子曾纪泽的信中说：

> 折弁刘高山归，报销折奉批旨："着照所请，该部知道。"竟不复部核议，殊属旷典。前雨亭方伯托许缘仲关说部中书吏，余与李相前后军饷三千余万，拟花部费银八万两。今虽得此恩旨，不复部议，而许缘仲所托部吏拟姑听之，不遽翻异前说。但八万已嫌太多，不可再加丝毫。[3]

他对此"感激次骨，较之得高爵穹官，其感百倍过之"。按理说，皇帝发了话，这八万两就可以省下了。不过，曾国藩却说，这说好的八万两银子"部费"还是照给。因为阎王好见小鬼难搪，毕竟以后他还需要和户部打交道。

---

[1]《李鸿章全集·信函一》，安徽教育出版社，2008年，第704页。

[2]见同治七年十一月二十七日给曾纪泽的信。《曾国藩全集·家书》，岳麓书社，1994年，第1345页。

[3]《曾国藩全集·家书》，岳麓书社，1994年，第380页。

第三节　小金库的资金来源

一　曾国藩私建小金库

如前所述，曾国藩总督时期的正式收入有薪俸和养廉银两个部分。除此之外，因为曾国藩身为侯爵，按理还应该有侯爵俸禄。顺治十年"定岁给世爵俸银有差"，成为有清一代定制，其中一等侯年俸 610 两，禄米 305 石 [1]。

不过清代世爵的管理漏洞百出。曾国藩在家书中曾说："封爵敕书同治四年领得。错字极多，令纪泽带至湖北呈弟处。弟回其错误一笑而未收，纪泽即带回湘乡。" [2] 如此庄严郑重的文件，居然错误百出。那么，世爵俸禄无专人发放也就可以理解了。同治十年五月，曾国藩才想起侯爵俸禄这件事来，写信给曾国荃说"余之爵廉未曾领过一次"，并说"可在外省藩库领否，须托人到京一查" [3]。

在此之后，在曾国藩的家书等资料中查不到关于这项收入的记载。很有可能终曾国藩一生，他也没来得及处理此事。其实即使加上世爵俸禄，这不到两万两的收入也远远满足不了我们上一节所说的支出需要。

那么，上一节的开支，来源如何？

我们先来看看同治七年年底那一万四千两别敬的开支来源。

那一次北京之行，曾国藩花费了两万两。除了一万四千两别敬，"合之捐款及杂费凡万六千上下，加以用度千余金，再带二千余金赴官，共用二万两"。这笔巨款的来源，曾国藩说得很清楚："已写信寄应敏斋，由作梅于余所存缉私经费项下提出归款。" [4]

"缉私经费"出自两淮盐运司。管理盐业的一个重要手段是"缉拿私盐"，以保障官盐的销售，所以盐运司每年都会提出一大笔经费用来缉私。不过缉私只是"缉私经费"的用途之一，其实盐运司许多不好处理的开支，都用"缉私经费"的名义处理。比如他们每年"孝敬"给两江总督的"陋规"，也以这个名义致送。

从同治七年十一月初八日曾国藩信中"运司派曾德麟解到缉私经费二千余金" [5] 来

[1] 黄惠贤、陈锋主编：《中国俸禄制度史》，武汉大学出版社，2005 年，第 536 页。
[2]《曾国藩全集·家书》，岳麓书社，1994 年，第 1405 页。
[3]《曾国藩全集·家书》，岳麓书社，1994 年，第 1405 页。
[4]《曾国藩全集·家书》，岳麓书社，1994 年，第 1350 页。
[5]《曾国藩全集·家书》，岳麓书社，1994 年，第 1343 页。

看，盐运司定期会给曾国藩送来"缉私经费"，曾国藩都将其存放在"后路粮台"（"吾令其解金陵后路粮台"）。此外，上海海关每月也要送公费给他。同信之中，曾国藩说："存于作梅台中（即后路粮台）者，系运司缉私经费及沪关月送公费（现闻近三万金），为余此次进京之用（连来往途费恐近二万）。"后来同治八年二月初三日信中又说："后路粮台所存缉私经费，除在京兑用二万外，计尚有万余金……此外淮北公费尚有应解余者（十月间书办曾拟札稿去提，余未判行）……"[1]

从这封信的前后文推测，曾国藩在"后路粮台"也建有一个"小金库"。盐运司送的"缉私经费"，上海海关、淮北海关等几个海关送的"公费"，就是曾国藩这个"小金库"的金钱来源。而其用途，则主要是供曾国藩官场应酬打点。曾国藩同治七年年底进京，一路路费和生活费，在京中送礼所用，再加上带到直隶总督府的两千两零花钱，全系"小金库"中的钱，并没有动用自己的"养廉银"。因此我们有理由推测，同治三年他送乡试主考的钱，以及同治九年送给"小钦差"的程仪，也应该出自这里。

曾国藩的养廉银则存放在布政使衙门，主要供自己家庭开支所用。同信之中，他交代曾纪泽：

　　吾之银存于雨亭署内（即江宁布政使李宗羲处）者，系养廉（已有万八千余），尔尽可取用。[2]

同治八年正月二十二日，他在给曾纪泽的信中说："尔等进京，可至雨亭处取养廉数千金作为途费。"可见，曾国藩家人进京的路费是动用养廉，而不是小金库的钱。

由此，我们大致可以判断曾国藩是怎么区别"陋规"与"养廉"的用途的。"因公"而产生的官场应酬，出自"小金库"。自己家人的生活日用，以及自己馈赠亲朋好友的钱，则出自养廉。方宗诚的总结大抵合乎事实：

　　两江总督廉俸之外，又有办公费（即"小金库"），每岁万金。公在金陵，凡署中食用以及馈遗亲戚故旧，皆取诸廉俸，其办公费则尽存粮台，非公事不动用。[3]

"小金库"加"养廉银"，这就是曾国藩在两江的个人财政来源。到了直隶后，

[1]《曾国藩全集·家书》，岳麓书社，1994年，第1352页。
[2]《曾国藩全集·家书》，岳麓书社，1994年，第1343页。
[3]方宗诚：《柏堂师友言行记》，《近代中国史料丛刊》第二十二辑，台湾文海出版社，1966年，第74页。

来源结构也大抵相当，只不过"缉私经费"换成了"盐规"。到了直隶之后，曾国藩在信中对儿子谈及个人支出的打算：

> 直督养廉银一万五千两，盐院入款银近二万两，其名目尚不如两江缉私经费之正大。而刘印渠号为清正，亦曾取用。[1]

也就是说，直隶总督主要个人收入为养廉银一万五千两，此外还有盐规二万两。这二万两盐规，就好比两江的缉私经费，是供给总督个人花用的。因此总督的收入来源总计三万五千两。而曾国藩自己测算每年大约需花掉二万二三千两，这样，每年还可以剩下一万多两：

> 余计每年出款须用二万二三千金，除养廉外，只须用盐院所入七八千金，尚可剩出万余金。[2]

二　小金库结余怎么办

在曾国藩北上就任直隶总督之际，"后路粮台"的"小金库"共存了三万两左右。如前所述，小金库这三万两在北京只花掉了两万，还剩下一万怎么办呢？按官场惯例，这一万多，曾国藩完全可以携归家里："向来总督去任时，此款皆入宦囊。"[3]不过他却不想这样做。

在同治七年十一月初八日的信中，曾国藩对纪泽说：

> 其下余若干（尔临北上时查明确数）姑存台中，将来如实窘迫，亦可取用。否则于×××散去可也（凡散财最忌有名）。[4]

就是说，家里实在需要花钱，可以用一些。否则，临全家北上时，想办法捐掉。

---

[1]《曾国藩全集·家书》，岳麓书社，1994年，第1355页。

[2]《曾国藩全集·家书》，岳麓书社，1994年，第1355页。

[3]方宗诚：《柏堂师友言行记》，《近代中国史料丛刊》第二十二辑，台湾文海出版社，1966年，第74页。

[4]《曾国藩全集·家书》，岳麓书社，1994年，第1343页。

同治八年正月二十二日，他又提了两个"散掉"的处理方案：

> 余家于此二万外不可再取丝毫。尔密商之作梅先生、雨亭方伯（布政使），设法用去。

他说，可以用于两个方面：一是作为善后局的零用，一是作为报销局的部费。他特别嘱咐，不能捐为慈善款：

> 或捏作善后局之零用，或留作报销局之部费，不可捐为善举费。至嘱至嘱。

为什么不能捐为善举呢？因为这样就会被人所知，曾国藩平生认为"凡散财最忌有名""一有名便有许多窒碍"。所以"总不可使一人知也"。他还说："余生平以享大名为忧，若清廉之名，尤恐折福也。"[1]

二月初三日，他在给纪泽的信中又一次明确了这笔钱的处理办法，那就是全部用作军费报销的"部费"：

> 后路粮台所存缉私经费，除在京兑用二万外，计尚有万余金，即存台作为报销部费。除雨亭、作梅、少岩外，别不使一人知之，最不着迹。此外淮北公费尚有应解余者（十月间书办曾拟札稿去提，余未判行），将来亦作报销部费。余奏调七人中或有缺途费者，在其中提送若干，请雨、梅酌度（多者不得过二百）。此外不更动用丝毫矣。[2]

如果按这封信判断，那八万两报销部费中，有一部分是出自曾国藩本可纳入私囊的"陋规"。

不过，据方宗诚说，曾国藩剩下的这笔钱，有一部分后来用于购买赈米了：

> ……其办公费则尽存粮台，非公事不动用。向来总督去任时，此款皆入宦囊，公则仍留为慈善之用。移节直隶后，安徽有灾，买米赈之，皆此款也。[3]

---

[1]《曾国藩全集·家书》，岳麓书社，1994年，第1350页。

[2]《曾国藩全集·家书》，岳麓书社，1994年，第1352页。

[3]方宗诚：《柏堂师友言行记》，《近代中国史料丛刊》第二十二辑，台湾文海出版社，1966年，第74页。

这笔钱最后到底是怎么用掉的，现在无法提供确切答案。

曾国藩在直隶总督任上待了不到两年，回任两江时，他发现自己积攒了"俸余三万金上下"[1]。这笔钱一部分他要带进京中作为"别敬"及其他应酬费用，除此还有剩余。比如在直隶总督陋规项下，还有一项没花掉的钱，叫"盐吏占费"，大约一千多两，他也不打算纳入私囊，而是像以前一样以散钱为处理之法："盐吏占费将余千金，余不欲以之肥私，可以四百捐育婴堂，余分给诸人（五巡捕各五十，内戈什各三十，外戈什及上房仆婢酌分）。"[2]

通过以上事例我们可以得出结论：曾国藩像每个地方大吏一样，建有自己的小金库。但是小金库中的结余，他并不像其他官员那样带走。

至于养廉，则没有什么结余。在任总督的前几年，曾府人口较少，每年花不掉的养廉银，曾国藩往往以之济助亲友，甚至素不相识之人。这在上文已经提及。

由此我们就可以理解为什么曾国藩身后没什么积蓄了。之所以拒绝将小金库余款和多余的养廉搬回家中，是因为曾国藩不打算留下余钱作为遗产。他在给曾纪泽的信中说："余将来不积银钱留与儿孙。"

表 10-1　曾国藩两江总督时期收入支出表

收入项目		（两）	支出项目
一、公开收入	总督俸禄	155	日常生活支出
	侯爵俸禄	610[3]	资助贤士及地方慈善支出
			衙中部分幕友等工作人员薪水
	养廉银	18000	官场应酬馈赠支出： 公请戏酒、冰敬炭敬别敬、过境官员程仪
二、灰色收入（规费收入）	盐运司缉私经费	不详	乡试主考程仪等、官场庆吊
	上海海关每月公费（沪关月送公费）	不详	公务差旅支出
			兴办赞助地方慈善事业及资助贤士支出
	淮北海关公费	不详	部费等"潜规则"支出

[1]《曾国藩全集·家书》，岳麓书社，1994 年，第 1389 页。
[2]《曾国藩全集·家书》，岳麓书社，1994 年，第 1387 页。
[3] 此外还有禄米 305 石。

第十一章

晚清督抚群体的经济生活概况

第一节　晚清督抚的三种类型

一　清代官风的变化和大部分督抚的沦陷

清代吏治，初期比较清明，从乾隆中期开始日渐废弛，乾隆晚期腐败呈普遍化状态，晚清捐纳大开后达于顶峰。

这条变化曲线与以下两个因素相关。第一是财政制度演变。清初物价水平较低，官吏虽然实行低薪制，但尚未达到名实严重分离的程度。清中期物价上涨之后，官员经济生活中收支不平衡的问题越来越突出，导致各种陋规不断滋生蔓延，愈演愈烈。为了解决财政问题而大开捐纳，更是导致官员素质大幅降低。第二是皇权与地方权力的博弈格局。乾隆中期以前，皇权大多数时段呈现强有力状态，对地方如臂使指。乾隆晚期开始，皇权对地方的控制呈逐渐弱化趋势，督抚权力不断坐大，到晚清达于极致。

清代初年在中国历史上属于吏治较为清明的一个时期，朝廷权威严重，行政效率较高。顺治年间，出现过多次县令因完不成税收等任务而畏责自杀的现象[1]。康熙年间提倡理学，出现了于成龙、陆陇其、李士桢等一批著名清官，虽然康熙晚年朝政一度懈怠，但雍正皇帝即位后以严酷手段整顿吏治，很快扭转颓风。康雍乾这一中国历史上持续时间最长的盛世，正是在较高的吏治水平保障下出现的。

乾隆中期之后，官场风气大变。出生于乾隆十一年的洪亮吉描述这种变化："往吾未成童侍大父及父时，见里中有为守令者，戚友慰勉之，必代为之虑曰，此缺繁，

---

[1] 户部题本（顺治十三年十二月二十三日），载《明清史料己编》上册，中华书局影印版，1985年，第782页。

此缺简，此缺号不易治，未闻及其他也。及弱冠之后，未入仕之前，二三十年之中，风俗趋向顿改。见里中有为守令者，戚友慰勉之，亦必代为虑曰，此缺出息若干，此缺应酬若干，此缺一岁之可入己者若干。而所谓民生吏治者，不复挂之齿颊矣。……及相率抵任矣，守令之心思，不在民也。必先问一岁陋规若何，属员之馈遗若何，钱粮税务之赢余若何。"[1]

也就是说，在他小时候，乡里有人出任地方官，亲戚朋友们往往会和他讨论这个地方好不好治理，但是二三十年之后，风气改变，有人出任地方官，大家讨论的是这个职位能捞多少钱。到位之后，地方官考虑的不是治理地方，而是每年能收多少陋规，下属会给他送多少礼，从钱粮赢余中能捞多少钱。

乾隆晚年对各省督抚的操守有过这样一个判断："各省督抚中廉洁自爱者谅不过十之二三，而防闲不峻者，亦恐不一而足。"[2] 也就是说，百分之七十到百分之八十的省级官员都不能洁身自爱。这句话表现出晚年乾隆尚有自知之明的一面。

乾隆中后期，处理涉贪督抚二十九人。从相关案件文件中，我们可以看到乾隆朝部分督抚的生活水平之高和花钱之滥。浙江巡抚王亶望"署内盖造屋，于上冻时用热水和泥，以致格外多费银二万余两"[3]。闽浙总督伍拉纳纳"积三镶如意至一百五十六柄"[4]。浙江巡抚"福崧之母游玩西湖六七次，每次预备食用灯彩船只等项共用银二千五百余两"[5]。这自然是正常收入所不能满足的。这些案件的抄家所得，往往相当惊人。浙江巡抚王亶望被抄家时，"家资至三百余万之多"。其"任所抄出金叶、金锭、金如意、首饰等共重四千七百四十八两，估值银七万一千五百三十两。银九万八百五十一两，银器一千三百六十四两，任所衣服等物共五百六十箱"[6]。"其家口又经回籍，带回衣物箱三百三十一只，其中金锭、金如意、首饰共重三百九十八两八钱。珠自九分至二分，大珠十一颗，中珠共五千五百五十三颗，玉器四十二件，

[1] 洪亮吉：《守令篇》，《清经世文编》上册，中华书局，1992 年，第 515 页。

[2] 中国第一历史档案馆藏《上谕档》乾隆六十年八月初七日，转引自卢经：《乾隆朝贪婪督抚家资一瞥》，《清史研究》1995 年第 3 期，第 22 页。

[3] 中国第一历史档案馆藏《官中朱批奏折·法律·贪污 48 包》，转引自卢经：《乾隆朝贪婪督抚家资一瞥》，《清史研究》1995 年第 3 期，第 26 页。

[4] 中国第一历史档案馆藏《军机处录副奏折·法律·贪污 3-133-9》，转引自卢经：《乾隆朝贪婪督抚家资一瞥》，《清史研究》1995 年第 3 期，第 26 页。

[5] 中国第一历史档案馆藏《官中朱批奏折·法律·贪污 49-51 包》，转引自卢经：《乾隆朝贪婪督抚家资一瞥》，《清史研究》1995 年第 3 期，第 26 页。

[6] 中国第一历史档案馆藏《上谕档》乾隆四十七年十月十二日，转引自卢经：《乾隆朝贪婪督抚家资一瞥》，《清史研究》1995 年第 3 期，第 23 页。

铜器一十七件，瓷器二十五件。"[1] 此外，王亶望还在扬州、苏州、原籍山西临汾、京城开设当铺、商号四座，京城开设首饰楼、杂粮店、酱房铺五座，投入本银上百万两，仅扬州营运资财一项，根窝质头生息本利银二十九万九千六百多两[2]。福建巡抚浦霖被抄家产"估值银二十八万两，其中金锭、金器、田房除外。任所抄出银十四万五千七十九两，金锭、金器六百九十六两"。云贵总督李侍尧任所抄出"金如意、金瓶、金炉、金条五千四百六十两"。以上数字并不包括原籍土地田产[3]。

乾隆之后，吏治败坏已进入不可控制阶段。道咸之后，为补军费不足大开捐纳，更是大幅降低了官员的平均素质。官场中人对"居官牟利"原则已经恬不为怪，甚至在大庭广众之下对官缺之肥瘦公开谈论："州县莅任之时，不问地方之利病，先问缺分之肥瘠，凡前人所不敢存诸癖寐者，今则直言诸大庭广众之中而无怍容。"[4] 州县官一到任，就公开询问属下能捞多少钱。以前的官员在梦中梦到尚且感到羞愧的事，现在竟坦然地在大庭广众之下讨论。

连督抚级大员也是如此。比如刘彬士，道光六年署浙江巡抚后，"自言'穷翰林出身，住京二十余年，负欠不少，今番须要还债'。因此人咸谓之饿虎出林，急不能待。"[5] 负一省之责的大员，一到任，就公开宣称要捞钱还债，以致人称为"饿虎出林"。

在曾国藩出任总督的时代，"吏治风俗颓坏已极"[6]。张集馨的《道咸宦海见闻录》对官场贪风的描摹随处可见。比如他说："甘省法事无不纰缪，政以贿成。"[7] "甘肃吏治，一言蔽之，有钱则好，无钱则不好。"[8] 甘肃按察使明绪为多收陋规礼银，除自己的三节两寿外，又添母寿二次，"所收各属，竟有二十余处，每次不下数千金，一年收入达数万两"[9]。河南巡抚"收受各属陋规，每年不下六万金，两司亦然"。节寿陋规，或由首县向所属各州县摊派，或由藩司发文署印代为催收，数额巨大，使属下各州县"苦累不堪"[10]。直隶地方"贿赂公行，恬不为怪"[11]。直隶总督桂良，"其胸中蕴蓄如

[1] 中国第一历史档案馆藏《上谕档》乾隆四十六年七月二十七日，转引自卢经：《乾隆朝贪婪督抚家资一瞥》，《清史研究》1995年第3期，第23页。
[2] 卢经：《乾隆朝贪婪督抚家资一瞥》，《清史研究》1995年第3期，第26页。
[3] 卢经：《乾隆朝贪婪督抚家资一瞥》，《清史研究》1995年第3期，第23页。
[4] 《清宣宗实录》卷二九一，道光十六年十一月甲午条，中华书局，1987年，第500页。
[5] 《清宣宗实录》卷一一六，道光七年四月庚戌条，中华书局，1987年，第947页。
[6] 赵烈文：《能静居日记》，岳麓书社，2013年，第1258页。
[7] 张集馨：《道咸宦海见闻录》，中华书局，1981年，第347页。
[8] 张集馨：《道咸宦海见闻录》，中华书局，1981年，第336页。
[9] 张集馨：《道咸宦海见闻录》，中华书局，1981年，第226页。
[10] 《清宣宗实录》卷三二九，道光十九年十二月甲戌条，中华书局，1987年，第1175页。
[11] 张集馨：《道咸宦海见闻录》，中华书局，1981年，第199页。

草芥，其口中吐属如市井"，因是恭亲王奕䜣的岳丈，"椒戚贵族，气势熏灼"，卖缺受贿，无所顾忌。由其孙麟趾陪同到永定河巡查工地，一次即受贿三万余两，从河员到地方官都须送礼。一名官员私下向他诉苦说："如卑职之候补苦员，亦敬送五百金，否则此官不能做矣。"甚至藩、臬二司，也"皆拜于桂良门墙，每人俱以数千金为贽，始得相安"[1]。

除了收取下属的供奉外，督抚们还有许多贪墨手法，比如侵挪国帑、侵蚀公捐银两、侵吞书役饭银、勒索盐商、侵蚀捐监赈灾银、抽换抄家官物等，凡所辖的部门、事务与人员，无不可成为营私的对象。因为吏治较乾隆时代败坏不止数倍，晚清许多督抚们的家资，亦远过于乾隆时代。比如鸦片战争时代因"勇于抗英"而闻名的闽浙总督颜伯焘，1842 年初被道光皇帝解职之时，搬运金银细软等行李辎重之多，令沉浮官场多年、当时在福建任道员的张集馨也惊讶不置。他在《道咸宦海见闻录》中记载：

> 前帅（即指颜伯焘）回粤，道经漳城。二月杪，县中接上站差信，预备夫马供张。至初一日，即有扛夫过境，每日总在六七百名，至初十日，余与英镇迎至十里东郊，大雨如注。随帅兵役、抬夫、家属、舆马仆从几三千名，分住考院及各歇店安顿，酒席上下共用四百余桌。帅有亲军营三百人，感恩护送回粤，沿途皆须酒饭犒劳，是以酒席数多。[2]
>
> 将至城边，见帅眷舆过，余将轿立于道旁，见大小轿十余乘，每轿皆夫四名，轿前则戈什哈引马，轿旁则兵役八名，每轿皆然，虽仆妇使女之舆，未尝不然。[3]

光是扛夫，每天就需要六七百人，从初一至初十，整整走了十天。而颜伯焘亲至之日，随从扛夫等近三千人。由于人数过多，驿站与旅店都无法住下，张集馨只得腾出考院才将数千人安顿下来。当地接待颜伯焘过境，耗费一万余金。事后，为弥补亏空，漳州府长官不得不"裁汰一千二百名乡勇，以其粮饷弥补"[4]。

颜伯焘历任云南巡抚、云贵总督与闽浙总督，从以上情状，我们可以大致判断其官风。讽刺的是，颜伯焘的官声并不坏，《清史稿》列传对他的评价是："伯焘累世膺疆寄，娴习吏治，所至有声。"革职数年后，咸丰三年，朝廷曾有再次征召之议，因其不久病卒未果。

[1] 张集馨：《道咸宦海见闻录》，中华书局，1981 年，第 199 页。
[2] 张集馨：《道咸宦海见闻录》，中华书局，1981 年，第 65 页。
[3] 张集馨：《道咸宦海见闻录》，中华书局，1981 年，第 66 页。
[4] 张集馨：《道咸宦海见闻录》，中华书局，1981 年，第 66 页。

　　道光年间的另一位著名督抚琦善的家产也相当可观。琦善历任河南巡抚、山东巡抚、两江总督、东河总督、成都将军等职，最后做到一等侯爵、文渊阁大学士、直隶总督，与曾国藩达到的仕途顶点相仿佛。他获罪抄家时，负责查抄的吏部尚书、步军统领奕经等人向道光帝奏称："奴才等查抄琦善家产，前经奴才等将查出金锭、金条、金叶约重五千一百余两，元宝七百八十一个，散碎银锞锭二万六千五百余两，大概情形，具奏在案。今复连日详细抄检，又续行查出金锭、金条、金叶约重二千余两，元宝六百十七个，散碎锞锭银二万余两……"而后来负责将琦善没官财产生息以充兵饷的军机大臣穆彰阿又奏称："琦善入官元宝银一千四百三十八个，散碎银四万六千九百二十两……琦善入官地亩，现据内务府按契核计，共地二百五十二顷十七亩零，以地方官征租差地核计，每年可收租银二千余两。又琦善入官铺面户间，内务府现已兑明，每月约得房租银九百六十二吊二百二十八文、银五十一两。"[1]可称豪富。

二　督抚中的另两个类型

　　除了贪墨一类外，晚清督抚还有另两个类型：中庸型和清廉型。

　　所谓中庸型，就是志不在贪墨，然而亦不想以清官闻名，而是和光同尘，在"习俗"认可的范围之内谨慎地收取"应得的"灰色收入者。其典型的代表是曾国藩的好友郭嵩焘。郭嵩焘早年为官，志节颇高。咸丰九年他奉命前往烟台等处海口查办隐匿侵吞关税情形，所到之处大小官员接待隆重，郭嵩焘却"不住公馆，不受饮食"，更不受礼，一时为官场所侧目。然而同治二年至同治五年，他署理了三年广东巡抚，罢官回籍之时，所带行李船只达六十只之多，可见收获之丰。他并不以此为愧，反而坦率地说，身为督抚，只要靠养廉就可以积累丰厚家产，这没有什么值得隐瞒的："身为督抚，岁支养廉，良亦不薄。而（许多人）畏人訾议，多怀顾忌。"[2]至于与曾国藩关系颇近的另一位巡抚沈葆桢，据郭嵩焘所说，回乡之时也带了四万两白银：

　　　　沈幼丹江西归装四万金，而以卖字为生。[3]

---

[1]中国第一历史档案馆编：《鸦片战争档案史料》第三册，天津古籍出版社，1992年，第198页。
[2]郭嵩焘：《清代四星使书牍》，上海广益书局，1936年，第89页。
[3]郭嵩焘：《清代四星使书牍》，上海广益书局，1936年，第89页。

应该说，在晚清官场贪墨成风的大背景下，这类"知足知止"的官员也相当多，特别是那些志在经世致用，力图有所作为的能员，比如湘系中的很多人物，都采取了这种居官姿态。

当然，在天下滔滔中，总会有个别刻骨清廉之员，成为人们唏嘘的对象。晚清自我要求最严的地方大吏应该是罗遵殿了，他咸丰九年任浙江巡抚，"到官，痛吏习浮竞，乃严举劾，察营伍"，大力惩贪。后以"城陷，仰药死，妻女同殉"[1]。胡林翼说他"外任二十六年，身后止薄田四十亩，土屋十余间，其清廉亦足为近数十年疆吏之冠"[2]。曾国藩称他为当世第一清官："罗澹村中丞，以乙未进士历官直隶、湖北、浙江等省，凡二十五年，家无一钱，旧屋数椽，极为狭陋，闻前后仅寄银三百两到家。其夫人终身未着皮袄，真当世第一清官，可敬也。"[3] 其可敬之处，正在于能做到这种程度的人凤毛麟角。

曾国藩钦佩的另一个清官林则徐则属于清官中的另一个类型。咸丰九年八月十二日，曾国藩在致曾国荃的家书中写道："闻林文忠（林则徐）三子分家，各得六千串（每柱田宅价在内，公存银一万为祀田刻集之费在外）。督抚二十年，真不可及。"按曾国藩的说法，大致以二千文兑换一两计算[4]，则林则徐的遗产总数为一万九千两。

然而道光二十七年（1847）林则徐在陕西巡抚任上，曾写过一份分产书，把老家的田宅家产均分给三个儿子。分产书说："合计前后之产，或断或典，田地不过十契，行店房屋亦仅二十三所……除文藻山住屋及相连西边一所，仍须留作归田栖息之区毋庸分析外，其余田屋产业各按原置价值，匀作三股，每股各值一万两有零……再目下无现银可分，将来如有分时，亦照三股均匀，书籍衣物并皆准也。"[5] 由这个分家文书看，此时林则徐的家产，除了留作归田养老用的两座房屋及现银外，还有三万余两，因此总计林则徐的遗产当在四万两左右，是曾国藩所说数量的两倍。这种遗产规模，虽然与罗遵殿不可相提并论，在今天看来，也算得上相当丰厚。然而在当时督抚大吏中，林则徐已属特别清廉之列，所以其遗产之薄才可能成为一时之新闻，广为流传，到曾国藩耳中时，以讹传讹成了不足两万两。由此亦可见当时封疆大吏家产通常会远高于这个规模。

[1]《清史稿》卷三九五，吉林人民出版社，1998 年，第 9085 页。
[2]《胡林翼集·奏疏》，岳麓书社，2008 年，第 654 页。
[3]《曾国藩日记》，天津人民出版社，1995 年，第 680 页。
[4]1846 年包世臣在《致前大司马许太常书》中说："南方银一两皆以二千为准，北方闻更甚于此。"
[5] 来新夏编著：《林则徐年谱新编》，南开大学出版社，1997 年，第 638 页。

第二节　李鸿章的财富

一　关于李鸿章家产的几种估计

当然，要更直观地界定曾国藩在同时代督抚中的清廉程度，莫如再把他与李鸿章、左宗棠二人的居官风格做一下对比。此三人同属湘军集团，且最终达到的仕途高度相仿佛。

李鸿章是安徽合肥人，小曾国藩十二岁。李鸿章与曾国藩的经历有高度的相似性，都是早年科第，壮年戎马，中年封疆，晚年洋务。李鸿章一生师事曾国藩，以"第一门生"自居，曾国藩亦对他欣赏有加，生时即将衣钵传给李鸿章，曾国藩的许多见解观念对李鸿章为官做人产生了很大影响。

然而，这对师徒在经济生活中却表现出巨大的反差。曾国藩"不以银钱遗子孙"，身后遗产很少，李鸿章家族却以富豪闻名。

李鸿章出身并不显贵。他出生之际，李家尚属庶民小地主水平，李鸿章曾经在家书中说："前吾祖父穷且困，至年终时，索债者如过江之鲫，祖父无法以偿，惟有支吾以对。支吾总非长久之计，即向亲友商借，借无还期，亦渐为亲友所厌。"[1] 李鸿章十五岁时，父亲李文安才中进士。李文安初任刑部主事，历官员外郎、督捕司郎中，记名御史，以普通京官终，仕宦所得十分有限。然而到了李鸿章这一代，李家却成为合肥首富。李鸿章在李氏家族的经济崛起过程中显然厥功至伟。

关于李鸿章的家产数量，有多种说法。与李鸿章有过直接交往和合作的容闳说李鸿章"有私产四千万以遗子孙"[2]。这是对他的遗产数额最高的估计。第二种估计是"千万"左右。比如清末费行简所著《近代名人小传》所说："（李鸿章）殁，家资逾千万，其弟兄子银私财又千余万。"第三种估计是"数百万"。比如梁启超就认为李鸿章的遗产没有数千万，不过也有数百万之巨：

> 世人竞传李鸿章富甲天下，此其事殆不足信，大约数百万金之产业，意中事也，招商局、电报局、开平煤矿、中国通商银行，其股份皆不少。或言南京、上海各地之

---

[1] 李鸿章著，翁飞、董丛林编注：《李鸿章家书》，黄山书社，1996年，第6页。
[2] 容闳：《西学东渐记》，湖南人民出版社，1981年，第71页。

当铺银号，多属其管业云。[1]

清末宜黄士人欧阳昱对李鸿章家产的估计最为详细，他认为，李鸿章家族无疑是中兴功臣中最富的："中兴功臣之富者，惟合肥李姓为最。兄弟六人，一、二、四房，约皆数百万，而不得其详。三房则知之确，分爨时，析为五，每有见银三十五万两，田产、典铺在外。六房早卒，遗寡妻幼子，兄弟五人，合银二百万两与之。而五房极富，家中田园、典当、钱庄值数百万不算。"[2] 这一说法与梁启超估计的"数百万"相吻合。

那么，李鸿章的家产到底有多少呢？我们不妨根据现有史料进行一定程度的分析。

二　从分家单看李鸿章的地产

1904 年 4 月，李鸿章直系子孙分家时，曾订有一份遗产分配"合同"。美国学者福尔索姆在李经迈的儿子李国超处见到过这份"合同"，并征得主人的同意，将其收入自己的专著中。苑书义在他的《李鸿章传》中转引如下：

一、庄田十二块，坟田一块，堰堤一道。桐城内产业四处，省城安庆房产四处。留作李发妻周氏祠堂开销之用。由经方经营。

二、合肥县撮城庄田一处，留作葬于该地的李鸿章两妾及经方发妻开销之用。由经方经营。

三、合肥县庄田两处，为经述之祭田（经述已死，葬于其中一处）。由经述子国杰经营。

四、合肥县田产两处，庄田三处，坟地一处，留予经迈作为其死后祭田墓地。经迈经营。

五、李鸿章在合肥、巢县、六安、霍山之其余田产及在庐州府、巢县、拓皋村、六安及霍山之房产为李鸿章祭田及恒产，子孙不得抵押分割出售。国杰经营，用于祭祀维修房屋祠堂，如有赢余可用于扩置房产。

六、自合同签订起十年后，若李鸿章祭祀田及恒产岁入逾两万石，除上述开销有

[1] 梁启超：《李鸿章传》，海南出版社，1993 年，第 104～105 页。
[2] 欧阳昱：《见闻琐录》后集卷二《中兴功臣家》，转引自李文治：《中国近代农业史资料》第一辑，生活·读书·新知三联书店，1957 年，第 182 页。

赢余，则三子平分。

　　七、合肥肥东乡李文安（李鸿章之父）墓地及祭田继续保留，不得分割抵押出售。

　　八、上海一栋价值四万五千银的中西合璧房产出售，两万用于上海李氏祠堂开销，其余两万五千银用于上海租界内建屋。该房为三位继承人共有居处，共同管理。

　　九、扬州一当铺收入用于省城江宁李鸿章祠堂开销。

　　十、位于江宁（南京）、扬州两处房产出售，卖房所得用于扩建上海共有居处。

　　十一、江宁学馆分与国杰做宅邸，扬州一处房产分与经迈做宅邸。[1]

　　这是目前所能找到的关于李鸿章家产情况最直接的资料。这份分家"合同"内容虽然比较详细，但是它只涉及安徽、江苏两省的土地、房屋和当铺等不动产，未提及金银票据等动产。同时合同条文也未提供不动产规模和价值方面的具体信息，所以依靠它，还无法准确估计李鸿章遗产的总值[2]。但这份"合同"仍然提供了大量有效信息，使我们可以以此为基础对李鸿章遗产的概貌加以考察。

　　先来看田产。关于李鸿章兄弟拥有的土地，有很多夸张的说法，最常见的一种说法是李家田产在鼎盛时期达二百五十多万亩。比如丁德照先生在《李鸿章家族》中所提到的："据曾在李府管过事的唐凌辉说，李府（指李氏家族，包括李鸿章的兄弟们）最盛的时期，有田二百五十七万亩。这些土地，李家采取万亩建仓的办法，委以亲朋直接管理。"不过据宋路霞、丁德照等人分析，这种说法过于夸大。在李氏兄弟当中，公认最富的是李蕴章。宋路霞根据李蕴章一支留下的《慎余堂田产目录》粗略加以核算，其田产总数并未超过十万亩。所以宋路霞说："'有田二百五十七万亩'这个数字，'毛估估'得也远了些。"[3]

　　管事唐凌辉在这则资料中还说道："鸿章所置田产，以仓房管事人口报，每年可收租五万石。"

　　从前引李鸿章直系子孙分家合同第五、第六两条的情况看，李鸿章在合肥、巢县、六安、霍山等地的祭田及恒产每年的收入大约有二万石。如此推算，加上他的原配夫人、两个小妾、儿子李经述等人的祭田收入，与"岁入五万石"之数大体应能相符。

　　宋路霞依据李家后人每亩地每年可以收租一百斤的说法，倒推出李鸿章一支在安徽的田产大约为六万亩[4]。这与李鸿章兄长李瀚章在老家有田产四万亩的情况也大

[1] 苑书义：《李鸿章传》，人民出版社，1991年，第405～406页。

[2] 苑书义：《李鸿章传》，人民出版社，1991年，第406页。

[3] 宋路霞：《李鸿章家族》，重庆出版社，2005年，第101页。

[4] 参考宋路霞：《李鸿章家族》，重庆出版社，2005年，第103页。

致相匹配[1]。

宋路霞根据《合肥县太傅第田塘房屋基地契券目录》中所收的一份光绪二十二年契约，计算出当时安徽东乡地价为每亩七十四银元[2]。如果按照这个价格来算，六万亩土地价值则为四百四十四万元。如果以一块银元值银七钱三分计，值银三百二十四点一二万两。

三　李鸿章有多少房产

李鸿章的房产，也是他遗产的重要组成部分。

李鸿章"发迹"之后，他们六兄弟在家乡均建有"大者数百亩，小者亦百数十亩"的庄园宅邸。二十世纪三十年代，金陵大学地政学院曾对李瀚章、李鸿章兄弟等族之田园邸第进行过调查，他们描述说：

> 合肥东乡之李相府，西乡周、刘、唐、张之"圩子"至今犹在，吾人旅行其间，所有封建规模历历在目。盖当日显宦地主，煊赫一时，仗势恃财，广置田亩，所筑邸第极其宏伟堂皇。查李相府及周、刘、唐、张之圩子，每个邸第所占面积大者数百亩，小者亦百数十亩。邸第外园先凿壕沟，内筑高墙如围寨，佃户环居于内，四周并辟花圃菜圃，广阔整齐，园圃内层又凿内壕沟，而紧接于主人居住之宅第。宅第大抵分两大部分，每部分设三大门，内进各自三大堂。闻西乡最小之张圩子，曾住五百余人，其他可想见矣。圩子内有碉堡、炮台、内花园、外花园、藏书楼、秘密走廊等设备。所住佃户，或兼卫士，或兼炮手，或兼轿夫，或兼其他徭役，完全为佃奴性质。[3]

除了合肥一地之外，李鸿章在外地也拥有多处房产。比如上节所引分家合同当中，提到在上海有"一栋价值四万五千银的中西合璧房产"，在南京和扬州各有两处房产，在桐城和安庆各有四处产业，在扬州还有当铺一座。

安徽芜湖也是李氏家族房产的集中地。芜湖水运便利，地理条件优越，1877年秋，在时任直隶总督兼北洋通商大臣的李鸿章建议下，清政府将镇江七浩口米市迁至芜湖。在芜湖米市的建设过程中，李鸿章发挥了重大作用。为了促使广帮客商迁芜，

[1] 宋路霞：《李鸿章家族》，重庆出版社，2005年，第4页。
[2] 宋路霞：《李鸿章家族》，重庆出版社，2005年，第105页。
[3] 陈恩虎：《明清时期巢湖流域农业发展研究》，博士学位论文，南京农业大学，2009年，第59页。

李鸿章特意委托时驻芜湖的徽宁池太广道兼芜湖海关总督、广东人张荫桓前赴镇江动员劝说。原本不起眼的小城芜湖在政策扶植下很快成为"人烟繁盛""市声若潮""至夕不得休"的著名商业城市。

李鸿章家族在李鸿章长子李经方的带领下，抓住这个机会，在芜湖大量投资置业。"其发展房地产的办法，先是向旧政府购买城郊的空地、荒山、荒滩，或购买私人的田园，可说是插草为标，成片划界。然后开辟街道、马路，兴建楼房，形成市区和住宅区；也有购私人房屋加以改建或拆除，构成整体；也有出租地皮给别人建房，住满若干年后收归李府所有。形式多样，发展迅速。"[1]

通过这种方式，李氏家族在芜湖拥有了大量房产。"李府兴建房屋，大体分为两种，一种是李府自用的，有公馆、钦差府等深宅大院，走马楼房；有大花园、景春花园、长春花园、柳春园等楼台亭阁，规模宏大，气象不凡。一种是出租的市面房屋和住宅楼房，收取房租、地租。""可以概括地说，芜湖的老市区，包括沿河南路、长街、二街、三街、渡春路、新芜路、中山路、吉和街、华盛街等地区的地皮房屋，全部或绝大部分都是属李府所有。"

在芜湖开发过程中，李鸿章的长子李经方投资最多，收益也最大。李经方堂号是"李漱兰堂"，新中国成立后，因主人已不在芜湖，属李漱兰堂名下的房屋276幢及地皮299.0189亩由漱兰堂总管周梦文代理捐赠给市教育局办学。"这276幢房地产只不过是李府在芜湖房地产的极少极少的一部分而已。由此可以想见其全盛时期在芜湖投资房地产的庞大规模。"除李漱兰堂外，李鸿章次子经述、四子经迈及六弟李昭庆在芜湖也有房产。"李蔼吉堂、李志勤堂、李固本堂大概分属李鸿章次子经述或四子经迈房下和六弟李昭庆房下。这些堂号掌管的房地产数量不等，以漱兰堂为最，蔼吉堂次之。"[2]当然，这些房产很多是李鸿章身后所置。

除了以上这些资料，李鸿章在家书中偶尔也会提到家产情况。我检索《李鸿章全集》，列出数条，可以为我们了解李鸿章家族的房产规模做一些注脚。

光绪二十三年，可能是因为儿媳要来北京，李鸿章想买一处宅院。考虑的范围是"六额附宅"之类的贵族大宅，价格则应该在六万两以下。李鸿章在致张佩纶的信中说：

> 六额附宅本系急就章，今媳等缓来，已辞却。英宅索价六万，无此家当，容徐图之。[3]

[1] 许知为：《李鸿章家族在芜湖轶事琐闻》（上），《江淮文史》2008年第2期，第121页。
[2] 许知为：《李鸿章家族在芜湖轶事琐闻》（上），《江淮文史》2008年第2期，第121页。
[3]《李鸿章全集·信函八》，安徽教育出版社，2008年，第138页。

这笔交易因为对方索价过高未成。

光绪二十四年，李鸿章曾考虑出售干鱼胡同的房子，要价二万两，也没能成交：

> 有人议购干鱼胡同世宅，索二万余金，未成。[1]

另一封信中，李鸿章提到李家在上海兴建的一所住宅，并且对房屋设计方案做出指示，要求建筑费用控制在两万多两：

> 沪地房图嫌过昂，汝往沪时斟酌另绘。除正房楼底外，零碎房间要稍多，大约二万数千金可矣。[2]

综合以上资料，我们可以确认，李鸿章一支的房产广布于合肥、安庆、扬州、桐城、芜湖、北京、上海等地。这些房产当然是一笔相当巨大的财富，唯其具体数额无法估计。

四　李家的有价证券

除了不动产，李鸿章家族的动产也为数不菲。

在《李鸿章全集》家书部分，我检索到两条关于有价证券的记载。

第一条是关于昭信股票的记载。昭信股票名为股票，实则是清政府于 1898 年发行的一种国内长期公债。由于事属首创，发行不力，所以朝廷要求大员积极带头认购，翁同龢更是劝李鸿章，以其久任要职，至少应该认购一万两，才能免招物议。无奈之下，李鸿章只好认购了五千两。在写给李经方的一封信中，李鸿章抱怨说：

> 昭信股票劝捐之说，如何应付，余拟捐五千。叔平谓久任大缺，须筹万金，免物议。翁、张各捐此数，只好勉应之。[3]

---

[1]《李鸿章全集·信函八》，安徽教育出版社，2008 年，第 207 页。
[2]《李鸿章全集·信函八》，安徽教育出版社，2008 年，第 259 页。
[3]《李鸿章全集·信函八》，安徽教育出版社，2008 年，第 174 页。

这批公债结果如何，未见李鸿章后人提及。昭信股票当时约定的利息很高，偿还方式以田赋盐税为担保，规定可以抵押售卖。但当时在实际操作中，朝中大员所购，很多都作为报效，根本未发给票据，"自王公以下京外文武各员已经认缴之款，毋庸给票，准其报效"[1]。外省有的地方"所收之款究置何处，今无档案可察"[2]。因为发行不力，草草收场，所以李鸿章这五千两很可能血本无归。

家书中的另一条记载涉及股息：

> 昨闻有北归之志，自因七家湾小口不利（指孙殇——作者注），前属并归试馆又不愿。北方穷乡，焉得有合式房屋可购，且股息在南，取携不便，家用何出。[3]

这封家书显示，住在老家的家人，主要收入之一是"股息"。

除了这两条第一手资料之外，关于李鸿章不动产收入的第二手资料很多，不过均是概而言之，并无确数。比如清末费行简所著《近代名人小传》所说："招商轮船、开平煤矿皆有鸿章虚股甚多。"梁启超在《李鸿章传》中说李鸿章有数百万金之产业，用以作为证据的就是"招商局、电报局、开平煤矿、中国通商银行，其股份皆不少。或言南京、上海各地之当铺银号，多属其管业云"。《李鸿章与晚清吏治》一文中则揭示，盛宣怀在光绪三年以轮船招商局名义购买旗昌公司时，企图另立公司，将旗昌的一些房产买下来，并请李鸿章参股[4]。

综合以上关于动产和不动产的资料，我们发现对李鸿章遗产的估计，弹性空间很大，从近千万乃至数千万皆有可能。要之李鸿章家产之富厚逾常，殆无疑义。

五　李鸿章的生活水平

拥有如此巨额财富，李鸿章的生活水平当然也远远高于曾国藩。

甲午战争后，李鸿章名誉扫地，失去了直隶总督、北洋大臣的职务，进京做了"伴食宰相"，每日闲居贤良寺，无所事事。吴永在《庚子西狩丛谈》中提到李鸿章在贤良寺中的生活：

---

[1]《清德宗实录》卷四三七，光绪二十五年正月壬戌条，中华书局，1987年，第754页。
[2] 民国《安县志》卷二十六，转引自崔鹏飞：《清政府发行昭信股票始末》，《金融教学与研究》1999年第5期，第65页。
[3]《李鸿章全集·信函八》，安徽教育出版社，2008年，第152页。
[4] 谢世诚：《李鸿章与晚清吏治》，《江苏社会科学》2005年第2期，第159页。

早间六七钟起，稍进餐点，即检阅公事，或随意看《通鉴》数页，临王《圣教》一纸。午间饭量颇佳，饭后更进浓粥一碗，鸡汁一杯。少停，更服铁水一盅。即脱去长袍，短衣负手，出廊下散步，非严寒冰雪不御长衣。予即于屋内伺之，看其沿廊下从彼端到此端，往复约数十次。一家人伺门外，大声报曰："够矣！"即牵帘而入，瞑坐皮椅上，更进铁酒一盅，一伺者为之扑捏两腿……凡历数十百日，皆一无更变。

这样的"赋闲"日子，在吴永叙述中显得清闲而朴素，而据李鸿章家书，这样的生活，每年也要花掉一万多两银子。他在家书中说：

吾年衰耄，当终老京师，岁需食用应酬万余金，时形竭蹶，不复能顾家事。兹因李楼小宅倾圮，不得已勉筹修费六千余金。[1]

吴永所说的每天一碗鸡汁，据梁启超《李鸿章传》所说，是两只鸡熬成的。铁水和铁酒，是用人参、黄芪等配制的补品。而且李鸿章追求健康生活，每天都要做例行体检："每膳供双鸡之精汁，朝朝经侍医诊验，常上电气。"可见他的生活水平远较曾国藩高端大气上档次。

从曾国藩往来家书中，我们可以看到，曾国藩的家人经常给曾国藩寄些食物，不过内容多是茶叶小菜之类，价值不高。李鸿章与家人之间寄赠的食品可昂贵得多。比如光绪二十三年他在致女儿李经璹的信中说："附寄燕窝十二合，聊供早餐。"[2]

光绪二十四年他在致李经方的信中说："昨又寄到鱼翅百斤，照收。"[3]同年另一封信又说："两次寄到板鸭百四十只，未免稍多，其味尚美。"[4]

光绪二十五年李鸿章在致李经方的信中说："十月朔日通永镇专弁送到蟹二千只，多而且旨，此次仅坏千一百只。"[5]

燕窝一寄十二合，鱼翅一寄就是百斤，板鸭一寄就是一百四十只，又专弁长途运送"多而且旨"的蟹二千只，这种生活水平，自然是曾国藩家族难以企及的。

曾国藩在京官时期，有时也会从京中购买一些名贵补品寄回老家，"孝敬堂上老

[1]《李鸿章全集·信函八》，安徽教育出版社，2008年，第192页。
[2]《李鸿章全集·信函八》，安徽教育出版社，2008年，第157页。
[3]《李鸿章全集·信函八》，安徽教育出版社，2008年，第184页。
[4]《李鸿章全集·信函八》，安徽教育出版社，2008年，第202页。
[5]《李鸿章全集·信函八》，安徽教育出版社，2008年，第247页。

人"，不过内容多是人参、鹿茸之类的常见之物。李鸿章孝亲之物的档次也较此为高。光绪元年，李鸿章寄给家兄李瀚章"碧螺春茶六瓶，海虾三百对，呈堂上用"[1]。光绪四年，李鸿章在致李瀚章的信中说，今年的燕窝是专门托香港商人从东南亚购得，而茶叶则是苏州人、道员潘其铃在其家乡附近选定茶园，每年专门为他特供的："敝处年例购呈母亲上白燕窝、碧螺春新茶等项，燕窝系托香港商户由暹罗觅购者，内地无此好货。碧螺春系潘道其铃家中附近山产，每年为我选定，价廉品精，兹各寄上十斤。"[2]

和曾国藩凡事谨慎低调，处处强调撙节不同，李鸿章则对这类生活"小节"从不以为意。曾国藩嫁女，陪嫁不过二百两。而李鸿章孙女出嫁，他一送就是一千两：

> 二孙女喜期闻在冬间，拟给奁资一千两，将由义胜源汇交张媳代存。[3]

李氏家族的生活花费大，另一个原因是家族有事，总是习惯大操大办。

同治十一年（1872）正月，李鸿章五十岁生日，躬逢其盛的赵烈文在日记中这样描述：总督衙门内"烛爆如山，组绣成队"，宾主仆从"无虑千人，人气如烟云，声如闷雷，目为之炫，耳为之震"。赵烈文不禁叹息："噫，繁盛至于极矣！"[4]

李鸿章自己则这样描述他如何在京津两地同时给老母亲操办八十大寿：

> 此间哄动一时，京外送礼称祝者络绎于道，因设寿堂于两江会馆。初二留面，初三设烧烤全席，共二百余桌。津署亦设堂开筵，令方儿代为谢客，共花费四千金。而人情过重，除珍异之物璧却外，寿屏五十架，联二十余幛，三百余轴，如意仅收百枝，计所费已不赀矣。[5]

母亲一次寿筵，花掉四千两白银。当时高官大吏中，能做到这种地步的并不多见。

不光是位高权重的李鸿章如此，李氏族中办事，大抵都习惯于铺张喧闹、炫耀乡邻，这从这封信中可以看出来：

> 惟丧具称家有无，汝婶及榘（李昭庆次子——作者注）等既非素封，汝亦虚有其

---

[1]《李鸿章全集·信函三》，安徽教育出版社，2008年，第263页。

[2]《李鸿章全集·信函四》，安徽教育出版社，2008年，第322页。

[3]《李鸿章全集·信函八》，安徽教育出版社，2008年，第236页。

[4] 赵烈文：《能静居日记》，岳麓书社，2013年，第1471页。

[5]《李鸿章全集·信函四》，安徽教育出版社，2008年，第242页。

表，不必效三婶、五叔之丧，花至巨万，炫耀乡邻。[1]

六　巨额资产的来源之一：陋规和劫掠

那么，李鸿章的巨额财产是从哪来的呢？

应该有两种渠道。一是传统渠道，也就是官场上的各种陋规，以及战争中的劫掠；二是新兴渠道，即从洋务运动经营中获利。

我们先来看第一种渠道。

李鸿章和曾国藩一样，事业心极强，对清王朝可谓鞠躬尽瘁，死而后已。然而和曾国藩不同的是，李鸿章对"节操"二字，并不那么重视。虽然出身翰林，但是李鸿章身上有着显著的"痞子气"。他为人机变圆熟，敏捷灵活，对老师的"儒缓""迂拙"一直不以为然，一生急于事功，"拼命做官"，处事首先论利害，再论是非。"他奉行实用主义哲学，既有儒家'知其不可而为之'那种刚性，又混杂着见风转舵、唯利是图的现代成分。"所以在很多具体操作手法上不择手段，在朝廷上，在国际间，都以善于捭阖闻名。

曾国藩建立湘军，首重品格，"选士人，领山农"，以忠诚相尚。中年历经挫折之后，始肯稍稍以金钱名利鼓舞人才。李鸿章则初出山时，就强调"利益"的重要性。他说，人以利聚，鸟为食来。"非名利，无以鼓舞俊杰"，所谓"正其谊而不谋其利"，不过是书生高论，不切实际："天下熙熙攘攘，皆为利耳。我无利于人，谁肯助我？董子正其谊不谋其利语，立论太高。"[2]

所以在淮军建立之初，李鸿章就公然以功名利禄、子女玉帛诱集将弁，用人时广收杂揽，饥不择食，降将、盐枭皆为其所用，普通士兵也以团勇、降众为主。因此淮军军纪一开始就不好，"自始至终，俱在贪图利禄，以骚扰民间为能事"。在苏南"剽掠无虚日，杀人夺财，视为应然"。军饷之多少，对淮军将士来说不是最重要的，因为劫掠所获，远远过之。柴萼记载："（淮军）初赴上海时，饷项匮乏，食米而外，仅酌给盐菜资。及接仗克城，人人有获。每向夕无事，各哨聚会，出金钏银宝堆案，高

---

[1]《李鸿章全集·信函七》，安徽教育出版社，2008年，第228页。

[2] 周馥：《负暄闲语》卷一，第42页，转引自曹建英：《曾国藩与李鸿章在立身行事上的差异》，《贵州文史丛刊》1998年第1期，第18页。

数尺许。遇发饷时，多寡不较也。"[1]

风纪如此，当然会受到社会的抨击。对于指责，李鸿章总是勇于替部下挡箭，说这些"乡井子弟为国家杀贼保疆土"，于国有功，因此"一切小过，悉宽纵勿问"。

在李鸿章的姑息纵容下，淮军将领多发了大财，李鸿章本人亦成为"表率"："庐州府属合肥、庐江、舒城等县，军功地主每县多者近千，少者也有数十人。仅舒城一县就有军功地主三百人以上。"[2]"……李鸿章及其淮系头目，发战争之财，获取大量收入，并视购买土地传之子孙为稳固的投资方法，于是合肥土地率为大地主所垄断，阡陌相接，绵延数十里者的大地主也不少。""淮系军阀的其他头目也效法李鸿章，在巢湖流域各地占有大量土地。淮系主要将领周盛传、刘铭传、唐殿奎、张树声等都是合肥人，他们在合肥、六安、舒城等县兼吞大批土地，都是拥有租谷二千石至五千石的大地主。合肥西乡（现肥西县）的周家圩、刘家圩、唐家圩、张家圩共占有45万多亩耕地，占合肥县耕地13%。刘铭传在《刘氏宗谱·义庄序》中写道：'子弟有随军从事者，多名成业就，家室一新。'"[3]

因此，李氏家族的"第一桶金"，应该是来自战争。

李鸿章更多的财富积累完成于息兵之后漫长的督抚生涯之中。在晚清督抚中，李鸿章并非丝毫不讲操守之人。他也曾出于责任感激烈抨击吏治腐败，对官僚只顾搜括，把一切政令都扭曲成谋取私利的工具这种风气痛恨不已："官府内外，竭蹶供支之不遑，何暇计及民生之休戚。遇有兴举，悉下部议，徒令滑吏奸司留难需索，而名实皆亏，纪纲日隳，踵此而行，乱机方兆。"[4]他批评一些官员和将领"左右少正人""需索贿赂，鲜不败事者"[5]。他在督抚任上也曾大力整顿吏治，参革劣员。特别是李鸿章在离开直隶总督之任时，将其带兵数十年截旷扣建所存之"淮军银钱所"现银八百多万两全部移交给后任王文韶，因获"公忠体国，廉介可风"之评[6]。

[1]柴小梵：《梵天庐丛录》第一册，《民国笔记小说大观》第四辑，山西古籍出版社，1999年，第237页。
[2]张爱民：《太平天国运动后安徽土地关系的变动》，《上海师范大学学报（哲学社会科学版）》1996年第1期，第124页。
[3]张爱民：《太平天国运动后安徽土地关系的变动》，《上海师范大学学报（哲学社会科学版）》1996年第1期，第123页。
[4]《复四品卿何子永》，同治十一年四月十八日，《李鸿章全集·朋僚函稿》卷十二，海南出版社，1997年，第2612页。
[5]《复邵汴生中丞》，同治十一年八月初九日，《李鸿章全集·朋僚函稿》卷十二，海南出版社，1997年，第2612页。
[6]谢世诚：《李鸿章与晚清吏治》，《江苏社会科学》2005年第2期。

然而，这仅是李鸿章居官作风之一面，他的另一面却与曾国藩大不相同。

李鸿章为人喜欢排场，讲究气派，对官风官纪之细枝末节一向不那么重视：“对下级官员的逢迎，李鸿章也会安之若素。根据清朝规定，凡邻省督抚及钦差大员过境，在离城一二里地面以内的，准地方官前往送迎，不得过二里之外。新任督抚入境，准许司道差人于本省境内迎接，府厅州县于本管地面十里内躬迎。但直隶司道大员率同在省各员每逢大员过境，皆远出二十五至四十里处迎接，以致现任州县纷纷效尤，无不越境迎送，在邻封地面驻候。每年冬季李鸿章由天津回保定，武职各员有送至距保定一二里之处者，候补道府州县官则在李鸿章启行前往天津迎接。所以有御史抨击说：‘似此不惮远行，极力迎合，置公事于不问，疲驿马而不恤，长奔竞之风，启夤缘之渐，官方吏治，安望有起色乎！’但李鸿章从不拒绝，坦然受之。”[1]

以权谋私、利益交换、安插私人等官场上常见的勾当，李鸿章信手拈来，一生没少做。“李鸿章也曾多设机构，安插闲人。光绪十五年，李鸿章以直隶升科地亩为名，于省城及各州县创设清赋总局分局，其实此为藩司应办之事，多此机构，如御史所奏，‘无非位置闲员’‘不独糜费，且恐需索贻害’，次年被撤销”。[2]

在李鸿章的头脑中，一定限度内的陋规是天经地义，甚至放诸四海而皆准的。因此在出访欧洲的时候，他闹出了这样一个笑话：

> 李鸿章之在欧洲也，屡问人之年及其家产几何。随员或请曰：此西人所最忌也，宜勿尔。鸿章不恤。盖其眼中直无欧人，一切玩之于股掌之上而已。最可笑者，尝游英国某大工厂，观毕后，忽发一奇问问于其工头曰：君统领如许大之工场，一年所入几何？工头曰：薪水之外无他入。李徐指其钻石指环曰：然则此钻石从何来？欧人传为奇谈。[3]

同治元年李鸿章四十岁时在曾国藩的推荐下出任江苏巡抚，其后历任两江总督、湖广总督、直隶总督兼北洋大臣、两广总督，居要津近四十年。当政时淮系将领颇受重用，而这些人操守大多不佳，“用人以私，行政以贿，官中府中相习成风”[4]。如广西

[1] 谢世诚：《李鸿章与晚清吏治》，《江苏社会科学》2005 年第 2 期，第 158 页。
[2] 朱寿朋编：《光绪朝东华录》，中华书局，1958 年，第 2716 ~ 2717 页。
[3] 梁启超：《李鸿章传》，海南出版社，1993 年，第 104 ~ 105 页。
[4] 洪弃文：《中东战纪》，转引自曹建英：《曾国藩与李鸿章在立身行事上的差异》，《贵州文史丛刊》1998 年第 1 期，第 22 页。

巡抚潘鼎新，克扣军饷，贩卖鸦片，将其所得银十八万两运回老家[1]。在这种情况下，李鸿章按官场惯例，收受下属陋规，自然是不言而喻的事。"宰相合肥天下瘦，司农常熟世间荒"，其贪名历来有之。封疆数十年，收入数百万两丝毫不出乎人们意料。

七　巨额资产的来源之二：官办企业

李鸿章巨额财富的另一个来源是从洋务运动官办企业中获利。这是晚清部分官员有别于传统收入来源的一个财富新源头。

李鸿章办洋务，最初的切入点是制造新式武器以为军用。同治二年，李鸿章雇用英国人马格里，在松江创办洋炮局。此后，洋务规模日益扩大，陆续创建或者扩建江南制造局、金陵机器局、天津机器局，中国近代早期的四大军工企业中，李鸿章一人主管其三。

任直隶总督后，李鸿章责任愈巨，视野愈广，洋务运动的重点转向"求富"。同治十一年年底，他创建了中国近代最大的民用企业——轮船招商局。此后又陆续创办河北磁州煤铁矿、江西兴国煤矿、湖北广济煤矿、开平矿务局、上海机器织布局、山东峄县煤矿、天津电报总局、唐胥铁路、上海电报总局、津沽铁路、漠河金矿、热河四道沟铜矿及三山铅银矿、上海华盛纺织总厂等一系列民用企业，涉及矿业、铁路、纺织、电信等各行各业。

李鸿章兴办规模宏大，对中国早期工业发展起到很大推动作用，但这些企业建立之初一般都是由清政府直接控制的官办国有企业，类同封建衙门，机构臃肿庞大，效率低下，漏洞百出，浪费严重。"岁用正款以数百万计，其中浮支冒领供挥霍者不少，肥私囊者尤多"，结果是"制成一物，价比外洋昂率过半"[2]。比如光绪十三年，朝廷命李鸿章在天津筹办铸钱厂，鼓铸铜钱。李鸿章命人从英国购买了一套铸钱机器，花费白银二万二千余两。结果运回天津后，才发现采购失误，机器不能在钱币上打孔，需另外专门打孔，成本大大增加，"每造制钱一千文，应合工本制钱二千二百三十七文七毫。亏折未免过巨"[3]。铸钱计划只得被迫终止[4]。

正如这个例子所显示的那样，这些官办企业，成本核算不严，损失无人负责，所

[1] 曹建英：《曾国藩与李鸿章在立身行事上的差异》，《贵州文史丛刊》1998年第1期，第23页。

[2] 中国史学会主编：《中国近代史资料丛刊·洋务运动》第一册，上海人民出版社，1961年，第557页。

[3] 《李鸿章全集·奏稿》卷六十三，海南出版社，1997年，第1837页。

[4] 参考谢世诚：《李鸿章与晚清吏治》，《江苏社会科学》2005年第2期。

以贪墨者有大量漏洞可钻。李鸿章所用之员，很多名誉不佳。费行简在《近代名人小传》中说："其所荐拔官吏，如周馥、龚照瑗、盛宣怀之流，非庸碌即贪劣。创举实业，则官私糅杂，无复条理。"然而李鸿章的一贯作风是勇于袒护下属。光绪十二年夏，户部发现津海关关道、李鸿章亲信周馥短少洋药厘金，遂指名参劾。李鸿章得知后千方百计为之掩饰，并致信户部尚书翁同龢进行说项，但翁同龢未为所动，果周馥被革职。但光绪十三年三月，李鸿章奏请周馥总理北洋营务。又经过斡旋，终于在六月使周馥复职。李鸿章最倚任的洋务人才盛宣怀也经常被人诟病。他购买旗昌公司时，被王先谦、刘坤一参劾受贿，李鸿章对其多方保护才使其过关[1]。

李鸿章尽了靠山的义务，这些人也自然会从经济上对李鸿章进行回报。光绪三年，轮船招商局在购买旗昌公司时，发现旗昌在账外还有房产 30 间，洋房 17 所，约值 50 万两。盛宣怀即密函李鸿章，建议由几个靠得住的内部人另立一公司，收买下来，估计每年可得 8% 的收益。他问李鸿章"师欲附股若干，乞密示"[2]，由其操办。李鸿章是否同意，在档案中未见记载。不过李鸿章在招商局、电报局、开平煤矿、中国通商银行等处都有不少的股份，并无疑问。"招商轮船、开平煤矿皆有鸿章虚股甚多，及殁，家资逾千万，其弟兄子银私财又千余万。"[3]所谓"虚股"，即今日所说的"干股"。随着轮船招商局、开平煤矿等"实业"的扩张和壮大，其获益自然相当可观。

李鸿章居官，虽然志不在发财，但是他为官不以操守为重，而且又掌握大量社会经济资源，自然导致大量财富沿着权力管道汇入其门。这在晚清参与洋务运动的督抚中，应该具有一定典型性。

第三节　左宗棠的经济生活

一　曾左在经济生活上的"神同步"

然而，同样出身湘军集团，同样位高权重，同样晚年参与洋务的左宗棠，经济生活状况与李鸿章却截然不同。

左宗棠是湖南湘阴人，咸丰二年（1852），太平军围攻长沙，左宗棠入湖南巡抚

[1] 谢世诚：《李鸿章与晚清吏治》，《江苏社会科学》2005 年第 2 期。
[2] 《盛宣怀档案》，转引自谢世诚：《李鸿章与晚清吏治》，《江苏社会科学》2005 年第 2 期，第159 页。
[3] 沃丘仲子：《近现代名人小传·李鸿章》，北京图书馆出版社，2003 年，第 26 页。

张亮基幕，后又入曾国藩幕。1861 年由曾国藩疏荐任浙江巡抚，督办军务。同治元年（1862）升闽浙总督。太平天国平定，封一等恪靖伯。后历任陕甘总督、两江总督兼南洋通商大臣、军机大臣。曾国藩对左宗棠同样有提携之恩，不过二人的关系并不像曾李那样始终平顺，因为性格、作风不同，二人一生既有精诚合作，也有重重恩怨。特别是同治三年，因为幼天王的下落如何向朝廷汇报等问题，左宗棠与曾国藩产生重大分歧，导致从此不通音讯。"曾左恩怨"因此成为后世津津乐道的一个话题。

虽然交往过程中参差不断，但是在经济生活上，曾国藩、左宗棠二人却表现出诸多惊人的相似之处。

统兵打仗期间，二人对待经济问题，做法如出一辙。

曾左二人在出山之初，都曾立下清廉之志。曾国藩带兵之初，曾通告各州县，立誓"不要钱，不怕死"。而左宗棠入幕之始，也"立誓不以钱自污"。

两个人在办理军务的过程中，虽然都掌握着巨大财源，个人收入也不低，但寄回家的钱都很少。曾国藩的情况我们在第六章和第七章中已经详述。左宗棠"抚幕八年，筹兵筹饷，办厘减漕，一切财政无不经心，无不经手"，成为独当一面的将领之后，薪饷更为优厚，但每年只寄二百两回家。同治元年，他在家书中这样解释原因：

> 念家中拮据，未尝不思多寄，然时局方艰，军中欠饷七个月有奇，吾不忍多寄也。境遇以清苦淡泊为妙，不在多钱也。[1]

曾国藩在军中，"躬尚约素，所衣不过练帛，冠靴敝旧，与士卒卧起同时，不苟安逸"[2]。而左宗棠则如此自述：

> 自入军以来，非宴客不用海菜，穷冬犹衣缊袍，冀与士卒同此苦趣，亦念享受不可丰，恐先世所贻余福至吾身而折尽耳。[3]

两个人军中收入所余，都经常慷慨地捐助地方慈善事业。曾国藩常周济困苦流离的绅民。而左宗棠在同治二年家信中说：

---

[1] 喻岳衡选辑：《左宗棠教子书》，岳麓书社，2002 年，第 15 页。
[2] 赵烈文：《能静居日记》，岳麓书社，2013 年，第 344 页。
[3] 喻岳衡选辑：《左宗棠教子书》，岳麓书社，2002 年，第 30 页。

吾在军中自奉极俭，所得养廉银，除寄家二百金外，悉以捐赈。[1]

治理地方期间，曾左二人在吏治上的观点和措施也几如一人。曾国藩认为当时天下一切问题根源都在吏治，因此挽救危局必须从吏治入手。"务须从吏治上痛下功夫，斯民庶可少苏"。"若不从吏治人心痛下功夫，涤肠荡胃，断无挽回之理。"左宗棠也说："嘉、道以来，天下切要之政莫如讲求吏治。"[2]"惟吏治不修，故贼民四起，此时再不严治奸民，慎择牧令，事更不堪问矣。"[3]

曾国藩从不收属下的贵重礼品，只收价值菲薄之物，左宗棠也是如此。胡雪岩从上海给远在甘肃的左宗棠寄送金座珊瑚顶、大参等贵重礼物，左宗棠只留下了一点食物，其余物品全部退回，并且回赠了一些甘肃的土产[4]。

左宗棠对陋规的看法与曾国藩相似，他认为此项用之办公，或者官场上的应酬，尚为合理。但是巧立名目，纳入私囊，或者以此款为私事行贿，则是"赃款"：

> 相沿之陋规，或藉以办公，或取以充交际之用，尚可谓为应得之款。至因巧取而创立名色，因营私而潜通请托，则赃款也。若亦指为应得而以陋规宽之，是夷、跖可同科，贪夫多侥免，法未立而弊已滋矣。[5]

因此二人在太平天国战后的善后工作中，都以整顿吏治、裁撤陋规为核心，他们大幅度整顿旧有税收制度，降低了民众税负。

在治理地方的过程中，曾左二人都非常重视对下属的耳提面命式的廉政教育。曾国藩曾作《训诫浅语》等颁属下，左宗棠则将清初名臣汪辉祖的《佐治药言》和陈宏谋的《在官法戒录》分发给官吏，"俾其知所儆畏"。他还于同治十一年（1872）在兰州精心选编了陈氏的施政文书、汪氏的《称职在勤》以及清朝专论吏治的文章共十八篇，编成《学治要言》一书，"颁诸寅僚"。

和曾国藩一样，左宗棠不厌其烦地在对属员的批答中进行训谕。他在批复临潼县知县伊允祯禀接印视事情形的批札中说：

---

[1]《左宗棠全集·家书·诗文》，岳麓书社，1987年，第70页。

[2]《左宗棠全集·家书·诗文》，岳麓书社，1987年，第274页。

[3]《左宗棠全集·书信一》，岳麓书社，2009年，第79页。

[4] 参考张耀中：《左宗棠整饬吏治》，《唐都学刊》1995年第1期，第31页。

[5]《左宗棠全集·书信三》，岳麓书社，2009年，第722页。

做官要认真，遇事耐烦体察，久之无不晓之事，无不通之情。一片心肠都在百姓身上，如慈母抚幼子，寒暖饥饱，不待幼子啼笑，般般却在慈母心中，有时自己寒暖饥饱翻不觉得。如此用心，可谓真心矣。有一等人，其平日作人好，居心好，一旦做官，便不见好。甚或信任官亲幕友门丁差役，不但人说不好，即自己亦觉做得不好。……今以百姓之事交付官亲幕友门丁差役，若辈本非官，官既非真，心安得真耶？[1]

这些文字，放到曾国藩批牍当中，相信大部分人无法辨别出来。

曾左二人的家庭教育理念更是出奇地一致。咸丰十年四月初四日，曾国藩在日记中记载，他与左宗棠聊天，左宗棠说"凡人贵从吃苦中来""收积银钱货物，固无益于子孙，即收积书籍字画，亦未必不为子孙之累"。这正是曾国藩一贯的思想，所以他评价此语为"见道之语"。

曾左二人都从自身成长经验总结出，大富之家并非是一个人良好的成长环境。曾国藩咸丰六年十一月初五日给纪泽家书中说："世家子弟，最易犯一奢字、傲字。不必锦衣玉食而后谓之奢也，但使皮袍呢褂俯拾即是，舆马仆从习惯为常，此即日趋于奢矣。见乡人则嗤其朴陋，见雇工则颐指气使，此即日习于傲矣。"因此他要求"子侄半耕半读，以守先人之旧，慎无存半点官气；不许从轿，不许唤人取水添茶等事。其拾柴、收粪等事，须一一为之，插田莳禾等"。左宗棠家书中也常见这类语言。比如在给儿子孝威的信中，他说："吾家积代寒素，至吾身上膺国家重寄，忝窃至此，尝用为惧。一则先世艰甘太甚，吾虽勤瘁半生，而身所享受常有先世所不逮者，惧累叶余庆将自吾而止也。尔曹学业未成，遽忝科目，人以世家子弟相待，规益之言少入于耳，易长矜夸之气，惧流俗纨绔之气将自此而开也。"他要求儿子在官属中不可摆少爷排场：

在督署住家，要照住家规模，不可沾染官场气习、少爷排场。一切以简约为主。署中大厨房只准改两灶，一煮饭，一熬菜。厨子一，打杂一，水火夫一，此外不宜多用人。[2]

曾左二人都愿意让子孙居守田园，不愿他们到官署，怕的是他们习惯了大城市的生活，沾染了富贵习气，耐不住乡下的清苦。同治六年五月，曾国藩在家书中劝告欧

---

[1]《左宗棠全集·札件》，岳麓书社，1987年，第365页。
[2] 喻岳衡选辑：《左宗棠教子书》，岳麓书社，2002年，第111页。

阳夫人说："居官不过是偶然之事，居家乃是长久之计，能从勤俭耕读上做好规模，虽一旦罢官，尚不失为兴旺气象。若贪图衙门之热闹，不立家乡之基业，则罢官之后便觉气象萧索，凡盛必有衰，不可不预为之计。望夫人教训儿孙妇女常常作家中无官之想，时时有谦恭省俭之意，则福泽悠长。"

而光绪二年左宗棠的一封家书，与曾国藩的口气一模一样：

> 子孙能学吾之耕读为业，务本为怀，吾心慰矣。若必谓功名事业，高官显爵，无忝乃祖，此岂可期必之事，亦岂数见之事哉！或且以科名为门户计，为利禄计，则并耕读务本之素志而忘之，是谓不肖矣。[1]

曾左二人都不愿"营田宅以为子孙计"。曾国藩因为家中修建住宅花去钱七千串而大发雷霆，左宗棠也因为儿子没经自己同意改建房屋而痛责：

> 家中加盖后栋已觉劳费，见又改作轿厅，合买地基及工科等费，又须六百余两。孝宽竟不秉命，妄自举动，托言尔伯父所命。无论旧屋改作非宜，且当此西事未宁、廉项将竭之时，兴此可已不已之工，但求观美，不顾事理，殊非我意料所及。据称欲为我作六十生辰，似亦古人洗腆之义，但不知孝宽果能一日仰承亲训，默体亲心否？养口体不如养心志，况数千里外张筵受祝，亦忆及黄沙远塞、长征未归之苦况否？贫寒家儿忽染脑满肠肥习气，令人笑骂，惹我恼恨。[2]

正因为不想遗子孙以银钱，所以二人在督抚生涯中，廉俸所余大都"随手散去"，捐给了地方慈善或者用于其他公用开支。同治八年，湘阴水灾，左宗棠捐银一万两："今岁湖南水灾过重，灾异叠见，吾捐廉万两助赈，并不入奏。回思道光二十八九年，柳庄散米散药情景如昨，彼时吾以寒士为此，人以为义可也。今养廉岁得二万两，区区之赈，为德于乡，亦何足云。有道及此者，谨谢之。"[3] 光绪三年，陕甘等地大旱，左宗棠带头捐给陕西一万两，甘肃庆阳三千两。光绪五年，左宗棠的老部下刘典去世，家中老幼无以为养。左宗棠拿出六千两薪俸，为刘典治丧并接济他的家人："克翁……至其身后一切费用……共六千两，均由我廉项划给，不动公款，恐累克翁

---

[1] 喻岳衡选辑：《左宗棠教子书》，岳麓书社，2002年，第94页。

[2] 喻岳衡选辑：《左宗棠教子书》，岳麓书社，2002年，第72页。

[3] 喻岳衡选辑：《左宗棠教子书》，岳麓书社，2002年，第66页。

清德。"[1]

除了以上诸大端外，在其他一些细节上，曾左二人举动也不谋而合。比如两人在处理家庭经济事务中的一个相同原则是对家人要求甚严，而待亲族则较厚。曾国藩在道光年间，宁可先不还家中欠债，也要尽早救济亲族。左宗棠也一直要求子女在"崇俭"的同时，对族人"广惠"："其自奉也至薄，其待人也必厚。"

他们均不好女色。曾国藩因为老年病痛无人照料，才纳了一个小妾。左宗棠则在青年时代因为婚后夫人迟迟没能生育，置过一妾。去世前几个月，也因为生活起居需要，在福州纳了另一妾章氏[2]。两人妻妾数量在当时大员中都属极少者。

两人身后所遗，也相仿佛。曾国藩身后留下了一万多两遗产，而左宗棠任总督多年，遗产只有两万五千两。在家书当中，左宗棠这样谈及自己身后的分家计划：

> 吾积世寒素，近乃称巨室。虽屡申儆不可沾染世宦积习，而家用日增，已有不能撙节之势。我廉金不以肥家，有余辄随手散去，尔辈宜早自为谋。大约廉余拟作五分，以一为爵田，余作四分均给尔辈，每分不得过五千两也。爵田以授宗子袭爵者，凡公用均于此取之。[3]

二　曾、左、李的相似与不同

曾左两人在经济生活上这种高度相似性，基于相同的出身和相似的教育背景。

曾左二人年龄相仿，曾国藩仅长左宗棠一岁。出生地一为湘乡，一为湘阴，相距不远。出生时家境也相当，都是所谓"耕读之家"的小地主家庭。二人性格虽然一内向一外向，反差很大，但皆属方刚强毅之人，为人治学均深受倔强自强的湖南文化性格和经世致用的近世湖南学风影响。

与其他区域文化相比，经世思想传统在湖湘文化中表现特别突出。岳麓书院传习理学，以经世致用的学风著称于世。湖湘文化培育出来的强悍性格，"所表现的内涵是积极的人生观，是强烈的权威感，是高度的成就需要"[4]。受这种学风熏陶的曾左

---

[1] 喻岳衡选辑：《左宗棠教子书》，岳麓书社，2002年，第103页。

[2] 其时左已七十四岁，妾十八。据左景伊的说法是因一人在外，无人照顾也。见左景伊：《左宗棠传》，长春出版社，1994年，第476页。

[3] 喻岳衡选辑：《左宗棠教子书》，岳麓书社，2002年，第93页。

[4] 张朋园：《湖南现代化的早期进展（1860～1916）》，岳麓书社，2002年，第348页。

身上皆有一种胸怀天下、不以个人得失为念的大气。左宗棠虽然屡试不第，但并不以个人境遇为忧，而是时时为将来有功于天下做准备："身无半亩，心忧天下；读破万卷，神交古人。"[1]曾国藩也认为，立志之时，不必谋及个人利益："做个光明磊落、神钦鬼服之人，名声既出，信义既著，随便答言，无事不成，不必爱此小便宜也。"也就是说，如果做成了光明磊落的伟人，人生日用、建功立业自然也就不在话下。曾左二人一生，都很少以物质条件为念，精神专注于大事。

和李鸿章一样，左宗棠晚年也深度介入洋务运动。1866年，左宗棠创建马尾船政局，正式建立了近代中国第一个大型的新式造船厂。1871年，他在兰州建立甘肃制造局，自造枪炮。1880年，他又创设兰州机器织呢局。此外，他还鉴于西北地区旱灾频仍、水利不修的情况，多次托人在上海购置西洋开河、凿井等新式机器，运到甘肃，发展农田水利事业。可以说，洋务运动中，他和李鸿章一样掌握了大量经济资源，但是我们找不到他参股其中以谋私利的记载。同样，曾国藩督两江时，如果想发财，也是易如反掌。比如通过批盐票一项，就可以成为巨富。然而他却严格要求家人，不得领取盐票。

而李鸿章身上的江淮气质则与"湖湘性格"颇有不同。李鸿章的老家安徽合肥所处皖北地区，为南北要冲，历代大的战乱多涉及此地，"安危治乱，与时升降"。皖北自康熙六年至乾隆四十二年之间，行政区划变动极为频繁，地方政府统治薄弱。在这种特殊的地理环境中，土匪横行，社会治安条件极差，所以民众尚武，"民情好斗"。王定安在《湘军记》中说："滨淮郡邑，当南北之交，风气慓急，其俗好侠轻死，挟刀报仇，承平时已然。"[2]曾官淮北知县多年的查揆曾感慨："安徽省介江淮间，其俗之悍戾狠斗，凤阳、颍州、泗州为尤甚……不得已；严刑峻法以求震慑其心性，每年秋谳入情实者、骈首蒙诛以百十案计。而渠枭大恶，酒酣歌呼以就刑所，市人啧啧叹为豪悍者屡矣。"

在这样的人文环境中成长起来的李鸿章，受底层文化影响比较大，性格豪迈，做事不拘一格，行动以实用主义为指针。福尔索姆在《李鸿章的气质、性格与事业》中说："他极端实际和讲求实效，脚踏实地……在会谈中，他总是不拘礼仪，不让它阻碍达成友好协议，并能以令人惊异的明晰见解，一下抓住问题的核心。……在李鸿章看来，与想象中的邪恶斗争是无益的。人们只能做他们能做的事。'惟有量

---

[1]《左宗棠全集·家书·诗文》，岳麓书社，1987年，第469～470页。
[2]王闿运等：《湘军史料四种》，岳麓书社，2008年，第423页。

力踏实做去。'"[1]

"李鸿章在其密友中，以和蔼可亲和极具幽默感著称。……另一方面，他也以讲话鲁莽（如果不说是粗暴的话）、脾气和骄傲自大而闻名。……讲话鲁莽是他用于恐吓对手的一种手段，但是当他们敢于面对他时，他就变得较温和了。"李鸿章特别讲哥们儿义气。"……李一生中对朋友的忠诚几乎具有传奇色彩。……当朋友身处逆境时，也必须忠于他们，运用自己的影响帮助他们。李非常确信这一点，以至愿意冒危害自己地位的风险去这样做。在曾国藩指控李元度的事件中，李鸿章辞离了曾国藩的幕府，这与其说是支持元度，倒不如说是维护忠于朋友的原则。"[2]与此同时，李鸿章还酷爱虚荣，喜听奉承，善打痞子腔，这都是底层文化性格的表现。在物质享受上，李鸿章也非常现实，没有理学家那种以物质享受为敌的行为倾向。

因此在居官操守及吏治方针上，曾左二人表现出惊人的相似性，而与李鸿章存在巨大反差。

三　低调与张扬

当然，除了以上诸多相同之处外，曾左二人还是有一些不同之处的。

曾左虽然性格都很刚强，但是其"刚"亦有区别：左宗棠性情张扬外露，办事凌厉果断；曾国藩则内刚外柔，做事低调。

曾国藩不想居清官之名。他资助很多慈善事业，都是只做不说，深恐为人所知。而左宗棠性格凌厉外向，乐于显扬自己的清廉之名。郭嵩焘说左宗棠在军中，"日以吾无一钱为言"，唯恐自己的清节不为人所知。曾左二人都拒绝下属送自己贵重礼物，曾国藩通常是通过自己的门子家人代为拒绝，左宗棠却高调地发布公告，以"通饬"的方式，要求"文武印委员弁删除庆贺礼节勤思职守"："照得新疆军务未竣，本大臣爵阁部堂驻节肃州，启处不遑，所有关内外文武及营局各员，凡遇庆贺礼节概应删除。即谓长属分义攸关，宜随时通候以表虔恭之意，禀启将意亦无不可，断不准擅离职守来辕进谒，致旷职守。其有专差呈送礼物者尤干例禁，已早饬文武摈弃不收。各文武印委均应勤思职业，毋得非分相干，自取咎戾。懔之！"[3]

曾国藩虽然在家书中反复教育儿子要俭朴自持，却从来没有提及要将这些家书传

[1] 朱玉泉主编：《李鸿章全书》，吉林人民出版社，1999年，第3427页。
[2] 朱玉泉主编：《李鸿章全书》，吉林人民出版社，1999年，第3429页。
[3] 《左宗棠全集·札记》，岳麓书社，2009年，第545页。

之后世。左宗棠则特意嘱咐自己的儿子将家书装订成册，以流传后人：

> 吾本寒生，骤致通显，四十年前汲苦窘迫之状今犹往来胸中。……自今以后均得从俭，不得援照尔兄嫂往事为例。此纸可装订成册，以示后人。[1]

曾国藩中年变法之后，对官场的潜规则采取部分妥协的策略。因此，他晚年居官，也时有"灰色"之举。比如曾国荃经常举荐亲友到两江总督衙门谋差事，曾国藩多数都给予了妥善安排。而左宗棠则一生基本保持了清峻凌厉的做官风格，操守之严，到老弗懈。在西北主政之时，有不少家乡的亲朋前去投靠，希望谋个饭碗或前程。这些人大部分都被左宗棠峻拒，所获不过是一份回乡的川资。仅在肃州一地，左宗棠就为这些人支付了高达四千多两的路费。左宗棠写信给陕甘总督杨昌濬说：我的戚族如有逗留兰州一带请求收录的，决不宜用，"亦可省弟一累也"。他的夫人去世前曾请其给予湖南柳庄家中的门丁何三以勇丁粮饷，他认为何三是家人，非勇丁，而从自己的年俸中拨银付给：

> 何三在家看门，老实而晚景不佳，尔母在闽时，曾说过给与一名勇价，吾诺之。惟念勇之口粮不可给家丁，是以久未给与，予亦且忘之矣。今寄信若农，划拨养廉银二百两零一两六钱，交尔给何三，以了此项，即以践尔母之宿约也。[2]

可以说，在左宗棠身上，更鲜明更风格化地体现了湖南人的"霸蛮"、较真或者说"骡子"精神，而曾国藩则更大气含元，藏而不露，以浑为用。二人官风一墨一黄，体现了传统清官的两种不同类型。

四 左宗棠送人"大盂鼎"

当然，虽以"孤介"闻名，但是左宗棠亦并非不通人情世故、毫无弹性之人。

上文引左宗棠家书"吾在军中自奉极俭，所得养廉银，除寄家二百金外，悉以捐赈"的下一句是："宁波海关，有巡抚平余银八千两，历任皆照例收受，我以今日何需乎此款，本可裁，以其为陋规也，但裁之之后，未必人皆似我之省约，则必不敷用

---

[1] 喻岳衡选辑：《左宗棠教子书》，岳麓书社，2002年，第99页。
[2] 喻岳衡选辑：《左宗棠教子书》，岳麓书社，2002年，第66页。

矣，岂可以我独擅清名，而致他人于窘境乎？因遂受之，仍以转送赈局。书告尔等，
应知取与皆当准之于义，而又不可不近人情也。"[1]

　　也就是说，宁波海关每年送巡抚八千两"平余银"。左宗棠因为用度俭省，不需
要此项，本想裁掉。但是转念一想，后任未必如他一样能处处节约，此项裁掉，可能
造成后任入不敷出。所以仍然接受，只不过转送慈善机关。

　　可见他对于官场上的规矩并非全盘摒绝，特别是在涉及个人感情之时，他的处理
也会很到位，比如他以宝鼎馈潘祖荫，就是一个证明。

　　咸丰九年年底，左宗棠遇到了自己人生中最大的跌蹉。其时他在骆秉章幕府，恃
骆氏的信任，"一意孤行"，得罪了很多人，终被人以"劣幕"之名上奏朝廷。咸丰皇
帝发下谕旨，命逮捕左氏，"果有不法情事，可即就地正法"。左宗棠的好朋友郭嵩焘
求助于大理寺少卿潘祖荫，潘祖荫遂上了《奏保举人左宗棠人材可用疏》，极言左氏
之才，在折子末尾甚至说出"国家不可一日无湖南，湖南不可一日无左宗棠"这样的
话。因为众人不遗余力地营救，左氏转危为安，咸丰皇帝亦因此对左宗棠这个人极为
注意，不久被授以四品京堂候补，成为曾国藩的助手。

　　左宗棠对潘氏的夸誉救助一直念念不忘，封疆之后，每年都送以千两"炭敬"。
后来在陕甘总督任上，他得到一件极不寻常的古董，将它送给了当时已经受到革职处
分的潘祖荫，以表敬谢安慰之意。这件古董就是后来成为中国国家博物馆的镇馆之
宝，闻名全世界的"大盂鼎"。

　　关于此事的原委，在左宗棠的书信中可以考见。大盂鼎乃周康王时贵族盂所造的
祭器，道光初年于陕西岐山礼村出土，辗转为左宗棠的僚属袁保恒以七百两购得，袁
氏转献左宗棠。这尊稀世珍宝，因为器形巨大造型完美，且有长篇铭文，极为引人注
目。左宗棠知道潘祖荫是金石收藏大家，遂将大盂鼎拓片寄给潘氏，言明相赠之意。
不过潘祖荫见到拓片后，对其真伪产生了怀疑。事见同治十二年（1873）左宗棠答袁
筱坞（袁保恒，号筱坞——作者注）书：

　　　盂鼎拓本细玩定非赝作，伯寅侍郎疑为不类，亦因其后互有出入，而神锋微露隽
　　异……弟意宝物出土，显晦各有其时，盂鼎既不为伯寅所赏，未宜强之，盖留之关中
　　书院，以俟后人鉴别……殊器不可令其勿传，致之八喜斋当称得所。[2]

[1]《左宗棠全集·家书·诗文》，岳麓书社，1987年，第70页。
[2]《左宗棠全集·书信二》，岳麓书社，1996年，第395页。

从信中可见，潘祖荫对大盂鼎的真伪持疑，左宗棠坚信这是"宝物"，决定将大盂鼎留在关中书院，以候后人鉴别。

第二年，潘祖荫经过细考，确定这是举世之珍宝，致信左宗棠，请他从速送到都中。事见同治十三年（1874）答袁筱坞书：

> 伯寅侍郎书来，亟盼盂鼎之至。前函敬托代为照料，辇至都中，计已筹措及之。[1]

从同治十三年十二月二日陈介祺（簠斋）致潘祖荫的一封信中，可以判断大概这年年底此鼎终归潘氏所有："得十月惠书四缄……盂鼎既云年内可至，刻想已纳尊斋。"[2]

此鼎经潘家世代珍藏，中华人民共和国成立后入藏中国国家博物馆，是迄今发现的西周最大的一件铭文铜鼎，也是中国首批禁止出国（境）展览的文物之一。

---

[1]《左宗棠全集·书信二》，岳麓书社，1996 年，第 449 页。
[2] 陈介祺：《秦前文字之语》，齐鲁书社，1991 年，第 42 页。

第十二章

曾国荃的乡绅生活和湘乡曾氏的最终规模

第一节　曾国荃的乡绅生活和经济实力

一　大夫第和祠产

曾国藩自咸丰八年再次出山后就没有回过湘乡老家。他晚年多病、精力衰颓，多次乞休，却终未得偿林下之愿。不过他的弟弟曾国荃不光带兵期间多次返乡间小住，开府之后也多次归山，乡居时间加在一起长达十年有余。一在山，一出山，在某些时段，兄弟二人形成出处之间的某种互补。

带兵期间，曾国荃于咸丰七年二月至九月，八年十月至次年四月，九年十月至次年闰三月，数次返乡，经营家务，"求田问舍"。

攻克南京之后，曾国荃本以为自己会进一步受到重用，可能没多少时间再享田园之乐，没想到不久就黯然归里。

原来在太平天国大势已去之际，清政府已开始布局防范湘军。天京城陷之后，朝廷更是借金陵窖藏金银与太平天国幼主下落问题，以严厉口吻警告曾国荃勿得"骤胜而骄"，责令曾国藩对之"随时申儆"，乃"庶可长承恩眷"[1]。曾国荃精神大受打击，身患重病。曾国藩深明进退之道，迅速决定裁撤湘军，并劝令曾国荃以回家养病为名辞去浙江巡抚职务。

同治三年十月，曾国荃拖着沉重的病体，心情抑郁地从南京起程返乡，十一月十六日抵达老家[2]。这是他成为封疆大吏后第一次乡居，在老家待了一年半。直到同治

---

[1]《曾国藩全集·奏稿》，岳麓书社，1994年，第4276～4277页。
[2] 参考王云五主编：《清曾忠襄公国荃年谱》，台湾商务印书馆，1978年，第65页。

五年三月初七日，他再次出山赴任湖北巡抚。

同治六年十一月他因"剿"捻无功，再次辞职回乡。这一次他在湖南待的时间更长，一直到同治十三年九月起程出任陕西巡抚，第二次乡居前后将近八年。此后，光绪七年闰七月他辞去陕甘总督之职，请假返乡就医，次年六月起程赴两广总督任，乡居又将近一年[1]。

总计曾国荃成为方面大员后的乡绅生活长达十年有余。平定太平天国后，大量军功绅士返乡，湖南绅士由此开始成为中国近代政治舞台上颇具影响力的一个特殊社会群体，而曾国荃就是他们中的一个典型代表。

曾麟书、曾国潢功名不高，他们属于绅士阶层中的下层，而曾国荃这样的返乡大员则属于上层[2]。我们在前面已经分析了曾麟书、曾国潢的绅士功能。在这里我们可以曾国荃为例，观察一下上层乡绅在地方社会中的生存状态。

曾国荃乡居生活的第一项内容，当然是"求田问舍"。带兵时间越长，曾氏家族经济实力增长就越显著。这种增长最直观地体现在曾国荃营建的宅第上。

咸丰八年，曾国荃托二哥曾国潢代他买下荷叶大坪村雷家湾徐家宅第，作为自己的宅基地。咸丰九年冬，曾国荃在回乡料理父母改葬事宜时，开建这座"大坪大屋"（后命名为"大夫第"）。曾国荃亲自采买材料，亲自督工。咸丰九年年底，这座大屋初步落成，屹然矗立在湘乡田野之上，后来又经过多次扩建，前后共历时八年，其规模气派可以想见。这座豪宅长六百多米，宽二百三十余米，总面积达十三万平方米，分为"奖善堂""敦德堂"和"曾氏家庙"三大部分。三大建筑都是三正六横，故有"九正十八厅"之说。"奖善堂"和"敦德堂"各有房屋一百零八间，"家庙"有房间四十八间。三处加在一起，共有天井二十四个。它们一字排开，迤逦一里多长。宅外更建有三里长的走廊，"晴不曝日，雨不湿鞋"。门前又挖了两个巨大的池塘，池上建有气派的玉带桥[3]。整个建筑群巍峨浩大，殿阁重重，看上去犹如王宫帝府。曾纪芬在《崇德老人自订年谱》中回忆道："前有辕门，后仿公署之制，为门数重。乡人颇有浮议。"[4]曾国藩则听人说它"规模壮丽，有似会馆"。而那些嫉妒眼红曾老九的老乡则

[1] 参考王云五主编：《清曾忠襄公国荃年谱》，台湾商务印书馆，1978年。
[2] 关于绅士的分层，有多种观点。张仲礼认为绅士可划分为上下两个集团，上层包括官员、进士、举人和贡生，下层包括生员、监生和例贡生。
[3] 赵世荣：《曾国藩的故园》，岳麓书社，2001年，第85页。
[4] 曾纪芬：《崇德老人自订年谱》，《曾宝荪回忆录》附录，岳麓书社，1986年，第8～9页。

"讥之……以为似庙宇"[1]。王闿运甚至说"新宅有城市之气"[2]。

除了规模宏大，大夫第还以其精致富丽引人注目。它的栋梁、廊柱、横枋多以楠木、樟木、梨木和杉木建成；每块青砖都磨得四平八正，石料全部是花岗岩，特别是许多七八米高的廊柱是由一块块完整的花岗岩巨石凿成。窗户、梁枋、柱枋、横枋上面均有精美雕刻[3]。曾国荃的经济实力由此一目了然。

可惜，如此浩大的宅第，如今已经损毁殆尽，几近荡然无存。如果踏访原址，你会发现原来的精美建筑群，已经为众多平庸丑陋的现代民居取代，除了几根石柱和一两个窗子，找不到其他遗物了。

除了营建自己的住宅，曾国荃在返乡时还处理了很多家族事务。虽然曾国藩安排大弟曾国潢专管家务，但遇到大事，还是需要更为精明强干的九弟主持。咸丰七年二月至九月，曾国荃返乡经办了父亲的丧事。同治八年返乡办理了曾国华的丧事。咸丰九年十月至次年闰三月返乡，曾国荃办理了父母的改葬，并主持诸兄弟分家，经办了叔父的丧事。及至同治十一年曾国藩去世，曾国荃更是以极大精力寻找葬地，料理丧事，同治十三年复料理长嫂欧阳氏丧事。自始至终，他是曾氏家族遇到大事时的顶梁柱。

曾国荃返乡经营的第三类重要事务，是家祠祭业的扩充，这也是"求田问舍"的另一部分内容。曾国荃营建的大夫第，其中就包括了父亲竹亭公的公祠，又称"曾氏家庙"。除了建造大夫第，曾国荃经济实力的扩张也体现在其他曾家公祠祀业的迅速扩大上[4]。

传统时代，人们视慎终追远为头等大事，一旦有了经济能力，必兴建公祠，购置祭田。祠产因此也成为家族经济实力的重要体现。湘乡曾氏到了三世祖元吉公"基业始宏"，故曾元吉去世之后，他的后代为纪念他建了第一座家祠。曾家家业进一步壮大后，又建了开基祖曾孟学祠，也由曾元吉祠统一管理。此外，曾玉屏（星冈公）发家后又建立了衡阳庙山宗祠，以纪念曾在衡阳居住的远祖。

虽然星冈公也就是曾玉屏一支对家族公益事业极为热心，但毕竟财力有限，曾国藩咸丰八年再出之前，星冈公一支对元吉公祠所做的贡献只有两次，一次是道光二十六年，曾高轩即曾国藩的叔叔曾骥云与曾馨朝共同买入"老祖坟关内新塘上围园

---

[1] 赵烈文：《能静居日记》，岳麓书社，2013年，第1107页。

[2] 王闿运：《湘绮楼日记》，岳麓书社，1997年，第66页。

[3] 赵世荣：《曾国藩的故园》，岳麓书社，2001年，第87页。

[4] 此节以下主要参考刘鹏佛：《清代湘乡曾氏家族与经济社会》，博士学位论文，厦门大学，2003年，第45～63页。

壕基边大松树一棵""永远护坟",所花不过二千三百文[1]。另一次是咸丰七年十二月初二日,买下一亩五分水田,捐给公祠管理。花费五十二千文,为数亦不算多[2]。

但曾国藩再度出山放松了对曾国荃在经济上的限制之后,以"曾星冈公后裔"名义的捐地突然增多。以下是刘鹏佛根据民国三十五年(1946)的《元吉公祠契簿》,勾勒出的曾玉屏一支对祠产的贡献:

咸丰八年十二月初九,簿上以"曾星冈公后裔"名义同时买入三处田业,共田五十二亩,房屋山林多处,捐给曾元吉祠中管理,共花白银一千零九十两。

咸丰九年八月,以"曾竹亭公后裔"名义,花九九铜钱四百九十八千文买入水田九亩三分及连带山林屋宇。咸丰十年二月二十二日,又花五百八十八千文买入田产一处。同年七月十二日,花五十四千文买入田地一块。以上三次,捐给归曾元吉祠管理的曾孟学祀业。

咸丰十一年十二月二十日,"曾星冈公后裔"购买入水田五十六亩,大小塘十三张及其他山林屋宇,捐给曾元吉祠,共花一千五百两白银。

同治四年四月初一日,又以曾星冈公后裔名义买入山林田宇,捐给曾元吉祠,花去白银一千两整。

数次购买,合计花费白银四千余两。而且后两笔收购,是先定下银两整数,再按银两多少购地,曾星冈(玉屏)一支经济实力的迅速扩大一目了然。

曾国藩一家当然也不会忘记曾玉屏建立的衡阳庙山祠。同治四年,曾国荃以"曾星冈公后裔"名义为此祠购买了十三处地产,除一处没记载价钱外,其余十二处共花去两千三百九十四千文(一卦算一千文),合一千五百九十六两白银[3]。

通过这份账簿,我们更可以感受到曾国荃一人给曾家的经济实力带来多么巨大的变化。到了此时,湘乡曾氏才真正成为湘乡豪门。

二　曾国荃的公益事业

曾国荃这样的高级乡绅居家期间,不可能只埋头于"料理山中种竹、塘内蓄鱼"[4]。

---

[1] 塘湾里卖树印契,转引自刘鹏佛:《清代湘乡曾氏家族与经济社会》,博士学位论文,厦门大学,2003年,第50页。

[2] 刘鹏佛:《清代湘乡曾氏家族与经济社会》,博士学位论文,厦门大学,2003年,第47页。

[3] 刘鹏佛:《清代湘乡曾氏家族与经济社会》,博士学位论文,厦门大学,2003年,第57页。同治四年银钱比价参考张德昌:《清季一个京官的生活》,香港中文大学,1970年。

[4] 《曾国荃集》第五册,岳麓书社,2008年,第263页。

他们还对地方公益建设负有重要责任。在这方面，曾国荃主要做了以下几类事情。

第一类是领导捐修地方道路桥梁、寺庙建设。费正清说："乡绅在每个乡里履行很多重要的社会职责。为运河、水坝、道路、桥梁、渡船之类的灌溉和交通设施进行筹款和主持修建。"[1] 确实，在断断续续的返里乡居期间，曾国荃在地方上做了大量慈善事务。

同治四年，曾国荃率各营员弁重修了湘乡县城的城隍庙。

同治五年，曾国荃重修了湘乡县城的褚公祠。同年他还出资重修了大坪的安龙桥。

同治六年，他重修了荷叶的另两座桥梁：双永桥和积福桥，以及湘乡县城的关帝庙。

同治七年，他重修了二十四都的石神庙。同治九年，他"与凌荫庭等请于省城盐、厘两局，每年酌拨经费协济省城恤无告堂，又增设义塾、立励节堂，计岁可活穷黎一千余人"[2]。

……

与曾国潢鸠修桥梁庙宇主要是为了获取报酬不同，作为返乡的封疆大吏，曾国荃在乡间的举动"路份"无疑更高。他的这些修建，一般只倡修捐建，并不从中谋利，而且捐款时手笔非常阔大。比如同治十三年他首倡重建南岳上封寺，捐银二万两。光绪七年，重修衡山南岳庙大殿，他又捐银二万两。

第二类是主持地方文化事业建设。

兴办地方文化事业，本是绅士特别是上层绅士的天然职责之一。"乡绅在每个乡里履行很多重要的社会职责。……支持儒家的机构和伦理——创办和维持学校、圣祠和当地孔庙，出版图书，特别是地方史籍和地方志。"[3] 太平天国平定之后，"一时湖南修志成风"[4]。同治一朝，湖南共有五十多个州县厅编纂了新的地方志，很多地方都是由返乡的湘军将领主持。比如曾国藩幕僚陈士杰主持修纂了《桂阳县志》，彭玉麟主持了《衡阳县志》，李元度主持了《平江县志》，郭嵩焘主持了《湘阴县志》[5]。

太平天国运动严重冲击了传统社会秩序，导致"纲纪沦丧，风气崩坏"。因此战后湖南各地军功绅士不约而同大力修志，以"阐扬忠烈，发挥节义"，引导社会风气回归传统秩序[6]。曾国荃的看法就非常典型，他认为修志"在下则可略寓潜移地方风俗

---

[1]〔美〕费正清著，张理京译：《美国与中国》，世界知识出版社，2000年，第37页。

[2]《曾国荃集》第一册，岳麓书社，2008年，第276页。

[3]〔美〕费正清著，张理京译：《美国与中国》，世界知识出版社，2000年，第37页。

[4] 王闿运：《湘绮楼日记》，岳麓书社，1997年，第17页。

[5] 许顺富：《湖南绅士与晚清政治变迁》，湖南人民出版社，2004年，第139页。

[6] 许顺富：《湖南绅士与晚清政治变迁》，湖南人民出版社，2004年，第139页。

之转机，在上则可少助圣朝教士善民之雅化，或亦不无小补"[1]。

因此同治七年十一月，他慨然应湖南巡抚刘崑之请，赴长沙商议重修《湖南通志》。他在致曾国藩的家书中说："省城志局设……弟则不受薪水，亦不任事，但订多到局几次，联络在局之人心，搪塞局外之风浪，以消口舌于未萌而已。"[2]表面看起来，他任务并不繁重，主要负责协调各方，主持大局。但事实上他出力甚多。《湖南通志》从同治七年开始纂修，到光绪十一年刊刻，历时十七年之久，质量很高，是曾国荃在乡期间的主要成绩之一。梁启超在《中国近三百年学术史》一书中说："方志虽大半成于俗吏之手，然其间经名儒精心结撰或参订商榷者亦甚多。……以睹闻所及，则可称者略如下……光绪《山西通志》、光绪《湖南通志》……皆出学者之手，斐然可列著作之林者。"[3]而这两部通志，都是在曾国荃的主持下完成的。

太平天国时期，湖南大量书院学校被毁。在重修地方志的同时，湖南各地还兴起重修学校、书院和为湘军阵亡将领建立专祠之风。其目的同样是"终之以文"。咸丰末年到同治年间，湖南各地重建和修整的县学达二十多处，占湖南全部县份的一半，这些学校的规模比重修之前都有所扩大。文武学额也因湘军之功绩增加了近千名，居全国之首[4]。

在这个过程中，曾国荃也同样起到领袖作用。除了咨请曾国藩奏请于南京建立湘军昭忠祠外，同治九年，他还主修湘乡试馆，一次就捐银一万四千二百四十两，并捐出讲让堂私宅一所作为每年束脩之所出，合计将近二万两[5]。手笔之阔绰，他人难及。

除了泽及乡里之外，对社会上其他重大公益事项，曾国荃也经常慷慨解囊。比如曾国荃还曾捐巨资刊行《船山全集》。清初大儒王夫之被"重新发现"，与曾氏兄弟关系很大。王闿运在《邛江王氏族谱序》中说："曾文正夙喜顾（炎武）学，以姜斋（王船山）多新说，甚为称扬。其弟国荃亦喜诵之，犹以未尽刻为憾。会兵兴，湘潭刻板散失，而国荃克江南，文正总督两江。国荃出二万金，开局江陵，尽搜船山遗书，除

[1]《曾国荃集》第一册，岳麓书社，2008年，第410页。

[2]《曾国荃集》第五册，岳麓书社，2008年，第259页。

[3]梁启超：《中国近三百年学术史（新校本）》，商务印书馆，2011年，第391页。

[4]许顺富：《湖南绅士与晚清政治变迁》，湖南人民出版社，2004年，第139页。

[5]"同治九年，主修省城湘乡试馆，捐银一万四千二百四十两并捐出讲让堂私宅为试馆岁修。"王云五主编：《清曾忠襄公国荃年谱》，台湾商务印书馆，1978年，第77页。

有避忌者，悉刻之，于是王学大行。"[1]

这些公益活动，既反映了曾国荃为人的急公好义，又反映了他经济实力的雄厚。

三　请托与干求

当然，方面大员返乡，不可能只做做公益，对地方政治不闻不问。特别是像曾国荃这样性格活跃外向的人，让他长期对地方政治保持沉默，简直是不可想象的。湖南士绅力量的膨胀对地方政治的影响，是很多人都曾论及的话题。我们同样可以以曾国荃为例做一点观察。

承平时代，绅权就是政权的重要支持力量。动乱时期，这种支持作用表现得更为明显。胡林翼说："自寇乱以来，地方公事官不能无绅士而有为。"[2] 太平天国战争之中，兵事饷事交相困扰，地方官不得不处处借助绅士，湖南乡绅力量因此迅速成长。张亮基、骆秉章抚湘之时，"练兵、转饷、防寇多参用士人，事皆办，由是湖南名闻天下"[3]。从某种意义上来说，曾国藩编练湘军，本身就是绅权逸出常轨的一种表现。太平天国平定后，大量的军功人员不断地退归故里，湖南绅权势力更加迅速膨胀。这必然会导致官、绅矛盾的加剧。

《湘军志·筹饷篇》记载："其后，湖南布政使李榕倡言，米捐当先大户，是时曾国荃号有百顷田，于法当上户，榕不能问也，而京朝流言卒以败榕。"[4]

李榕是四川人，他任湖南布政使期间，对豪贵巨室的特权多有所限制。当时军务未平，捐输军饷，本应按田亩摊派，湖南巨绅田连阡陌，抗不纳捐，所谓"湘中捐输，向搜求于小康之户，豪贵巨室率置不问"[5]。李榕则明令征收捐税"豁免下户，着重上户，使不得巧避，冀得其平"[6]。这直接触犯了以曾国荃为代表的豪贵巨室的利益。他们联合行动，由湘籍官员何绍基指使御史张沄弹劾李榕"宠待优伶"。李榕遂

[1] 王闿运撰，马积高主编：《湘绮楼诗文集》第一册，岳麓书社，2008 年，第 290 页。而赵烈文的说法则是他于同治元年（1862）告知曾国荃，《船山遗书》原版在湘潭战役中被焚毁。曾国荃即捐金八千两，请人重刻，同时派人搜罗船山其他作品。同治三年攻陷天京后，曾氏兄弟特设置官办刻书机构金陵书局，刊刻了新版的《船山遗书》。

[2] 《胡林翼集》，岳麓书社，1999 年，第 1012 页。

[3] 朱克敬：《儒林琐记·雨窗消意录》，岳麓书社，1983 年，第 116 页。

[4] 王闿运撰，马积高主编：《湘绮楼诗文集》第一册，岳麓书社，2008 年，第 783 页。

[5] 《十三峰书屋全集·书札》，复黎简堂方伯，转引自王显春：《李申夫事传评略》，《西南民族学院学报》1992 年第 1 期，第 59 页。

[6] 四川省剑阁县志编纂委员会编纂：《剑阁县志》，巴蜀书社，1991 年，第 919 ～ 920 页。

于同治八年（1869）五月罢官。

太平天国被镇压后，湖南地方官员急于摆脱士绅力量对地方政治的制约，"官湖南者皆以屈抑绅士为先务"，然而谈何容易。湖南巡抚毛鸿宾曾"恶绅与官事谋之去之"，遭到乡绅联合反击，毛鸿宾"乃大窘"，不得不"诣诸绅谢任以事又礼加焉"[1]。王文韶出任湖南巡抚[2]时，虽长存"屈抑士绅"之心，但反复衡量之下，终未敢采取任何强硬对策[3]。相反，王文韶有事，还要经常上门求助于曾国荃。比如同治十年七月二十八日，王文韶来访，求曾国荃致书曾国藩："前日夔石来访，求函达兄处，具言缉川私照两江之说，听督销局办理，惟缉堵粤私之说，未便遽行。……乞弟先通其意之请也。弟住家不与闻公事，而彼突如其来，亦只得满口答应写信而已。"[4]在盐务问题上与曾国藩沟通，要通过曾国荃。同治十年九月十八日信中又说："韫中丞与夔方伯意欲借洋饷六十万，已有函呈兄，想必有回信矣。二公皆欲弟家信婉呈。"[5]湖南巡抚和布政使在给曾国藩写公函的同时，还需要曾国荃以家书沟通。

其实不光是转达他人之意，曾国荃自己也常在家信中请托曾国藩办事。

比如同治九年闰十月初九，曾国荃致信曾国藩，说他的好友黄冠北去世之后，家中窘迫。虽然是因病去世，并不符合向朝廷请恤的条件，但他还是托曾国藩"应可乘机会最佳之时附片请恤""将冠北照军营病故例请恤"，目的一以荣耀宗族，二以荫及其子："俾其世兄得以表彰其亲相从于患难之绩，举世闻知，藉以荫其苗裔。"因为怕曾国藩不给他办，还特意说明："弟近两年来意绪冷淡，从不妄事干求，想兄必原谅，俯如所请耳。"[6]

说是这样说，其实从最后两年兄弟的通信来看，曾国荃此类干求并不少。同治九年十一月，亲戚熊干亭到湘乡拜访曾国荃，说想去江宁谋个差使。曾国荃说："想兄垂怜旧日辛勤，仍必录用也。"另外，外甥临三也已经出发来江宁。"甥甚忠信诚恪，亦尚明白公事，目下光景颇窘，倘能托契友与以优差，更为甚美。或留在近处，赏给薪水，亦足以慰其心。甥意在赴部引见选缺，不知有此机会否？谅兄必肯为之妥谋出身之阶也。"[7]或者给个美缺，或者给份薪水，或者送他赴北京，总之必须安排。

[1] 朱克敬：《儒林琐记·雨窗消意录》，岳麓书社，1983年，第114~115页。
[2] 王文韶1869年（同治八年）迁湖南布政使，同治十年署湖南巡抚，第二年实授。
[3]《郭嵩焘日记》，湖南人民出版社，1982年，第903页。
[4] 曾麟书等：《曾氏三代家书》，岳麓书社，2002年，第387页。
[5] 曾麟书等：《曾氏三代家书》，岳麓书社，2002年，第395页。
[6] 曾麟书等：《曾氏三代家书》，岳麓书社，2002年，第358页。
[7] 曾麟书等：《曾氏三代家书》，岳麓书社，2002年，第363页。

同治十年三月，他又建议长兄给一个叫李健三的人谋一位置："李健三以叶介堂来接此席，甚望兄位置一差使，如扬州分局之类，不知可得否。"[1]

十天之后，他又去信，说"瑞臣、厚九"二人之所以没有安排合适的位置，是因为曾国藩没有尽力去办此事，要求曾国藩再想想办法，与管事之人和颜悦色地面谈一下。从信中可看，起码其中厚九一人是没什么本事的："瑞臣、厚九无差可委之说，大约未面谕有权管筹政者，倘稍通融，以霁语谕梅公，则可必得。瑞臣……非如厚九之笨也。"[2]

四个月后的一封信，证明曾国藩不得不按老弟的要求去厚着脸皮嘱托了下属："临三、厚九均蒙安置优美，谢谢。"[3]

第二节　曾国藩对两位弟弟的约束和劝诫

一　"不愿弟等之悍然"

对曾国荃的兴家创业，曾国藩的态度相当矛盾。

首先，他对曾国荃替他"照顾家族"的"功劳"是肯定的。

长久以来，曾国藩对家族怀有深深的愧疚心理。旧时代的通例总是一人得道，鸡犬升天。不仅曾国藩的亲兄弟惦记着依靠曾国藩出人头地，他的众多同族、亲友，也都盼着沾他的光。虽然曾国藩偶尔也会寄钱回家，分润亲族，然而，在"不靠做官发财"的誓言约束下，曾国藩对他们的关照，与他们的期望相比，实在是杯水车薪。

好在现在曾国荃替他弥补了这一遗憾。曾国荃在自肥的同时，又源源不断地大手笔资助同族以及亲友。不光曾国藩几个原来生活相当困苦的妹妹都有了田宅之安，连远房亲友都不再有流离失所之人。

同时，对曾国荃为曾家办的几件大事，曾国藩也非常满意。改葬父母是困扰曾国藩多时的一大心事。办母亲丧事时，因长沙有警，所以仓促从事。父亲去世，曾国藩心情极差，葬地选择也不如意，风水师说有"凶煞"。因此他说："余在家疚心之事，此为最大。"[4] 曾国荃接替曾国藩回乡之后，不惜重金，请最好的风水先生为父母寻找

[1] 曾麟书等：《曾氏三代家书》，岳麓书社，2002 年，第 368 页。

[2] 曾麟书等：《曾氏三代家书》，岳麓书社，2002 年，第 370 页。

[3] 曾麟书等：《曾氏三代家书》，岳麓书社，2002 年，第 387 页。

[4] 《曾国藩全集·家书》，岳麓书社，1994 年，第 500 页。

坟地，改葬的事办得风光圆满。故曾国藩在咸丰九年八月二十二日信中说：

> 沅弟办理此事，为功甚大。兹以国朝名人法书名画扇三十柄奉赠，酬庸之物颇丰。我父母亦当含笑于九原也。[1]

咸丰九年曾国荃、曾国潢共同主持五兄弟分家时，曾国荃对其他兄弟多所补贴。曾国藩在咸丰十年正月二十四日家信中说：

> 沅弟信中有分关、田单，一一读悉。我于家中毫无补益而得此厚产，亦惟学早三爹，频称"多多谢"而已。余敬澄弟八杯酒，曰：劳苦最多，好心好报。又敬沅弟八杯酒，曰：才大心细，家之功臣。都要吃个满斟硬刮。[2]

分家之后，曾国荃对其他几家，也一直慷慨相助。从这个角度看，他之所以努力捞钱，实际上为的是整个家族，对这一点，曾国藩私心极感安慰，所以他说：

> 家事承沅弟料理，绰有余裕。此时若死，除文章未成之外，实已毫发无憾。[3]

曾国藩晚年还曾对赵烈文说过这样的私房话：

> （曾家）亲族贫困者甚多，虽始终未一钱寄妻子，但多年为官，心中不免缺憾。九舍弟手笔宽博，将我分内应做之事一概做完，渠得贪名，而偿我素愿，皆意想所不到。[4]

后来曾国藩还这样对儿子们说：

> 余兄弟姊妹各家，均有田宅之安，大抵皆九弟扶助之力。我身殁之后，尔等事两叔如父，事叔母如母，视堂兄弟如手足。[5]

---

[1]《曾国藩全集·家书》，岳麓书社，1994年，第500页。
[2]《曾国藩全集·家书》，岳麓书社，1994年，第519页。
[3]《曾国藩全集·家书》，岳麓书社，1994年，第540页。
[4]赵烈文：《能静居士日记》，《太平天国史料丛编简辑》第三册，中华书局，1962年，第417页。
[5]钟叔河辑录、评点：《曾国藩往来家书全编（大字典藏本）》上卷，中央编译出版社，2011年，第279页。

这是曾国藩坐地分赃的最好自白。让老九唱白脸，他唱红脸，这似乎也是没有办法的办法。

但与此同时，对于曾国荃的贪婪心性和粗豪作风，曾国藩也一直没断了敲打、规劝和批评。

曾国藩曾对赵烈文讲过这样一个有趣的故事：

> （咸丰七年，曾国藩乡居在家时）纪泽之妻病，其母自省城来视，欲买高丽参。（曾家人）问，乡僻无上药，既自省垣来，何反求之下邑耶？对曰，省中高丽参已为九大人买尽。国藩初不信，派人探问，则果有其事。老九在省买高丽参数十斤，临行装一竹箱，令人担负而走，人被创者，则令嚼参以渣敷创上，亦不知何处得此海上方！[1]

全省城的高丽参都被曾国荃买光了，以至于亲家不得不从省城到湘乡来买药。

曾国藩还对赵烈文提及曾国荃做事太拙，贻人口实。比如为了造屋，他强买百姓家的大树，花钱不少，结怨也多。"吾乡中无大木，有必坟树。或屋舍旁多年之物，人借以为荫，多不愿卖。余弟已必给重价为之，使令者则从而武断之。树皆松木，油多易蠹，非屋材，人间值一缗者，往往至二十缗，复载怨而归。"[2]

曾国藩说，曾国荃买田得地，强求整片结方，如若曾家田地中夹有他姓田地，必重价购致，"不愿则强之""大遗口实"[3]。曾国藩感慨地说，别人买地多过曾国荃数倍，但只有曾国荃落人口实："故湘中宦成归者如李石湖、罗素溪辈买田何啻数倍舍弟，而人皆不以为言。舍弟则大遗口实，其巧拙盖有如天壤者。"[4]

对曾国荃在家乡建起的那座大屋，曾国藩一直持保留意见。除了怕求田问舍影响曾氏兄弟的声望外，凡事谨慎小心的曾国藩还有另一重担忧：大清元气凋丧过甚，他担心太平天国即使镇压下去，天下其实仍难太平，另一场大乱随时可能到来。乱世之中，露富显财，实为不智之举。因此，在曾国荃修建大夫第的过程中，他一直竭力想限制其规模。咸丰九年正月初八日，在看到曾国荃所画的房屋图样后，他写信说：

> 若另起祠堂于雷家湾，而此仅作住屋，则不宜太宏丽。盖……我家若太修造壮

[1] 赵烈文：《能静居日记》，岳麓书社，2013 年，第 1108 页。
[2] 赵烈文：《能静居日记》，岳麓书社，2013 年，第 1107 页。
[3] 赵烈文：《能静居士日记》，《太平天国史料丛编简辑》第三册，中华书局，1962 年，第 423 页。
[4] 赵烈文：《能静居日记》，岳麓书社，2013 年，第 1107 页。

丽，则沅弟（曾国荃）必为众人所指摘，且乱世而居华屋广厦，尤非所宜。[1]

无奈曾国荃对这位提携了他一辈子的老兄的话，常常是当作耳旁风。对这位名满天下的老兄，曾国荃既佩服，又经常不以为然。收到曾国藩此信之后，曾国荃回信蛮横地说：

外间訾议，沅自任之。[2]

在曾国藩的不断批评下，这座大宅越修越豪华。曾国藩也无可奈何，内心却十分担忧。

咸丰十年九月廿八日日记中，曾国藩这样记道：

接胡宫保信，内有与陈作梅密信，因作梅已赴江西，余拆阅。中言沅甫乡里之评，如此大非乱世所宜，公可密告涤丈箴规之云云。余因作梅在此数月，并未提及一字，不知所指何事。因问少荃曾闻作梅说及我家事否。少荃言曾闻作梅说及沅甫乡评不好。余细叩何事，渠言洪家猫面脑葬地，未经说明，洪家甚为不服。洪秋浦有信寄余，其中言语憨直，因隐藏未经寄营。本县绅士亦多见此信稿者，并劝余设法改坟，消患无形等语。又言沅甫起新屋，规模壮丽，有似会馆。所伐人家坟山大木，多有未经说明者。又言家中子弟荡佚，习于吹弹歌唱之风云云。余闻之甚为忧惧。……睡后，细思余德薄能鲜，忝窃高位，又窃虚名，已干造物之忌，而家中老少习于"骄、奢、佚"三字，实深悚惧。[3]

可见曾国荃经常"不经说明"，就直接占人家的地，伐人家的树，所作所为，一定程度上已经激起"公愤"。

对这座大屋，曾国藩一直没有亲眼见到，却从来不以为然。直到同治六年九月初十，他尚在与赵烈文的谈话中嘲笑曾国荃的这一做法："舍弟宅外一池，闻架桥其上，讥之者以为似庙宇。所起屋亦极拙陋，而费钱至多，并招邻里之怨。"[4]

虽然不要求曾国荃和自己一样清白如水，曾国藩也不能容忍这个弟弟彻底破坏曾

[1]《曾国藩全集·家书》，岳麓书社，1994年，第456页。
[2]《曾国藩全集·家书》，岳麓书社，1994年，第462页。
[3]《曾国藩日记》，天津人民出版社，1995年，第749页。
[4]赵烈文：《能静居日记》，岳麓书社，2013年，第1107页。

氏家族的俭朴形象。同治元年，曾国荃以安庆归来所获之资完成大夫第第一次扩建，再次回到军营后，曾国藩对他的训诫批评明显增多，口气也更加严厉。

五月十五日，曾国藩在给曾国荃的信中指出，曾国荃时有妄取之处，而对亲族的馈赠也经常过多，导致别人的讽喻批评：

> 沅弟昔年于银钱取与之际不甚斟酌，朋辈之讥议菲薄，其根实在于此。去冬之买犁头嘴、栗子山，余亦大不谓然。以后宜不妄取分毫，不寄银回家，不多赠亲族，此廉字工夫也。[1]

在这封信中，曾国藩还提醒曾国荃，要求他下"廉"字功夫，实是因为家门气运太盛，要以此"自概"：

> 余家目下鼎盛之际，余忝窃将相，沅所统近二万人，季所统四五千人，近世似此者曾有几家？沅弟半年以来，七拜君恩，近世似弟者曾有几人？日中则昃，月盈则亏，吾家亦盈时矣。管子云：斗斛满则人概之，人满则天概之。余谓天之概无形，仍假手于人以概之。霍氏盈满，魏相概之，宣帝概之；诸葛恪盈满，孙峻概之，吴主概之。待他人之来概而后悔之，则已晚矣。吾家方丰盈之际，不待天之来概、人之来概，吾与诸弟当设法先自概之。

当年霍光秉政二十多年，权倾天下，死后其子孙恣意放肆，结果满门抄斩，与霍氏相连坐被诛灭者数千家。诸葛亮之侄儿诸葛恪为吴国辅政大臣，也因骄愎招怨，被孙峻设计于酒席间斩杀。曾国藩引用这两段史实来告诫老九：如果你不知儆戒，近者祸于其身，远者报于子孙。这就是"天概"。天概是通过仇家之手来完成的。鉴于此，必须先自己来概，即自己来抑制自己。

"保泰持盈"是曾国藩一直着力思考的问题，也是他清廉自守的一个重要思想背景。谨慎、忧惧是曾国藩性格的重要特点。由普通农家子弟跻身朝堂，这巨大的身份变化令他一直惴惴不安。从道光二十五年他名自己的书斋为"求阙斋"，就可以看出他自那时起，就已经着力思考如何持盈不坠了。

在那之后，"我家气运太盛""正当全盛"之类的话就屡屡现于家书，自概之道，也是他经常向诸弟所讲的道理。

---

[1]《曾国藩全集·家书》，岳麓书社，1994年，第833页。

曾国荃对这类絮絮念一直非常讨厌。收到这封信后，曾国荃写了一封回信："于人概天概之说，不甚厝意。"说当今之天下，乃"势利之天下，强凌弱之天下"[1]。曾国藩的观念，已经落伍了。

曾国藩仍不生气。他对诸弟的一贯做法是苦口婆心，反复开导。六月二十日，曾国藩又去信提醒曾国荃要注意自身声望，因为声望直接关系到一个人在官场中的发展：

> 众口悠悠，初不知其所自起，亦不知其所由止。有才者忿疑谤之无因，因悍然不顾，则谤且日腾；有德者畏疑谤之无因，而抑然自修，则谤亦日熄。
>
> 吾愿弟等之抑然，不愿弟等之悍然。……至阿兄忝窃高位，又窃虚名，时时有颠坠之虞。吾通阅古今人物，似此名位权势，能保全善终者极少。深恐吾全盛之时，不克庇荫弟等，吾颠坠之际，或致连累弟等。惟于无事时，常以危词苦语，互相劝诫，庶几免于大戾。[2]

就是说，众口的那些议论，有时候，我们也不知道是怎么来的。那么，有些人，认为你们无缘无故说我，我很委屈，所以更悍然不顾，我行我素。结果肯定倒霉。另一些人，认识到众口铄金的力量，小心谨慎，就会平安无事。所以我希望你要谦抑，而不要悍然。

直到同治三年被迫返乡，曾国荃才头一次明白了其兄的苦心。

曾国藩提醒他注意名誉的那些规劝，此时看来成了先见之明。多年积累的不佳名声，此时放大成"漫天箕口复纵横"。曾国藩只好以养病的名义替他奏请开缺，要求"回乡调理"。奏折一上，朝廷立刻批准，这是曾国荃官场上受到的第一次严重打击。从此他对曾国藩的劝诫不再一味反驳，特别是同治七年他与官文冲突导致湘军集团受到影响之后，他对曾国藩的话越来越认真听受。曾国荃晚年写信给侄子曾纪泽，也认为是兄长的教导使自己找到了与官场相安的途径：

> 余昔日自作聪明，间或背文正公之教训而私智自逞，往往不能妥叶。今稍符于众议者，实皆恪守懿训而弗爽也。[3]

---

[1]《曾国藩全集·家书》，岳麓书社，1994 年，第 837 页。
[2]《曾国藩全集·家书》，岳麓书社，1994 年，第 843 页。
[3] 曾麟书等：《曾氏三代家书》，岳麓书社，2002 年，第 424 页。

二　"'贵介弟'三字极不易当"

对于曾国潢，曾国藩的约束训诫也是至老弗懈。成为总督之后，曾国藩在给曾国潢的家书中，经常强调要求他少干预公事。因为身为总督之弟，"湘乡第一绅士"曾国潢的气焰肯定会更足了：

> 弟现在不管闲事，省费许多精神。将来大愈之后，亦可将闲事招牌收起，专意莳蔬养鱼，生趣盎然也。[1]
>
> 莫买田产，莫管公事。吾所嘱者，二语而已。盛时常作衰时想，上场当念下场时。富贵人家，不可不牢记此二语也。[2]
>
> 吾家于本县父母官，不必力赞其贤，不可力诋其非，与之相处，宜在若远若近、不亲不疏之间。渠有庆吊，吾家必到；渠有公事，须绅士助力者，吾家不出头，亦不躲避。渠于前后任之交代，上司衙门之请托，则吾家丝毫不可与闻。[3]
>
> 冯树堂劝弟不必晋省，金石之言。望弟以后信而从之。不特不必到省管闲事，即衡州东征局务及盐局之务亦可不必与闻。"贵介弟"三字，极不易当，动辄惹人谈论，生出谣言。[4]
>
> 然捐务公事，余意弟总以绝不答言为妙。凡官运极盛之时，子弟经手公事，格外顺手，一倡百和，然闲言即由此起，怨谤即由此兴。吾兄弟当于极盛之时，预作衰时设想；当盛时百事平顺之际，预为衰时百事拂逆地步。弟此后若到长沙、衡州、湘乡等处，总以不干预公事为第一义。此阿兄阅历极深之言，望弟记之。[5]

除了不干预公事外，要求他保持俭朴的劝喻更是稠稠叠叠。他反复说：

> 弟每用一钱，均须三思……
>
> 后辈子侄，总宜教之以礼。出门宜常走路，不可动用舆马，长其骄惰之气。一次姑息，二次、三次姑息，以后骄惯难改，不可不慎……

---

[1]《曾国藩全集·家书》，岳麓书社，1994年，第558页。
[2]《曾国藩全集·家书》，岳麓书社，1994年，第856页。
[3]《曾国藩全集·家书》，岳麓书社，1994年，第864页。
[4]《曾国藩全集·家书》，岳麓书社，1994年，第1100页。
[5]《曾国藩全集·家书》，岳麓书社，1994年，第1114页。

四轿（指四人抬的轿子）一事，家中坐者太多，闻纪泽亦坐四轿，此断不可。……即弟亦只可偶一坐之，常坐则不可……

然而，和曾国荃一样，曾国潢对大哥的指示也经常阳奉阴违。同治七年，曾国潢赴南京看望曾国藩，两人相见甚欢。然而曾国藩日记当中记载，同治七年十月十三日，"二更后，澄弟自外宴归，与之久谈。闻有狎邪之游，心实忧之。老年昆弟，不欲遽责之也" [1]。

第三节 曾氏十堂

一 个个都有功名

虽然曾国藩对两个弟弟不断地批评、约束，湘乡曾氏还是不可避免地按着一般绅士家族的发展规律迅速崛起。同治三年春，以平太平天国功，曾国藩、曾国荃兄弟双双封爵开府，分别获封一等毅勇侯和一等威毅伯，湘乡曾氏因此成为湖南第一大族，男性几乎个个都有功名：

曾国藩的大弟曾国潢，捐监生出身。虽然一生都在家乡做绅士，仍因办理团练等事，积功获得"盐运使衔候选郎中"身份，并且获得"诰授通议大夫、貤封建威将军" [2] 的荣誉性官爵 [3]。这个官爵的名称说明，曾国潢因自身功绩资格获得了"通议大夫"这个正三品文官的荣衔，因子弟资格功绩获得了"建威将军"这个正一品武官的荣衔，因此在正式场合可以使用正一品武官和正三品文官服色。

---

[1]《曾国藩全集·日记》，岳麓书社，1994年，第1651页。

[2] 官员可以将本身的封典加到父母、祖父母，乃至曾祖父母等身上，称为"貤封"。咸丰年间，捐例大开，捐封典之例一破再破。貤封范围包括曾祖父母、伯叔祖父母、伯叔父母、庶母、兄嫂、嫡堂伯叔祖父母、嫡堂伯叔父母、嫡堂兄嫂、从堂再从堂尊长及外曾祖父母、外祖父母、妻祖父母等身上。

[3] 明清两代朝廷参照臣属的官阶和功绩，推恩于其父母、祖父母、曾祖父母或者其他亲属，授予他们名誉性官爵，"遂臣子显扬之愿，励移孝作忠之风"，以此满足官员"光宗耀祖、显亲扬名"的心理需求。这就是所谓的封赠制度。存者称封，死者称赠。封赠分两种，一种是考满封赠，即对文官考绩而推封父祖，这是文官封赠的常规形式；另一种是特例封赠，包括旌忠、旌劳和基于多种国家大庆典的覃恩封赠。官员尊长通过被封赠得到了国家给予的诰敕、冠服，这是封赠荣誉的凭证与象征，同时受封赠者也可获得一定的特权包括树坊、恤典等。

　　曾国藩的三弟曾国华也是捐监生出身，咸丰五年从军，咸丰八年战死于三河之役，朝廷"特旨赐谥愍烈"，追赠道员，赏骑都尉世职[1]。

　　幼弟曾国葆也是秀才出身，"帅六百人从"曾国藩出征，同治元年曾国荃围困南京时曾国葆因染病殁于军中，由花翎知府追赠内阁学士，予谥"靖毅"。

　　同治三年之后，曾国藩历任两江总督、直隶总督，授武英殿大学士，加太子太保。曾国荃历任湖北巡抚、陕西巡抚、河东河道总督、山西巡抚、陕甘总督、两广总督、署礼部尚书、两江总督兼通商大臣，加太子少保。

　　曾家的下一代也大多走上仕途。曾国藩长子曾纪泽，同治九年（1870）由二品荫生补户部员外郎。承爵后派充出使英国、法国大臣，后又兼任出使俄国大臣。光绪十二年返国，以兵部侍郎入总理衙门，后调户部，兼署刑部、吏部等部侍郎。次子曾纪鸿，荫赏举人，充兵部武选司郎官。曾国荃长子曾纪瑞官至兵部员外郎。次子曾纪官官至户部员外郎。曾国华之子曾纪寿官至江苏补用道。曾国葆抚曾国潢次子曾纪渠为嗣，纪渠官至广东惠、潮、嘉兵备道，奉旨记名出使大臣。

　　与显赫功名相匹配，曾家崛起的直观标志，则是今天人们所说的"曾氏十堂"一座接一座建起。

二　"起造书房七间，用钱至三千余串之多"

　　所谓曾氏十堂，指的是曾氏家族在湘乡建起的"十大庄园"：富厚堂、白玉堂、黄金堂、大夫第（敦德堂、奖善堂）、万宜堂、修善堂、有恒堂、华祝堂、文吉堂。事实上，华祝堂不过是曾国潢修建万宜堂时的临时住处，后来卖给了别人。文吉堂则只是曾氏家族的管庄，并非曾家人自住。因此称为"曾氏八堂"可能更为合适。

　　曾氏八堂可以分两类：一类是曾国藩父祖修建的老屋，经过曾氏兄弟改建，规模不大，包括白玉堂、黄金堂；另一类则是曾氏兄弟崛起后修建的，大多规模宏大，气派非凡，富厚堂、大夫第（敦德堂、奖善堂）、万宜堂皆在其列。大夫第（敦德堂、奖善堂）在第一节中已经提过，这里再简单介绍一下其他五处。

　　曾国藩出生时，曾家只有位于荷叶白杨坪的一座普通农家宅院，始建于嘉庆年间，曾国藩在家书中称为"白杨坪老屋"。

　　曾国藩入仕之后，老屋进行过两次改扩建。第一次是在道光二十八年（1848），

---

[1] 世爵名，相当于正四品。

曾国藩升任内阁学士兼礼部侍郎，祖父曾玉屏喜不自胜，命改建老屋以示庆祝[1]。改建后名之为"白玉堂"。

第二次改建在咸丰五年（1855）。早在咸丰二年（1852）曾母之丧，来客众多，仅中餐就有二百四十席，分三次才开完。家人觉得老屋地方狭小，有事周旋不开。后曾国藩的弟弟曾国潢、曾国华在乡间办理团练，人来人往，宅内更是拥挤不下。曾家遂决定扩建老屋，在两头各加建一栋横房，并在院前开凿了一个半月形的大池塘。

经过两次改建，白玉堂已经脱离普通民居格局，成为一座像模像样的"府第"了。整个建筑砖木结构，三进四横，青瓦白墙，双层飞檐，山字墙垛，共有四十八间房屋，六个天井，两个花圃。四周是一丈多高的石砌围墙，前后左右各开一门[2]。

曾家的第二座宅院"黄金堂"坐落在荷叶下腰里。道光二十九年，也就是第一次改建白玉堂后第二年，曾家买下腰里的一座一进两横民房，将其扩建成了进士第。它扩建于白玉堂第二次改建之前，而且建成后没有再行改造，所以规模不及白玉堂。形制为一进四横，四周是白色围墙，左开一条槽门，大门前左右各有一只白石狮子。宅院前面也是一口半月形池塘，左前方建有一排旗座。

曾麟书名之以"白玉堂"和"黄金堂"，应出自《乐府诗集·相逢行古辞》句："黄金为君门，白玉为君堂。"黄金堂建成后，曾国藩的父母亲、妻子欧阳氏、三个弟弟一度都住在这里。咸丰九年分家时，黄金堂归到曾国藩的名下。

在曾国荃大兴土木建造大夫第的咸丰九年，曾国潢也给自己修建了一座"修善堂"。修善堂与黄金堂毗邻[3]。和同时期修建的大夫第比起来，修善堂要俭朴得多，它规模较小，房屋布局新颖别致，像两把以正厅为对称轴连接起来的"F"形古式铜锁钥匙。和其他诸堂一样，正宅前面也有一口半月形大池塘和一字形旗座。

修善堂的俭朴显然是听从了曾国藩告诫的结果。对于曾国潢的"听话"，曾国藩十分高兴。咸丰九年（1859）冬，曾国潢移居修善堂，曾国藩写信祝贺，并送贺礼，

---

[1] 改建过程中，曾国藩曾提出具体建议，但是家人并未完全采纳。曾国藩在这年十二月十日的家书中说："家中改屋，有与我意见相同之处。我于前次信内曾将全屋画图寄归，想已收到。家中既已改妥，则不必依我之图矣。但三角丘之路必须改于檀山嘴下，而于三角丘密种竹木。此我画图之要嘱，望诸弟禀告堂上，急急行之……"从信的内容可以看出，这次改建规模不大。

[2] 白玉堂今日所存原物，有左槽门一座，左横房一边。其他皆为近年修复。左槽门由四块长方形白麻石做成，门槛石料厚一尺二寸，宽一尺；门框石料厚八寸，宽一尺；门楣石料厚一尺二寸，宽一尺，并雕有卷柏花形。上方有一块壁额，四周饰有彩色钩连状花纹，中间是白底黑字，上面是曾麟书亲书"芳迈群妍"四字。由这座槽门，可以遥想这座宅第当年风采。燕妮：《走进荷叶曾氏家族》，《人与自然》2005年第2期。

[3] 曾国藩家书称黄金堂为"下腰里"，称修善堂为"上腰里"。

内容是"御赐福字一个，红缎对一付，挂屏二付，桌椅全堂（内楠木桌二十张，太师椅三十张，平头椅三十张，凳六十条）"[1]。

然而曾国潢的"从善如流"，仅止于曾国藩生前。曾国藩去世之后，曾国潢到底按捺不住起大屋的欲望，后来又修建了规模宏阔的万宜堂。

万宜堂坐落在荷叶峡石村，建造于同治十二年（1873）。它占地面积达三十亩，主体结构为对称式六纵二横二层楼房，外有排楼和槽门，共有大小房屋九十八间（含杂屋），建筑面积约一万一千平方米，外面环以长廊。天井底部与四周全用条石镶砌，大门及封火山墙全用青砖砌成。最引人注目的是它东西两侧各三块高大的山字墙，历经百多年风风雨雨，如今仍巍然独存，在周围低矮民居的映衬下格外雄伟壮丽。如今这座大宅除了围墙、槽门和东西亭子拆毁以外，主体建筑基本完好，连墙壁上的雕刻和彩画还清晰可见。

有恒堂建成于同治二年。它坐落于荷叶镇新建村，由一正四横共七十二间房屋及空坪、旗座、池塘外加围墙组成。这是曾国藩兄弟为季弟曾国葆修建的宅院。曾国葆于同治元年（1862）病死于南京军营中，年仅三十三岁，生前无子，抚曾国潢的次子曾纪渠为嗣。曾国藩兄弟怜季弟身后寥落，共同出资代他建造此宅[2]。

曾氏十堂中，现存规模最大的，是曾国藩一家的富厚堂。

咸丰九年分家前后，曾氏几兄弟都有了自己的新宅院，唯曾国藩所分到的黄金堂已显狭小，比新建的修善堂、大夫第逊色不少，与曾国藩的功名地位很不相称。于是曾氏兄弟产生了为曾国藩重建黄金堂的想法。曾国藩得知这一消息后，于咸丰十年（1860）十月初四日写信给曾国潢制止："切莫玉成黄金堂买田起屋。"重修计划只好作罢。

同治四年（1865）五月，曾国藩奉旨北上"剿"捻，计划让欧阳夫人率子女返回湘乡。但欧阳夫人不愿回老宅，想在长沙买房定居，因为黄金堂这个地方"不吉利"。原来黄金堂建成之后，出过几次不幸事件：咸丰七年（1857）曾纪泽夫人贺氏以难产死于黄金堂，之后贺氏之母也死在这里，门前池塘又溺死过人，所以大家都认为此地风水不好[3]。

---

[1]《曾国藩全集·家书》，岳麓书社，1994年，第519页。
[2]有恒堂建成后，曾国藩又专门寄银祝贺："科三（即曾纪渠——作者注）盖新屋移居，闻费钱颇多，兹寄去银百两，略为饮助。"《曾国藩全集·家书》，岳麓书社，1994年，第1049页。
[3]曾国藩也这样认为。他在咸丰十年（1860）十月二十五夜致曾国荃的信中说："七年，黄金堂起槽门，刘为章不向我告知其凶而告之李笏生，吾亦心非之。"同治三年，看守黄金堂的朱金权之孙又在门前塘中溺死。曾国藩在家信中说："朱金权之孙溺死，可悯之至。……黄金堂附近一带，近年溺人颇多，或当以俗见整治之。"《曾国藩全集·家书》，岳麓书社，1994年，第1170页。

曾国藩不愿家眷住到长沙，怕他们沾染城市风气，因此决定在乡间另修一处新居。同治四年（1865）八月二十一日曾国藩写信给纪泽、纪鸿说："泽儿回湘与两叔父商，在附近二三十里觅一合式之屋，或尚可得。……富圫可移兑否？尔禀商两叔，必可设法办成。"[1]同年八月二十五日，他又致信给曾国潢、曾国荃："令纪泽先回湘乡禀商两弟，觅一妥屋，修葺就绪，再缄告金陵，全眷回籍，庶几有条不紊。请两弟先为筹度一处，以不须新造者为妙。"[2]

曾国藩最属意的富圫，是一群小山环抱的小盆地，背靠鳌鱼山，前有涓水河，风景颇为优美。咸丰七年曾国藩丁艰家居之时，在这里修建了一座带有家庙性质的"思云馆"，"恪守礼庐"，"读礼山中"。不过当时此处已经分到曾国荃名下，所以他在信中委婉提出能否和曾国荃兑换。

曾国荃、曾国潢二人早就想替曾国藩修一座像样点的宅第。因此曾国荃立即把富圫庄屋兑换给了曾国藩，还多兑出田地一百亩[3]。然后，曾国潢和返乡的曾纪泽一起雇工修建。第二年八月，富圫主体工程竣工。

曾国藩的初衷是修葺此处旧有庄屋，而不是另造新居。然而做事手笔阔大的曾国潢、曾国荃二人做主，将"修整"变成了新建。除了思云馆外，旧有建筑全部拆毁重建。建成后的新居由主宅、东西宅门、荷池亭、思云馆、棋亭、鸟鹤楼、炮台、茶亭、围墙等组成，规模相当浩大，总占地面积四万多平方米，主体建筑近一万平方米[4]。宅第主体三正六横，大小天井二十口，并配有回廊、过道、过厅。外面还挂上了"毅勇侯第"的匾额。

同治五年年底（1866），曾国藩全眷住进了这座被曾纪泽命名为"富厚堂"的新屋。富厚堂的命名应该是取自《汉书·高惠高后文功臣表第四》："列侯大者至三四万户，小国自倍，富厚如之。"亦应兼取《管子》"田宅富厚，足居也"[5]之语。封侯之家，取"富厚如之"之意名其堂，应是名副其实。

曾国藩并不知道原来的庄屋已改建成侯府，以为只是修整一番。同治五年九月六日，他致谢曾国潢说："富圫承弟修整完好，谢谢。"十二月二十三日又写信给纪泽，嘱咐他屋外不可挂侯府字样匾额："家中新居富圫，一切须存此意，莫作代代做官之

---

[1]《曾国藩全集·家书》，岳麓书社，1994年，第1212页。

[2]《曾国藩全集·家书》，岳麓书社，1994年，第1213页。

[3] 曾国藩收到兑契后，于同治五年（1866）四月六日写信致谢："抄录兑契二纸阅悉。以少田兑多田，以未找作已找，界限清楚，情意深厚，余惟学早三之多谢，兼含三之受承而已。"

[4] 赵世荣：《曾国藩的故园》，《湖南社会科学》1997年第2期，第70页。

[5] 孙通海、王颂民主编：《诸子精粹今译》，人民日报出版社，1993年，第190页。

想，须作代代做士民之想，门外挂匾不可写侯府相府字样。天下多难，此等均未必可靠，但挂官太保第一匾而已。"[1]

直到同治六年年初，他才得知富圫修建规模远远超出他的计划，花了七千串钱之多。这令曾国藩十分意外，大为恼火。同治六年二月十三日曾国藩写信责备曾纪泽和参与其事的曾国潢说：

> 富圫修理旧屋，何以花钱至七千串之多？即新造一屋，亦不应费钱许多。余生平以大官之家买田起屋为可愧之事，不料我家竟尔行之。澄叔诸事皆能体我之心，独用财太奢与我意大不相合。凡居官不可有清名，若名清而实不清，尤为造物所怒……[2]

在日记中，他也大为抱怨："是日接澄弟（指曾国潢）信，余家起造书房七间，而用钱至三千余串之多，彭芳六办事，实太荒唐，深可叹恨。"他甚至提出要负责修楼的彭芳六、科二赔偿。可见此事令他如何恼怒。

接到曾国藩的信后，曾国潢不慌不忙，回信加以解释。他说，花钱如此之多，主要是花在了宅中新修的那座藏书楼上。

曾国潢深知，曾国藩在个人生活上诸项俭省，只有一项比较舍得花钱，那就是买书和藏书。虽然不打算给子孙留下金钱，曾国藩却一直表示愿意把书作为遗产。在给曾纪泽的那封信中，接"余将来不积银钱留与儿孙"的下一句，就是"惟书籍尚思买耳"。因此，整修富圫之初，纪泽向曾国藩谈及打算在宅中兴建一座藏书楼，曾国藩欣然同意："家中造楼藏书，本系应办之事。"[3]

为了让藏书楼坚固永久，曾国潢和曾纪泽以及具体负责工程的"芳六、科二"确实下了工本：

> 富厚堂造书房七间，芳六、科二毫不荒唐半点，盖以地基昔系涝田，石脚砌丈余而后平土面，此中工费已占去千余串：通体用青砖，料木多杉树，尤非可以寻常计算也……[4]

今天我们参观曾国藩这座故居中的藏书楼，会发现其设计和建造确乎有别于宅内其他建筑。这座藏书楼在防雨、防潮、防尘各方面都有周到的考虑。一楼外走廊全以

---

[1]《曾国藩全集·家书》，岳麓书社，1994年，第1313页。
[2]《曾国藩全集·家书》，岳麓书社，1994年，第1325页。
[3]《曾国藩全集·家书》，岳麓书社，1994年，第1342页。
[4]曾麟书等：《曾氏三代家书》，岳麓书社，2002年，第332页。

花岗岩石为柱，以防白蚁；整个藏书楼所用木料都是上好杉木。藏书楼高度均超过邻室，地处南端，顶层四周均开设窗户，四面通风，以免藏书霉变。和宅内其他建筑比起来，这座藏书楼确乎别具匠心，花费了曾氏叔侄不少心力。

果然，经曾国潢这样一番解释，曾国藩也不再说什么了。这座藏书楼也成了曾国藩留下的唯一"豪华建筑"。只不过曾国藩告老还乡的愿望一直没能实现，因此到死也没能亲眼见到这座藏书楼。

除了这座藏书楼外，富厚堂其他部分虽然规模颇大，但用料非常俭省。"结构上广泛地利用杉木，墙壁基本上就是由青砖和土坯砖砌成，建筑物顶盖的都是青色半筒形小瓦。"墙体或外包青砖，内用土坯，或者前脸用青砖，其他部分用土坯，比土财主还节省。所以虽然整体看上去气势不凡，但并无任何富丽奢侈之处，质朴素净，毫不张扬。"富厚堂整个建筑没有精细的雕梁画栋，没有金碧辉煌的装饰，门楼前也没有狮子，门枕石与普通老百姓家一样四方四正的，没有任何修饰。"[1]

不过八堂之中，曾国藩一支的富厚堂的规模气派虽不足以比曾国荃的大夫第，亦可名列第二了。对此曾国藩一直心有不安。同治六年二月二十日，曾国藩还在日记中说：

> 因念余自北征以来，经行数千里，除兖州略好外，其余目之所见，几无一人面无饥色，无一人身有完衣……又除未破之城外，乡间无一完整之屋，而余家修葺屋宇用费数千金，尤为惭悚。[2]

除了这座大宅，曾国藩留给后代的遗产还有藏书。曾国藩一生嗜书如命，除了早年在京师期间收藏甚富外，带兵打仗期间，也不忘搜求。比如咸丰七年二月，曾国荃在吉安与太平军决战之际，曾国藩仍致信曾国荃，说吉安是人杰地灵之处，一定有好书，要他注意求购："吉安在宋明两朝名贤接踵，如欧阳永叔、文信国、罗一峰、整庵诸公。若乡绅以遗集见赠者，或近处可以购觅，望付数种寄家。"[3]

曾国藩一般不接受他人的贵重礼物，但是多次接受赠书，这在日记中有许多记载：在九江他接受"庄木生送书数十种"，曾国藩称"多为救民要切之书"。在浙江他接受"丁义方送书四篓"，邓小芸所送《沅湘耆旧集》等二百卷，在建昌接受李元

[1] 何桂兰：《乡间侯府富厚堂的建筑艺术》，《福建建筑》2009 年第 1 期，第 31 页。
[2] 《曾国藩全集·日记》，岳麓书社，1994 年，第 1353 页。
[3] 《曾国藩全集·家书》，岳麓书社，1994 年，第 348 页。

度所送之书"二万余卷"。在抚州，邵位西送给他南宋珍典书籍数百种册……这些书中不乏当时难觅的珍品，如《皇朝中外一统舆图》《石经》《中州文征》《鄂陵文献志》《记过斋丛书》《通典》《通考》《三希堂法帖》《大观帖》《皇甫碑》《海山仙馆丛书》《粤雅堂丛书》及殿版《二十四史》等。所以后来曾国藩回忆起这些经历，认为"亦可快也"。从咸丰末年至同治五年，曾国藩接受赠书达三十多人次，计六百余种，数万余卷[1]。这成了他留给子孙的最大一笔财富。曾国藩及曾纪泽等人的藏书汇集于富厚堂藏书楼，最多时达三十万卷，富厚堂因此成为江南最大的私家藏书楼之一，虽远不及苏浙"铁琴铜剑楼""天一阁"等有名，其规模则远过之。

第四节　曾国藩的晚年生活及身后事

一　两江总督署的重修

虽然出将入相、封侯开府，但曾国藩晚年常常陷入灰心落寞的心境之中。悲观和失望成了他晚年生命的主色调。他经常和身边的幕僚赵烈文谈起清朝的前途，他说："京城水泉皆枯，御河断流，朝无君子，人事偾乱，恐非能久之道。""吾日夜望死，忧见宗社之陨。"[2]

虽然知道事不可为，但他仍然为挽回清王朝江河日下的颓势鞠躬尽瘁，死而后已。

他督直隶时，一面抱怨"做官如此，真味同嚼蜡矣"[3]，一面开足马力，拼尽老命，除清理积案三万多件外，治河赈灾，惩贪奖廉，都多有成效。

他的幕僚赵烈文记载的一幕，证实了他总督两江时的辛苦劳瘁："（同治六年七月二十七日），下午涤师来久谈。迩得微恙，神气殊乏，会客来请主考入闱茶宴仪节，絮絮不已。余云，小事不必亲躬，师曰，吾非乐此而习久已成风气，细大不捐，亦无可托之人耳。（赵烈文又劝）师曰，吾以夙死为乐。君言虽切，无以易吾志矣。"[4]

曾国藩晚年唯一的一点享受，是在新修复的两江总督署中逛逛花园，登登高楼。不过此时离他首任两江总督已经十一年，离他去世也不过数月了。

两江总督位高权重，但接任之初，曾国藩可谈不上风光。因为两江总督的驻地

---

[1] 此段主要参考刘金元：《曾国藩富厚堂藏书研究》，《图书馆》2009 年第 5 期，第 138 页。
[2] 赵烈文：《能静居日记》，岳麓书社，2013 年，第 1068 页。
[3]《曾国藩全集·家书》，岳麓书社，1994 年，第 1353 页。
[4] 赵烈文：《能静居日记》，岳麓书社，2013 年，第 1086 页。

南京早已被太平军占领，第二暂驻地即江苏巡抚驻地苏州也刚被太平军攻占。安徽省省会安庆，此时也在太平军手中。接到任命之日，曾国藩正在宿松大营。咸丰十年六月十一日，曾国藩行抵祁门县，将行辕设在祁门县城敦仁里一条深邃弄堂里的洪家祠堂，当地人称之为"洪家大屋"。从咸丰十年（1860）六月至咸丰十一年（1861）三月，这里充当了曾国藩第一处"总督衙门"。

此后随着战事进展，曾国藩的"总督行在"又迁徙多次，咸丰十一年八月初一日，安庆收复，八月初七日，曾国藩移行辕于此，"治行馆廨署"[1] 于原太平天国英王府。

曾国藩幼女回忆在安庆临时总督署的生活时说：

> （同治元）年九月二十九日，欧阳太夫人率儿女媳孙自家到安庆督署……署中内宅只一进，其前即签押房，其后有一院，左旁复小有隙地。文正公稍增葺三楹，以分居二女及婿，复隔别其门，出入异路。文正每至一处，常喜种竹，故环室有竹。又喜构望楼，以资登眺，因于三楹上加小望楼。又于上房楼上每夕登楼祷天，不设香烛，惟有一拜垫而已。凡修葺更造之费皆出自养廉银，不动公帑分文也。……余在督署虽仅髫龄，而随诸姊之后不出署门一步，惟从望楼上得见迎会之高跷，稍知市井间情状耳。[2]

同治三年，攻克南京，曾国藩于同年九月终于回到了名副其实的驻地。不过由于原两江总督署已被洪秀全改建成天王府，城陷之日天王府被焚烧抢掠，大火数日，遍地残垣断瓦，曾国藩只能借南京的英王府作为临时衙门：

> 是年六月十六日，江宁克复。文正公东下视师，旋仍回皖。九月朔日，全眷赴宁。初十日入督署，亦故英王府也。方师之入城也，搜捕余党，悉焚其巢穴，巨厦多为煨烬，洪秀全所居之天王府更无论矣。惟陈玉成以先死，其府独空，遂未被灾，故暂以之为督署。[3]

同治六年，曾国藩"剿"捻不利，回两江总督本任。此前两江总督署已由李鸿章搬到原江宁府署，也就是原太平天国忠王李秀成府。曾国藩同治六年十月二十七日日记：

---

[1] 黎庶昌：《曾国藩年谱》，岳麓书社，1986年，第136页。
[2] 曾纪芬：《崇德老人自订年谱》，《曾宝荪回忆录》附录，岳麓书社，1986年，第10页。
[3] 曾纪芬：《崇德老人自订年谱》，《曾宝荪回忆录》附录，岳麓书社，1986年，第11页。

> 自昨日起，调湘勇队将后园瓦砾挑成二山。园系贼中伪忠王李秀成之府，围墙极大，周围约三里许。虽盖知府、二府、三府衙门于中，而空地尚有三分之二。故欲挑尽瓦砾，以栽竹而种菜也。[1]

李秀成的府第面积太大了，临时盖了几座官署之后，还有三分之二的空地，因此曾国藩计划在空地上栽竹子种蔬菜。

曾国藩回江督任上之后，家眷也从湖南又一次来到南京。曾纪芬记载，同治七年，他们就吃到了自己种的瓜菜：

> 文正于新建之署后辟菜圃种蔬，时命余等撷以治肴。八月某日，摘王瓜入馔，欧阳太夫人食之过多，遂致气痛甚剧，服药久之不愈。

同治三年进入南京之后，曾国藩兴办的第一项工程是修复贡院，以便当年能够举行乡试，为此他命令拆天王府残基作为修理贡院的材料。曾国藩兴办的第二项工程是修浚秦淮河，以恢复金陵城的商业和经济。修治总督署成了日程表上最后的安排。直至清同治九年（1870），曾国藩才上奏要求"拨款鸠工，依照原式建筑，俾复旧观"，重建两江总督署。同治十年三月正式开工，次年四月正式竣工。

复建后的两江总督署有正宅、厅楼、亭阁等一千一百八十九间，沿袭了咸丰三年以前旧督署的布局，坐北朝南，主体建筑按中轴线形式成对称布局，大门内甬道两旁是东西朝房，迎面而来的是大堂。东西两边是官厅，再往后便是二门。进门不远处，便是东西花厅的两个门。三门内就是总督内宅。中轴线的西侧是江南风格的园林（即煦园）。现在大堂、二堂、厢房、马厩及西花园的主要建筑和格局，都是曾国藩重修督署后保留下来的。西花厅门还是旧时原物，门额上题有"煦园"二字。

同治十年十一月十六日，曾国藩在日记中记载："至新总督衙门一看。新衙门规模甚宏，房屋极多。司道一同往观览。"[2] 二十二日，督署还没有最后完工，曾国藩迫不及待地正式迁居入住。这时距湘军收复金陵已经八年了。"是日移居新衙门，即百余年江督旧署，乱后，洪逆据为伪官者也。本年重新修造，自三月兴工，至是粗竣，惟西边花园工尚未毕。虽未能别出丘壑，而已备极宏壮矣。早饭后移居至新署，仪门

---

[1]《曾国藩全集·日记》，岳麓书社，1994年，第1435页。
[2]《曾国藩日记》，天津人民出版社，1995年，第2537页。

行礼，大堂行拜牌礼。旋至各处观览。"[1]文字中可见曾国藩的兴奋、满意与兴致勃勃。

六天之后，曾国藩日记中说："至花园一览。园在署西，现在修工未毕，正值赶办之时。偶一观玩，深愧居处太崇，享用太过。"[2]曾国藩不知道，他已经走到了生命的末尾。他虽然为修复新署费了很多心力，但在这座新两江总督署里居住的时间，加起来却不过七十二天。

二　身后事与遗产

曾国藩喜远眺，因此他命人在署东盖起一座高楼，以登高远眺"畅适老怀"。十二日日记中说："桂香亭来久谈。署东起一高楼，因与同登。四面皆见，但不见大江及元武湖耳。"[3]从此西花园和署东高楼都成了曾国藩喜欢的休息之处。十四日又记载说："酉刻至署东楼上一望。"十八日，"至署东高楼一眺"，二十日，"至花园一览"……

同治十一年二月初四日下午五点，曾国藩结束办公后，又到西花园散步。"花园甚大，满园走遍后，尚欲登楼，以楼工程未毕而止。"

走着走着，突然脚步不稳，身子向一旁歪斜。原来是突发脑溢血。陪同散步的儿子曾纪泽忙问："纳履未安耶？"曾国藩说："吾觉足麻也。"曾纪泽与随从赶紧将他扶住，夹着他继续前行。不一会儿，曾国藩"渐不能行，即以抽搐"。曾纪泽赶紧叫人搬来一把椅子，让他坐在其中，然后抬入花厅。家人全都围了过来。曾国藩已不能说话，"二女纪耀于病急时祷天割臂附药，亦未见效"。三刻之后就与世长辞，终年六十一岁[4]。

对于自己的身后事，曾国藩早就有过打算。他一生曾经三次立遗嘱。第一次是咸丰四年兵败靖港；第二次是咸丰十一年被困祁门；第三次是同治九年六月初四日，在直隶总督任上，将赴天津办理教案之前。在第三次遗嘱之中，曾国藩特意提到了经济问题，要求子孙力崇俭德，善持其后：

> 历览有国有家之兴，皆由克勤克俭所致，其衰也则反是。余生平亦颇以勤字自励，而实不能勤，故读书无手抄之册，居官无可存之牍。生平亦好以俭字教人，而自问实不能俭。今署中内外服役之人，厨房日用之数，亦云奢矣。其故由于前在军营，

[1]《曾国藩日记》，天津人民出版社，1995年，第2539页。
[2]《曾国藩日记》，天津人民出版社，1995年，第2541页。
[3]《曾国藩日记》，天津人民出版社，1995年，第2546页。
[4]李春光纂：《清代名人轶事辑览》第三册，中国社会科学出版社，2004年，第1204～1205页。

规模宏阔，相沿未改；近因多病，医药之资，漫无限制。由俭入奢，易于下水；由奢反俭，难于登天。在两江交卸时，尚存养廉二万金，在余初意不料有此，然似此放手用去，转瞬即已立尽。尔辈以后居家，须学陆梭山之法，每月用银若干两，限一成数，另封秤出，本月用毕，只准赢余，不准亏欠。衙门奢侈之习，不能不彻底痛改。余初带兵之时，立志不取军营之钱以自肥其私，今日差幸不负始愿。然亦不愿子孙过于贫困，低颜求人，惟在尔辈力崇俭德，善持其后而已。[1]

前面我们说过，曾国藩曾打算以存在江宁布政使衙门的一万多两养廉银作为养老之资，"余罢官后或取作终老之资，已极丰裕矣"[2]。

综合这两条，曾国藩身后所遗现金，在一两万两之间。这笔他自以为"极丰裕"的养老钱，在他身后被证明其实并不充裕。

曾国藩在遗嘱中特别嘱咐丧事简办，不可收礼："余若长逝，灵柩自以由运河搬回江南归湘为便。沿途谢绝一切，概不收礼。"[3]

然而，一品大员、中兴元老的丧事，毕竟要办得体面风光一些。曾国藩留下家产如此之少，"仕宦三十余年，囊橐萧然，薄海妇孺莫不共见之而共信之"。如果动用曾国藩的遗产，曾氏后人的生活显然就要受影响。所以曾国荃建议曾纪泽不要遵守此项遗嘱，因为"哲人既萎，身后应办之事实非巨万可以了"。所以，"此次大事，所费不赀，受赙与否，知吾侄必有至当之衡。交谊非至厚者，自以固却为是，然如少泉中堂，筱泉制府，昌岐军门之类，似亦可以酌受。外此如恩情有似此三人者，亦当以类推之"[4]。李鸿章、李瀚章、黄翼升这样关系近密的人所送的奠仪应该收下。

不过曾纪泽拒绝了此项建议。他坚持"不受奠分，百事皆从撙节"[5]。连李鸿章所送两千两也被拒绝。因此曾国藩生平积蓄，在丧事上花去了大半。

如果曾国藩在生前对家人生产稍作安排，让他们在自己身后过上好一点的日子绝不是什么难事。比如他亲手创立的两淮盐票，就成了很多人发家的机会。这些盐票起初定价很便宜，而利息非常高。当时社会上因盐务发家者为数不少。据"草堰场大盐商周扶九事略"，江西富商周扶九原本为贫民，在长沙某绸布号做店员。有一次，他替店主去扬州收账。欠账之人一时手中无钱，愿以盐票抵偿，而店主回信不愿。周扶

[1]《曾国藩全集·家书》，岳麓书社，1994年，第1370页。
[2]《曾国藩全集·家书》，岳麓书社，1994年，第1350页。
[3]《曾国藩全集·家书》，岳麓书社，1994年，第1369页。
[4]曾麟书等：《曾氏三代家书》，岳麓书社，2002年，第404页。
[5]曾麟书等：《曾氏三代家书》，岳麓书社，2002年，第415页。

九当机立断，自己借钱拿下盐票。凭这几张盐票，他迅速成为"家资万千"的盐商，先后在扬州、上海经商，积银多达四千五百万两。

近人王伯恭《蜷庐随笔·何廉昉先生》举了另外一个例子：

> （何廉昉先生）罢官后，贫乏不能自存……故为曾相国之门人，曾每解囊助之。金陵克后，李合肥更赠以盐票二百纸，遂居扬州为商人，成巨富。

然而，曾家一张盐票也没有。据曾氏后人讲：

> 每张盐票的票价二百两，后来卖到二万两，每年的利息就有三四千两；当时的社会，家里只要有一张盐票，就可称为富家了。而曾文正公特别谕令曾氏一家人不准承领；按曾文正公当时的权势，自己或家人化些字号、名号，领一二百张盐票，是极其容易的事情；而且是照章领票，表面上并不违法。然而借着政权、地位，取巧营私，小人认为是无碍良心，而君子却是不为的啊！这件事，当时家母知道得很详细，而外面人却是很少有知道的。[1]

曾国藩去世之后，曾家断绝了最重要的收入来源。曾国藩故后五年，其子曾纪鸿因家人病重，缺钱医治，托左宗棠向远在新疆的刘锦棠借钱。左宗棠念及旧情及乡谊，以三百金赠之，并写信告诉家中说："以中兴元老之子而不免饥困，可以见文正之清节，足为后世法矣。"

对于曾国藩的清俭之节，虽然他自己不事张扬，但身后还是不可避免地被人提及。薛福成拟的《代李伯相拟陈督臣忠勋事实疏》中有这样一段：

> 其本身清俭，一如寒素。官中廉俸，尽举以充官中之用，未尝置屋一廛，增田一区。疏食菲衣，自甘淡泊，每食不得过四簋。男女婚嫁，不得过二百金，垂为家训。有唐杨绾、宋李沆之遗风。而邻军困穷，灾民饥馑，与夫地方应办之事，则不惜以禄俸之赢余，助公用之不给。

这种叙述，应该说并没有夸大。

---

[1] 聂云台：《保富法》，转引自蔡尚思主编：《中国现代思想史资料简编》第四卷，浙江人民出版社，1983年，第788页。

结论

第一节　清代京官收支的畸形结构

通过对曾国藩京官时期经济生活的分析，我们可以清楚看出，清代京官的收支结构特别畸形。

清代京官收支结构的第一个特点，是京官、外官收入不平衡，京官正式收入与支出完全脱节，收入大约只能满足支出的三分之一。

低薪制并不是清代独有的现象。除汉初和宋朝中后期以外，中国历史上的俸禄水平一直较低，许多时候不足以供官员的生活日用。早在东汉时就有人议论过这种状况："夫选用必取善士，善士富者少，而贫者多，禄不足以供养，安能不少营私门乎？从而罪之，是设机置阱以待天下之君子也。"[1] 但是明代以前，官俸还没有薄到"象征性"，也就是说与官员的实际支出完全不匹配的程度。

田凯、高新伟以米石为计量标准，选取历代县令的俸禄进行了简略的对比。其结果是：

两汉时县令（长）的年俸在 11 837 ~ 26 633 斤米。

东晋、南朝时代，为 19 728 斤米。

唐代前期县令俸禄折合 14 729 ~ 33 310 斤米，唐代晚期县令俸禄折成米在 23 081 ~ 34 194 斤。

宋代县令收入折合 31 239 ~ 70 448 斤米。

明代知县收入折合成米是 2 996 斤，是中国历史上最低的水平。

---

[1] 严可均辑：《全后汉文》卷八十八《仲长统·昌言·损益》，中华书局，1958 年，第 950 页。

清代知县实行养廉银改革以前，年俸只合 5 400 斤米，仅略高于明代 [1]。

这种比较虽稍粗略，但可以大致呈现出历代俸禄水平的升降曲线。

雍正年间进行的外官养廉银改革，使外官薪俸水平几十上百倍地增长。如果以正俸为基数，总督收入增长了 84 ~ 129 倍，巡抚增长了 64 ~ 97 倍，道员增长了 14 ~ 57 倍，知府增长了 10 ~ 38 倍。而与翰林院检讨同为七品的知县，增长了 9 ~ 50 倍，其养廉银最低 400 两，最高达 2 259 两 [2]。这次改革一度基本解决了外官的收支不平衡，但却形成了"外重内轻"的外官与京官收入新的不平衡。知县的合法收入（正俸加养廉）比翰林院检讨的薪俸收入（单俸单米加公费，以曾国藩道光二十一年实际公费收入为标准）高出 5.24 至 27.12 倍。

虽然后来配合养廉银改革也对京官薪俸进行了双俸制调整[3]，但只不过将这一差距稍为缩小。以知县与曾国藩道光二十一年实际收入相比，差距仍为 3.43 至 17.73 倍，法定收入与京官生活实际需要相比，仍然相去甚远。特别是清代中后期通货膨胀之后，京官收入与支出更是完全脱节。

分析曾国藩等人的生活支出，我们发现有家眷的京官，即使再节省，一年支出亦需五百两左右。以有代表性的年份分析，曾国藩的年俸禄（含公费收入）只能满足开支的 21.49%。李慈铭的收入只能满足开支的 35.11%。按刘光第家书中所载的分析，他的俸银加上印结银，也只能满足开支的 33%。大致来说，公开收入只能满足开支的三分之一。即使拥有巨额养廉的那桐，正式收入也满足不了他的生活支出需要。

清代京官的收支结构的特点之二，是公费过低，几等于无。

正常的财政体系中，官员薪俸与公费即办公经费应该是分开的。也就是说，官员因私支出与因公支出应该有不同的支付来源。雍正年间的养廉银改革，解决的就是地方官员的因公开支压力。然而京官却仍然面临着支出严重公私不分的问题。京官的许多开支比如官服、文具、交通费及部分仆役及应酬支出皆须自理。同时各衙门胥吏、仆役的正式薪饷都极为低微，需京官用自己的收入加以补助，形成了逢年过节官员须给予衙门内基层办事人员赏钱的惯例。这些支出每年数额不菲。然而，朝廷规定的京官公费标准与实际需要相比几如杯水车薪。身居一品的内阁大学士和各部尚书，仅"月支公费银五两"，曾国藩这样普通的从七品京官，一年的公费才 10.71 两。虽然在实际

---

[1] 田凯、高新伟：《从中国古代官吏的低薪看高薪养廉的制度瓶颈》，《玉溪师范学院学报》2005 年第 8 期，第 47 页。

[2] 黄惠贤、陈锋：《中国俸禄制度史》，武汉大学出版社，2005 年，第 572 ~ 573 页。

[3] 雍正三年，"谕赏六部堂官恩俸，各如其正俸之数"。乾隆三年正式给京官双俸。黄惠贤、陈锋：《中国俸禄制度史》，武汉大学出版社，2005 年，第 577 页。

运转中中央机关滋生出饭食银等补贴，但除户部外，大部分衙门的补贴并不能完全满足官员的因公支出需要。

以上两个特点，如果参照对比一下清末的薪俸调整和官制改革方案，可以看得更清楚。

光绪二年，总理衙门根据出使大臣的实际生活需要，制定了出使各国大臣的月给薪俸标准。这一标准开始与西方各国的官俸制度接轨，初步具备了一定近代性特征：

头等出使大臣一二品充，1 400 两；二等出使大臣三品充，1 200 两；三等出使大臣三四品充，600 两至 800 两不等；总领事官 600 两，正领事官 500 两，副领事官 400 两；头等参赞官 500 两，二等参赞官 400 两……甚至出使大臣的随员、医官也各有 200 两[1]。

如第二章《道光年间京官俸禄表》（表 2-1）所示，旧的薪俸体系中，一品文官的年总收入不过 594 两，二品为 511.5 两。而按出使大臣标准，则一二品使臣年收入 16 800 两，是一品文官收入的 28.28 倍，二品的 32.84 倍，相差真可谓天壤之别。而且出使官员的薪俸中不再包括属员支出，因为其随员亦由政府开支，所以其实际收入水平增长幅度更大。

宣统二年，清政府迫于形势仿行西方各国的立宪内阁制，配套进行官制包括薪俸体系改革，决定参照西方经验，从官员实际生活支出需要出发核定俸禄标准。在改革前的讨论中，有一种得到广泛认同的方案是一二品官官俸为 15 000 两到 40 000 两；三四品为 5 000 两到 15 000 两；七品至五品的奏用官，官俸分为九级，岁入银 1 000 两到 5 000 两不等[2]。即以一品 15 000 两而论，也是旧有水平的 25.25 倍。

薪俸改革的一个重点是公费增加。时人认为西方各国"不论何等官吏，每年均由政府给予一定的薪金。薪金所入专供官吏赡养身家，纯由个人支配。至于一切因公应酬费用均由政府行政费内开销，其下属员役的开支也一应由政府支给"[3]。官员前无私费之扰，后无赡家人之忧，方能够安心职守。直隶总督陈夔龙在 1901 年讨论官制改革时指出，官员公费应分公费与经费两项，公费是"凡本官服食、仆从、车马及一切私用应酬杂支属之"，经费是"凡该衙门因公费用与署内幕僚、员司、弁勇、夫役、修理房屋等项皆属之，海关道交涉、接待、赠答经费亦在内"[4]。

这一薪俸改革方案没来得及正式实施，清王朝就宣告覆亡。不过，在此次改革之

[1] 李志茗：《论清代俸给制度的嬗变》，《史林》1998 年第 1 期，第 23 页。
[2] 李志茗：《论清代俸给制度的嬗变》，《史林》1998 年第 1 期，第 24 页。
[3] 谢俊美：《政治制度与近代中国》，上海人民出版社，1995 年，第 213 页。
[4] 龙泽江：《清末文官制度的现代化改革研究》，硕士学位论文，贵州大学，2007 年，第 26 页。

前，外务部已经实行了"京官养廉制"。1901 年总理衙门改为外务部时奏称："外务部既设专官，自应优给养廉以资办公。"于是定总理大臣年支养廉 12 000 两，会办大臣 10 000 两，侍郎 8 000 两，左右丞 5 000 两，左右参议 4 000 两，郎中 3 600 两，员外郎 3 200 两，主事 2 400 两，额外主事 600 两，司务 800 两，还不包括翻译等官的薪水[1]。会办大臣的 10 000 两，是原来一品文官每年公费 60 两的 167 倍之多。如果我们把饭食银计入公费，假定改革前晚清侍郎每年可得饭食银 500 两至 1 000 两，那么这次改革，公费也是原先的 8 ~ 16 倍。因此这一改革结果，更显示出原来公费水平的极度不合理。

虽然有物价波动等因素，但是晚清的薪俸调整和官制改革方案仍可以说明，清代京官的薪俸水平，与实际需要失衡到了不可想象的地步。

京官薪俸体系的第三个特点是京官间收入的巨大不平衡性。因为权力含金量不同，中央各衙门收入差距拉开很大：清水衙门颗粒无收；少数部门则可以捞到大量油水，福利待遇颇优。

整体上来讲，京官灰色收入空间远小于地方官。京官之中，除了部分权臣及内务府、户部等个别部门外，很少会产生贪官，盖贪无可贪。因此近代以来论及嘉道之际官员腐败问题的文字中，所举实例都是地方官员，基本不及京官[2]。

但是少数可以寻租的部门腐败也十分严重。和地方一样，清代六部中的一些部门也贪风横行。"部费"并非户部独有，而是清代六部吏治腐败中的一个普遍现象。吏部主管官员的任免、升降、调补、处分等事务，刑部主管刑名案件，工部主管建筑、工程，兵部主管军需物品的采购和监制、修筑城墙等事宜，所有这些过程都有部费。当然名目不一，除"部费"外，还有"讲分头""打点""照应""招呼""斡旋"[3]等叫法。按时人记载，这些巨大的贿赂多由经手的书吏贪占。他们"手眼绝大，竟可颠倒是非"。何刚德说："以吏部论，领凭有费，领照有费，引见亦有费，或数两，或百数十两，恍惚亦有一定规矩。而最重者，则卓异引见道府，竟有至三百六十、二百四十者。……吏所得以索费者，则有故意迟延之一法。何谓之迟延？盖补缺须用题本，题本须经内阁吏科转折，阁科磨勘，稍有满汉文错误，即驳回另换。一换再换，便耽搁数月去矣。外官情急，补缺遂有按缺分花钱之举，多有至数百金者。一花钱便不错，

---

[1] 李志茗：《论清代俸给制度的嬗变》，《史林》1998 年第 1 期，第 23 页。

[2] 谢世诚：《道光朝官员腐败问题》，《南京师大学报（社会科学版）》1998 年第 3 期，第 43 ~ 47 页。

[3] 李映发：《清代州县陋规》，《历史档案》1995 年第 2 期，第 85 页。

不错则核准便速，此所以显其神通也。"[1]

书办索费之坚决，曾国藩亲身经历过。他在家书中谈及某次封诰用宝的过程：

> 诰封已于八月用宝，我家各轴竟尚未用。吾意思急急寄回，以博父母大人、叔父母大人之一欢。乃意未领得，心焉负疚。去年请封时，系由礼部行文吏部，彼时曾与澄弟谈及。以为六部毕竟声势相通，办事较易。岂知不另托人不另给钱，则书办置之不议不论，遂将第一次用宝之期已误过矣。现在已另托夏阶平妥办。[2]

曾国藩自以为身为礼部侍郎，与吏部堂官同官六部，诰封用宝之类小事打个招呼就应该能办。没想到书办们居然不见好处顶着不办，让他这个堂堂二品大员也毫无办法，只好重新托人。书吏之所以如此贪婪，是因为他们工资低微，朝廷默许他们通过创收实现"自给自足"。而创收的秘诀当然是千方百计"设租"，再千方百计"寻租"。无偿服务变成了有偿提供，该少收费的多收费。许多部门的营私手段众所周知，但国家无力整顿，导致贪污半公开化。在这种情况下，许多部门的书吏居然比主官们收入还要高。"称阔书办者，必首户部。""户部书吏之富，可埒王侯。"[3] 那些没权的司员，收入远不如书吏。"未得掌印，则不名一钱也。当日部员如此清苦，安分从公，并未尝呼枵腹也。"[4] 李慈铭虽官户部，而有时甚至吃不上饭，户部内部收入差距之大由此可见。有时候，大学士们的正式收入甚至也比不过某些部门看门的："中国门阍上隶，岁入亦多有十数倍于大学士之俸者，岂不大颠倒哉！"[5]

综合以上因素，在京供职为国服务，不但得不到合理的报酬和激励，反而需要自己赔贴费用。因此，许多京官缺乏工作热情，因为"衣食不赡，竭蹶经营，每于国家之掌故，民生之利病，不暇讲求，此京秩所以愈轻也"。他们选择在京为官的唯一原因是京官"其初升转犹易。京外两途，互为出入，故供职者不以为苦"。很多人在北京苦熬多年，就是为了得到外放机会，以获剥民之权。然而，由于居京师太不易，有很多人在没得到这个机会前，就不得不放弃了。薛福成说："近日京员盼慕外放，极

[1] 何刚德：《春明梦录》卷下，上海古籍书店，1983 年。
[2]《曾国藩全集·家书》，岳麓书社，1994 年，第 221 页。
[3] 徐珂：《清稗类钞》第十一册，中华书局，1986 年，第 5251～5252 页。
[4] 何刚德：《春明梦录》卷下，上海古籍书店，1983 年。
[5] 康有为：《康南海官制议》，广智书局印。转引自侯建良：《古代官员的俸禄水平与廉政》，《中国行政管理》1997 年第 6 期，第 74 页。

不易得，恒以困于资斧，告假而去，绝迹京华。"[1]

刘光第的书信资料，为我们提供了一个没能熬出头的京官例子。

刘光第的同乡兼好友王抡三，和刘光第一样供职北京，任吏部主事。他与刘光第性情投合，关系很好。"光第少交游，避酬应。惟与吏部郎中王抡三甚相得，朝夕过从，谈学论世，至夜分不忍罢。而抡三锐志于学，先生许为豪杰之士。"[2]

王抡三做京官多年，穷困潦倒，又疾病缠身，"其气颇馁，屡言欲乞告还乡"。刘光第经常鼓励他在北京支撑下去，以免前功尽弃。到光绪十九年，王抡三终于快熬出头了："抡三已得郎中掌选，明年稳得京察一等，简放道府。"[3]可惜这线曙光出现得太晚，光绪十九年四月初八日，王抡三到底没有熬过穷困，病重去世。"为山九仞，功亏一篑"，令刘光第为之长太息[4]。

第二节 传统俸禄体系的"补丁机制"

从总体上看，清代官员俸禄体系的突出特点是薪俸缺乏制度化、标准化安排，整体设计目光短浅，惰性严重，习惯拆东墙补西墙，以临时安排代替长远打算，结果越来越偏离合理方向。借用张鸣的话来说，就是"补丁机制"[5]。

低薪制的源头，在于统治者制度设计上的偷懒，为求"省费""省事"，所定俸禄水平脱离实际太远。明太祖朱元璋机械地理解"减轻负担"四字，导致明代税收水平过低，特别是国家正税从洪武时代开始到万历年间基本没有调整，被称为"铁板税"。清代帝王认为朱元璋之制"尽善尽美"，袭取明代低税制传统，并有过之。从康熙时起，清代实行财政收入定额化的原则（康熙五十年起核定地丁银，滋生人丁永不加赋），财政调控量入为出。这一原则使财政规模相对稳定，保证了基本的财政安全，然而同时也造成了财政制度缺欠必要的收入弹性，注定了整体俸禄标准与现实需要相比越来越低。强大的政治惰性又注定了这种不合理的状况会愈演愈烈。

早在康熙年间，"俸薄禄微、廉吏难支"的情况就已经十分明显。康熙的应对策略是一虚一实两手，虚的一手是提倡理学，表彰清官。他希望官员们以"存理遏欲"

---

[1]《薛福成选集》，上海人民出版社，1987年，第66页。

[2]《刘光第集》编辑组：《刘光第集》，中华书局，1986年，第452页。

[3]《刘光第集》编辑组：《刘光第集》，中华书局，1986年，第241页。

[4]《刘光第集》编辑组：《刘光第集》，中华书局，1986年，第241页。

[5]张鸣：《再说戊戌变法》，陕西人民出版社，2013年，第2页。

为思想武器，保持廉洁。他反复说："大凡人衣食可以自足，便宜知足，理应洁己守分。""洁己澡躬，臣子之义，悖入悖出，古训所戒，子产象齿焚身之论，最为深切著明，当官者宜铭诸座右。"[1]

应该说，这种思路在中国传统社会中一直很有市场，也是低薪制得以存在的重要思想基础。比如嘉庆时的两江总督孙庭玉就大义凛然地说，俸禄水平与廉政毫无关系："人之贪廉，有天性。贪者，虽加俸而亦贪；廉者，不加俸而亦足。"[2] 也就是说，思想政治工作是廉政建设唯一的可靠保证。

不过康熙皇帝毕竟也知道理论当不了饭吃，因此他的实际解决之道是默许官员们一定程度上需索火耗，以满足生活日用。他说："身为大臣，寻常日用岂能一无所费？若必分毫取给于家中，势亦有所不能，但要操守廉洁，念念从爱百姓起见，便为良吏。"[3]"所谓廉吏者，亦非一文不取之谓……如州县官止取一分火耗，此外不取，便好官。"[4] 这种解决方式，实际上还是把问题轻轻推到"良心"二字之上：因为无法在全国建立细化的有效的财政约束机制，皇帝们只能寄希望于官员们的道德情操过硬，准确把握这个收取陋规的"度"。应取与不应取，只有一线之隔，如何保持这一线之防，端在人心之"正"与"不正"了。

这种"省事"精神被大多数君主发扬光大。随着时间的推移，清代物价水平不断上涨，官员的薪俸水平过低的矛盾越来越突出。除了雍正皇帝一人在制度上进行过大刀阔斧的养廉银改革外，其他帝王多本着"多一事不如少一事"的原则，以敷衍为主要对策。道光皇帝的名言是守成帝王们心理的最好阐释："譬如人家一所大房子，年深月久，不是东边倒塌，即是西边剥落，住房人随时粘补修理，自然一律整齐，若任听破坏，必至要动大工。"[5]

在强大的惰性支配下，他们听任京官们数百年间在低薪制下煎熬，听任他们靠家族接济、靠四处借贷、靠厚着脸皮打秋风生活，而不思任何改进。及至晚清国家财政困难之际，皇帝首先想到的"节源"之方，居然是给京官"减薪"。"咸丰六年，为缓解太平天国战争造成的财政收支不平衡，政府对京职文官俸禄进成折扣发放"[6]"文职官员一二品酌给七成；三四品酌给八成；五品以下及七品之正印官，武职三品以上，

[1] 中国第一历史档案馆整理：《康熙起居注》第三册，中华书局，1984年，第1726页。
[2] 转引自侯建良：《古代官员的俸禄水平与廉政》，《中国行政管理》1997年第6期，第74页。
[3] 《圣祖仁皇帝实录》（二），《清实录》，中华书局影印，2008年，第4302页。
[4] 《圣祖仁皇帝实录》（三），《清实录》，中华书局影印，2008年，第5327页。
[5] 张集馨：《道咸宦海见闻录》，中华书局，1981年，第89页。
[6] 刘晖：《晚清京职文官俸禄收入概况探析》，《许昌学院学报》2010年第3期，第88页。

酌给九成。"[1]甲午战争爆发，扣减又接踵而至。光绪二十一年，"在京王公以下，满汉文武大小官员俸银并外省文武大小官员养廉，均按实支之数核扣三成，统归军需动用"[2]。政府还采取钱钞代银等方式，变相降低京官俸禄。同时，为开辟财源，捐纳大开，新任京官中候补者越来越多，候补期越来越长。官员候补期间，或无正俸，或无恩俸，简直是无偿为国家服务了。

在这种情况下，印结银这项非正式收入取代官俸，日益成为官员最主要的"合法收入"。李慈铭的此项收入，很长时间内比正俸高出数十倍，刘光第也相仿佛。而此项收入的特点是极不稳定。"各省印结银丰啬不同。直隶贫瘠，捐官者少，而在部当差者又多，每年所得只有三四十金。寻常省份，每年有二三百金，福建即属此类，年约二百金左右。若川粤江浙等富饶的省份，一年竟有逾千金者。"[3]同时，每个月高低也悬殊。遇到印结较少的时候，很多京官生活就更为困难。比如1888年7月，刘光第的印结费就不多，幸好领到了三十两的俸银，他才"勉强支持"。次年六到十月份，"印结均坏"，他在信中写道："兄今年京中尤窘迫非常。"[4]同时，外官馈赠成了比合法收入还要稳定和重要的收入。李慈铭的例子中，外官馈赠占总收入的37.40%。曾国藩的例子中，占16.31%。刘光第因为拒绝此项灰色收入而导致生活极度困难。而对高级官员来说，"饭银"收入之重要如同印结银之于中低级官员一样，其不稳定性也相似：户部侍郎的捐输饭银一项高时一年居然可达两万多两，低时则不过一千多两。而礼部侍郎，饭银则不过一百两左右。京官收入的非制度性特征在这一数字变化上体现得至为明显。

清代中央政府的部费问题以及地方政府的胥吏治理问题，起因也是制度设计者的贪小便宜吃大亏，为了省费省心而有意将解决胥吏薪俸的难题推给他们自己，结果就不得不默许他们自己找经费、搞创收，造成许多部门居然官不如吏的怪象。这种情况，朝廷心知肚明，而无力从根源上加以整顿，只能在谕旨中加以抱怨："若责令照例办理，不独虚糜帑项，徒为委员、书吏开需索之门，而且支应稍有不符于例，即难核准。"[5]

这种"头疼医头，脚疼医脚"的思维方式，是中国传统政治的痼疾。事实上，类似清代以非正式财政制度补充正式财政制度的畸形现象在很多朝代都出现过。比较典

[1]朱寿朋编：《光绪朝东华录》，中华书局，1958年，第866页。

[2]《清朝续文献通考》卷一四一，浙江古籍出版社，1988年。

[3]何刚德：《春明梦录》卷下，上海古籍书店，1983年。

[4]《刘光第集》编辑组：《刘光第集》，中华书局，1986年，第207页。

[5]《曾国藩全集·奏稿》，岳麓书社，1994年，第5553页。

型的要算唐朝的"公廨本"制度。唐朝"武德以后，国家仓库犹虚，应京官料钱，并给公廨本。令当司令史、番官回易给利，计官员多少分给"[1]。就是说，国家付给各部门一定的基金作为官府的商业资本和高利贷资本，即"公廨本"。各衙门委派小吏以此为本钱去搞创收，给官员解决"料钱"，即官员、仆役的衣食费及官员的杂用钱。这些搞创收的小吏当时被称为"捉钱令史"。"这项制度实行不过十几年，弊端已日益明显，捉钱令史依官仗势，强买强卖，与民争利，给社会造成了巨大扰乱。"[2]《唐会要》卷九一载，开元六年（718）秘书少监崔沔说："收利数多，破产者众……在于平民，已为重赋。"[3] 直到玄宗开元年间，才将官员俸料的来源纳入税收渠道，与正式俸禄一道解决。

因此，中国传统财政体系的突出特点是因为制度设计的根本缺陷，"非正式财政制度"在很大程度上往往会成为"正式财政制度"[4] 的重要补充或者代替。事实上，在重祖制、重稳定的中国政治传统下，往往只有开国之君，才会大规模地兴革定制。后代帝王，往往只有在迫在眉睫的重大危机倒逼下，才有可能进行大规模改革。更多的帝王，只能采取在祖制成法上"打补丁"的办法来解决新出现的问题。所谓"打补丁"，就是不撤换旧制度、旧机构，而是在其基础上修修补补。这一点在清代表现得更为明显。比如军机处、总理衙门，都是打补丁打出来的新机构。补丁打多了，补丁往往摊得比衣服还大，在这种情况下，补丁实际上就取代了旧衣服，成了一件新衣服。地方衙门的陋规，就是一块不断生长的补丁。而陋规中"帮费"的产生和发展，更有代表性，对我们理解清代税收体系畸形发展的内在机理来说，正好是一只便于解剖的"麻雀"（详见第八章第三节）。和其他陋规名目一样，帮费的产生"情有可原"，起自实际财政安排的缺口。但是一旦诞生，便会迅速恶性发展，滚雪球一样名目越来越多，数额越来越大，最终成为一个巨大的难以割除的毒瘤。和帮费一样，陋规往往是因事而设，缘势而生，如藤攀树，如瘿附躯。它的产生，没有依据，没有计划，因此它的成长也漫无节制，呈现一种病态的旺盛和繁荣。虽然没有一个明确的顶层设计和发展规划，全靠相邻层级间的博弈和纠缠，但是它丑陋生长的结果，却一定程度上弥补了财政体系的缺陷，并且几乎满足了漕运过程中所有相关利益部门的利益需要。只不过，这种弥补是以大量民脂民膏被侵吞为代价。

---

[1] 王溥：《唐会要》卷九一，上海古籍出版社，1991 年。
[2] 侯建良：《古代官员的俸禄水平与廉政》，《中国行政管理》1997 年第 6 期，第 36 页。
[3] 王溥：《唐会要》卷九一，上海古籍出版社，1991 年。
[4] 正式财政制度是国家主导的统一、规范、有序的法定财政制度安排，非正式财政制度则是各级政府及非财政职能部门在漫长的历史过程中演变生成的分散、随意、无序的财政制度安排。

中国历代王朝财政制度演变的一个基本规律是开国以后，正式财政制度不断弱化，非正式财政制度渐渐生长，并在很大程度上取代正式财政安排。其表现就是正式财政收入占财政总收入的比重持续下降，非正式财政收入占财政总收入的比重却持续上升。换句话说，就是"正税萎缩、收费膨胀""税软费硬""费大于税"。中国历史上出现过多次针对非正式财政安排进行的"并税除费"改革，但每次改革的结果是使民众负担在经历短暂下降后又涨到一个比改革前更高的水平，无法逃脱"黄宗羲定律"。

第三节　廉政建设的几块基石

对中国古代俸禄体系的分析，至少可以给我们以下几点启示。第一是高薪不一定能养廉。但是，没有合理的俸禄水平，肯定会导致官纪败坏，贪污成风。

中国历史上的吏治有一个基本规律，那就是薪俸越低的时代，贪污越普遍[1]。明清两朝在中国历史上都以吏治败坏著名，这与它们的低薪制设计显然不无关系。而北宋一代，官员薪俸水平较高，官风也相对较好。这是宋代开国者的有意设计。赵匡胤说："吏不廉则政治削，禄不充则饥寒迫。所以渔夺小利，蠹耗下民，缘兹而作矣。既责其清节，宜示以优恩。"[2]这一制度设计基本上是成功的，清人赵翼说："宋一代……其待士大夫可谓厚矣。惟其给赐优裕，故入仕者不复以身家为虑，各自勉其治行。观于真、仁、英诸朝，名臣辈出，吏治循良。及有事之秋，犹多慷慨报国。"[3]

第二，有效的监督机制是吏治清明的保证。

从制度设计上看，清代有覆盖全体官员的监察机制。中央有都察院，地方的监察职能则由督抚代行，在漕粮盐政等部门还设有专门的监察官员。他们负责对朝廷和地方官员的日常所为进行监督，弹劾纠举官员的违法失职，包括贪赃枉法行为。

但问题是，这套监察机制运行效果不佳。有清一代的贪污大案，或者是由政治因素主导，或者由一些非常偶然的因素引发，朝廷的制度设计在很多大案中并没有发挥相应的作用。

康熙年间尚书齐世武、布政使伍实等多名大员集体贪污案是由两位官员之妻到京城控告，"原任陕西宁州知州，大计参革姚弘烈妻孙氏，叩阍控告原任甘肃布政使觉

---

[1] 中国历史上不光有低薪制，甚至还有"无薪制"的时候。"元初，未置禄秩。"(《元史·食货志》)无禄不足以养廉，于是地方官吏以"未给俸，多贪暴"(《元史·陈祐传》)。

[2]《宋大诏令集》卷一七八，中华书局，1962年，第639页。

[3] 赵翼：《廿二史札记校证》，中华书局，1984年，第534页。

罗伍实、庆阳府知府陈弘道等勒索银两""又原任庆阳府知府陈弘道妻王氏，叩阍控告四川陕西总督殷泰等徇庇知州姚弘烈，将氏夫严刑拷讯"[1]，引发社会轰动和皇帝关注，才得以查办。

雍正时期侍郎伊都立贪污军粮案发，则更有戏剧性。曾任山西巡抚的伊都立，因罪被革职发往战场效力，负责采买军粮。与其下属范毓馪共同贪污军粮款项，伊都立贪污两万八千多两，范毓馪亦贪污数千两。范毓馪将银两分装于军粮袋子和衣物行李当中，行军当中行李破损，银两不停掉出。"捡元宝"的事在军中传开，引起关注，遭致查办。

清代最大的一起贪污案王亶望案的查办，也是因为偶然因素。乾隆四十六年，甘肃人苏四十三率回民起义，乾隆皇帝派兵进"剿"。由于事发突然，甘肃一时难以筹集大量兵饷。时任甘肃布政使王廷赞为了表现自己，主动向皇帝表示，愿意捐出四万两，以解燃眉之急。

甘肃本是穷乡僻壤，一个布政使怎么能一下子拿出这么多钱？乾隆由此生疑，派人秘查王廷赞家产来源。清代历史上最大一起贪污案甘肃冒赈案由此败露。

原来，乾隆三十九年，王廷赞的前任山西人王亶望任甘肃布政使。他以捐监赈灾为由，通同其他官员共同贪污数百万两白银。据事后统计，从乾隆三十九年至四十六年初，甘肃省共有 274 450 人捐了监生，收银 15 094 750 两，通省官员合计侵贪赈银 2 915 600 两[2]。

这样严重的贪污案件，反映出清代监察机制形同虚设。有清一代，放赈过程有着严格而细致的规定。规定发放粮米时，官员必须亲自到场，每日发放后，官员要亲自签字画押，以为凭证。全部发放完毕之日，还要在发放册首尾签上总名，通册加骑缝印记，以备上司检查。同时，还要将发放数目、具体领取人名字、数额张榜公布，让百姓监督。然而王亶望命令全省官员自行捏报灾情，所有报灾、勘灾、监放规定均视为一纸虚文，无一执行。数年之间，不但从来没有人检查核实，也没有人举报揭发过。

这个案子涉及甘肃省官员二百余人，其中布政使以下县令以上官员一百一十三人，形成了一个有组织的贪腐集团，捐粮案前有预谋有计划，案中有分工有组织有步骤，案后有攻守同盟。这样一个涉及全省的巨案，不但在甘肃是公开的秘密，在全国也为许多人所知。但是七年之内居然无一人举报告发，最终还是贪污者自我暴露。一

[1] 牛创平、牛冀青编著：《清代一二品官员经济犯罪案件实录》，中国法制出版社，2000 年，第 36 页。
[2] 姜洪源：《"甘肃冒赈案"：清代第一大贪污案》，《档案春秋》2006 年第 1 期，第 42 页。

省如此，其他各省官风也大抵可以想见。乾隆皇帝也不禁叹息："甘肃此案，上下勾通，侵帑剥民，盈千累万，为从来未有之奇贪异事。"[1]

监督体系不能正常发挥作用，是因为执掌纠劾的监察机构只是皇权的附属，并无真正独立的地位，监督的主体与客体均处于行政体系内部，监督的方式是自上而下的、自查式的内部行为。

而随着君主专制集权在清代的极端强化，清代监察系统又受到了前所未有的严格控制，在人数配备上也严重不足，且缺乏对监督的监督。比如明制设六科给事中，有净谏皇帝、封驳诏旨奏请的权力。然而雍正时期以"廷论纷嚣"为名将其并入都察院，以此带来的是君主权力更加集中。与此同时，前面已经提到，清代皇帝有意识地强化地方督抚集权，让他们垄断地方的一切权力。清代自康熙二年废止了御史巡行制度，地方监察权归各省督抚，科道官则常驻京城。这更导致监察制度在地方形同虚设，使大权在握的地方督抚几乎处于无人监督的位置。这是清代地方官员腐败的一个重要原因。

因为缺乏有效的监督，传统财政制度中可钻的空子不胜枚举，所以贪污对任何一个智商正常的人来说都不是难事。在专制社会想根除贪污，就如同让大海停止波动一样不可能。在大部分时候，贪污之所以能被限制在一定范围之内，原因不外有二。一是在儒学价值观有效运转下人格操守的约束；二是从上而下的政治高压，也就是最高统治者的反腐决心和行动。

第三，在现代背景下，解决廉政问题，只有从制度上进行根本变革一途，依靠"人治"和"权宜之计"被几千年的历史证明毫无真正解决的可能。换句话说，从现代眼光看，解决这一问题的根本途径，只能是从现实财政需要出发，细化财政支出，以此为基础，制定现实合理、动态透明的财政收入制度，硬化预算约束，从根本上规范财政运行机制。晚清官员俸禄及公费体系改革就是一种可贵的探索。

财政制度的现代化，是社会制度现代化的重要基础。蒋梦麟说："中国社会风气的败坏源于腐朽的财政制度，而非缺乏责任感。"[2]古代也有人论及，很多严重的社会问题，基础是财政制度的不合理："邪教迭出且有谋为叛逆者，盖由于教化之不明。教化之不明，由于民里之过穷。民里之过穷，由于大差之不均，杂差之不除耳。"[3]

当然，现代财政制度建设，只能建立在现代政治基础之上。西方代议制民主从一

---

[1] 杨怀中标点：《钦定兰州纪略》卷一七，宁夏人民出版社，1988年，第273页。
[2] 蒋梦麟：《西潮·新潮》，岳麓书社，2000年，第167页。
[3] 景其浚：《请重廉俸疏》，盛康辑：《皇朝经世文续编》卷二十。

定意义上说正是基于财政危机造成的政治僵局下形成的"制度性的妥协"。西方政治发展历程表明，民主政治发展与公共财政建设彼此促进，如鸟之双翅，车之双轮，缺一不可。

第四节　曾国藩为什么不做海瑞

曾国藩的做官方式，与湖湘性格有关。

湖南人以"霸蛮"著名。《史记》说湖南"民风剽悍"，《隋书》称湖湘"劲悍决烈"[1]。解释湖南人的性格成因，以血缘说最为常见，认为湖南人性格之强，是因为吸收了蛮夷血缘[2]。

湖湘文化又素来重视意志的作用。湖湘学派的创始人胡宏说："天命谓之性，气之流行，性为本体，性之流行，心为之主。"[3]十分重视精神以及主观意志的能动作用。张栻甚至把"心"提高到主宰者的地位，认为"心也者，贯万事，统万理而为万物之主宰也"，为后来的"阳明心学"奠定了基础。及至谭嗣同，更是提倡以"心力"冲决网罗，将人的主观能动性夸大到了极致。理学本身就以欲望为敌，湖湘文化对个人意志的极端强调，更容易产生一种蔑视物质、不受任何物质条件所束缚的心理倾向。受这种唯意志论影响，湖湘之人多有一种极端能吃苦、极端能奋斗的精神，呈现出一种其他地域少见的刚烈刻苦，从曾国藩、左宗棠、彭玉麟到近世的毛泽东、彭德怀，无不具有这种特点，并且他们都以自己身上的这一特点而自豪。曾国藩勉励他人，常说"好人半自苦中来"。他的"扎硬寨、打死仗"，以及"好汉打脱牙往肚里吞"，都是"霸蛮"精神的典型体现。

除了湖湘文化的影响，曾国藩的居官作风与他的出身和家庭背景息息相关。

曾国藩的老家是湖南省湘乡县大界白杨坪，地处离县城一百三十里的群山之中。祖父曾玉屏治家极严，要求家人必须早起，"男子耕读，女必纺织"。在他的严厉督责

---

[1]《隋书·地理志》，上海古籍出版社，1986年，第114页。

[2] 顾炎武的说法最有代表性：湖南为"诸蛮错处之地。蛮子剽悍乐祸，自汉已然，非可以礼仪法制柔也"。谭其骧先生也认为，"使吾人能和母系方面材料，则今日湖南人口中，其确保为纯粹汉族者，恐绝无仅有矣"。因此"清季以来，湖南人才辈出，功业之盛，举世无出其右，窃以为蛮族血统活力之加入，实有以致之"。谭其骧：《近代湖南人中的蛮族血统》，《史学年报》第2卷第5期。

[3]《胡宏集》，中华书局，1987年，第22页。

下，曾家人每天天不亮就起床，院里屋外，永远收拾得干干净净，全家上下都有一种奋斗向上的心气。

闭塞山乡的农家生活，对曾国藩一生影响十分深重。普通农家的成长环境和父祖的言传身教，培养了他一生刻苦俭朴的习惯。曾国藩后来把祖父的家训归结为"早扫考宝书蔬鱼猪"八个字。他据此给子侄们定下了"不晏起，勤打扫，好收拾"的戒条。在家书中，他不断提及"先人之旧"，父祖遗风。比如咸丰四年四月十四日给四位弟弟的信中，要求他们严格教育子弟："吾家子侄半耕半读，以守先人之旧，慎无存半点官气；不许坐轿，不许唤人取水添茶等事。其拾柴、收粪等事，须一一为之；插田莳禾等事，亦时时学之。庶渐渐务本，而不习于淫佚矣。宜令勤慎，无作欠伸懒慢样子，至要！至要！千嘱万嘱。"[1]

曾国藩保持清节的第三个关键是他青年时立下的人生大志。

青年时代立下的"学作圣人之志"，决定了曾国藩后来的经济生活底色。曾国藩和普通官僚的不同之处是志不在封侯，而在做"圣人"，做光明磊落的大丈夫。这一志向，驱动他忍受物质上清贫和痛苦，"矫然直趋广大光明之域"[2]。

当然，如果只有以上几个侧面，曾国藩也许会以海瑞那样单纯的"刚直"形象留名于史册。但是事实上，曾国藩居官在清廉之外，还表现出极富弹性的、和光同尘的复杂一面。比如本书所述，在入京为官之前，为了筹集为官资本，他不惜长途拜客，四处打秋风。京官时期，他致力于人际交往，交际极为广泛，应酬花费很大。在出任乡试主考过程中，他对所谓的"灰色收入"不但来者不拒，相反还思之若渴。

这一面在他离开北京之后，特别是咸丰七年"大悔大悟"之后，表现得更为明显。咸丰七年，因为被皇帝剥夺了兵权，他在家乡对自己的官宦生涯做过一次彻底反思，在那之后，他的行动更加圆通，"渐趋圆熟之风，无复刚方之气"。他在军中自己虽然一丝不苟，但不再禁人之苟取，有时还以金钱为诱饵，鼓动诸将。在成为总督后，他一方面自制极严，自奉极简，但另一方面，在官场应酬上，他并不标新立异，而是尽量从俗。他每年都要给在京湖南官员派送炭敬，督直隶时还两次在北京派发"别敬"，每次数额都在一万两以上。甚至在平定太平天国后，他在报销过程中也按当时规矩，付了八万两部费。为了解决以上经费问题，他也不得不收取部分陋规。盐运司送的缉私经费，上海海关、淮北海关等几个海关送的公费，就是曾国藩以上支出的来源。不过，和其他官员不同的是，离任时，他从不把积存的陋规余款带走。比如在同治七年

[1]《曾国藩全集·家书》，岳麓书社，1994年，第251页。
[2]《曾国藩全集·诗文》，岳麓书社，1994年，第443页。

十一月初八日的信中，曾国藩对纪泽说：

> 其下余若干（尔临北上时查明确数）姑存台中，将来如实窘迫，亦可取用。否则于×××散去可也（凡散财最忌有名）。[1]

曾国藩要求"散掉"时不可为人所知，"凡散财最忌有名"，这是因为"一有名便有许多窒碍"。所以"总不可使一人知也"。他还说："余生平以享大名为忧，若清廉之名，尤恐折福也。"[2]

这是解读曾国藩为官风格最关键的两句话。一方面，曾国藩确实是一个清官。他的"清"货真价实，问心无愧。在现存资料中，我们找不到曾国藩把任何一分公款装入自己腰包的记录。他终生生活俭朴，"夜饭不荤"。晚年位高名重，其鞋袜仍由夫人及儿媳、女儿制作。及至身后，他只剩下两万两存银，在晚清时期确实算得上相当清廉。但另一方面，曾国藩的逸事中缺少"囊橐萧然""贫不能殓"这样容易让人觉得悲情的极端化情节。在中国人眼里，真正的清官，必须"清可见底"，一尘不染，清到成为海瑞式的"自虐狂"或者"受虐狂"。曾国藩远没有清到这个程度。如果给清官分类的话，曾国藩应该归入"非典型类清官"。也就是说，骨子里清廉刻苦，表面上和光同尘，不立崖岸，不露圭角。这是因为曾国藩的志向不是"清官"，而是"外王"。

以海瑞为代表的传统清官，特点是宁折不弯，只承认国家表面的规章制度，而对事实存在的非正式制度绝不妥协。

海瑞历官各处，执政纲领只有一条：复祖宗之法。虽然朱元璋当初定下诸种规矩就已经有很多不合理之处，虽然过了二百年这些规矩中的大部分更无法实际操作，海瑞却从不改变自己的执政方针：

> 除积弊于相安，复祖宗之成法。不循常，不变旧。[3]

就是说，坚决不向人的惰性妥协。只要严格按祖宗的规定去办，则"天下无不定，万事无不理"。

---

[1]《曾国藩全集·家书》，岳麓书社，1994年，第1343页。

[2]《曾国藩全集·家书》，岳麓书社，1994年，第1350页。

[3]陈义钟编校：《海瑞集》，中华书局，1962年，第242页。

所以海瑞拒绝任何灰色收入，恪守低得可怜的薪俸，以致不得不在官署之中自辟菜园才能维持生活，而偶尔买几斤肉也能成为"轰动性事件"。

刘光第也如海瑞一样，绝不染指没有明文规定的收入。他入军机处后，因为要添皮衣买貂褂雇用人等，花销剧增，但他却拒不接受军机处的灰色收入。刘光第说，军机章京们每人可分得银五百两，因为他拒收此项，"则每年须干赔五百金"。很明显，军机处这笔灰色收入与其支出是相适应的，或者说，是因为实际工作需要而产生的。刘光第在畸形的薪俸体制下拒绝此项，而导致当差困难，无疑是刻舟求剑过于拘滞之举。

海瑞和刘光第的一生，都没有完成什么大的建树。因为这样一清到底的清官，只能成为官场上的公敌，无法获得别人的配合。海瑞总是以祖宗之法和圣人之道去衡量别人，在他眼里，举国上下没有一个人称得上正人君子。他恨模棱两可的"乡愿"甚于大奸大恶，因为他们盗用了圣人的名义，对圣人之道危害更大。海瑞视人如此，则他人视海瑞亦必同样如敌人。正如刘光第"以木石视人"，人亦视他如木石。因此海瑞一生在官场被排挤打击，无法调动一切可能的力量，来办成一些真正有益国计民生的大事。刘光第也只是在京官末期才受到重用，没多久就为变法而牺牲。

海瑞这类的"清官"现象其实正是中国贪黩文化必不可少的一个组成部分。正是这类清官的"至清"，才造成了贪官们的"至贪"。海瑞和刘光第等人用自己的生活状态向其他人证明，选择做清官的代价就是甘于忍受正常人无法忍受的贫穷并承担精神上的巨大压力。他们清得如此惊心动魄，以致成了官场中的反面教材。做清官标准太高绝，绝大多数人都达不到，既然达不到标准，那或多或少都是贪官，既然贪了，何不贪个痛痛快快？所以，几千年来，清官之清与贪官之贪，恰成古代官场的两种相辅相成的极端，正如太极之一阴一阳，相互依存。这是古代传统清官文化的悲剧所在。

当然，海瑞一类清官的存在在传统社会中仍然有重要价值。他们可以成为王朝的点缀。在海瑞晚年，有人建议朝廷付他以重任，吏部给皇帝的建议是：

> 瑞在世庙时，直言敢谏，有披鳞折槛之风；清约自持，有茹蘖饮冰之节。虽当局任事恐非所长，而用之以镇雅俗，励颓风，未为无补。合令本官照旧供职。[1]

也就是说，朝廷很清楚，海瑞式清官们是不适于"当局任事"，参与实际权力运作的。他们的功用不过是"用之以镇雅俗，励颓风"，也就是说，做个政治摆设，用

---

[1] 李鸿然：《海瑞年谱（续二）》，《海南大学学报（社会科学版）》1996 年第 1 期，第 64 页。

来装点朝廷。

曾国藩却不想以这样的清官形象被载入历史。曾国藩的性格特点是稳健厚重,他深受经世致用理念的影响。他的理想主义与现实主义不是相互冲突,而是相互滋养。他刻苦自砺,全力内圣,是为了达到外王之业。因此,他做事更重效果,而非虚名。

曾国藩从自身经验总结出,一个人特立独行,必然为众所非;清名太盛,肯定被人排斥:"人之好名,谁不如我?我有美名,则人必有受不美之名与虽美而远不能及之名者。相形之际,盖难为情。"[1]官场之中,行事过于方刚者,表面上似乎是强者,实际上却是弱者。这片土地上真正的强者,是表面上看起来柔弱退让、含浑包融之人。中国社会的潜规则是不可能一下子被扫荡的,以一人之力挡千百年来之陈规陋习是不可能的。因此越到后来,他越是能够努力包容那些丑陋的官场生存者,设身处地体谅他们的难处,交往时极尽拉拢抚慰之能事,一定程度上也能与他们"同流合污"。因此,他才具有大力量,才能成就大事业。

不过,曾国藩的含浑包融是以质朴刚正为基础的,世俗的油滑机智境界不可与之相提并论。历经千折百磨之后,曾国藩的初心并无任何变化。他对自己的要求仍然是"学作圣人",因此于金钱仍一尘不染。他的政治志向仍然是"致君尧舜上,再使风俗淳"。虽然晚年他不再认为通过雷霆手段,能迅速达到目的,然而还是相信通过浸润之功,可以日将月就。他说:"风俗之厚薄奚自乎?自乎一二人之心之所向而已。"[2]也就是说,整个社会风气,由一两个有权有位有德之人提倡,就可以由上而下,由此及彼,带动天下人皆向义向善。"此一二人者之心向义,则众人与之赴义;一二人者之心向利,则众人与之赴利。众人所趋,势之所归,虽有大力,莫之敢逆。"[3]他在给胡林翼的信上说:"默察天下大局,万难挽回,待与公之力所能勉者,引用一班正人,培养几个好官,以为种子。"[4]他居官刻苦自持,亦是有意为天下官员之表率。

因此,曾国藩有意取海瑞、刘光第等传统型清官一尘不染之实,却竭力避免一清如水之名。他的选择,远比做清官更复杂更沉重。

[1]《曾国藩全集·家书》,岳麓书社,1994年,第 277 页。
[2]《曾国藩全集·诗文》,岳麓书社,1994年,第 181 页。
[3]《曾国藩全集·诗文》,岳麓书社,1994年,第 181 ~ 182 页。
[4]《曾国藩全集·书信》,岳麓书社,1994年,第 1538 页。

第五节　湘乡曾氏家族的代表性

湘乡曾氏家族的成长过程，在晚清也很有代表性。

州县官与绅士在基层社会控制中互为制约和补充，在一定程度上维持了传统国家和社会之间的整合。在太平天国以前，各地州县官掌握着对基层社会的主控权。在太平天国战争中，各地官员不得不依靠绅士来办理团练、征收赋税、兴办改革，绅士介入地方政治越来越深越广，逐渐成为乡村控制的主体，渐成尾大难掉之势[1]。曾氏家族的崛起正处于绅权扩张的进程之中。

因为曾国藩的出仕和一路升迁，曾家由庶民上升到高级绅士阶层。曾国藩的父亲曾麟书和大弟曾国潢，都不过是低级功名的获得者，却依靠曾国藩的背景拥有了巨大的影响力。他们二人代表了晚清乡绅的两种不同为人处世风格：一种是秉书生本色，竭力在民间维持纲常，造福乡里，"足为老辈典型"；另一种是凭借官亲势力，四处找机会发财，插手地方所有大小事务，以致有"劣绅"之名。

而曾国藩创立湘军之后，又"马铃薯"式地提携其他三个兄弟从军，使他们获得了在承平年代不可能获得的功名和财富。特别是曾国荃积军功至督抚之位，在镇压太平天国后，长期退隐在家，发挥乡绅功能，以带兵做官所得在地方上兴办了许多公共事业，成为出则为官、退则为绅的官绅角色变化的一个典型。曾国荃因此取代曾国潢，成为曾家经济上升的主要支柱。他与曾国藩一浊一清，一内一外，一个赚里子，一个赚面子，共同推动了湘乡曾氏的成长。

因为低薪制的制度设计，清代官员的收入和支出结构极度不平衡，也就是说，实际收入数额及管道与法定大相径庭。清代官员入仕所带来的直接经济收益往往是十分有限的，但边际效益却非常巨大，包括筹资能力的增长、陋规等灰色收入以及利用权势干预地方事务所获报酬。不过边际效益的开掘受诸多条件的制约：个人操守、官运、个人及亲属的办事能力等，因此官员入仕所带来的间接经济收益具有极大的弹性空间。

[1] 参考刘彦波：《清代基层社会控制中州县官与绅士关系之演变》，《武汉理工大学学报（社会科学版）》2006 年第 4 期，第 590～594 页。

附录一：戴逸推荐

（原版序一）

多年以来，我一直保持着浏览报纸的习惯。二〇〇八年九月，我在《北京青年报》上偶然读到了一篇文章——《替晚清第一重臣算算账》，写的是晚清名臣曾国藩的经济生活。这篇文章不长，两千多字，但是史料扎实，角度新颖。作者认为，曾国藩的一生，从经济上看，既"清"又"浊"，以"浊"为表，以"清"为里。这种居官行事方式，在中国历史上十分罕见。我很喜欢这篇文章，把它推荐给了国家清史办的《清史参考》选用。

没想到，六年之后，这篇文章的作者张宏杰把这篇不到三千字的短文，变成了一部三十多万字的书稿。而且这本书已经不再局限于曾国藩的个人经济生活，而是从"曾国藩的个人收入与支出"出发，深入到了晚清社会的很多侧面，比如清代京官的收入支出结构、湘军饷源与饷制、晚清督抚衙门的运转、陋规的形成过程、清代乡绅阶层的社会作用等。应该说，这本书不仅是一本关于曾国藩的研究著作，也是一本关于晚清政治、社会史的研究著作。

在读到这部书稿之前，我曾经读过张宏杰的一些其他作品，比如《曾国藩的正面与侧面》《千年悖论》《乾隆皇帝的十张面孔》等。

读到这些作品，我很欣喜。张宏杰的书，第一个特点是文笔非常好，语言精妙流畅，叙事准确生动。连诺贝尔文学奖获得者莫言都曾专门撰文，称赞其文章之美。不过他的大部分作品虽然文笔好，但本质上却不是文学作品。这些作品，经过了史料考辨，是在专业的史学资料基础上写的，而且写作态度比较实事求是，不虚美，不隐恶，无臆想夸张之弊，属严肃的史学作品。

中国古来有文史兼通的传统，比如司马迁所作的《史记》，既是史学作品，又是文学作品。这是中国史学的传统和特点，这一优良传统应该说永远不会过时。近些年来，历史学术著作在重视学术框架规范的同时，越来越不重视文笔，学术论文数量很多，但千人一面，可读性不强。其实史学研究中，理性和感性，文采和学术规范，不能对立起来，而是应该很好地融合到一起，古人所谓"胸中历历著千年，笔下源源赴百川"，正是这一境界最好的写照。我认为也是新一代史学工作者努力的方向。

他的作品第二个特点是精心构思，视角很新。他非常擅长从细节，从具体的层面入手，来写人物，来反映人物内心。解读和运用史料不受传统框架的束缚，能够从细节中发现他人没有注意到的问题，这是一种很可贵的能力。这是他的作品既有学术性，又具生动性，受到学者与普通读者共同喜爱的主要原因。

张宏杰的作品能够达到这样的水平，与他的勤学苦读是分不开的。他本科读的是财经大学，后来完全是因为个人兴趣才转而研究历史，为了更好地研究历史，他还到复旦大学读了历史学博士，并到清华大学历史系做了博士后。他十几年来专心于史学研究，常日在图书馆阅读史料，视野很广阔，写人物事件，能够穷尽史料，苦心精辨，因此才能写出高质量的作品。他写过许多清代人物，已经出版十部著作，可称下笔千言，略无迟滞，实为不可多得之青年才俊。

他的这本书也具有"以小见大"，从细节中看历史的特点。经济收支，是一个人生活中比较隐秘的一个部分。也正是因为它隐秘，所以可以呈现出很多真实的信息。不过，一直以来，关于传统社会个人经济生活的研究少之又少，专门以一个古代官员的一生经济收支为主题的研究著作，更是罕见。张宏杰的这部著作，从这个意义上来说，有填补空白的功劳。张宏杰通过第一手资料，充分地揭示了一个清代官员的收入来源和支出结构，让我们了解到古代官员的具体衣食住行情况。

当然，张宏杰研究曾国藩个人经济收支，不光是为了了解曾国藩一个人的生活情况，更重要的是通过曾国藩的个例，来揭示清代社会生活的很多规律。比如清代低薪制，与腐败现象之间有密切关系。清代京官的收入过低，远远满足不了支出的需要，为了弥补这个赤字，京官只能开掘各种体制外的渠道，包括由家族定期资助、收"炭敬"和"打秋风"。地方官员收入中的"陋规"也成为晚清地方财政中必不可少的部分，离了它地方政府就无法运转，所以连林则徐这样的清官也不得不收取大量"陋规"。以上这些，都可以给今天的廉政建设，特别是廉政制度建设，提供很多有益的参考。

这本书除了按时间顺序，详细分析了曾国藩京官时期、湘军时期和总督时期的经济收支特点之外，还分析了同时代或者稍晚时代的一些官员，比如李鸿章、左宗棠、那桐、刘光第、李慈铭的经济生活，比较立体地呈现了晚清时代官员群体的经济生活特点。

本书的另一个重点是揭示清代乡绅阶层的成长和其社会作用。曾国藩的弟弟曾国潢不过是一个普通监生，属于低级乡绅，但随着曾国藩在北京不断升迁，他在湖南地方的社会地位也不断升高。当地人开当铺时主动送给曾国潢干股，唯一的条件是需要他出面请官员吃饭。曾国潢通过乡绅身份，介入地方事务，每年能获得数千两白银的收入，这背后靠的实际上是曾国藩的势力。与他相比，以退休官员身份居乡时的曾国荃则是高级乡绅，他在地方上的行为方式和发挥的作用与其兄又有很大不同。近些年来，中国乡绅阶层研究取得很多成果，张宏杰在这本书中进行的饶有兴致的描述，让我们看到了乡绅阶层具体活动的细节。

和张宏杰以前的大部分作品不同，这本书是一本体例规范严谨的纯学术著作。但是因为角度新颖、细节丰富，读来仍然让人兴味盎然，其中一些章节更揭示了一些以前研究者没有注意到的现象。

清代到北京做官，"成本"高昂，需要准备高额的路费以及到京后租房的费用，所以很多人进京为官前，都要想方设法筹集资本。曾国藩是通过一家一家"长途拜客"来获得"贺礼"的方式来筹资。他在老家湖南省花了近一年时间，奔走了近三千公里，拜了一千二百多家，其中不光有亲戚朋友，还有大量无亲无故的商铺和官员，一共收到了将近 1 500 两"贺礼金"。这种"筹资"方式，以前还没有人提及。

张宏杰还通过分析曾国藩到四川担任乡试主考的过程，总结出京官与地方官的具体交往方式。在这个过程中有很多有意思的细节，比如为了保持翰林体统，他到四川出差带了整整七大箱官服，但是因为无力负担过高的购置费用，他戴的蜜蜡朝珠居然是假货。同时，他在出京前，交代仆人买一个"小戥子"，用于称量路上地方官员所送银子的重量。这些细节，都向我们更详细地揭示了一位传统官员经济生活的实际情形。

总之，张宏杰的这本新书材料扎实、新意迭出，比较好地向我们分析了晚清社会的很多值得注意的侧面。

说起来我和作者张宏杰还真是有点缘分。据他自己说，本来是学财经的他对历史这门学科产生深厚的兴趣，与上大学期间读到我的《乾隆帝及其时代》有点关系。二〇〇一年的时候，他曾经想读我的博士，但是后来因为其他原因没有参加考试。

后来他在复旦大学读了博士，直到今年在他博士后即将出站的时候，我们才第一次见面。我以前读他的文章，曾赞其才华过人。今年见到本人，感觉这个年轻人明敏练达，谦恭和气，对很多历史问题都有独到的见解，确实是清史研究领域一个难得的人才。期望他以后在学术研究中持之以恒地更下苦功，取得更大的成绩。

附录二：葛剑雄推荐

（原版序二）

六年前，经央视记者柴静介绍，张宏杰以电子邮件与我联系，希望能来我们研究所学习。不久，他利用到上海出差的机会来见我，经过交谈，我发现他对历史的一些见解相当深刻，求学的目的也很明确。他原来学的是财经专业，毕业后在银行工作，因为个人兴趣，不惜从银行辞职，近年来已出版多部普及性历史著作，很受读者欢迎，当地一所大学为他成立一个研究所，聘他为所长。在看过他的部分作品后，我认为他写的虽然不是正规的学术论著，但显示的学术能力并不在专业研究者之下，甚至揭示了一些专家未曾注意到的现象。我又征求了几位对他有所了解的教授的意见，都认为他已经有很好的基础，并有很大发展潜力，我决定招收他为博士研究生。

但在如何录取时却遇到了障碍。宏杰只有本科学历，所学专业又与历史地理无关，他从未发表过专业论文，已出版的书都属通俗读物，与教育部规定的招生标准相差太大。所幸复旦大学已着手改革招生制度，允许部分导师对特殊人才可以要求"特招"。于是我运用"特招"权——先将他的材料和几位教授的推荐意见上报，获得同意后由我按正常招生科目给他单独命题和考试，报研究生院批准录取。

宏杰没有辜负我们的期望，尽管历史地理专门的课程大多是他从未接触过的，通过刻苦努力，他顺利地修满学分，成绩基本都是优秀，并且又有新作问世，发表专业论文也达到研究生院规定的标准。但在确定他的学位论文题目时，又颇费踌躇。本来我希望他能写一篇历史地理专题的论文，我相信他能够写好。但对刚进入这一领域的他，得从研究学术史，熟悉学术动态，搜集基本史料，扩大查阅范围一一做起，不仅需要更长的时间，而且很难显示他已有的水准，而且他今后的研究兴趣和发展方向也不是历史地理。当然我相信他通过努力是能够写出合格论文的，但既然撰写学位论文的目的是为了证明研究生的研究能力和水平，为什么不能用其所长，在历史学一级学科更宽泛的范围内选择课题呢？于是我们商定，不受二级学科专业的限制，可以根据他的学术旨趣和已有条件选择，最终确定研究曾国藩的经济生活。

这个题目实际很有意义，因为尽管研究曾国藩的论著已经很多，近年来更已成显学，但涉及他的经济生活的却不多，并且还没有深入具体可作为定说定论的著作面世。而这方面不仅是全面了解和评价曾氏所不可或缺的，也是解开晚清政界经济生态和行政制度实际运作之谜的一个窗口、一把钥匙。本来我还想让他将研究范围扩大到湘军的经济状况，但这个题目显然需要长期研究，非博士阶段所能完成，只能留待今后。

宏杰再次不负众望，他的学位论文顺利通过评审和答辩，并被评为优秀。评审专家与答辩委员会的意见与我一致，只要论文选题的学术意义与论文本身的学术水平达到标准，应该允许并鼓励博士生在更大范围内选题，甚至可以跨学科选择。宏杰取得的成绩令我庆幸自己没有滥用宝贵的"特招"权，更为宏杰具备了更扎实的基础，能够更自如地追求自己的理想而欣慰。果然，我得知他的新著产生了更大的影响，他频频在主流媒体讲述历史，发表评论。

但宏杰并不以完成了博士阶段的学习而满足，他选择了继续深造，向清华大学历史系申请博士后研究，并获得秦晖教授的指导，在博士论文的基础上完成了这部新著。

这部著作的学术价值如何，读本书的《自序》和《结论》就能明白。本书的质量如何，有兴趣的读者可自己判断，不必也不应由我给读者造成先入为主的影响。利用这个机会，我想再说几点感想。

第一，相比我们这一代来说，宏杰是幸运的，他成长于改革开放的中国。否则，他只能一辈子在银行工作，不可能跨界从一个金融企业进入大学。想业余学历史写历史也未必有成功的可能，因为在阶级斗争天天讲的年代，以他作品的"叛逆"气质，很可能成为大批判的靶子，甚至因此而成为阶级敌人。即使作品没有问题，也必须出身"红五类"、本人政治合格并经单位领导批准才会被出版社接受。所以在层层束缚之下，宏杰这样的人极有可能被埋没终生。还得感谢改革开放后研究生招生制度的改革和学校的特殊规定，才使他能被破格录取。我曾听已故的遗传学家谈家桢院士说过一个观点：从遗传学的角度分析，天才与人口是有比例关系的，中国大多数人口在农村，所以农村儿童和青年中有大量潜在的天才。可惜他们中的绝大多数没有被发现，或者虽然被发现了却没有接受高等教育或发挥其天才的机会。由此我想到，社会上像宏杰这样的人才绝对不止他一人，如何让他们今后更好地人尽其才，这应该是大学和我们这些导师的责任，也是政府和社会各方面应尽的责任。

第二，培养博士生的目的是什么？不应局限于本专业、本单位、本系统，而应该为全社会、全人类着想。实际上，我指导过的博士生、我们研究所的毕业生，留在本单位或从事历史地理专业研究的人反而是少数，多数是在其他高校、研究机构、出版部门、媒体、党政机关、企业等从事科研、教学、行政及其他各种业务。但他们都认为，博士生期间的训练和积累使他们获益匪浅，他们已有的业绩也足以证明这一点。所以我们对生源的关注还应更广，在保证质量的前提下，门还应开得更大，给予类似宏杰的人才更多机会。

第三，受过专业训练、具有专业学位或高级职称的人员固然应该以撰写学术专著为主，但同样应该重视学术普及。这两项工作能同时承担固然最好，但也可以有合理的分工，即有少数人可以专门从事学术普及，使本学科、本专业的成果能够更有效地影响和引导社会。学术著作本身也应考虑必要的、可能的普及性，一篇论文、一部专著，如果能让本专业以外的科研人员、专业人士有兴趣看并能看懂，何乐而不为？当年《万历十五年》曾经令中国史学界耳目一新，并在史学界以外赢得了更多读者，近年来史景迁的著作也产生了很大影响。完全具备学术基础的中国学者，为什么不能在普及性上做出更大努力，多写一些更易普及但绝非戏说的历史著作？

愿与史学界同仁共勉，也寄更大希望于宏杰。

附录三：后记

这本书的写作动机非常简单。那还是在读博之前，经常翻阅曾国藩家书，我发现，曾国藩经常会提到自己的经济收支，比如给家里寄了两枝人参、一套袍料，或者报告说，这一段时期经济非常紧张，到年底就要借账之类。读着读着，我产生了一个念头，想帮曾国藩算算账，看看他这样一个传统时代的官员，收入都是从哪儿来的，又花到哪儿去了。这个念头在几年之后，变成了我的博士论文和博士后论文，并最终以这样一本书的形式呈现给读者。

我曾经在一本书的后记当中说："我认为，学问的最高境界应该是'好玩'。我不能容忍把学问做成概念、意义、材料的集合。"我甚至还说过这样过分的话，"洋鬼子们的那些学术名著，却大都有声有色有滋有味儿，甚至眉飞色舞神采飞扬。中国式的学术研究包含了比西方多得多的目的，可是往往唯独缺少了一项：兴趣。"说这些话的时候，我并没有想到自己有一天也会写正儿八经的"学术作品"。

不过，好在我这"学术作品"目的确实比较单纯：只是为了满足自己的兴趣。

按照常理，财经大学本科毕业的我应该在一家国有银行的分支机构里，沿着秘书、副科、正科的台阶安稳地完成一生。

但是我头脑中天生缺乏"常理"这根弦。因为工作的无聊，刚刚工作不久，我就开始了业余写作，并因为出了几本书调到了一所地方大学。然后，一是为了能有一个更靠谱的图书馆可以利用，二是有一些师友可以讨论交流，我又跑到复旦，读了一个历史学博士，接着来到清华，读了两年博士后。说起来，这一系列"转轨"，背后的驱动力只有两个字：兴趣。我的生活一直都是这样，没有计划，只凭兴趣为动力。年轻时我并不觉得自己单纯，然而人到中年，我发现自己还真是有点儿与世界脱节。

不过，这本书也许称不上真正意义上的学术作品，或者说，这本书也许够不上学术著作的标准。按照"常理"来讲，学术著作应该具有"专门性""理论性""系统性"，要明确概念、总结意义、分析规律。但这本书却基本是沿着我自己的兴趣路径展开。我写这本书的动力是想弄明白一个传统官员的经济生活状态，以及决定这个状态的制度背景。生于"兴趣"，死于"兴趣"，这本书不可避免地立意不高。加上我只以满足了自己的好奇心为止，或者说只想客观呈现描述历史事实，而没有解决什么学术问题的雄心，也无力揭示历史材料背后的规律，因此深度自然不够。

同时，本书不可避免地还有一个问题，就是写法不够规范。我总想在一定程度上兼顾专业领域外的普通读者。在写作过程中，也许花了太多的篇幅来对一些常识性的背景加以介绍。本书纵向上沿时间线索进行，但是横向上，却切入了多个专业史范畴。在这些专业史范畴，我并无太多学术贡献，只是利用了大量其他人的研究成果，来解释在今天的社会背景下已经不太容易理解的历史现象。第一次进行学院范式的论文写作，因此本书内容上难免有错误之处，用词及注释上也难免会有不规范、不完备之处，敬请读者们批评指正。

在此要郑重感谢我的博士生导师葛剑雄教授、博士后导师秦晖教授，是他们的宽容和理解，促成了这本学术论文的诞生。特别感谢戴逸先生在八十八岁高龄，在非常繁忙的情况下惠然为此书作序。也要感谢在论文写作中，我的博士生同学们提供的帮助，特别是帮助我画图制表的胡列箭同学。

享讀者

WONDERLAND